경의기문록 역주
經義記聞錄

AKS 역주총서 044

경의기문록 역주

하권

한원진 지음
이창일 · 성광동 · 송상형 역주

한국학중앙연구원출판부

차례

경의기문록 권제4
易學啟蒙 역학계몽

1. 圖 도 ··· 9
　1) 序 서 ··· 9
　2) 本圖書 본도서 ·· 10
　3) 原卦畫 원괘획 ·· 19
　4) 明蓍策 명시책 ·· 33
　5) 四象卦扐圖 사상괘륵도 ······································· 40
　6) 考變占 고변점 ·· 50

2. 小註 소주 ·· 55
　1) 本圖書 본도서 ·· 55
　2) 原卦畫 원괘획 ·· 67
　3) 明蓍策 명시책 ·· 86

경의기문록 권제5
부록

1. 易學答問 역학답문 ·· 117
　1) 易學答問圖 역학답문도 ······· 117　　2) 易學答問 역학답문 ··········· 123

2. 文王易釋義 문왕역석의 ··· 172

경의기문록 권제6
부록

1. 理氣性情圖說 이기성정도설 · 207

1) 理氣源流圖 이기원류도 · · · · · 207
2) 理氣動靜圖 이기동정도 · · · · · 209
3) 一原分殊圖 일원분수도 · · · · · 210
4) 心統性情圖 심통성정도 · · · · · 216
5) 性情橫看圖 성정횡간도 · · · · · 231
6) 性情竪看圖 성정수간도 · · · · · 233
7) 性情總會圖 성정총회도 · · · · · 236
8) 五性互主圖 오성호주도 · · · · · 239
9) 五性推本圖 오성추본도 · · · · · 242
10) 心性妙合圖 심성묘합도 · · · · · 246
11) 心性二岐圖 심성이기도 · · · · · 249
12) 中庸天命圖 중용천명도 · · · · · 250
13) 人心道心圖 인심도심도 · · · · · 254
14) 爲學之方圖 위학지방도 · · · · · 256

2. 孟子養氣章說 맹자양기장설 · 259

3. 孟子生之謂性章說 맹자생지위성장설 · 272

4. 通書說 통서설 · 280

5. 朱子太極說解 주자태극설해 · 284

經義記聞錄跋 경의기문록 발 · 289

인물 주석 · 292
한원진 연보 · 318
후기: 한원진의 거처와 강학의 길 · 325

상권 차례

책머리에
해제: 호론의 집대성, 경의기문록

經義記聞錄序 경의기문록 서
經義記聞錄目錄 경의기문록 목록

경의기문록 권제1
大學 대학

경의기문록 권제2
中庸 중용

경의기문록 권제3
太極圖 태극도

경의기문록 권제4

易學啓蒙 역학계몽

1. 圖
도

1) 序[1]서

觀象畫卦揲蓍命爻, 此四語, 包盡一書四篇之意. 本圖書, 原卦畫, 卽觀象畫卦之事也, 明蓍策考變占, 卽揲蓍命爻之事也.

관상,[2] 획괘,[3] 설시,[4] 명효, 이 네 단어는 『역학계몽』 네 편의 뜻을 모두 포함하

---

[1] '序'라는 표기는 『성리대전』에 실린 『역학계몽』에는 따로 있지 않다. 『회암집(晦庵集)』(권76)에는 '역학계몽서(易學啟蒙序)'라는 제목으로 실려 있다. 『역학계몽』「역학계몽서」. "성인들께서 상을 보고 괘를 그리고 시초(蓍草)를 헤아려 효를 명명함으로써 천하 후세 사람이 어려운 의혹을 결단하고 망설여지는 것을 결정하여 길흉회린(吉凶悔吝)의 갈림길에서 헤매지 않도록 하셨으니, 그 공은 성대하다고 할 것이다.(聖人, 觀象以畫卦, 揲蓍以命爻, 使天下後世之人, 皆有以決嫌疑, 定猶豫, 而不迷於吉凶悔吝之道, 其功可謂盛矣.)"

[2] 관상(觀象)은 괘효(卦爻)의 상(象)을 관찰한다는 뜻이다. 『주역』은 팔괘(八卦)를 만물의 상징으로 생각하여 팔괘가 표시하는 8개의 부호를 천지간의 물상(物象)에 견주고 있다. 이 팔괘의 상징을 상(象)이라 한다. 상은 상(像) 혹은 의(擬)라는 뜻으로 풀이되어 '상상하고 모의한다'는 의미를 지닌다. 본래 『주역』은 팔괘에 하나씩 물상을 두었는데, 점차 복서(卜筮)가 복잡해지면서 상의 범위도 확대되었다. 『주역』의 「단전(彖傳)」과 「대상전(大象傳)」에는 20여 개의 상이 보이는데, 「설괘전(說卦傳)」에는 137개의 상으로 확대되었다. 「계사전(繫辭傳)」에 따르면 "성인이 괘를 베풀어 상을 보고 말을 달아 길흉을 밝힌다.(聖人設卦, 觀象繫辭焉, 而明吉凶.)"라고 하였으며, 이에 대해 주희는 『주역본의(周易本義)』에서 "상(象)은 실물과 유사한 것이다. 이는 성인이 『역(易)』을 지을 때 괘효의 상을 보아서 말을 달았음을 말한 것이다.(象者, 物之似也. 此, 言聖人作易, 觀卦爻之象而繫以辭也.)"라고 하였다. 팔괘는 상징의 의미를 지닌 8개의 부호를 뜻하며, 음효(陰爻)와 양효(陽爻)로 구성된 효가 세 번 중첩되어 이루어진다. 3효로 구성되는 8개의 괘는 건괘(乾卦), 곤괘(坤卦), 진괘(震卦), 손괘(巽卦), 태괘(兌卦), 간괘(艮卦), 감괘(坎卦), 리괘(離卦)가 된다.

[3] 획괘(畫卦)는 '괘를 긋다, 작성하다'의 뜻이다. 괘의 기원은 고대 중국의 복희씨가 황하에서 용마(龍馬) 등에 지고 나온 그림을 본떠 팔괘를 그렸다고 한 것이다.

[4] 설시(揲蓍)는 '시초를 세다, 헤아리다'의 뜻이다. 시초(蓍草)는 톱풀의 한 종류이며, 설시는 그것의 줄기를 이용해서 『주역』의 괘를 얻고 괘의 상징과 말을 이용해 장래의 일과 그 길흉을 점

고 있다. 「본도서」와 「원괘획」 편 등은 관상과 획괘의 일이며, 「명시책」과 「고변점」 편 등은 설시와 명효의 일이다.

2) 本圖書 본도서

(1) 六七八九十【止】得數.

6, 7, 8, 9, 10 등은 … 수를 얻는다.[5]

參天兩地, 皆本於徑一, 太極之生陰陽也. 三二之合爲五, 陰陽之生五行也. 五居中而爲六七八九十之所因, 五復爲太極也. 一爲參兩所本, 而自無所本. 五爲五十所因, 而自無所因. 參兩旣立, 而一無其位, 五十皆用而五無所爲, 此太極之無形無爲而爲天地萬物之本者也. 一者, 數之始, 五者, 數之中, 故皆象太極.

'삼천양지(參天兩地)'는 모두 지름 1에 근본을 두고 있으니,[6] 태극이 음양을 낳

치는 방법이다. 『주역』「계사전 상(上)」이 설시법을 설명하고 있으나 그 설명이 간략하다. 이후 공영달(孔永達)이 『주역정의(周易正義)』에서 자세히 설명하였으며, 주희 또한 『주역본의』 「서례(筮例)」의 서의(筮義) 및 『주문공문집』 「시괘고오(蓍卦考奧)」, 『역학계몽』 「명시책」에서 자세히 설명하였다. 시초는 기본적으로 한 뿌리에 50개가 있어 원래 50개를 가지고 시작하지만, 그 가운데 한 개는 태극을 상징한다고 하여 빼놓고 실제로는 49개만 사용한다. 태극은 세계의 근원으로서 변동하지 않는 것이라고 규정된 것이기 때문이다.

[5] 『역학계몽』「본도서」. "묻기를 "중앙의 5는 이미 다섯 수의 상(象)을 이루고 있다고 치자. 그러나 그 수는 어떤가?" 대답하기를 "수의 측면에서 말한다면, 「하도」와 「낙서」는 하나의 그림으로 통한다. 이 두 그림은 안으로부터 밖으로는 본디 각기 수가 누적된 값과 차례를 가려낼 수 있는 수가 있다. 그런데 「하도」에서는 1, 2, 3, 4가 각각 그 5의 상이 위치한 본래 방위의 밖에 자리 잡고 있으며, 6, 7, 8, 9, 10은 또한 각각 중앙의 5에서 연유된 수를 얻어 그 생수(生數, 1, 2, 3, 4)의 밖에 붙어 있다.(曰. 中央之五, 旣爲五數之象矣. 然其爲數也, 奈何. 曰. 以數言之, 通乎一圖. 由內及外, 固各有積實可紀之數矣. 然河圖之一二三四, 各居其五象本方之外, 而六七八九十者, 又各因五而得數, 以附於其生數之外.)"

[6] 『주역』「설괘전」 1장. "하늘에서 셋을 취하고 땅에서 둘을 취하여 수를 의지한다.(參天兩地而倚數)" 이에 대해 주희는 『주역본의』에서 다음과 같이 설명했다. "하늘은 둥글고 땅은 네모진

는 것이다. 3과 2는 합해서 5가 되니 음양이 오행을 낳는 것이다. 5는 가운데에 거처하여 6, 7, 8, 9, 10이 연유하는 바가 되니, 5는 다시 태극이 된다. 1은 '삼(參, 3)'과 '양(兩, 2)'의 근거가 되지만, 스스로는 [어떤 것에도] 근거를 두지 않는다. 5는 5와 10이 연유하는 바가 되지만 스스로는 [어떤 것에도] 연유되지 않는다. '삼양(參兩)'이 이미 수립되나 1은 그 위치가 없고, 5와 10은 모두 쓰임이 되나 5는 하는 바가 없으니, 이것이 '태극은 형체도 없고 행함도 없으나 천지 만물의 근원이 된다'는 것이다. 1은 수의 시작이고 5는 수의 가운데이므로 모두 태극을 상징한다.

(2) 河圖, 六七八九【止】之變也.
「하도」에서는 6, 7, 8, 9 … 의 변화이다.[7]

一三五積而爲九, 陽之進而饒也. 二四積而爲六, 陰之退而乏也. 九自西而

데, 둥근 것은 하나에 둘레가 3이니, 3은 각각 한 기(奇, 홀)이므로 하늘에서 셋을 취하여 3이 된다. 네모진 것은 하나에 둘레가 4이니, 4는 두 우(偶, 짝)를 합한 것이므로 땅에서 둘을 취하여 2가 된다. 수는 모두 이에 의하여 일어나기 때문에 시초를 세어 세 번 변한 뒤에 그 나머지가 기(奇)가 셋이면 3이 셋이어서 9이고, 우(偶)가 셋이면 3이 둘이어서 6이며, 2가 둘이고 3이 하나이면 7이고, 3이 둘이고 2가 하나이면 8이다.(天圓地方, 圓者一而圍三, 三各一奇, 故參天而爲三. 方者一而圍四, 四合二偶, 故兩地而爲二. 數皆倚此而起, 故揲蓍三變之末, 其餘三奇則三三而九, 三偶則三二而六, 兩二一三則爲七, 兩三一二則爲八.)

[7] 『역학계몽』「본도서」. "묻기를, '[「하도」와 「낙서」의] 7, 8과 9, 6으로 수가 다름은 무슨 까닭인가?' 대답하기를, '「하도」에서는 6, 7, 8, 9가 이미 생수의 밖에 붙어 있다. 이는 음양, 노소, 진퇴, 요핍 등의 정도(바른 길)를 드러내고 있다. 여기서 9는 생수 1, 3, 5 등이 누적된 수이다. 그러므로 북쪽에서 동쪽으로, 다시 동쪽에서 서쪽으로 가서 4의 바깥에서 이룬다. 여기서 6은 생수 2, 4가 누적된 수이다. 그러므로 남쪽에서 서쪽으로, 다시 서쪽에서 북쪽으로 가서 1의 바깥에서 이룬다. 그리고 7은 9가 서쪽으로부터 남쪽으로 간 것이고, 8은 6이 북쪽으로부터 동쪽으로 간 것이다. 이것은 또한 노음과 노양, 소음과 소양이 호장기택(互藏其宅)을 한 변화이다."(曰, 其七八九六之數不同, 何也. 曰, 河圖六七八九, 旣附於生數之外矣. 此陰陽老少進退饒乏之正也. 其九者, 生數一三五之積也. 故自北而東, 自東而西, 以成於四之外. 其六者, 生數二四之積也. 故自南而西, 自西而北, 以成於一之外. 七則九之自西而南者也, 八則六之自北而東者也. 此又陰陽老少, 互藏其宅之變也.)

南爲七, 陽之退而乏也. 六自北而東爲八, 陰之進而饒也. 陽主進, 故進爲老而退爲少. 陰主退, 故退爲老而進爲少. 又九進八退, 而九饒, 而八乏, 七進六退, 而七饒, 而六乏. 陽常進而饒, 陰常退而乏. 此之謂進退饒乏之正也. 九成於西四之外, 六成於北一之外, 二老之互藏其宅也. 七居於南二之外, 八居於東三之外, 二少之互藏其宅也. 九成於三生數之積, 而三者, 少陽之位也. 六成於二生數之積, 而二者, 少陰之位也. 此老之根於少也. 七生於九之退, 八生於六之進, 此少之根於老也. 此之謂互藏其宅之變也. 玉齋說推之有未盡矣.

1, 3, 5가 누적되어 9가 되니, 양은 나아가서 풍요롭게 되었다. 2, 4는 누적되어 6이 되니, 음은 물러나서 결핍되었다. 9는 서쪽에서 남쪽으로 가서 7이 되니, 양은 물러나서 결핍되었다. 6은 북쪽에서 동쪽으로 가서 8이 되니, 음이 나아가서 풍요롭게 되었다. 양은 나아감을 주로 하기 때문에 나아가서 노(老, 늙음)가 되고 물러나서 소(少, 젊음)가 된다. 음은 물러남을 주로 하기 때문에 물러나서 노가 되고 나아가서 소가 된다. 또 9는 나아가고 8은 물러나서 9는 풍요롭게 되고 8은 결핍되며, 7은 나아가고 6은 물러나서 7은 풍요롭게 되고 6은 결핍된다. 양은 항상 나아가서 풍요롭게 되며, 음은 항상 물러나서 결핍된다. 이것을 "진퇴(나아감과 물러섬)와 요핍(풍요와 결핍)의 정도(正道)"라고 한다. 9는 서쪽 4의 바깥에서 이루어지고, 6은 북쪽 1의 바깥에서 이루어지니, 두 노가 "그 거처하는 자리를 서로 바꾸어 서로의 정기(精氣)를 간직하고"[8] 있다. 7은 남쪽 2의 바깥에 거처하고, 8은 동쪽 3의 바깥에 거처하니 두 소가 "그 거처하는 자리를 서로 바꾸어 서로의

---

8 음양에서 사상(四象)이 파생될 때의 위차(位次, 위치의 차례)는 ①노양(老陽) ②소음(少陰) ③소양(少陽) ④노음(老陰)인데, 여기에서는 성수(成數)인 6, 7, 8, 9를 음양 노소로 나누었다. 즉 노양은 9, 소음은 8, 소양은 7, 노음은 6에 해당한다. 그런데 노양 9가 성체(成體) 되는 위치가 원래의 위치인 1이 아니라 노음의 자리인 4의 바깥쪽이고, 노음 6이 성체 되는 위치가 원래의 위치인 4가 아니라 노양의 자리인 1의 바깥쪽이다. 즉 노양이 성체 될 때는 노음의 4가 감추어지고, 노음이 성체 될 때는 노양의 1이 감추어진다. 소양과 소음도 마찬가지이다. 이것을 가리켜 '호장기택' 즉 '그 거처하는 자리를 서로 바꾸어 서로의 정기를 간직함'이라고 한다.

정기를 간직하고" 있다. 9는 생수 3이 누적된 것에서 이루어지니, 3이라는 것은 소양의 위치이다. 6은 생수 2의 누적에서 이루어지니, 2라는 것은 소음의 위치이다. 이것은 늙음이 젊음에 뿌리를 둔 것이다. 7은 9의 물러남에서 생겨나고 8은 6의 물러남에서 생겨나니, 이것은 젊음이 늙음에 뿌리를 둔 것이다. 이것을 '호장기택(互藏其宅)' 즉 '그 거처하는 자리를 서로 바꾸어 서로의 정기를 간직하고 있는' 변화라고 한다. 옥재의 설은 미루어 헤아려 봄에 아직 충분하지 못하다.[9]

---

[9] 『易學啓蒙通釋』「본도서」. "옥재 호씨(호방평)가 말했다. "이 한 단락은 「하도」와 「낙서」에서 7과 8, 9와 6의 수만을 언급하여 음양의 노소를 나누었다. 7과 9는 양인데 양은 나아감을 주로 하니, 소양 7로부터 7의 위로 나아가면 8이 되므로 8을 넘어서 9로 나아간다. 9는 극한까지 나아가서 다시 더 갈 곳이 없어졌으므로 9가 노양이 된다. 6과 8은 음인데 음은 물러남을 주로 하니, 소음 8로부터 8의 아래로 물러나면 7이 되므로 7을 넘어서 6으로 물러난다. 6은 극한까지 물러나서 다시 더 물러날 곳이 없어졌으므로 6이 노음이 된다. 나아가면 넉넉해지므로(풍요) 노양은 8보다 넉넉하고 소양은 6보다 넉넉하다. 물러나면 부족해지므로(결핍) 노음은 7보다 부족하고, 소음은 9보다 부족하다. 나아가서 넉넉해지는 것이 양의 불변하는 성질이고, 물러나서 부족해지는 것이 음의 불변하는 성질이니, 이것이 이른바 '정(正)'이다. 그 변화를 말하면, 노양의 수 9는 1, 3, 5가 누적된 것으로부터 4의 바깥에서 이루어지는데, 4는 노음의 자리이다. 노음의 수 6은 2, 4가 누적된 것으로부터 1의 바깥에서 이루어지는데, 1은 노양의 자리이다. 이것이 노양과 노음이 제 집(거처)을 서로 상대방 속에 감춰두고 있는 변화이다. 7과 8은 누적된 수로부터 이루어진 것이 아니다. 7과 9는 모두 양이므로 소양 7은 9로부터 와서 2의 위에 자리 잡은 것이니, 2는 소음의 자리이다. 8과 6은 모두 음이므로 소음 8은 6으로부터 와서 3의 위에 자리 잡은 것이니, 3은 소양의 자리이다. 이것이 소양과 소음이 제 집을 서로 상대방 속에 감춰두고 있는 변화이다."(玉齋胡氏曰, 此一節, 專言圖書七八九六之數, 以進陰陽之老少也. 七九爲陽, 陽主進, 由少陽七而進, 七之上爲八, 故蹯八而進於九, 九則進之極, 更無去處了. 故九爲老陽. 六八爲陰, 陰主退, 由少陰八而退, 八之下爲七, 故蹯七而退於六, 六則退之極, 更無轉處了. 故六爲老陰. 進則饒, 故老陽饒於八, 少陽饒於六. 退則乏, 故老陰乏於七, 少陰乏於九. 進而饒者, 陽之常, 退而乏者, 陰之常, 此所謂正也. 以言其變, 老陽數九, 由一三五積而成於四之外. 四老陰之位也, 老陰數六, 由二四積而成於一之外. 一老陽之位也, 此二老互藏其宅之變也. 七八則非由積數而成. 七與九皆陽. 故少陽七自九來而居於二之上. 二少陰之位也. 八與六皆陰. 故少陰八自六來而居於三之上. 三少陽之位也. 此二少互藏其宅之變也.)

(3) 七八九六, 迭爲消長.

7, 8, 9, 6이 번갈아들며 꺼지고 자라난다.[10]

縱橫十五之中, 一合五而成六, 與九對, 則九長而六消, 九損三而益六, 則九反消而六又長. 三合五而成八, 與七對, 則八長而七消, 八損一而益七, 則八反消而七又長矣. 此之謂迭爲消長也. 玉齋說欠分曉.

세로와 가로 방향의 수들을 합하면 각각 15가 되는 중에, 1은 5와 합하여 6이 되어 9와 상대하면 9는 자라나고 6은 꺼지며, 9에서 3을 덜어내 6에 더하면 9는 반대로 꺼지고 6은 또 자란다. 3은 5와 합하여 8이 되어 7과 상대하면 8은 자라나고 7은 꺼지며, 8에서 1을 덜어내어 7에 더하면 8은 반대로 꺼지고 7은 또 자란다. 이것을 '질위소장(迭爲消長)'이라 한다. 옥재의 설은 분명하게 깨달은 바가 없다.[11]

---

10 『역학계몽』「본도서」. "「낙서」에서 가로나 세로의 방향을 합하면 15를 이루는 것은 7과 8, 9와 6이 번갈아들며 꺼지고 자라나는 것이다.(洛書之縱橫, 十五, 而七八九六, 迭爲消長.)"

11 『역학계몽통석』「본도서」. "「낙서」에서는 비록 가로세로 합계하여 15가 되지만, 사실은 모두 7과 8, 9와 6이 갈마들며 줄어들고 불어난 것이다. 1은 5를 얻어서 6이 되고, 남쪽의 9와 갈마들며 줄어들고 불어난다. 4는 5를 얻어 9가 되고, 서북쪽의 6과 갈마들며 줄어들고 불어난다. 3은 5를 얻어 8이 되고, 서쪽의 7과 갈마들며 줄어들고 불어난다. 2는 5를 얻어 7이 되고, 동북쪽의 8과 갈마들며 줄어들고 불어난다. 대개 수가 나아간 것은 불어나고, 물러난 것은 줄어든다. 불어난 것이 물러나면 또 줄어들고, 줄어든 것이 나아가면 또 불어난다. 6이 나아가서 9가 되면 9는 불어나고 6은 줄어들며, 9가 물러나서 6이 되면 9는 도리어 줄어들고 6은 또 불어난다. 7이 나아가 8이 되면 8은 불어나고 7은 줄어들며, 8이 물러나서 7이 되면 8은 도리어 줄어들고 7은 또 불어난다. '5를 비워두고 10을 분할한다'는 것은 중앙의 5를 비운 바깥은 가로세로로 모두 10이니, 그 10을 분할하면 9는 10에서 1을 분할한 나머지이고, 8은 10에서 2를 분할한 나머지이고, 7은 10에서 3을 분할한 나머지이고, 6은 10에서 4를 분할한 나머지이다. '삼오착종(參伍錯綜)'하여도 그 어느 경우라도 7과 8, 9와 6의 합이 되지 않음이 없으니, 이것이 이른바 변화가 무궁하여 오묘하다는 것이다. 또 이것을 따라서 미루어보면, 「하도」와 「낙서」의 문양은 7과 8, 9와 6이 매번 서로 연계되어 이어진다. 「하도」는 동쪽에 소음(8), 남쪽에 소양(7)이 자리 잡고, 서쪽에 노양(9), 북쪽에 노음(6)이 자리 잡고 있다. 2는 남쪽에 자리 잡고 있으면서 그 안에 동쪽 바깥의 8을 함유하고, 3은 동쪽에 자리 잡고 있으면서 그 안에

(4) 析四方之合【止】八卦也.

네 방위 합친 수들을 나누어서 … 팔괘이다.[12]

남쪽 바깥의 7을 함유하며, 1은 북쪽에 자리 잡고 있으면서 그 안에 서쪽 바깥의 9를 함유하고, 4는 서쪽에 자리 잡고 있으면서 그 안에 북쪽 바깥의 6을 함유하고 있다. 「낙서」는 1이 5를 얻어서 6을 이루고 9와 합하며, 4는 5를 얻어서 9를 이루고 6과 합하며, 2는 5를 얻어서 7을 이루고 8과 합하며, 3은 5를 얻어서 8을 이루고 7과 합한다. 또 이를테면 2와 4는 6을 이루고 9가 그 가운데에 자리 잡으며, 1과 8은 9를 이루고 6이 그 곁에 있으며, 2와 6은 8을 이루고 7이 그 안에 자리 잡으며, 3과 4는 7을 이루고 8이 그 아래에 있는 것도 9와 6, 7과 8이 그 어느 경우라도 그 합이 되지 않는 경우가 없다.(其在洛書, 雖縱橫有十五之數, 實皆七八九六之迭爲消長. 一得五爲六, 而與南方之九迭爲消長. 四得五爲九, 而與西北之六迭爲消長. 三得五爲八, 而與西方之七迭爲消長. 二得五爲七, 而與東北之八迭爲消長. 大抵數之進者爲長, 退者爲消, 長者退, 則又消, 消者進則又長. 六進爲九, 則九長而六消, 九退爲六, 則九反消而六又長矣. 七進爲八, 則八長而七消, 八退爲七, 則八反消而七又長矣. 虛五分十者, 虛中五之外, 則縱橫皆十. 以其十者分之, 則九者十分一之餘, 八者十分二之餘, 七者十分三之餘, 六者十分四之餘也, 參伍錯綜, 無適而不遇七八九六之合焉. 此所謂變化無窮之妙也. 又因是推之, 圖書之文, 七與八, 九與六, 每相聯屬. 河圖則二少位東南, 二老位西北, 二居南, 內含東外之八, 三居東, 內含南外之七, 一居北內含西外之九, 四居西, 內含北外之六. 洛書則一得五成六而合九, 四得五成九而合六, 二得五成七而合八, 三得五成八而合七, 又如二四成六而九居中, 一八成九而六在旁, 二六成八而七處內, 三四成七而八在下, 是亦九六七八, 無適而不遇其合也.)"

12 『역학계몽』「본도서」. "묻기를, "그렇다면 성인이 본받았다는 것은 어떤 것인가?" 대답하기를, "「하도」에서 본받은 것은 그 중앙을 비운 것이고, 「낙서」에서 본받은 것은 그 실용을 총괄한 것이다. 「하도」에서 5와 10을 비운 것은 태극이다. 홀수의 합계 20과 짝수의 합계 20은 양의(兩儀)이다. 1·2·3·4로서 6·7·8·9를 만든 것은 사상(四象)이다. 남북 네 방위에 1과 6, 2와 7, 3과 8, 4와 9 등으로 합쳐져 있는 수들을 나누어서 정방위에는 건곤감리(乾坤坎離)를 배속하고, 네 귀퉁이에 해당하는 정방위들 사이에 위치한 방위의 빈 곳을 채워 태진손간(兌震巽艮)으로 한 것이 팔괘이다. 「낙서」의 실용은 그 첫째는 오행(五行)이고, 둘째는 오사(五事)이며, 셋째는 팔정(八政)이고, 넷째는 오기(五紀)이며, 다섯째는 황극(皇極)이고, 여섯째는 삼덕(三德)이며, 일곱째는 계의(稽疑)이고, 여덟째는 서징(庶徵)이며, 아홉째는 복극(福極)이다. 그 자리와 수가 더욱 분명하다." (曰. 然則, 聖人之則之也, 奈何. 曰. 則河圖者, 虛其中, 則洛書者, 總其實也. 河圖之虛五與十者, 太極也. 奇數二十偶數二十者, 兩儀也. 以一二三四, 爲六七八九者, 四象也. 析四方之合, 以爲乾坤離坎, 補四偶之空, 以爲兌震巽艮者, 八卦也. 洛書之實, 其一爲五行, 其二爲五事, 其三爲八政, 其四爲五紀, 其五皇極, 其六爲三德, 其七爲稽疑, 其八爲庶徵, 其九爲福極. 其位與數尤曉然矣.)"

朱子之論, 則圖爲卦, 其說有三. 一九爲老陽之位數而乾得其數, 兌得其位. 四六爲老陰之位數, 而坤得其數, 艮得其位. 三七爲少陽之位數, 而坎得其數, 巽得其位. 二八爲少陰之位數, 而離得其數, 震得其位. 此一說也.

주자의 의론은 그림이 괘가 된다는 것이니 그에 대한 설은 세 가지가 있다. 1과 9는 노양(老陽, ═)[13]의 위치와 수가 되는데, 건(乾)이 그 수를 얻고 태(兌)는 그 위치를 얻었다. 4와 6은 노음의 위치와 수가 되는데, 곤(坤)이 그 수를 얻고 간(艮)은 그 위치를 얻었다. 3과 7은 소양의 위치와 수가 되는데, 감(坎)이 그 수를 얻고 손(巽)은 그 위치를 얻었다. 2와 8은 소음의 위치와 수가 되는데, 리(離)는 그 수를 얻고 진(震)은 그 위치를 얻었다. 이것이 첫 번째 설이다.[14]

---

13 사상은 노양(老陽, ═), 노음(老陰, ⚏), 소양(少陽, ⚎), 소음(少陰, ⚍) 등을 가리킨다. 『주역』「계사상전」 제11장. "역에 태극이 있으니, 이것이 양의를 생하고, 양의가 사상을 생하고 사상이 팔괘를 생하였다.(易有大極, 是生兩儀, 兩儀生四象, 四象生八卦.)" 사상을 설시법의 관점에서 볼 수 있다. 「계사상전」 제9장 참조. 간략하게 설명하면, 대연(大衍)의 수 50에 해당하는 시초를 구한다. 여기서 실제 시초의 운용에는 그 쓰는 것이 49개이다. 이 (49개의 시초를) 나누어 두 부분으로 하여 하늘과 땅을 상징한다. (두 부분 중 짝수의 시초에서) 하나를 뽑아 거니, 이는 삼재(三才)를 상징한다. 두 부분의 시책을 네 개씩 헤아려 사계절을 상징한다. (네 개씩 헤아리고 남은) 나머지를 끼워서 윤달을 상징한다. 5년에 윤달이 두 번 있으므로, 두 번 끼운 다음 걸어둔다. 이러한 방법을 사영(四營)이라고 하며, 이것이 1변(變)이 된다. 1변을 18번 반복하면 9, 8, 7, 6의 사상수(四象數)를 얻게 된다. 9는 노양(老陽)이 되고, 8은 소음(少陰)이 되고, 7은 소양(少陽)이 되고, 6은 노음(老陰)이 된다.

14 『周易傳義大全』「易本義圖」. "주자가 말했다. "사상을 가지고 관찰해보면, 태양(太陽)의 자리는 1이고 수는 9이니, 건(乾, ☰)은 그 수를 얻고 태(兌, ☱)는 그 자리를 얻으므로 건은 9가 되고 태는 1이 된다. 소음(少陰)의 자리는 2이고 수는 8이니, 리(離, ☲)는 그 수를 얻고 진(震, ☳)은 그 자리를 얻으므로 리는 8이 되고 진은 2가 된다. 소양(少陽)의 자리는 3이고 수는 7이니, 감(坎, ☵)은 그 수를 얻고 손(巽, ☴)은 그 자리를 얻으므로 감은 7이 되고 손은 3이 된다. 태음(太陰)의 자리는 4이고 수는 6이니, 곤(坤, ☷)은 그 수를 얻고 간(艮, ☶)은 그 자리를 얻으므로 곤은 6이 되고 간은 4가 된다. 지금 6, 7, 8, 9의 합을 나누어 건, 곤, 리, 감을 삼아 사방의 정위(바른 위치)에 있고, 1, 2, 3, 4의 차례와 순서에 따라서 진, 태, 손, 간을 삼아 사방 모퉁이의 빈자리를 메운 것이다."(朱子曰. 以四象觀之, 太陽之位, 居一而數則九, 乾得其數而兌得其位. 故乾爲九而兌爲一, 少陰之位, 居二而數則八, 離得其數而震得其位. 故離爲八而震爲二, 少陽之位, 居三而數則七, 坎得其數而巽得其位. 故坎爲七而巽爲三, 太陰之位, 居四而數則六, 坤得其數而艮得其位. 故坤爲六而艮爲四. 今析六七八九之合, 以爲

二太相交而生天之四象, 二少相交而生地之四象. 蓋二太相交, 則一與六合而艮得太陽之位, 坤得太陰之數. 四與九合而兌得太陰之位, 乾得太陽之數. 二少相交, 則二與七合而震得少陰之位, 離得少陽之數. 三與八合而巽得少陽之位, 坎得少陰之數. 乾坤震巽生於本象之所加, 故其卦不交. 兌離坎艮, 生於他象之所交, 故其卦皆交. 此一說也.

두 개의 태(노양과 노음 또는 태양과 태음)가 서로 교접하여 천(天)의 사상이 생겨나고, 두 개의 소(소양과 소음)가 서로 교접하여 지(地)의 사상이 생겨났다. 대개 태양과 태음이 서로 교접하면, 1과 6이 합해져서 간(艮)은 태양의 지위를 얻고, 곤(坤)은 태음의 수를 얻는다. 4와 9는 합해져서 태(兌)는 태음의 지위를 얻고 건(乾)은 태양의 수를 얻는다. 소양과 소음은 서로 교접하면 2와 7이 합해져서 진(震)은 소음의 지위를 얻고 리(離)는 소양의 수를 얻는다. 3과 8이 합해져서 손(巽)은 소양의 지위를 얻고 감(坎)은 소음의 수를 얻는다. 건곤진손은 본래의 상이 더해지는 것에서 생겨나므로 그 괘는 교접하지 않고, 태리감간은 다른 상이 교접하는 것에서 생겨나므로 그 괘가 모두 교접한다.[15] 이것이 두 번째 설이다.[16]

乾坤離坎而在四正之位, 依一二三四之次, 以爲震兌巽艮而補四隅之空也.)"

15 「복희팔괘차서도(伏羲八卦次序圖)」에 따르면, 사상으로부터 팔괘가 파생된다. 여기서 본상은 사상이다. 예를 들면 태양으로부터 건과 태가 생겨나는데, 건은 태양의 두 번째 획인 양으로부터 양으로 나간 것이고, 태는 두 번째 획인 양으로부터 음이 생겨났다. 전자는 양에서 양이 나온 것이므로, 본상에서 온 것이고, 후자는 양에서 음이 나온 것이므로 교접한 것으로 본다.

16 『역학계몽』「본도서」. "주자는 양을 태양으로 음을 태음으로 강(剛)을 소양으로 유(柔)를 소음으로 바꿨고, 두 태가 서로 교접하여 하늘의 사상을 낳고 두 소가 서로 교접하여 땅의 사상을 낳는다고 하였다. 그 나눔이 분명하고 구별됨이 있다고 하였다. 주자의 설이, 비록 소자(邵子)의 본래 의미는 아닐지라도, 그러나 이로 말미암아 그림이 음을 나누고 양을 나눈 것이 서로 사귀고 변화하여 이루어짐을 알 수 있는 것이다. 사상의 늙은 것이나 젊은 것이 처음부터 그 나뉜 바를 바꾸지 않는 것이다.(朱子易陽爲太陽, 陰爲太陰, 剛爲少陽, 柔爲少陰, 二太相交而生天四象, 二少相交而生地四象. 其分粲然而有別. 朱子之說, 雖非邵子本意, 然因是可以知圖之分陰分陽者, 以交易而成. 象之或老或少, 初不易其分也.)"

以四象之數, 分居四方之正者, 爲乾坤坎離, 以四象之位, 補塞四隅之空者, 爲兌震巽艮, 以先天圓圖之位, 配河圖析補之位, 此一說也.

사상의 수로 동서남북 사방의 바른 방위에 나누어 분속시킨 것은 건곤감리가 되고, 사상의 자리로 네 모퉁이 빈 곳에 더해 채워놓은 것은 태진손간이 되니,「선천원도」의 자리와「하도」의 쪼개놓고 보충한(析合補空)[17] 자리에 짝 지운다. 이것이 세 번째 설이다.[18]

前二說, 則圖畫卦之義也, 後一說, 則圖布卦之義也. 前一說, 見於本義圖說註, 後二說, 著於啓蒙. 兼取三說然後, 其義乃備, 而三說各是一義, 又不可儳說也. 玉齋乃以析合補空之說, 牽合於四象生卦之義, 而又以五行生成之數, 爲四象之位數, 附會爲說, 不覺其誤, 良可異也.

첫 번째와 두 번째 설은 '도획괘'의 의미이고, 세 번째 설은 '도포괘'의 의미이다.[19] 첫 번째 설은 『주역본의』「도설」의 주석에 보이고, 두 번째와 세 번째 설은

---

17 석합보공(析合補空)은 「복희팔괘차서도」 즉 횡도(橫圖)에 기초한 사상의 수와 자리를 「복희팔괘방위도」 즉 원도(圓圖)에 배치한다는 뜻을 지니고 있다. 구체적으로 사상의 수 6·7·8·9의 합을 나누어 건·곤·감·리를 원도의 네 정방의 자리에 위치시키고, 사상의 자리 1·2·3·4의 차례에 의해 태·진·손·간으로 원도의 네 모퉁이의 빈 곳을 보충한다는 뜻이다.

18 『역학계몽』「본도서」. "묻기를, "그렇다면 성인들께서 본떴다는 것은 무엇인가?" 대답하기를, "「하도」에서 본뜬 것은 그 가운데를 비움이요,「낙서」에서 본뜬 것은 그 실질을 총괄함이다.「하도」의 비운 5와 10은 태극이다. 각기 합이 20에 이르는 홀수, 짝수는 양의이다. 1, 2, 3, 4로서 6, 7, 8, 9가 된 것은 사상이다. 동서남북 네 방위에 합친 채로 있는 것들을 쪼개어 건, 곤, 감, 리로 하고, 네 귀퉁이의 빈 곳을 채워 태, 진, 손, 간으로 한 것이 팔괘이다. 낙서의 실질을 보면 첫째 오행, 둘째 오사, 셋째 팔정, 넷째 오기, 다섯째 황극, 여섯째 삼덕, 일곱째 계의, 여덟째 서징, 아홉째 복극이니, 그 자리와 수가 더욱 환하다."(曰. 然則, 聖人之則之也, 奈何. 曰. 則河圖者, 虛其中, 則洛書者, 總其實也. 河圖之虛五與十者, 太極也. 奇數二十偶數二十者, 兩儀也. 以一二三四, 爲六七八九者, 四象也. 析四方之合, 以爲乾坤離坎, 補四偶之空, 以爲兌震巽艮者, 八卦也. 洛書之實, 其一爲五行, 其二爲五事, 其三爲八政, 其四爲五紀, 其五爲皇極, 其六爲三德, 其七爲稽疑, 其八爲庶徵, 其九爲福極. 其位與數尤曉然矣.)"

19 도획괘(圖畫卦)란 직역하면 「하도(河圖)」에 괘를 그리는 것으로 첫 번째와 두 번째 설을 미

『역학계몽』에 나타나 있다. 세 가지 설을 함께 취한 뒤에야 그 의미가 갖추어지지만 세 가지 설은 각각의 의미가 있으니 한데 뒤섞어 말할 수는 없다. 옥재는 이에 '석합보공'의 설로 사상이 괘를 생겨나게 한다는 의미에 견강부회시키고, 또 오행이 생성하는 수로 사상의 자리와 수라 여겨서 억지로 설을 만들었는데도 그 오류를 깨닫지 못하니 참으로 괴이한 일이로다.

3) 原卦畫 원괘획

(1) 太極者, 象數未形, 而其理已具之稱.

태극이란 상(象)[20]과 수(數)[21]가 아직 형체를 갖추지 않았으나 그 이치는 이미

루어 보았을 때 첫 번째 설은 「선천횡도(先天橫圖)」에 따라 사상과 팔괘의 자리와 사상의 본래 수를 가지고 「하도」에 대입시킨 것이고, 두 번째 설은 이에서 더 나아가 각 괘들의 교접을 통해 「하도」의 자리와 서로 부합하게 배치된다는 것을 설명하였다. 즉 도회괘란 「하도」의 숫자와 「선천횡도」의 자릿수 및 사상의 본래 수를 가지고 「하도」에 선천팔괘를 배치한 것이다. 이와 달리 도포괘(圖布卦)는 직역하면 「하도」에 괘를 펼쳐놓는다는 뜻으로 '석합보공'을 뜻한다. 석합보공이란 「하도」의 사방에 합해 있는 것(四方之合)을 쪼개어(析), 건, 곤, 리, 감(四隅之空, 네 귀퉁이 방위의 빈 곳)으로 삼고 네 귀퉁이 방위의 비어 있는 곳을 보충(補)하여 태, 진, 손, 간으로 삼는 것이다.

20 상(象)은 역학의 가장 기본적이고 핵심적인 개념의 하나로 사물의 상징이고, 『주역』에는 8개의 대표적인 상이 존재한다. 하늘을 상징하는 건, 땅을 상징하는 곤, 물을 상징하는 감, 불을 상징하는 리, 연못을 상징하는 태, 우레를 상징하는 진, 바람을 상징하는 손, 산을 상징하는 간이 그것이다. 여기에 괘상(卦象)과 효상(爻象)이 있으며, 사물에 빗댄 물상(物象) 등이 있다. 『주역』의 모든 글자와 문장은 이 상으로부터 비롯된다는 것이 상을 중심으로 본 역 해석 관점이다.

21 주역에서 수(數)는 산학(算學)에서 쓰이는 양적인 수보다는 질적인 수를 가리키며, 이런 의미에서 수의 상징학 혹은 기호학적 함의가 더 크다. 대표적으로 「하도」와 「낙서」의 자연수, 사상의 수, 대연의 수, 천지의 수, 만물의 수 등이 있으며, 기수(奇數)와 우수(偶數)는 기본적인 수의 관념이다. 『역학계몽』의 수론(數論)은 소강절에게 큰 영향을 받았는데, 생수(生數)와 성수(成數), 체수(體數)와 용수(用數), 삼천양지(參天兩地), 이수(理數), 원회운세(元會運世)의 수 등이 대표적이다.

갖추어져 있는 것을 이른다.[22]

　象數指圖書卦畫. 此據圖書卦畫而言, 故云象數未形而其理已具. 然圖書卦畫未出之前, 已有天地日月山澤風雷之象, 而太極具於其中, 理安得一時懸空獨立哉. 若以象數之大者而言, 則天地亦象數也. 天地未成之前, 此理亦已具. 然此天地之前, 又有天地而太極具於其中, 則太極果安有懸空獨立之時哉. 此特姑據見在象數, 而推言其理之爲本耳.

　상과 수는 '도서'와 '괘획'을 가리킨다. 이것은 도서와 괘획에 의거해서 말한 것이므로 "상과 수가 아직 형체를 갖추지 않았으나 그 이치는 이미 갖추어져 있음"이라 한 것이다. 그러나 도서와 괘획이 아직 출현하기 전에도 이미 천지(天地), 일월(日月), 산택(山澤), 풍뢰(風雷)의 상은 있으며,[23] 태극은 그 가운데 갖추어져 있으니,[24] 이치가 어찌 한때라도 공허하게 홀로 서 있을 수 있었겠는가? 만일 상과 수의 큰 것으로 말하면 천지 또한 상과 수이다. 천지가 아직 이루어지기 전에도 이 이치는 역시 이미 갖추어져 있다. 그러나 이 천지가 있기 전에도 또 천지가 있고 태극이 그 안에 갖추어져 있었으니, 태극이 과연 어떻게 공허하게 홀로 서 있을 때가 있었겠는가? 이것은 특히 우선 상과 수가 드러나 있는 것을 근거로 하여, 그 리가 근본이 된다는 것을 미루어 말한 것일 뿐이다.

22　『역학계몽』「원괘획」. "태극은 상과 수가 아직 나타나지 않았지만 그 리가 이미 갖추어진 것을 말한다.(太極者, 象數未形, 而其理已具之稱.)"

23　『주역』「계사전 하」 2장. "옛날에 포희씨가 천하의 왕이 됨에 우러러 하늘에서 상을 살피고 구부려 땅에서 법을 살피며, 새와 짐승의 무늬와 땅의 마땅함을 살피며, 가까이 자신에게서 취하고 멀리 사물에서 취하여, 이에 비로소 팔괘를 만들어 이로써 신묘하고 밝은 덕에 통하며, 만물의 실정을 분류하였다.(古者包犧氏之王天下也, 仰則觀象於天, 俯則觀法於地, 觀鳥獸之文, 與地之宜, 近取諸身, 遠取諸物, 於是, 始作八卦, 以通神明之德, 以類萬物之情.)"

24　『태극해의』「태극도해」 참고.

(2) 形器已具, 而其理無眹之目.

형기는 이미 갖추어져 있지만 그 이치는 아무런 조짐도 없는 것을 지목한 것이다.[25]

形器亦指圖書卦畫陰陽奇偶而言. 陰陽動靜之中, 太極之理, 沖漠無眹者, 無處不然. 或謂此無眹, 與沖漠無眹, 不同, 而沖漠無眹者, 可言於靜上, 而不可言於動上, 謬矣.

형기 또한 도서, 괘획, 음양, 기우 등을 가리켜서 말한 것이다. 음양과 동정의 가운데 태극의 이치가 '고요하여 아무런 조짐도 없는' 것이 어느 곳이든 그렇지 않음이 없다. 누군가는 '아무런 조짐도 없음'과 이 같지 않으니, '고요하여 아무런 조짐도 없음'은 고요함의 측면에서 말할 수 있지만, 움직임의 측면에서는 말할 수 없다고 하는데 이는 오류이다.

(3) 以河圖言, 則六者一而得於五者也, 云云.
「하도」의 측면에서 말하면, '6은 1이 5를 얻은 것이다.'라고 말한다.[26]

---

25 『역학계몽』「원괘획」. "형(形)과 기(器)가 이미 갖추어졌지만 그 리(理)가 조짐이 없는 것을 가리키니, 「하도」와 「낙서」에서는 모두 중앙을 비운 모습이다. 주자(周子)가 '무극이면서 태극이다'라고 하였으며, 소자(邵子)가 '도(道)가 태극이다'라고 하고 또 '마음이 태극이다'라고 한 것이 이것을 말한다.(形器已具, 而其理無眹之目. 在河圖洛書, 皆虛中之象也. 周子曰, 無極而太極, 邵子曰, 道爲太極, 又曰, 心爲太極, 此之謂也.)"

26 『역학계몽』「원괘획」. "양의 위에 하나의 홀과 하나의 짝을 낳아서 두 획이 되는 것이 4이니, 이것이 사상이 된다. 그 위치는 태양이 1의 자리, 소음이 2의 자리, 소양이 3의 자리, 태음이 4의 자리이다. 그 수는 태양이 9, 소음이 8, 소양이 7, 태음이 6이다. 「하도」로 말하면, 6은 1이 5를 얻은 것이고, 7은 2가 5를 얻은 것이며, 8은 3이 5를 얻은 것이고, 9는 4가 5를 얻은 것이다. 「낙서」로 말하면, 9는 10에서 1을 분할한 나머지이고, 8은 10에서 2를 분할한 나머지이며, 7은 10에서 3을 분할한 나머지이고, 6은 10에서 4를 분할한 나머지이다. 주자(周子)의 이른바 '수화목금'이라는 것과 소자(邵子)의 이른바 '2가 나뉘어 4가 된다'는 것이 모두 이것을 말한다.(兩儀之上, 各生一奇一偶, 而爲二畫者四, 是爲四象, 其位則太陽一, 少陰二, 少陽三,

河圖之中五, 卽太極也. 六七八九, 皆得五而成者, 卽兩儀四象, 皆具太極之
象也.

「하도」의 중앙에 있는 5는 곧 태극이다. 6, 7, 8, 9는 모두 5를 얻어 이루어진
것으로 양의와 사상이니, 모두 태극의 상을 갖추고 있다.

(4) 天地定位, 雷以動之兩節.
'천지정위, 뇌이동지' 두 구절[27]

上節以八卦之體言, 下節以八卦之用言. 以體言, 則首言天地, 有天地然後方
有下物事也. 以用言, 則終言乾坤, 上物事之用, 皆乾主而坤藏也. 主於體, 則
先言天地山澤定體者, 而後言雷風水火作用者. 主於用, 則先言雷風雨日生養之
事, 而後言艮兌乾坤包攝之事, 一節之中又各有序也.

앞 구절은 팔괘의 본체라는 측면에서 말한 것이고, 뒷구절은 팔괘의 현상이라
는 측면에서 말한 것이다. 본체의 측면에서 말하면, 먼저 천지를 말하고, 천지가
있은 뒤에 바야흐로 그다음 순서로 사물과 사건들이 있게 된다. 현상의 측면에서
말하면, 끝에 건곤을 말하고, 앞선 [여러] 사물과 사건의 현상들은 모두 건이 주

太陰四. 其數則太陽九, 少陰八, 少陽七, 太陰六. 以河圖言之, 則六者, 一而得於五者也, 七
者, 二而得於五者也, 八者, 三而得於五者也, 九者, 四而得於五者也. 以洛書言之, 則九者十
分一之餘也, 八者, 十分二之餘也, 七者, 十分三之餘也, 六者, 十分四之餘也. 周子所謂"水
火木金, 邵子所謂二分爲四者, 皆謂此也.)"

[27] 『주역』「설괘전」 3장. "하늘과 땅이 바르게 자리를 잡음에, 산과 연못이 서로 기를 소통하고,
우레와 바람이 서로 결합하며, 물과 불이 서로 꺼리지 아니하여, 팔괘가 서로 뒤얽힌다. 지나간
것을 헤아림은 순(順)이고, 다가올 것을 아는 것은 역(逆)이니, 이런 까닭에 『역(易)』은 거꾸
로 헤아리는 (逆數) 것이다.(天地定位, 山澤通氣, 雷風相薄, 水火不相射, 八卦相錯, 數往者
順, 知來者逆, 是故易逆數也.)"「설괘전」 4장. "우레로 움직이고, 바람으로 흩으며, 비로 적시
고, 해로 말리며, 간으로 머물고, 태로 기뻐하며, 건으로 주재하고, 곤으로 간직한다.(雷以動之,
風以散之, 雨以潤之, 日以烜之, 艮以止之, 兌以說之, 乾以君之, 坤以藏之)."

관하고 곤은 감추는 것이다. 본체에 주안점을 두면, 먼저 천지와 산택의 정체를 말하고 뒤에 뇌풍과 수화의 작용을 말한다. 현상에 주안점을 두면, 먼저 뇌풍과 우일(雨日)이 만물을 낳고 양육하는 일을 말하고, 뒤에 간태건곤이 감싸안고 받아들이는 일을 말하니, 한 구절 속에도 각각의 순서가 있다.

(5) 邵子曰. 數往者左旋, 知來者右行.
소자가 말했다. "지나간 것을 헤아리는 것은 좌선하고, 다가올 것을 아는 것은 우행한다."[28]

此以橫圖觀之, 則甚分曉. 從中而分, 自震至乾爲左旋, 自巽至坤爲右行. 若以圓圖而言, 則震至乾巽至坤, 同爲左旋矣. 朱子說左右, 與今天文說左右不同云云, 據圓圖而言故耳.

이것은 「횡도」로 보면 분명하게 이해할 수 있다. 가운데서부터 나누어져서 진부터 건까지는 좌선하고 손부터 곤까지는 우행한다. 만일 「원도」로 말하면 진에서 건까지, 손에서 곤까지 같이 좌선한다. 주자께서 "역의 좌우는 지금 천문가들이 말하는 좌우와는 같지 않다."[29]고 한 것은 「원도」에 근거해서 말했기 때문이다.

---

28 『역학계몽』「원괘획」. 소자가 말했다. "이 구절은 복희의 8괘를 밝혔다. '8괘가 서로 교착한다'는 것은 서로 교착해서 64괘를 이룸을 밝힌 것이다. '지나간 것을 세는 것은 순응하는 것이다'라는 것은 하늘에 순응해서 운행하는 것과 같으니, 좌선하는(왼쪽으로 도는) 것이다. 모두 이미 생겨난 괘이므로 '지나간 것을 헤아린다'고 말했다. '올 것을 아는 것은 예측하는 것이다.'라는 것은 하늘에 거역해서 운행하는 것과 같으니, 우행하는(오른쪽으로 진행하는) 것이다. 모두 아직 생겨나지 않은 괘이므로 '올 것을 안다'고 말했다. 『역』의 헤아림은 예측하는 것으로부터 이루어진다. 이 구절은 「선천도」의 의미를 직접 해석한 것이니, 사계절을 예측해서 아는 것과 같은 것을 말한다.(邵子曰. 此一節明伏羲八卦也. 八卦相錯者, 明交相錯而成六十四也. 數往者順, 若順天而行, 是左旋也. 皆已生之卦也, 故云數往也. 知來者逆, 若逆天而行, 是右行也. 皆未生之卦也, 故云知來也. 夫易之數, 由逆而成矣. 此一節直解圖意, 若逆知四時之謂也.)"

29 『朱子語類』 권65 「易一, 綱領上之上」 61조목. "「선천도」의 자세한 내막에 관해 질문한 것은

(6) 陽上交於陰, 陰下交於陽.

양은 위로 올라가서 음과 교접하고, 음은 아래로 내려가서 양과 교접한다.[30]

此以圓圖而言. 圓圖陽在左, 左爲下. 陰在右, 右爲上. 陽自左而交於右爲上交. 陰自右而交於左爲下交. 橫圖, 則陽在右陰在左, 不得言陽上交陰下交矣. 朱子釋邵子此說, 曰此下四節通論伏羲六十四卦圓圖. 蓋已明言之矣. 又陽主升, 故謂之上交, 陰主降, 故謂之下交, 其義亦通.

그림의 의미가 상세하니, 만약 건1(乾一)에서부터 곤8(坤八)에 이르기까지 횡으로 배열한다면 이는 완전히 스스로 그러한 것이다. 그러므로 「설괘전」에서 『역』은 역수(逆數)라고 말한 것이다.【모두 이생(已生)에서 미생(未生)의 괘를 얻었다.】만약 「원도」와 같다면, 반드시 이와 같아야 비로소 음양이 소장하는 차례를 볼 수 있을 것이다.【진(震) 일양(一陽), 리(離)와 태(兌) 이양(二陽), 건(乾) 삼양(三陽), 손(巽) 일음(一陰), 감(坎)과 간(艮) 이음(二陰), 곤(坤) 삼음(三陰).】비록 조금 안배한 것 같지만, 또한 자연의 이치가 아님이 없다. 동지에서 하지에 이르는 것을 순행으로 삼는 것은 앞의 역수와는 상반된다.【모두 미생에서 도리어 이생의 괘를 얻었다.】하지에서 동지에 이르는 것을 역(逆)으로 삼는 것은 앞의 역수와 같다. 그 좌우는 오늘날 천문가가 말하는 좌우와는 같지 않다. 대체로 가운데로부터 분화하는데, 그 처음은 마치 좌우의 세(勢)가 있는 것 같다.【북에서 동으로 가는 것이 좌가 되고, 남에서 서로 가는 것이 우가 된다.】(所問先天圖曲折, 細詳圖意, 若自乾一橫排至坤八, 此則全是自然, 故說卦云, 易, 逆數也. 皆自已生以得未生之卦.】若如圓圖, 則須如此, 方見陰陽消長次第.【震一陽, 離兌二陽, 乾三陽. 巽一陰, 坎艮二陰, 坤三陰.】雖似稍渉安排, 然亦莫非自然之理. 自冬至至夏至爲順, 蓋與前逆數者相反.【皆自未生而反得已生之卦.】自夏至至冬至爲逆, 蓋與前逆數者同. 其左右與今天文家說左右不同, 蓋從中而分, 其初若有左右之勢爾.【自北而東爲左, 自南而西爲右.】)

[30] 『역학계몽』「원괘획」. "또 말했다. "태극이 나누어지고 나서 양의가 확립된다. 양이 위로 음과 교착하고 음이 아래로 양과 교착하여 사상이 생긴다. 양이 음과 교착하고 음이 양과 교착하여 하늘의 사상을 낳으며, 강(剛)이 유(柔)와 교착하고 유가 강과 교착하여 땅의 사상을 낳는다. 8괘가 서로 뒤섞인 뒤에 만물이 생긴다. 그러므로 1이 나뉘어 2가 되고, 2가 나뉘어 4가 되며, 4가 나뉘어 8이 되고, 8이 나뉘어 16이 되며, 16이 나뉘어 32가 되고, 32가 나뉘어 64가 되니, 마치 뿌리에 줄기가 있고 줄기에 가지가 있는 것과 같아서 커질수록 더욱 작아지고 가늘어질수록 더욱 번다해진다."(又曰. 太極旣分, 兩儀立矣. 陽上交於陰, 陰下交於陽, 而四象生矣. 陽交於陰, 陰交於陽, 而生天之四象, 剛交於柔, 柔交於剛, 而生地之四象. 八卦相錯, 而後萬物生焉. 故一分爲二, 二分爲四, 四分爲八, 八分爲十六, 十六分爲三十二, 三十二分爲六十四. 猶根之有榦, 榦之有枝, 愈大則愈小, 愈細則愈繁.")

이것은 「원도」로서 말한 것이다. 「원도」에서 양은 왼쪽에 있으며 왼쪽은 아래이다. 음은 오른쪽에 있으며 오른쪽은 위이다. 양이 왼쪽으로부터 오른쪽으로 교접하는 것은 '위로 올라가 교접'하는 것이 된다. 음이 오른쪽으로부터 왼쪽으로 교접하는 것은 '아래로 내려가서 교접'하는 것이 된다. 「횡도」에서는, 양은 오른쪽에 있고 음은 왼쪽에 있으니, 양이 위로 올라가 교접하고 음은 아래로 내려가 교접한다고 말할 수 없다. 주자가 소자의 이 설을 해석하면서 '이 아래 네 구절은 「복희육십사괘원도」를 통론한 것이다.'[31]라고 했으니, 대개 이미 분명하게 그것을

31　『朱子大全』 권38 「答袁機仲」. "소자는, 태극이 나누어지면 양의가 세워진다.【이 아래 네 구절은 복희의 64괘 원도를 통론한 것이다. 이 하나의 구절은 첫 번째 효로 말한 것인데 왼쪽의 일기(一奇)는 양이 되고 오른쪽의 일우(一偶)는 음이 되니 이것이 이른바 양의(兩儀)라는 것이다.】이제 이 일기가 왼쪽에 32괘의 첫 효가 되고, 일우는 오른쪽에 32괘의 첫 효가 되니, 이는 곧 여러 차례 변화하여 나뉜 것이지 본래 이처럼 64조각이 있었던 것은 아니다.【뒤에도 이를 따른다.】양은 위로 음과 교접하고 음은 아래로 양과 교접하여 사상이 생겨난다.【이 하나의 구절은 첫 번째 효가 두 번째 효를 낳는 것으로 말했다. 양 하단의 반이 위로 음 상단의 반과 교접하면, 음 가운데 두 번째 효의 일기와 일우를 낳아 소양과 태음이 된다. 음 상단의 반이 아래로 양 하단의 반과 교접하면, 양 가운데 두 번째 효의 일기와 일우를 낳아 태양과 소음이 된다. 이것이 이른바 양의가 사상을 낳는 것이다. 태양의 일기가 이제 나뉘어져 왼쪽 상단 16괘의 두 번째 효가 되고, 소음의 일우가 이제 나뉘어져 왼쪽 하단 16괘의 두 번째 효가 되며, 소양과 태음이 나뉘는 것도 이를 따른다. 그런데 첫 번째 효의 2가 또 나뉘어져 4가 된다.】양은 음과 교접하고 음은 양과 교접하여 하늘의 사상을 생하고, 강(剛)은 유(柔)와 교접하고 유는 강과 교접하여 땅의 사상을 생한다.【이 하나의 구절은 두 번째 효가 세 번째 효를 낳는 것으로 말했다. 양은 태양을, 음은 태음을, 강은 소양을, 유는 소음을 말한다. 태양 하단의 반이 태음 상단의 반과 교접하면 태음 가운데 세 번째 효의 일기와 일우를 낳아 간괘와 곤괘가 된다. 태음 상단의 반이 태양 하단의 반과 교접하면 태양 가운데 세 번째 효의 일기와 일우를 낳아 건괘와 태괘가 된다. 소양 상단의 반이 소음 하단의 반과 교접하면 소음 가운데 세 번째 효의 일기와 일우를 낳아 리괘와 진괘가 된다. 소음 하단의 반이 소양 상단의 반과 교접하면 소양 가운데 세 번째 효의 일기와 일우를 낳아 손괘와 감괘가 된다. 이것이 이른바 사상이 팔괘를 낳는 것이다. 건괘의 일기가 이제 나뉘어져 팔괘의 세 번째 효가 되고, 곤괘의 일우가 이제 나뉘어져 팔괘의 세 번째 효가 되며, 나머지는 모두 이를 따른다. 그런데 첫 번째 효와 두 번째 효의 4가 이제 또 나뉘어져 8이 된다. 건괘, 태괘, 간괘, 곤괘는 태양과 태음에서 생겨나므로 하늘의 사상이 되고, 이괘, 진괘, 손괘, 감괘는 소양과 소음에서 생겨나므로 땅의 사상이 된다.】팔괘가 서로 섞인 후에 만물이 생한다고【한 괘의 위에 각각 팔괘를 더하여 서로 섞으면 64괘가 이루어진다.】말했습니다. 이는 보내주신 편지에서 인용한 소선생의 학설입니다. 이제 자세하게 변증하고 분석해서 부쳐드리니 상세히 고찰해 보시기 바랍니다. 그래서 그 자세한 내용

말했다. 또한 양은 상승을 주로 하므로 '위에서 교접한다'고 이르고, 음은 하강을 주로 하므로 '아래로 내려가서 교접한다'고 이르니 그 뜻 역시 통한다.

(7) 邵子, 以生於陽儀者, 爲天四象, 生於陰儀者, 爲地四象. 朱子, 以生於二太者, 爲天四象, 生於二少者, 爲地四象. 二義俱通, 而朱子說恐尤密. 邵子以陽儀所生爲陰陽, 陰儀所生爲剛柔, 以陰陽二儀分屬氣質, 不若朱子之說, 以二太之純而不雜者, 爲陰陽而屬之氣, 二少之雜而成文者, 爲剛柔而屬之質矣. 邵子八卦老交少少交老, 乾對兌, 坤對艮, 皆失其本然之配偶, 不若朱子八卦老交老少交少, 乾對坤, 兌對艮, 皆得其本然之配偶矣. 朱子之捨邵子本意, 而改爲新說者, 蓋有以也.

소자는 [양의 가운데] 양(陽)의 의(儀)에서 생겨나는 것을 천(天)의 사상(四象)으로 삼고, 음(陰)의 의에서 생겨나는 것을 지(地)의 사상이라고 하였다.**32** (이

을 이해할 수 있어야지 가볍게 논의해서는 안 될 일입니다.(邵子曰. 太極旣分, 兩儀立矣.【此下四節通論伏羲六十四卦圓圖. 此一節以第一爻而言, 左一奇爲陽, 右一偶爲陰, 所謂兩儀者也.】今此一奇爲左三十二卦之初爻, 一偶爲右三十二卦之初爻, 乃以累變而分, 非本卽有此六十四段也.【後放此】陽上交於陰, 陰下交於陽而四象生矣.【此一節以第一爻生第二爻而言也. 陽下之半上交於陰上之半, 則生陰中第二爻之一奇一偶, 而爲少陽·太陰矣. 陰上之半下交於陽下之半, 則生陽中第二爻之一奇一偶, 而爲太陽·少陰矣. 所謂兩儀生四象者也. 太陽一奇, 今分爲左上十六卦之第二爻, 少陰一偶, 今分爲左下十六卦之第二爻, 少陽·太陰, 其分放此. 而初爻之二, 亦分爲四矣.】陽交於陰, 陰交於陽而生天之四象, 剛交於柔, 柔交於剛而生地之四象.【此一節以第二爻生第三爻言也. 陽謂太陽, 陰謂太陰, 剛謂少陽, 柔謂少陰. 太陽之下半交於太陰之上半, 則生太陰中第三爻之一奇一偶, 而爲艮爲坤矣. 太陰之上半交於太陽之下半, 則生太陽中第三爻之一奇一偶, 而爲乾爲兌矣. 少陽之上半交於少陰之下半, 則生少陰中第三爻之一奇一偶, 而爲離爲震矣. 少陰之下半交於少陽之上半, 則生少陽中第三爻之一奇一偶, 而爲巽爲坎矣. 此所謂四象生八卦也. 乾一奇, 今分爲八卦之第三爻, 坤一偶, 今分爲八卦之第三爻, 餘皆放此. 而初爻·二爻之四, 今又分而爲八矣. 乾兌艮坤生於二太, 故爲天之四象; 離震巽坎生於二少, 故爲地之四象.】八卦相錯, 而後萬物生焉.【一卦之上, 各加八卦以相間錯, 則六十四卦成矣.】此來敎所引邵先生說也. 今子細辨析奉呈, 幸詳考之, 方可見其曲折, 未遽可輕議也.)

32 『역학계몽통석』「邵子天地四象圖」. "소자의「경세연역도」는 태양을 건괘로 삼고, 태음을 태

에 반해) 주자는 태양과 태음에서 생겨나는 것을 천의 사상으로 여기고, 소양과 소음에서 생겨나는 것을 지의 사상으로 여겼다.[33] 두 가지 설의 의미가 모두 통하지만, 주자의 설이 아무래도 더욱 정밀한 듯하다. 소자는 양의 의에서 생겨나는 것을 음양으로 여겼고, 음의 의에서 생겨나는 것을 강유(剛柔)로 여겨서, 음과 양의 두 의(儀)를 기질에 분속했는데, 이는 주자의 설이 태양과 태음의 순수하고 섞이지 않은 것을 음양으로 여겨서 기(氣)에 속하게 하고, 소양과 소음의 섞여서 일정한 형체(文)를 이룬 것을 강유라고 생각하여 질(質)에 속하게 한 것만 못하다. 소자의 팔괘는 노(老)가 소(少)와 교접하고 소가 노와 교접하여 건(乾)이 태(兌)와 짝을 이루고 곤(坤)이 간(艮)과 짝을 이루었으니, 모두 본연의 짝을 잃은 것이다. 이는 주자가 팔괘는 노가 노와 교접하고 소가 소와 교접하여 건이 곤과 짝을 이루고 태가 간과 짝을 이루니 모두 본연의 짝을 얻게 한 것만 못하다. 주자가 소자의 원래 뜻을 버리고 고쳐서 새로운 설을 만든 것은 그럴 만한 까닭이 있는 것이다.

괘로 삼고, 소양을 리괘로 삼고, 소음을 진괘로 삼았는데, 이 4개의 괘는 양의에서부터 나왔으므로 하늘의 사상이 되며, 소강을 손괘로 삼고, 소유를 감괘로 삼고, 태강을 간괘로 삼고, 태유를 곤괘로 삼았는데, 이 4개의 괘는 음의에서부터 나왔으므로 땅의 사상이 된다.「원괘획」편에 상세하게 보인다. 아래도 같다.(邵子經世演易圖, 以太陽爲乾, 太陰爲兌, 少陽爲離, 少陰爲震, 此四卦自陽儀中來, 故爲天四象. 少剛爲巽, 少柔爲坎, 大剛爲艮, 太柔爲坤, 此四卦自陰儀中來, 故爲地四象. 詳見原卦畫篇下同.)

33　『역학계몽통석』「朱子天地四象圖」 "주자는 소자의 이론을 해석하여, 건괘, 태괘, 간괘, 곤괘가 두 가지 태(太, 태양과 태음)에서 생겨나기 때문에 하늘의 사상이 되며 이괘, 진괘, 손괘, 감괘가 두 가지 소(少, 소양과 소음)에서 생겨나기 때문에 땅의 사상이 된다고 여겼다. 그러나 태양을 양으로 삼고, 태음을 음으로 삼으며, 소양을 강으로 삼고, 소음을 유로 삼아 다시 8괘에서 음양과 강유로 나누지 않은 것은 소자의 본래 의도와 같지 않으니, 그 자체로 하나의 이론이 된다.(朱子釋邵子說, 以乾兌艮坤生於二太, 故爲天四象, 離震巽坎, 生於二少, 故爲地四象. 但以太陽爲陽, 太陰爲陰, 少陽爲剛, 少陰爲柔, 不復就八卦上分陰陽剛柔, 與邵子本意不同, 自爲一說也.)"

(8) 無極之前, 有象之後.
무극 이전과 유상 이후.[34]

坤爲無極, 而自坤及姤, 爲前, 復爲有象, 而自復至乾, 爲後, 陰爲無極而陽爲有象. 如周子說靜無而動有也.
곤(坤)은 무극이 되고 곤부터 구(姤)까지가 무극 이전이며, 복(復)은 '유상(有象)'이 되고 복부터 건(乾)까지가 무극 이후가 되니, 음은 무극이 되고 양은 유상이 된다. 주렴계의 '고요함은 무, 움직임은 유'[35]라는 설과 같다.

(9) 無極之前, 陰含陽.
무극의 앞에 음은 양을 머금고 있다.[36]

無極與有象對言, 是以姤至坤對復至乾而言也. 蓋以氣言也. 至陰之中, 萬物未形, 故謂之無極. 一陽旣動, 萬物隨生, 故謂之有象. 無極言氣之無形, 與老子柳子所謂無極者意同, 非濂溪所謂無極也. 朱子所謂坤復之間無極者, 當自別

---

34 『역학계몽』「원괘획」. "무극 이전에는 음이 양을 머금고 있지만, 상이 있은 뒤에는 양이 음을 분포(分布)한다. 음은 양의 어머니가 되고 양은 음의 아버지가 되므로, 어머니가 장남을 잉태하여 복괘(復卦)가 되고 아버지가 장녀를 낳아 구괘(姤卦)가 되었다. 이 때문에 양은 복괘에서 일어나고 음은 구괘에서 일어난다.(又曰, 無極之前, 陰含陽也, 有象之後, 陽分陰也. 陰爲陽之母, 陽爲陰之父, 故母孕長男而爲復, 父生長女而爲姤. 是以陽起於復, 而陰起於姤也.)"

35 『通書』「誠下」. "고요할 때 없다가 발동하면 있다. 지극히 바르게 있다가 분명히 통달한다.(靜無而動有, 至正而明達也.)" 이에 대해 주자는 『통서해(通書解)』에서 "고요하여 음일 때에 성(誠)은 본디 없었던 적이 없으나, 그것이 아직 드러나지 않았기 때문에 없다고 하였을 뿐이다. 움직여 양일 때에 성은 여기에 이른 후에 있는 것은 아니지만, 볼 수 있기 때문에 있다고 하였을 뿐이다. 고요하여 없는 때는 지극히 바를 뿐이고, 움직여 있는 다음에는 밝음과 통달함을 볼 수 있다.(方靜而陰, 誠固未嘗無也, 以其未形而謂之無耳. 及動而陽, 誠非至此而後有也, 以其可見而謂之有耳. 靜無, 則至正而已, 動有, 然後明與達者可見也.)"라고 하였다.

36 『역학계몽』「원괘획」. 각주 34번 참고.

爲一義, 非正釋邵子之意也. 朱子詩所謂無中含有象者, 承上夜半一聲雷而言,
則乃謂陰中含陽之象也. 進齋徐氏, 以此詩爲說坤復之間無極, 則恐失之矣.

　　무극과 유상은 서로 대구가 되는 말이다. 이는 구(姤,☰)부터 곤(坤,☷)까지와 복(復,☷)부터 건(乾,☰)까지를 상대하여 말한 것이니, 대개 기(氣)로서 말한 것이다. 지극한 음 가운데서 만물은 아직 형체가 드러나지 않았기 때문에 '무극'이라고 한 것이다. 일양(一陽)이 이미 움직이면 만물은 따라서 생겨나므로 '유상'이라고 했다. 무극은 기의 무형을 말한 것이니 노자와 유종원이 말한 무극과 뜻이 같지만, 주렴계가 말한 무극과는 다르다.[37] 주자가 말한 '곤복지간이 무극'이라는 것은 마땅히 별도로 하나의 의미가 되지 소자의 뜻을 곧바로 해석한 것은 아니다.[38] 주자의 시에서 '무 가운데 유상을 머금었다(無中含有象)'는 것은 시의 위 구절에 '한밤중 천둥 소리'(夜半一聲雷)를 이어 말한 것이니,[39] 곧 '음 가운데 양을 머금은' 상이다. 진재 서씨는 이 시로 '곤복지간이 무극이다.'[40]를 설명하는데 아무래도 잘못된 것이다.[41]

37　『老子』 28장. "희다는 것을 알면서도 그 검은 것을 지켜주면 천하의 본보기가 될 것이다. 천하의 본보기가 되면 항구한 덕에 어긋나지 않아 다시금 끝이 없는 데로 돌아갈 것이다.(知其白, 守其黑, 爲天下式. 爲天下式, 常德不忒, 復歸於無極.)"

38　『태극해의』「태극도해」의 '곤복지간(坤復之間)' 주석 참고.

39　『회암집』권9「答袁機仲論啓蒙」. "홀연히 한밤중에 한 소리가 크게 우레 치더니 모든 집의 문이 차례로 열리네. 만약 무 가운데 상이 있음을 안다면 그대는 친히 복희씨의 뜻을 안다 할 수 있으리.(忽然半夜一聲雷, 萬戶千門次第開, 若識無心含有象, 許君親見伏羲來.)"

40　소자는 "무극 이전에는 음이 양을 포함하고 상이 있고 난 뒤에는 양이 음을 나눈다.(无極之前, 陰含陽也, 有象之後, 陽分陰也.)"라고 하였고, 주자는 "곤괘와 복괘의 사이가 바로 무극이다.(坤復之間, 乃无極也.)"라고 하였다.

41　『역학계몽』「원괘획」. "진재 서씨가 말했다. "무극 이전에 음이 양을 머금은 것은 손괘의 사라짐으로부터 곤괘의 거둠에 이르기까지 고요함의 오묘함을 말한다. 상이 있는 뒤에 양이 음을 분리시키는 것은 진괘의 자라남으로부터 건괘의 분리시킴에 이르기까지 움직임의 오묘함을 말한다. 음이 양을 머금기 때문에 어머니가 잉태하였다고 했고, 양이 음을 분리시키기 때문에 아버지가 낳는다고 했다. 주자가 말하길 곤괘와 복괘의 사이가 바로 무극이라고 했으니, 그 논의가 정밀하다. 또 시에서 말하기를 '한밤중 홀연히 우레 소리가 들리니 수많은 문이 차례로

(10) 坎離者, 陰陽之限也, 故離當寅坎當申.

감리(坎離)는 음양의 경계이니, 리(離)는 인(寅)에 해당하고 감(坎)은 신(申)에 해당한다.[42]

以十二支分配八卦, 則自亥至子半屬坤, 自子半至醜屬震, 自寅至卯半屬離, 自卯半至辰屬兌, 自巳至午半屬乾, 自午半至未屬巽, 自申至酉半屬坎, 自酉半至戌屬艮. 自寅至未爲春夏之陽, 自申至醜爲秋冬之陰. 坎離爲陰陽之限, 故離當寅, 坎當申, 而離之蹜於卯, 坎之蹜於酉, 陰陽之溢也. 蓋以陰陽之中數言, 則離當卯半, 坎當酉半. 以陰陽之界限言, 則離當寅初, 坎當申初. 二說相通而不相妨矣.

십이지지[43]를 팔괘에 나누어 배속하면, 해(亥)부터 자(子)의 반까지는 곤(坤)에 속하고, 자의 반부터 축(丑, 醜라고도 씀)까지는 진(震)에 속하며, 인(寅)부터 묘(卯)의 반까지는 리(離)에 속하고, 묘의 반부터 진(辰)까지는 태(兌)에 속하며, 사(巳)부터 오(午)의 반까지는 건(乾)에 속하고, 오의 반부터 미(未)까지는 손(巽)

열리네, 만약 무 가운데에 상이 있는 것을 포함한다는 것을 안다면 그대가 복희를 직접 보았다고 인정하겠네.'라고 하였는데, '무 가운데에 상이 있는 것을 포함한다'는 것은 바로 곤괘와 복괘의 사이가 무극이면서 태극이라는 것이다."(進齋徐氏曰, 無極之前, 陰含陽也. 言自巽消而至坤翕, 靜之妙也. 有象之後, 陽分陰也, 言自震長而至乾分, 動之妙也. 陰含陽, 故曰母孕, 陽分陰, 故曰父生. 朱子云, 坤復之間乃無極, 其論密矣. 又詩曰, 忽然夜半一聲雷, 萬戶千門次第開. 若識無中含有象, 許君親見伏羲來, 無中含有象, 即坤復之間, 無極而太極也.)"

42 『역학계몽』「원괘획」. "(소옹이) 또 말했다. "감괘와 리괘는 음양의 한계이다. 그러므로 리괘는 인(寅)에 해당하고, 감괘는 신(申)에 해당한다. 수가 항상 넘치는 것은 음양이 넘치는 것이다. 그러나 사용하는 수는 가운데에 불과하다.【이것은 더 생각해 보아야 한다. 리괘는 묘(卯)에 해당되고, 감괘는 유(酉)에 해당되나 곤괘로 자(子)의 반을 볼 수 있다.】"(又曰. 坎離者, 陰陽之限也, 故離當寅, 坎當申, 而數常蹜之者, 陰陽之溢也. 然用數不過乎中也.【此更宜思離當卯, 坎當酉, 但以坤爲子半可見矣.】)"

43 십이지지(十二地支)는 십이지(十二支)라고도 하며, 농사, 의식, 행사 등을 진행하는 시간과 날짜를 기록하고 측정하기 위해 만들어진 월령(月令)에 쓰인 단위이다. 자(子), 축(丑), 인(寅), 묘(卯), 진(辰), 사(巳), 오(午), 미(未), 신(申), 유(酉), 술(戌), 해(亥) 등의 열두 개를 가리킨다.

에 속하며, 신(申)부터 유(酉)의 반까지는 감(坎)에 속하고, 유의 반부터 술(戌)까지는 간(艮)에 속한다. 인부터 미까지는 봄과 여름의 양이고, 신부터 축까지는 가을과 겨울의 음이다. 감과 리는 음양의 한계이므로, 리는 인이 해당하고 감은 신이 해당하며, 리가 묘를 넘어가고 감이 유를 넘어가는 것은 음과 양의 넘침(溢)이다. 대개 음과 양의 가운데 수(中數)로서 말한다면, 리는 묘의 반에 해당하고 감은 유의 반에 해당한다. 음과 양의 한계로 말한다면, 리는 인의 처음에 해당하고, 감은 신의 처음에 해당한다. 그러나 두 설은 서로 통하고 장애가 되지 않는다.

(11) 神也者, 妙萬物.

신(神)이란 만물을 묘하게 하는 것이다.[44]

神卽上文所謂帝也. 程子所謂以主宰謂之帝, 以妙用謂之神者也. 帝以體言, 神以用言, 皆以理言也.

신은 곧 위 문장에서 이른바 상제(上帝)이다.[45] 정자가 말한 '주재로서 말하면

---

44 『역학계몽』「원괘획」. "신(神)이란 만물을 신묘하게 하는 것을 말하는 것이다. 만물을 움직이는 것은 우레보다 빠른 것이 없고, 만물을 흔드는 것은 바람보다 빠른 것이 없으며, 만물을 건조시키는 것은 불보다 더 잘 말리는 것이 없고, 만물을 기쁘게 하는 것은 못보다 더 기쁘게 하는 것이 없으며, 만물을 적시는 것은 물보다 더 잘 적시는 것이 없고, 만물을 끝내고 만물을 시작하는 것은 간(艮)보다 왕성한 것이 없다. 그러므로 물과 불이 서로 미치고, 우레와 바람이 서로 어그러지지 않으며, 산과 못이 기(氣)를 통한 다음에야 변화할 수 있고 만물을 충분히 이룰 수 있다.(神也者, 妙萬物而爲言者也. 動萬物者莫疾乎雷, 撓萬物者莫疾乎風, 燥萬物者莫熯乎火, 說萬物者莫說乎澤, 潤萬物者莫潤乎水, 終萬物·始萬物者莫盛乎艮. 故水火相逮, 雷風不相悖, 山澤通氣, 然後能變化既成萬物也.)." 이 문장의 본래 출처는 『주역』「설괘전」 6장이다.

45 『역학계몽』「원괘획」. "상제께서 진방에서 나와서 손방에서 가지런히 하고 리방에서 서로 만나며 곤방에서 부역을 다하고 태방에서 기뻐하며 건방에서 싸우고 감방에서 수고하며 간방에서 완성하게 된다. 만물은 진방에서 나오니 진은 동방이다. 손방에서 가지런히 하니 손은 동남방이다. 가지런히 하는 것은 만물이 깨끗하고 가지런한 것을 말한다. 리(離)라는 것은 밝은 것이니 만물이 서로 만나는 남방의 괘이다. 성인이 남면하여 천하를 살피고 밝은 곳을 향하여 다스리니 대개 여기에서 취한 것이다. 곤이란 땅이니 만물이 모두 여기에서 길러지므로 곤방에

상제이고, 묘용(妙用, 신묘한 작용)으로서 말하면 신[46]이라는 것이다. 상제는 본체로 말했고 신은 작용으로 말했으니, 모두 리(理)로 말한 것이다.

(12) 伏羲文王之卦, 各有生出運行之序. 太極生兩儀一節, 是言伏羲卦生出之序, 天地定位一節, 是言伏羲卦運行之序. 帝出乎震一節, 是言文王卦運行之序, 乾坤三索一節, 是言文王卦生出之序. 生出爲體, 而運行爲用也.

복희와 문왕의 괘는 각각 생출(생겨 나옴)의 순서와 운행의 순서가 있다. '태극생양의(太極生兩儀)' 한 절은 복희가 지은 선천괘가 생겨 나오는 순서이며, '천지정위(天地定位)' 한 절은 복희가 지은 선천괘가 운행하는 순서이다. '제출호진(帝出乎震)' 한 절은 문왕이 지은 후천괘가 운행하는 순서를 말하고, '건곤삼색(乾坤三索)'[47] 한 절은 문왕이 지은 후천괘가 생겨 나오는 순서를 말한다. 생출은

서 부역한다고 말한 것이다. 태는 한가을이니 만물이 기뻐하는 것이다. 그러므로 태방에서 기뻐한다고 말하였다. 건방에서 싸운다는 것은 건은 서북의 괘이므로 음양이 서로 가까이 모이는 것을 말한 것이다. 감이란 물이니 정북방의 괘이므로 수고로운 괘이다. 만물이 돌아가는 곳이므로 감방에서 수고한다고 말한다. 간은 동북의 괘이니 만물이 끝을 이루고 처음을 이루는 곳이므로 간방에서 이룬다고 말한 것이다.(帝出乎震, 齊乎巽, 相見乎離, 致役乎坤, 說言乎兌, 戰乎乾, 勞乎坎, 成言乎艮. 萬物出乎震, 震, 東方也. 齊乎巽, 巽, 東南也. 齊也者, 言萬物之潔齊也. 離也者, 明也, 萬物皆相見, 南方之卦也. 聖人南面而聽天下嚮明而治, 蓋取諸此也. 坤也者, 地也, 萬物皆致養焉, 故曰致役乎坤. 兌, 正秋也, 萬物之所說也, 故曰說言乎兌. 戰乎乾, 乾, 西方(北)之卦也, 言陰陽相薄也. 坎者, 水也, 正北方之卦也, 勞卦也. 萬物之所歸也, 故曰勞乎坎. 艮, 東北之卦也, 萬物之所成終而所成始也, 故曰成言乎艮)." 이 문장의 본래 출처는 『주역』「설괘전」 5장이다.

46 『주역』 건괘의 괘사(卦辭)에 대한 『정전(程傳)』의 주석. "대저 하늘은 전적으로 말하면 도이니, 하늘도 어기지 못한다는 것이 이것이다. 그러나 나누어 말한다면, 형체를 가지고 말할 때는 하늘이라 하고, 주재하는 입장에서 말할 때는 상제라 하고, 공용의 측면에서 말할 때는 귀신이라 하고, 묘용의 시각에서 말할 때는 신이라 하고, 성정을 가리켜 말할 때는 건이라 한다.(夫天, 專言之則道也, 天且弗違是也, 分而言之, 則以形體謂之天, 以主宰謂之帝, 以功用謂之鬼神, 以妙用謂之神, 以性情謂之乾.)"

47 『주역』「설괘전」 10장. "건은 하늘이므로 아버지라고 하였고, 곤은 땅이므로 어머니라고 하였다. 진은 첫 번째로 찾아서 남자아이를 얻었으므로 맏아들이라고 하였고, 손은 첫 번째로 찾아서 여자아이를 얻었으므로 맏딸이라고 하였다. 감은 두 번째로 찾아서 남자아이를 얻었으므로

본체가 되며, 운행은 작용이 된다.

4) 明蓍策 명시책

(1)

初變, 徑一圍三之義	右一左三, 掛一	得五者三, 圍三之象
	右二左二, 掛一	
	右三左一, 掛一	
	右四左四, 掛一	得九者一, 徑一之象

초변(일변)**48**은 지름이 1, 둘레가 3이라는 뜻이다.**49**	오른쪽이 하나, 왼쪽이 셋, 손가락에 끼운 것 하나	5를 얻은 것이 세 가지인 것은 '둘레가 3'인 상이다.**50**
	오른쪽이 둘, 왼쪽이 둘, 손가락에 끼운 것 하나	
	오른쪽이 셋, 왼쪽이 하나, 손가락에 끼운 것 하나	
	오른쪽이 넷, 왼쪽이 넷, 손가락에 끼운 것 하나	9를 얻은 것이 한 가지인 것은 '지름이 1'인 상이다.**51**

둘째 아들이라고 하였고, 리는 두 번째로 찾아서 여자아이를 얻었으므로 둘째 딸이라고 하였다. 간은 세 번째로 찾아서 남자아이를 얻었으므로 막내아들이라고 하였고, 태는 세 번째로 찾아서 여자아이를 얻었으므로 막내딸이라고 하였다.(乾天也, 故稱乎父. 坤地也, 故稱乎母. 震一索而得男, 故謂之長男, 巽一索而得女, 故謂之長女. 坎再索而得男, 故謂之中男, 離再索而得女, 故謂之中女. 艮三索而得男, 故謂之少男, 兌三索而得女, 故謂之少女.)"

48 『역학계몽』「명시책」. "나누어 둘이 되는 것은 양의(兩儀)를 상징하고, 하나를 건 것은 삼재(三才)를 상징하며, 네 개씩 헤아리는 것은 사계절(四時)을 상징하고, 나머지를 끼우는 것은 윤년(閏年)을 상징한다. 5년에 두 번 윤년이 드니, 그러므로 재차 끼우고 그다음에 건다. 건다는 것은 새끼손가락 사이에 거는 것이다. 헤아리는 것은 엄지손가락과 검지손가락으로 셈하여 덜어내는 것이다. 기(奇)는 남는 수를 말한다. 끼우는 것은 가운뎃손가락 양 사이에 끼우는 것이다. 시초는 무릇 49개로, 진실로 손 안에 나누어 각각 손에 두는 것은 양의를 상징한다. 오른손으로 왼손 새끼손가락 사이에 시책을 하나 거는 것은 삼재를 상징

하고, 나아가 네 개씩 왼손의 시책들을 세는 것은 사계절을 상징한다. 그 나머지를 왼손 네 번째 손가락 사이에 끼우는 것은 윤달을 상징한다. 또 네 개씩 오른손의 시책을 헤아리고 다시 그 남은 수를 왼손 셋째 손가락 사이에 끼우는 것은 다시 윤달을 상징한다.【5년의 상은 하나를 거는 것은 1년이고, 왼손을 세는 것은 2년이고, 왼손에 끼우는 것은 3년이고, 오른손을 세는 것은 4년이고, 오른손에 끼우는 것은 5년이다.】이것이 소위 일변(一變)이다. 그 걸고 끼운 수는 5 아니면 9이다.(分而爲二以象兩, 掛一以象三, 揲之以四以象四時, 歸奇於扐以象閏. 五歲再閏, 故再扐而後掛. 掛者, 懸於小指之間, 揲者, 以大指食指間而別之. 奇, 謂餘數. 扐者, 扐於中三指之兩間也. 著凡四十有九, 信手中分各置一手, 以象兩儀. 而掛右手一策於左手小指之間, 以象三才, 遂以四揲左手之策, 以象四時. 而歸其餘數於左手第四指間, 以象閏. 又以四揲右手之策, 而再歸其餘數, 於左手第三指間, 以象再閏【五歲之象, 掛一, 一也, 揲左, 二也, 扐左, 三也, 揲右, 四也, 扐右, 五也.】是謂一變. 其掛扐之數, 不五即九.)" 태극은 불용의 1로 사용하지 않고, 상수철학에서 양의는 '지름 1과 둘레 3'이라는 원의 지름과 원주의 비율인 원주율을 상징적으로 이해한 것이다. 원주율은 엄밀하게 무한소수로 된 파이($\pi=3.14\cdots$) 값이지만, 이를 대략 1:3의 비율로 상징하는 것이다. 1변에서 인책을 더한 값인 5와 9에서, 5가 세 번 나오는 것은 '둘레 3'의 상징이 실현된 것이며, 9가 한 번 나오는 것은 '지름 1'의 상징이 실현된 것으로 볼 수 있다.

49 『역학계몽』「명시책」. "주자가 말했다. "소자는 이 조목에서 음양노소(陰陽老少: 노양, 노음, 소양, 소음)의 괘륵지수(손가락에 걸고 끼운 시초의 수)를 설명한 것이다. 『역학계몽』에서 인용한 것은 모두 괘륵지수가 7, 8, 9, 6의 근원임을 증명하기 위해서이다. 걸고 끼우고 나머지를 돌려보내 끼움으로써 말하자면 노양은 4를 3개 얻었고, 소음은 4를 4개 얻었고, 소양은 5를 4개 얻었고, 노음은 6을 4개 얻은 것이다. 지금 3, 4, 5, 6이라는 수를 사용하지 않고, 홀수와 짝수로써 지름 1에 둘레 3, 둘레 4에 절반을 사용하는 뜻을 취한 것은 7, 8, 9, 6의 시책을 이루기 때문이다."(朱子曰. 邵子此條, 是説陰陽老少掛扐之數. 啓蒙引之者, 蓋以證掛扐之數, 乃七八九六之原. 以掛扐歸奇言之, 老陽得三四, 少陰得四四, 少陽得五四, 老陰得六四. 今不用三四五六之數, 而以奇偶取徑一圍三, 圍四用半之義者, 以成七八九六之策故也.)" 시초를 가지고 점을 칠 때, 괘(掛)는 시초를 손가락 사이에 거는 것이고, 륵(扐)은 손가락 사이에 끼우는 것이다. 정해진 설시법은 50개의 시책에서 태극을 상징하는 1책을 제외한 49책을 가지고 진행한다. 49개의 시책을 왼손과 오른손으로 무심하게 나누고, 오른손에 있는 시책 무리에서 하나를 역시 무심하게 집어 왼손의 새끼손가락과 넷째 손가락 사이에 끼운다. 이를 '괘' 즉 '건다'라고 한다. 그런 다음 사계절을 상징하여, 왼손과 오른손의 시초 무리들을 각각 네 개씩 헤아리고 남은 나머지 시책들을 왼손의 셋째와 넷째 손가락 사이, 그리고 둘째와 셋째 손가락 사이에 순서대로 끼운다. 이를 륵한다고 한다. 이처럼 괘하고 륵하는 것, 즉 걸고 끼우는 수들을 괘륵지수라고 부른다.

50 『역학계몽』「명시책」. "5를 얻은 것이 세 가지이니 이른바 '홀수'이다. 5는 걸었던 한 개를 빼면 4인데, 4로 묶으면 1이니 따라서 홀수로, 즉 양의(兩儀)의 양수(陽數)이다.(得五者三, 所謂奇也. 五, 除掛一即四, 以四約之爲一故爲奇, 即兩儀之陽數也.)"

51 『역학계몽』「명시책」. "9를 얻은 것이 한 가지이니, 이른바 '짝수'이다. 9에서 걸었던 한 개를 빼면 8인데, 4로 묶으면 2이니 따라서 짝수로, 즉 양의의 음수(陰數)이다.(得九者一, 所謂偶也. 九, 除掛一即八, 以四約之爲二故爲偶, 即兩儀之陰數也.)"

(2)

後二變, 圍四用半之義	右二左一, 掛一	得四者二, 圍四用半之象
	右一左二, 掛一	
	右三左四, 掛一	得八者二, 圍四用半之象
	右四左三, 掛一	
通前後三變, 圍三圍四之義	一二三, 共成五四	爲奇者三, 圍三用全之象
	三四, 共成九八	爲偶者二, 圍四用半之象

다음 두 번(이변과 삼변)은 '둘레 4'의 '반을 쓴다'는 뜻이다.[52]	오른쪽이 둘, 왼쪽이 하나, 손가락에 끼운 것 하나[53]	4를 얻는 것이 두 가지인 것은 '둘레 4'와 '반을 쓰는' 상이다.[54]
	오른쪽이 하나, 왼쪽이 둘, 손가락에 끼운 것 하나	
	오른쪽이 셋, 왼쪽이 넷, 손가락에 끼운 것 하나	8을 얻는 것이 두 가지인 것은 '둘레 4'와 '반을 쓰는' 상이다.[55]
	오른쪽이 넷 왼쪽이 셋, 손가락에 끼운 것 하나	
세 번의 변을 통틀어서 '둘레 3'과 '둘레 4'의 뜻이다.[56]	(오른손 왼손을 불문하고 시책의 수가) 1, 2, 3 등은 모두 5와 4가 된다.	홀수가 되게 하는 것이 세 가지인 것은 '둘레 3'과 '전체를 쓰는' 상이다.
	(오른손 왼손을 불문하고 시책의 수가) 3, 4 등은 모두 9와 8이 된다.	짝수가 되게 하는 것이 두 가지인 것은 '둘레 4'와 '반을 쓰는' 상이다.

52 이변과 삼변에서 도출되는 시초의 수는 4가 아니면 8이 된다. 이는 일변이 원의 상징을 사용하는 것과는 달리 네모(方)의 상징을 사용하는 것을 보여준다. 사상이나 팔괘는 상수철학의 도상으로 보면, 네모로 상징된다. '둘레 4'라는 것은 네모의 네 변을 말한다. 네모는 '지름 1'과 '둘레 4'로 나타낼 수 있으며, 이 중 '둘레 4'는 짝수 2를 두 번 더하거나 곱한 것으로 생각한다. 전용(全用, 모두 다 사용함)이라면 4를 쓰고, 반용(半用, 전용의 반을 사용함)이라면 4를 2로 나눈 값인 2를 쓴다. 괘륵지수와 2변 및 3변의 관련성에 대한 『역학계몽』「명시책」의 근거는 다음과 같다. 〈제2변 혹은 재변〉: "일변(一變) 후 앞의 남은 수를 제외하고, 다시 그 현존하는 책을 합하면, 40이거나 44이다. (이를) 이전의 법칙처럼 나누고, 걸고, 헤아리고, 되돌아가는 것이 소위 재변(再變)이다. 그 걸고 끼운 것은 4 아니면 8이다.(一變之後, 除前餘數, 復合其見存之策, 或四十, 或四十四. 分掛揲歸如前法, 是謂再變. 其掛扐者, 不四則八.)" 〈제3변〉: "제2변을 거친 후에 제1변에서 얻은 수와 제2변에서 얻은 수를 빼버리고 남은 시초를 다시 합하면 40개 혹은 36개 혹은 32개가 된다. 이것을 다시 앞의 제1·2변에서 했던 대로 둘로 나누고 하나를 걸고 네 개로 셈하여 덜어내며 그 나머지를 합하여 하나로 하는 것을 제3변이라고 한다. 여기에서 괘륵지수는 제2변에서와 같다.(再變之後, 除前兩次餘數, 復合其見存之策, 或四十, 或三十六, 或三十二. 分掛揲歸如前法, 是謂三變. 其掛扐者, 如再變例.)"

53 『역학계몽』「명시책」. "옥재 호씨가 말했다. "앞에 남은 수는 일변에서 걸고 끼운 수다. 현존하는 책은 일변에서 헤아리고 난 수이다. 걸고 끼운 9를 제외하면 헤아려 남은 것은 40이 있고, 걸고 끼운 5를 제외하면 헤아려 남은 것은 44가 된다. 걸고 끼운 수가 4가 아니면 8이라는 것은 '왼손이 3이면 즉 오른손은 반드시 1이고, 왼손이 1이면 즉 오른손은 반드시 3인 것'이며, '왼손이 3이면 즉 오른손은 반드시 4이고, 왼손이 4이면 즉 오른손이 3인 것'이 건 것 1개와 통한 그 수가 4와 8이 된다.(玉齋胡氏曰. 前餘數, 即一變掛扐之數, 見存之策, 即一變過揲之數. 掛扐除九, 則過揲存四十, 掛扐除五, 則過揲存四十四. 掛扐之數不四則八, 左三則右必一, 左一則右必三, 左三則右必四, 左四則右必三, 通掛一之數爲四與八也.)"

54 『역학계몽』「명시책」. "4를 얻는 것은 두 가지이니, 소위 '홀수'이다. 건 것 1개를 빼지 않으며, 남은 것은 앞의 법도와 같다.(得四者二, 所謂奇也. 不去掛一, 餘同前義.)"

55 『역학계몽』「명시책」. "8을 얻는 것은 두 가지이니, 소위 '짝수'이다. 건 것 1개를 빼지 않으며, 남은 것은 앞의 법도와 같다.(得八者二, 所謂偶也. 不去掛一, 餘同前義.)"

56 둘레 3은 원에 속하며 홀수의 측면이고, 둘레 4는 네모에 속하며 짝수의 측면이다. 『역학계몽』「명시책」. "제3변이 끝나면 곧 삼변한 것을 합하여 그 괘륵지수가 홀수인지 짝수인지 살피고, 얻은 음양의 노양·소양·소음·노음으로 나누니 이것을 한 효라고 한다.(三變旣畢, 乃合三變, 視其掛扐之奇偶, 以分所遇陰陽之老少, 是爲一爻.)"

(3)

	三變 八卦之象	二變 四象之象	一變 兩儀之象		
老陽	奇	奇	奇	乾☰之象	乾父卦純陽之象
少陰	偶	奇	奇	兌☱之象	三女卦以一陰爲 主之象
	奇	偶	奇	離☲之象	
	奇	奇	偶	巽☴之象	
少陽	偶	偶	奇	震☳之象	三男卦以一陽爲主之象
	偶	奇	偶	坎☵之象	
	奇	偶	偶	艮☶之象	
老陰	偶	偶	偶	坤☷之象	坤母卦純陰之象

	삼변 팔괘의 상	이변 사상의 상	일변 양의의 상	괘상	
노양	홀수	홀수	홀수	☰ 건의 상	건은 아버지 괘이고 순수한 양의 상
소음	짝수	홀수	홀수	☱ 태의 상	세 딸의 괘이며 하나의 음이 주관하는 상
	홀수	짝수	홀수	☲ 리의 상	
	홀수	홀수	짝수	☴ 손의 상	
소양	짝수	짝수	홀수	☳ 진의 상	세 아들의 괘이며 하나의 양이 주관하는 상
	짝수	홀수	짝수	☵ 감의 상	
	홀수	짝수	짝수	☶ 간의 상	
노음	짝수	짝수	짝수	☷ 곤의 상	곤은 어머니 괘이고 순수한 음의 상

(4)

老陽, 十二變	노양이 되는 12가지 변[57]
少陰, 二十八變	소음이 되는 28가지 변[58]
少陽, 二十變	소양이 되는 20가지 변[59]
老陰, 四變	노음이 되는 네 가지 변[60]

[57] 『역학계몽』「명시책」. "노양이 되는 경우는 무릇 12가지가 있다. 괘륵지수는 13인데, 맨 처음에 건 1(괘일)을 제외하면 12가 된다. 이를 네 개씩 묶고 셋으로 나누면 1의 홀수가 되는 것이 셋이다. 1의 홀수는 원을 상징하며 그 둘레는 3이다. 그러므로 세 개의 1 속에 각기 다시 3이 있는 셈이니, 그 3을 세 개 누적한 수는 9가 된다. 노양의 과설지수(괘륵지수가 성립되면서 생겨난 빼고 남은 나머지 수들)는 36이다. 그것을 넷씩 묶으면 역시 9를 얻을 수 있다.(右三奇爲老陽者凡十有二, 掛扐之數十有三, 除初掛之一爲十有二. 以四約而三分之爲一者三, 一奇象圓而圍三, 故三一之中各復有三, 而積三三之數則爲九, 過揲之數三十有六, 以四約之亦得九焉.)"

[58] 『역학계몽』「명시책」. "소음이 되는 경우는 무릇 28가지가 있다. 괘륵지수는 17인데, 맨 처음에 건 1(괘일)을 제외하면 16이 된다. 이를 네 개씩 묶고 셋으로 나누면 1의 홀수가 되는 것이 둘이고, 2의 짝수가 되는 것이 하나이다. 1의 홀수는 원을 상징하며 그 전체를 다 쓴다. 그러므로 두 개의 1 속에 각각 다시 3이 있다. 2의 짝수는 네모를 상징하며 그 절반만 쓴다. 그러므로 한 개의 2 속에 다시 2가 있다. 이들 두 개의 3과 한 개의 2를 누적한 수는 8이 된다. 과설지수는 32이다. 이를 네 개씩 묶으면 또한 8을 얻는다.(少陰者凡二十有八, 掛扐之數十有七, 除初掛之一爲十有六, 以四約而三分之爲一者二, 爲二者一. 一奇象圓而用其全, 故二一之中各復有三, 二偶象方而用其半, 故一二之中復有二焉. 而積二三一二之數則爲八, 過揲之數三十有二, 以四約之, 亦得八焉.)"

[59] 『역학계몽』「명시책」. "소양이 되는 경우는 무릇 20가지가 있다. 괘륵지수는 21인데, 맨 처음에 건 1(괘일)을 제외하면 20이 된다. 그것을 네 개씩 묶고 셋으로 나누면, 2의 짝수가 되는 것이 둘이고, 1의 홀수가 되는 것이 하나이다. 2의 짝수는 네모를 상징하며 그 절반만을 쓴다. 그러므로 두 개의 2 속에 각기 다시 2가 있다. 1의 홀수는 원을 상징하며 그 전체를 다 쓴다. 그러므로 한 개의 1 속에 다시 3이 있다. 이들 두 개의 2와 한 개의 3을 누적한 수는 7이 된다. 과설지수는 28이다. 이를 네 개씩 묶으면 또한 7을 얻는다.(少陽者凡二十, 掛扐之數二十有一, 除初掛之一爲二十, 以四約而三分之爲二者二, 爲一者一. 二偶象方而用其半, 故二二之中各復有二, 一奇象圓而用其全, 故一一之中復有三焉. 而積二二一三之數則爲七, 過揲之數二十有八, 以四約之亦得七焉.)"

[60] 『역학계몽』「명시책」. "노음이 되는 경우는 무릇 네 가지가 있다. 괘륵지수는 25인데, 맨 처음에 건 1(괘일)을 제외하면 24가 된다. 이를 넷씩 묶고 셋으로 나누면 2의 홀수가 되는 것이 셋이다. 2의 짝수는 네모를 그 절반만 쓴다. 그러므로 세 개의 2 속에 각기 다시 2가 있는 셈이니, 그 2를 세 개 누적한 수는 6이 된다. 노음의 과설지수는 24이다. 그것을 넷씩 묶으면 역시 6을

(5) 四象之變合六十四變, 六十四卦之象. 一變, 皆具三變, 合一百九十二變, 陰陽爻, 各百九十二爻之象.

사상의 변은 합하면 육십사괘의 변이니(12+28+20+4=64) 육십사괘의 상이 된다. 일변에는 모두 삼변이 갖추어져 있으니, 합하면 192변이 되고, 음과 양의 효는 각각 192효의 상이 된다.(음양 효의 합은 384효)

(6) 三變之後, 老者, 陽饒而陰乏. 少者, 陽少而陰多. 老陽十二變, 老陰四變, 少陽二十變, 少陰二十八變. 蓋三變之中, 爲奇者三, 爲偶者二, 老陽三奇, 故饒, 老陰三偶, 故乏. 少陽一奇二偶, 故少, 少陰二奇一偶, 故多. 二老純, 故少. 二少雜, 故多.

삼변 뒤에, 노(老)는 양은 넉넉하나 음은 부족하며 소(少)는 양은 적으나 음은 많다.[61] 노양이 되는 경우는 12가지 변이 있고 노음이 되는 경우는 4가지 변이 있으며, 소양이 되는 경우는 20가지 변이 있고 소음이 되는 경우는 28가지 변이 있다. 대개 삼변 가운데 홀수가 되는 것이 셋이고 짝수가 되는 것이 둘이며, 노양은 셋이 홀수이므로 넉넉하고 노음은 셋이 짝수이므로 부족하다. 소양은 하나가 홀수이고 둘이 짝수이므로 적고, 소음은 둘이 홀수이고 하나가 짝수이므로 많다. 노양과 노음은 섞이지 않고 순정하니 적고, 소양과 소음은 섞이니 많다.

얻을 수 있다.(老陰者四. 掛扐之數二十有五, 除初掛之一爲二十有四, 以四約而三分之爲二者三. 二偶象方而用其半, 故三二之中, 各復有二. 而積三二之數, 則爲六, 過揲之數亦二十有四, 以四約之, 亦得六焉.)"

61 『역학계몽』「명시책」. "세 번 변한 다음에 '노(老)인 것'은 양이 풍부하고 음이 모자라는 것이며, '소(少)인 것'은 양이 적고 음이 많은 것이니 또한 자연의 법상이다.(三變之後老者陽饒而陰乏, 少者陽少而陰多. 亦皆有自然之法象焉.)"

5) 四象卦扐圖 사상괘륵도

(1) 四象卦扐之布, 自右而左, 自下而上, 蓋本於先天橫圖. 卦畫之生, 先陽後陰, 而陽居右陰居左, 卦畫之生, 又自下而上也. 一行之間, 卦扐之布, 先左後右, 亦以揲蓍之法, 先揲左策, 後揲右策也.

사상을 도출해내는 걸고 끼운 (시책의) 분포는 오른쪽에서 왼쪽, 아래에서 위로 하니, 대개 「선천횡도」에 근본을 두고 있다. 괘획이 생겨남은 양을 먼저하고 음을 나중에 하며, 양이 오른쪽에 있고 음은 왼쪽에 있으며, 또한 괘획의 생겨남은 아래로부터 위로 한다. 한 번 실행하는 사이에 걸고 끼움(괘륵)의 분포는 왼쪽을 먼저하고 오른쪽을 나중에 하니,[62] 또한 시책을 세는 방법도 먼저 왼쪽의 시책을 세고 뒤에 오른쪽 시책을 세기 때문이다.

(2) 左爲陽位, 掛扐之數, 老陽最少, 故掛扐之位, 以左爲主, 數以少爲貴, 左扐縱布, 自下而上. 初一變首一次二次三次四, 橫布, 自右而左, 初一變, 皆同後二變, 先一後二, 先三後四.

왼쪽은 양의 자리이며, 괘륵의 수는 노양이 가장 적기 때문에 괘륵의 위치는 왼쪽을 위주로 한다. 수는 적은 것을 귀하게 여기므로, 좌륵(왼쪽 손가락에 끼워 놓음)에 종으로 펼쳐놓은 것은 아래부터 위로 한다. 첫 일변은 처음이 1, 다음이 2, 그다음이 3, 그다음이 4이다. 횡으로 펼쳐놓은 것은 오른쪽으로부터 왼쪽으로 가니, 첫 일변은 모두 뒤따르는 이변과 같고, 먼저 것이 1이면 다음은 2가 되고, 먼

---

[62] 『주자어류』 권6. "물었다. "인(仁)이 네 가지를 포괄할 수 있다면, 손이 사지를 포괄할 수 있다고 말하더라도 괜찮습니까?" 답했다. "일단 이와 같이 비유된다. 손은 본래 사지를 포괄할 수 없으나 사람들이 수족이라 말할 때 반드시 먼저 손을 말하고 발을 나중에 말하며, 좌우를 말할 때 또한 모름지기 왼쪽을 먼저 말하고 오른쪽을 나중에 말한다."(問. 仁包得四者, 謂手能包四支可乎. 曰. 且是譬喩如此. 手固不能包四支, 然人言手足, 亦須先手而後足, 言左右, 亦須先左而後右.)"

저 것이 3이면 뒤의 것은 4가 된다.

(3) 老陽十二變, 皆乾之象, 少陰二十八變, 兌離之象, 各十二, 巽之象四. 少陽二十變, 震之象, 十二, 坎艮之象, 各四. 老陰四變, 皆坤之象. 卦之生於陽儀者, 其象皆十二. 生於陰儀者其象皆四, 此亦天地之用數, 陽三而陰一也.

노양이 되는 12가지 변은 모두 건의 상이고, 소음이 되는 28가지 변에 태와 리의 상은 각각 12가지이고 손의 상은 4가지이다. 소양이 되는 20가지 변에 진의 상은 12가지이고, 감과 간의 상이 각각 4가지이며, 노음이 되는 4가지의 변은 모두 곤의 상이다. 괘가 양의(陽儀)에서 생겨나는 것은 그 상이 모두 12가지이고, 음의(陰儀)에서 생겨나는 것은 그 상이 모두 4이니, 이 또한 천지의 용수가 양은 3이고 음은 1이기 때문이다.

(4)

老陽掛扐十二	三奇
少陰掛扐十六	兩奇三偶
少陽掛扐二十	兩偶三奇
老陰掛扐二十四	三偶

노양, 괘륵의 수 12	홀수 셋
소음, 괘륵의 수 16	홀수 둘, 짝수 셋
소양, 괘륵의 수 20	짝수 둘, 홀수 셋
노음, 괘륵의 수 24	짝수 셋

陰陽, 兩儀之象. 二老二少, 四時之象. 四象各具三變, 三四十二, 十二月之象. 四象掛扐之數, 合爲七十二, 七十二候之象.

음양은 양의의 상이다. 노양과 노음, 소양과 소음 등은 사시의 상이다. 사상이 각각 삼변을 갖추니, 3 곱하기 4는 12가 되므로 열두 달의 상이다. 사상 괘륵의 수는 합해서 72가 되니, 72후(절기)의 상이다.

(5)

老陽過揲三十六	三變除得此數
少陰過揲三十二	三變除得此數
少陽過揲二十八	三變除得此數
老陰過揲二十四	三變除得此數
노양, 과설의 수 36	삼변을 해서 빼고 난 뒤 이 수를 얻는다.
소음, 과설의 수 32	삼변을 해서 빼고 난 뒤 이 수를 얻는다.
소양, 과설의 수 28	삼변을 해서 빼고 난 뒤 이 수를 얻는다.
노음, 과설의 수 24	삼변을 해서 빼고 난 뒤 이 수를 얻는다.

陰陽, 兩儀之象. 二老二少, 四時之象. 四象各具三變, 三四十二, 十二月之象. 四象過揲之數, 合爲一百二十, 當六十甲子者二合, 掛扐過揲之數爲一百九十二, 陰陽爻各百九十二之象.

음양은 양의의 상이다. 노양과 노음, 소양과 소음 등은 사시의 상이다. 사상이 각각 삼변을 갖추니, 3 곱하기 4는 12가 되므로 열두 달의 상이다. 사상 과설의 수는 합해서 120이 되니 육십갑자에 해당하는 것을 두 번 합한 것이다. 괘륵(손가락에 낌)과 과설(빼버리고 남음)의 수는 192가 되니, 음양의 획이 각각 192가 되는 상이다.

(6) 蔡氏說爲奇者三爲偶者二.

채원정은 '홀수가 되게 하는 것이 셋이고 짝수가 되게 하는 것은 둘'이라고 했다.[63]

奇指四也, 偶指八也. 初一變爲四者, 左一則右三, 右一則左三, 左二則右亦

---

[63] 『역학계몽』「명시책」. "채원정이 말했다. "50개의 시책에서 하나를 비우고, [나머지 49책을] 둘로 나누며, 하나를 걸고, 네 개씩 헤아려 홀수가 되게 하는 것은 셋, 짝수가 되게 하는 것은 둘이다. 이는 하늘의 수는 셋이고 땅의 수는 둘(삼천양지)이라는 스스로 그렇게 되는 수이다. 세 번의 헤아림을 거쳐 얻은 변(3변)에서 노양과 노음이 되는 경우의 수는 본래 각기 8이며 합하면 16이 된다. 그런데 음과 양 가운데 노(老)는 움직이지만 음의 성질은 본래 고요하다. 그렇기 때문에 노음은 자신의 경우의 수 4를 노양으로 몰아주니, 이것이 바로 노음의 경우의 수는 4이고 노양의 경우의 수는 12인 까닭이다. 소양과 소음이 되는 경우의 수는 본래 각기 24로 합하면 48이 된다. 아울러 음과 양 가운데 소(少)는 고요하지만 양의 성질은 본래 움직인다. 그렇기 때문에 소양은 자신의 경우의 수 4를 소음으로 몰아주니, 이것이 바로 소양의 경우의 수는 20이요, 소음의 경우의 수는 28인 까닭이다. 이런 이유에서 『역』은 노(老)를 쓰지 소(少)를 쓰지 않는다. 그러므로 전체 64변에 쓰이는 것은 16변이다. 그것을 또 4개씩 묶는다고 할 경우 양은 그 가운데 셋을 쓰고 음은 그 가운데 1을 쓴다. 대개 하나는 홀, 하나는 짝(일기일우)으로 서로 대대함은 음양의 체요, 양은 셋 음은 하나(양삼음일)로서 하나는 넉넉하고 하나는 모자람은 음양의 용이다. 그러므로 사계절에서 봄, 여름, 가을은 만물을 생하지만 겨울은 생하지 못하고, 하늘과 땅 사이에서도 동쪽, 서쪽, 남쪽은 볼 수 있으나 북쪽은 볼 수 없으며, 사람의 시야에서도 또한 앞, 왼쪽, 오른쪽은 볼 수 있으나 뒤쪽은 볼 수 없는 것이다. 그렇지 않고 만약 49개의 시책을 갖고 하나를 비우고, 둘로 나누며, 하나를 걸고, 4개씩 헤아린다고 해보자. 그러면 홀수가 되는 것도 둘이요, 짝수가 되는 것도 둘이며, 노양의 경우의 수도 8을 얻고 노음의 경우의 수도 8을 얻을 것이며, 소양의 경우의 수도 24를 얻고 소음의 경우의 수도 24를 얻을 것이다. 그러하니 또한 좋다고 하지 않겠는가! 그런데도 그렇게 지혜로우신 성인께서 어찌 이러한 점에 미치지 못하셨겠는가! 성인들께서 이것을 취하고 저것을 취하지 않은 까닭은 진실로 음양의 체의 수는 늘 고르지만 용의 수는 양 셋에 음이 하나이기 때문이다."(蔡元定曰. 按五十之蓍, 虛一分二, 掛一揲四, 爲奇者三爲偶者二, 是天三地二自然之數. 而三揲之變, 老陽老陰之數本皆八合之得十六. 陰陽以老爲動而陰性本靜, 故以四歸於老陽. 此老陰之數所以四老陽之數所以十二也. 少陽少陰之數本皆二十四合之四十八. 陰陽以少爲靜而陽性本動, 故以四歸於少陰. 此少陽之數所以二十而少陰之數所以二十八也. 易[陽]用老而不用少, 故六十四變, 所用者[十二變]十六變. 又以四約之. 陽用其三陰用其一. 蓋一奇一偶對待者陰陽之體. 陽三陰一一饒一乏者陰陽之用. 故四時春夏秋生物而冬不生物. 天地東西南可見而北不可見. 人之瞻視亦前與左右可見而背不可見也. 不然則以四十九蓍虛一分二掛一揲四. 則爲奇者二爲偶者二. 而老陽得八老陰得八, 少陽得二十四少陰得二十四. 不亦善乎. 聖人之智豈不及此. 而其取此而不取彼者, 誠以陰陽之體數常均用數則陽三而陰一也.)"

二, 右二則左亦二, 此一與二與三共爲四也. 初一變爲八者, 左右皆四, 後二變
爲八者, 左三則右四, 右三則左四, 此三與四共爲八也. 此所謂爲奇者三, 爲偶
者二也. 爲奇者三, 圍三之象也, 爲偶者二, 用半之象也.

기(奇)는 4를 가리키고 우(偶)는 8을 가리킨다. 처음 일변에 4가 되는 것은 왼쪽이 1이면 오른쪽은 3이고, 오른쪽이 1이면 왼쪽이 3이다. 왼쪽이 2이면 오른쪽도 2이고, 오른쪽이 2이면 왼쪽도 2이다. 여기에 첫 번째, 두 번째, 세 번째 경우가 모두 4가 된다. 첫 일변에 8이 되는 것은 왼쪽과 오른쪽이 모두 4이며, 뒤의 두 변에 8이 되는 것은 왼쪽이 3이면 오른쪽은 4이고, 오른쪽이 3이면 왼쪽이 4가 되니, 이 세 번째와 네 번째가 모두 8이 된다. 이것이 이른바 '홀수가 되게 하는 것이 셋이고 짝수가 되게 하는 것은 둘'이라는 것이다. '홀수가 되게 하는 것이 셋'은 '둘레가 3'이라는 상이고, '짝수가 되게 하는 것이 둘'은 (네모 둘레의) '반만을 쓰는' 상이다.

(7) 老陽老陰之數, 本皆八, 少陽少陰之數, 本皆二十四.

노양과 노음의 경우의 수는 본래 모두 8이고 소양과 소음의 경우의 수는 본래 모두 24이다.[64]

三揲之變, 得老陰陽之數十六, 若中分之, 則二老各得八. 少陰陽之數, 四十八, 若中分之, 則各得二十四. 所謂本者, 以陰陽對待均敵之體而言, 非謂揲蓍之際, 實有二老各得八, 二少各得二十四之事也. 活看, 可也.

(시초를) 세 번 세는 삼변에서 노음과 노양이 되는 경우의 수 16을 얻는데, 반으로 나누면 노양과 노음이 각각 8이다.[65] 소음과 소양이 되는 경우의 수 48을 반

---

64 『역학계몽』「명시책」. 각주 63번 참고.
65 노양이 되는 경우의 수는 12가지이고 노음이 되는 경우의 수는 네 가지이므로, 합하면 16가지라는 뜻이다.

으로 나누면 각각 24를 얻는다.⁶⁶ '본래'라고 말한 것은 음양의 대대와 고른 균형(均敵)이라는 원칙(體)으로서 말한 것이지, 설시(시책을 셈)할 때 실제로 노양과 노음이 각각 8을 얻고 소양과 소음이 각각 24를 얻는 일이 있다고 말하는 것은 아니다. 활간(행간의 의미를 읽어냄)하는 것이 좋을 것이다.

(8) 陰陽以老爲動, 而陰性本靜, 故以四歸於老陽.
음양은 노(老)를 움직임으로 삼으나 음의 성질은 본래 고요하므로 4를 노양(老陽)으로 귀결시킨다.⁶⁷

二老主於動, 而陰性本靜, 則已不如陽性之能動, 若又其數與陽相敵, 則其勢益倚於靜, 而不可動矣. 此其所以損四歸陽, 而以輕從重, 去靜就動也.
노양과 노음은 움직임을 주로 하나 음의 성질은 본래 고요하니 이미 양의 성질이 움직일 수 있는 것과 같지 않다. 만일 또한 그 수가 양과 서로 필적하면 그 기세는 더욱 고요함에 기울어져 움직일 수 없게 된다. 이것이 4를 덜어 양에 귀결시키고 가벼운 것으로 무거운 것을 따르게 하여 고요함을 버리고 움직임에 나아가게 한 이유이다.

(9) 陰陽, 以少爲靜, 而陽性本動, 故以四歸於少陰.
음양은 소(少)로 고요함을 삼으나 양의 성질은 본래 움직이므로 4를 소음(少陰)에 귀결시킨다.⁶⁸

66　소양이 되는 경우의 수는 20가지이고 소음이 되는 경우의 수는 28가지이므로, 합하면 48가지라는 의미.
67　『역학계몽』「명시책」. 각주 63번 참고.
68　『역학계몽』「명시책」. 각주 63번 참고.

二少主於靜, 而陽性本動, 則已不如陰性之能靜. 若又其數與陰相敵, 則其勢益倚於動, 而不可靜矣. 此其所以損四歸陰, 而以輕從重, 去動就靜也.

소양과 소음은 고요함을 주로 하나 양의 성질은 본래 움직이니 이미 음의 성질이 고요할 수 있는 것과 같지 않다. 만일 또한 그 수가 음과 서로 필적되면 그 기세는 더욱 움직임에 기울어져 고요할 수 없게 된다. 이것이 4를 덜어 음에 귀결시키고 가벼운 것으로 무거운 것을 따르게 하여 움직임을 버리고 고요함에 나가게 한 이유이다.

(10) 陽用老而不用少, 故六十四變所用者, 十二.

양은 노(老)를 쓰고 소(少)를 쓰지 않으니 64변에 쓰이는 것은 12가지이다.[69]

陽字一本作易. 十二之二字, 一本作六, 當從之.

양(陽)자가 다른 판본에는 역(易)이라고 되어 있다. 12의 2가 다른 판본에는 6으로 되어 있는데, 마땅히 그것을 따라야 한다.

(11) 陽用其三, 陰用其一.

양은 3을 쓰고 음은 1을 쓴다.[70]

十六變中, 老陽十二變, 老陰四變.

16변 가운데 노양이 되는 경우는 12변이 있고 노음의 경우는 4변이 있다.

---

69 이 문장은 잘못되었다. 아래에서 이유를 설명하고 있다. 『역학계몽』 「명시책」. "채원정이 말했다. "이런 이유에서 역에서는 노(老)를 쓰지 소(少)를 쓰지 않는다. 그러므로 전체 64변에서 쓰이는 것은 16변이다."

70 『역학계몽』 「명시책」. 각주 63 참고. "그것을 또 4개씩 묶는다고 할 경우 양은 그 가운데 셋을 쓰고 음은 그 가운데 1을 쓴다."

(12) 天地, 東西南可見, 而北不可見.

천지의 동쪽, 서쪽, 남쪽은 볼 수 있으나 북쪽은 볼 수 없다.[71]

天無體, 以二十八宿爲體. 二十八宿, 周繞布列於四邊者, 南七宿, 全見, 東西各七宿, 半見半不見, 北七宿, 全不見, 此所謂東西南可見, 而北不可見也. 地之北, 則山嶽居之, 幽險障蔽, 故亦不見.

하늘은 체가 없으며 28수(宿)[72]로 체를 삼는다. 28수가 네 변(사방)에 두루 펼쳐져 있는데, 남쪽의 7수는 모두 보이고, 동쪽의 7수와 서쪽 7수는 반은 보이고 반은 보이지 않으며, 북쪽 7수는 전혀 보이지 않는다. 이것이 이른바 '동쪽, 서쪽, 남쪽은 볼 수 있으나, 북쪽은 볼 수 없다'는 말이다. 땅의 북쪽은 산악이 있어서 깊고 험하며 막히고 가려 있으므로 또한 볼 수 없다.

(13) 四象進退, 其數各復爲四象之數. 蔡氏之說備矣. 而朱子獨取老陽之爲少陰老陰之爲少陽者, 以其揲蓍命爻老陽變爲少陰老陰變爲少陽也. 蓋擧其要而略其繁也.

사상의 수가 나아가고 물러남에 그 수가 각각 다시 사상의 수가 되니, 채원정의 설에 잘 갖추어져 있다. 그런데 주자가 유독 '노양이 소음이 되고 노음이 소양이 되는 것'을 취한 이유는 설시하여 효를 명명할 때 '노양이 변해서 소음이 되고 노음이 변해서 소양이 되기' 때문이다. 대개 그 요점을 드러내고 번거로움을 생략한 것이다.[73]

---

71 『역학계몽』「명시책」. 각주 63 참고. "하늘과 땅에서 동쪽, 서쪽, 남쪽은 볼 수 있으나, 북쪽은 볼 수 없다. 사람이 볼 수 있는 것도 역시 앞과 좌우이며, 뒤쪽은 볼 수 없다."

72 이십팔수(二十八宿)는 하늘의 적도를 따라 남북에 있는 별들을 28개 구획으로 구분한 별자리이다. 28수는 편의상 7개씩 묶어서 4개의 7사(舍)로 구별하여 각각 동, 서, 남, 북을 상징하도록 하였다.

73 『역학계몽』「명시책」. "노양은 1에 자리 잡고서 9를 머금기 때문에 그 걸어두고 끼운 시초의 수 12는 가장 적고, 세어낸 수 36은 가장 많다. 소음은 2에 자리 잡고서 8을 머금기 때문에 그

> 老陽掛扐十二進一四, 爲少陰掛扐之數
>
> 老陽過揲三十六退一四, 爲少陰過揲之數
>
> 노양의 괘륵지수 12가 한 개의 4만큼 나아가면, 소음의 괘륵지수(16)가 된다.
>
> 노양의 과설지수 36이 한 개의 4만큼 물러서면, 소음의 과설지수(32)가 된다.

老陽損其過揲, 以益其掛扐爲少陰.

노양이 그 과설지수를 덜어내고, 그 괘륵지수를 더해서 소음이 된다.[74]

걸어두고 끼운 시초의 수 16은 다음으로 적고, 세어낸 수 32는 다음으로 많다. 소양은 3에 자리 잡고서 7을 머금기 때문에 그 걸어두고 끼운 시초의 수 20은 조금 많고, 세어낸 수 28은 조금 적다. 노음은 4에 자리 잡고서 6을 머금기 때문에 그 걸어두고 끼운 시초의 수 24는 가장 많고, 세어낸 수 24는 가장 적다. 양은 홀이고 음은 짝이니 이 때문에 걸어두고 끼운 시초의 수는 노양이 가장 적고 노음이 가장 많으며, 소음과 소양은 하나는 나아가고 하나는 물러나서 (노양과 노음) 가운데서 교접하니, 이것은 적은 것을 귀하게 여긴 것이다. 양은 '차 있고' 음은 '비어 있으니' 이 때문에 세어낸 수는 노양이 가장 많고 노음이 가장 적으며, 소음과 소양은 역시 하나는 나아가고 하나는 물러나서 (노양과 노음) 가운데서 교착하니, 이것은 많은 것을 귀하게 여긴 것이다.(老陽居一而含九, 故其掛扐十二爲最少, 而過揲三十六爲最多. 少陰居二而含八, 故其掛扐十六爲次少, 而過揲三十二爲次多. 少陽居三而含七, 故其掛扐二十爲稍多, 而過揲二十八爲稍少. 老陰居四而含六, 故其掛扐二十四爲極多, 而過揲亦二十四爲極少. 蓋陽奇而陰偶, 是以掛扐之數, 老陽極少, 老陰極多. 而二少者, 一進一退而交於中焉. 此其以少爲貴者也. 陽實而陰虛, 是以過揲之數, 老陽極多, 老陰極少, 而二少者, 亦一進一退而交於中焉. 此其以多爲貴者也.)

[74] 노양의 과설지수 36에서 4를 덜어내면 소음의 과설지수 32가 되며, 노양의 괘륵지수 12에 4를 더하면 소음의 괘륵지수 16이 된다는 의미이다. 『역학계몽』「명시책」. "옥재 호씨가 말했다. "노양의 걸어두고 끼운 시초의 수는 12이고 노음의 걸어두고 끼운 시초의 수는 24이며, 노양의 세어낸 수는 36이고 노음의 세어낸 수는 24이니, 그 사이에 서로 벌어진 수는 간격이 각각 12이다. 노양으로부터 변하여 소음이 되니, 그 걸어두고 끼운 시초의 수 12로서 하나의 4를 나아가면 소음의 걸어두고 끼운 시초의 수 16이 되며, 그 세어낸 수 36으로서 하나의 4를 물러나면 소음의 세어낸 수 32가 된다."(玉齋胡氏曰, 老陽掛扐十二, 老陰掛扐二十四, 陽過揲三十六, 老陰過揲二十四, 其間相距, 各隔十二也. 自老陽變爲少陰, 以其掛扐十二, 進一四則爲少陰掛扐十六, 以其過揲三十六, 退一四則爲少陰過揲三十二.)

> 老陰掛扐二十四退一四, 爲少陽掛扐之數
>
> 老陰過揲二十四進一四, 爲少陽過揲之數
>
> 노음의 괘륵지수 24가 한 개의 4만큼 물러서면, 소양의 괘륵지수가 된다.
>
> 노음의 과설지수 24가 한 개의 4만큼 나아가면, 소양의 과설지수가 된다.

老陰損其掛扐, 以益其過揲爲少陽.

노음이 그 괘륵지수를 덜어내고, 그 과설지수를 더해서 소양이 된다.[75]

少陰生於老陽之策進退, 少陽生於老陰之策進退. 此與卦畫之生, 少陰生於陽儀, 少陽生於陰儀者, 自然符合. 而卦爻之變, 所以老陽變爲少陰, 老陰變爲少陽也.

소음은 노양 시책의 진퇴에서 생겨나고 소양은 노음 시책의 진퇴에서 생겨난다. 이것은 괘획이 생겨날 때 '소음이 양의에서 생겨나고 소양이 음의에서 생겨나는 것'과 자연히 부합한다. 그러나 괘효의 변은 '노양이 변해서 소음이 되고 노음이 변해서 소양이 되는 것'이다.

---

75 노음의 괘륵지수 24에서 4를 덜어내면 소양의 괘륵지수 20이 되며, 노음의 과설지수 24에 4를 더하면 소양의 과설지수 28이 된다는 의미이다. 『역학계몽』「명시책」. "옥재호씨가 말했다. "노음으로부터 변하여 소양이 되니, 그 걸어두고 끼운 시초의 수 24로서 하나의 4를 물러나면 소양의 걸어두고 끼운 시초의 수 20이 되며, 그 세어낸 수 24로서 하나의 4를 나아가면 소양의 세어낸 수 28이 된다. 이것이 이른바 '두 지극한 것 사이에 서로 벌어진 수는 모두 12이다.'라는 것이니, 걸어두고 끼운 것과 세어낸 것이 모두 4를 나아가고 물러나서 소양과 소음이 되는 것이 이와 같다. '각각 3분의 1에 이른다.'라는 것은 12를 3등분으로 나누어 그 나아가고 물러나는 것이 각각 3등분 가운데 1등분에 이르러 소양과 소음을 이룬다는 것이다. 1등분은 4의 수를 가리켜 말한다."(玉齋胡氏曰, 自老陰變爲少陽, 以其掛扐二十四, 退一四則爲少陽掛扐二十, 以其過揲二十四, 進一四則爲少陽過揲二十八. 此所謂二極之間, 相距之數凡十有二, 掛扐過揲皆進退以四而成二少者如此. 各至於三之一者, 以十二分爲三分, 其進退各至於三分中一分而成二少也. 一分, 指四數言.)"

6) 考變占 고변점

(1) 卦變圖, 每圖自下逆推處, 義例不整, 與自上順推者, 不同. 此是板本之誤. 以乾坤一圖言之, 則乾之一爻變爲姤, 二爻變爲遯, 三爻變爲否, 四爻變爲觀, 五爻變爲剝, 皆標揭上方, 而諸卦各以其類附其下. 蓋欲使覽者易於考別也. 然則坤之三爻變爲泰, 四爻變爲大壯, 亦當與復臨夬三卦幷列標揭, 如否觀之例也. 他本有上下卦例, 皆同者, 當以此爲正.

「괘변도」[76]는 매 그림의 아래로부터 거꾸로 헤아려 간 것들의 의례가 정리되지 않아서, 위로부터 순서대로 헤아려 간 것들과 같지 않다. 이것은 판본의 오류이다. 건곤의 한 그림으로 말하면 건의 1효가 변해서 구(姤,☰)가 되고, 2효가 변해서 둔(遯,☰)이 되고, 3효가 변해서 비(否,☰)가 되고, 4효가 변해서 관(觀,☰)이 되고, 5효가 변해서 박(剝,☰)이 되는데, 모두 위쪽에 표시하여 걸어놓았고 여러 괘들은 각각 그 종류에 따라 아래에 붙여놓았다. 대개 보는 사람들이 고찰하여 구별하기 쉽게 한 것이다. 그렇다면 곤의 3효가 변해 태(泰,☰)가 되고, 4효가 변해 대장(大壯,☰)이 되는 것도 또한 비(否)와 관(觀)의 예처럼 복(復,☰), 임(臨,☰), 쾌(夬,☰) 등의 세 괘와 병렬되어 표시해 걸어놓아야 할 것이다. 다른 판본에는 상하괘의 예가 모두 같게 되어 있으니, 이것을 정본으로 삼아야 할 것이다.

---

[76] 『역학계몽』「고변점」. "한 괘가 64괘로 변할 수 있으니, 4,096괘가 그 가운데 있는 것이다. 이른바 '끌어다가 펴고 같은 분류로 붙여 확장하면 천하에 할 수 있는 일을 마칠 수 있을 것'이니 어찌 믿지 못하리오! 이제 64괘의 변을 32개의 그림으로 배열해 놓았다. 첫 괘를 얻은 자는 처음부터 끝까지, 위에서 아래로 찾으면 되고, 끝 괘를 얻은 이는 끝에서 처음으로, 아래에서 위로 찾으면 된다. 변괘가 제32괘 이전에 있으면, 본괘효의 사(辭)로 점을 치고, 변괘가 제32괘 이후에 있으면, 변괘효의 사로 점을 치면 된다.(於是一卦可變六十四卦, 而四千九十六卦在其中矣. 所謂引而伸之, 觸類而長之, 天下之能事畢矣. 豈不信哉. 今以六十四卦之變, 列爲三十二圖. 得初卦者, 自初而終, 自上而下, 得末卦者, 自終而初, 自下而上, 變在第三十二卦以前者, 占本卦爻之辭, 變在第三十二卦以後者, 占變卦爻之辭.)"

(2) 卦變圖次第, 見圖下玉齋胡氏說.

「괘변도」의 차례는 그림 아래 옥재 호씨의 설에 보인다.[77]

(3) 卦變有二說. 剛來柔進, 此自彼來一說也, 本義卦變圖是也. 一卦皆變爲六十四卦一說也, 啓蒙卦變圖是也. 二者各是一義, 不可相通也. 卷端朱子說三條, 皆說本義卦變, 而誤引於此, 潛室陳氏又合而論之, 尤誤矣.

'괘변'에는 두 가지 설이 있다. '강(剛)이 와서 유(柔)가 나가고, 이 괘들은 저 괘들로부터 왔다'[78]는 것이 하나의 설인데, 『주역본의』「괘변도」가 이것이다. '하나의

[77] 『역학계몽』「고변점」. "옥재 호씨가 말했다. "32개의 그림에서 그 변을 반복하면 모두 마치 건괘, 곤괘 두 괘의 괘변도의 예와 같다. 매 그림에서 각각 첫 괘를 본괘로 하여 그 변을 따라가면 처음에서 끝으로, 위에서 아래로 건괘로 말미암아 곤괘에 이른다. 반대로 나아가면 또한 끝 괘를 본괘로 하여 변을 역으로 되짚어오면, 끝에서 처음으로, 또 아래서 위로 바로 곤괘로 말미암아 건괘에 이른다. 한 번은 순하고 한 번은 역하면 각각의 도가 마침내 두 괘를 본괘로 하여 두 그림을 이루는 것과 같다. 32개의 그림을 합하고 반복하면 64개의 그림이 된다. 그러나 32개의 그림 앞뒤 차례는 모두 건, 곤의 괘변에 근본하는 것이니, 제1 그림만 보더라도 알 수 있다. 예컨대 건괘를 본괘 삼으면, 다음은 구괘, 다음은 동인괘, 나아가 항괘에 이르니 모두 32괘로, 이제 각각을 32개 그림의 첫 번째 괘로 하여 순서가 나아가면 어지럽지 않다. 예컨대 곤괘를 본괘로 삼으면 다음은 복괘, 다음은 사괘, 나아가 익괘에 이르는데 모두 32괘로, 이제 각각을 32괘도의 **끝 1괘로 하여 차례로 나아가면 어지럽지 않다. 이것이 바로 괘획변도의 오묘함이다."(玉齋胡氏曰. 三十二圖反復其變, 悉如乾坤二卦變圖例. 每圖各以第一卦爲本卦順變挦去, 則自初而終, 自上而下, 是由乾以至於坤, 反之則又以末一卦爲本卦逆變轉來, 則自終而初, 自下而上, 是由坤以至於乾. 一順一逆, 每圖遂以兩卦爲本卦, 而成兩圖矣, 合三十二圖, 反復則爲六十四圖矣. 然三十二圖先後次第, 皆本於乾坤卦變, 只以第一圖觀之可見. 如以乾爲本卦, 則次姤, 次同人, 以至於恒, 計三十二卦, 今各爲三十二圖之第一卦, 而次第不紊矣. 如以坤爲本卦, 則次復, 次師, 以至於益, 計三十二卦, 今各爲三十二圖之末一卦, 而次第亦不紊矣. 此乃卦畫變圖之妙也.)"

[78] 『역학계몽』「고변점」. "괘변은 이른바 '강이 오고 유가 나아간다'고 하는 것과 같은 부류이니 또한 괘가 이미 이루어진 후에 나아가 뜻을 유추하여 '이것이 저 괘로부터 온 것이다.'라고 말하는 것이지 참으로 먼저 저 괘가 있고 그 후에 바야흐로 이 괘가 있는 것은 아니다. 옛 주에서 비괘는 태괘에서 왔다고 한 것에 대해 선유들은 비판하며 건괘, 곤괘가 합하여 태괘가 되는 것이라고 여겼는데 어찌 태괘가 다시 비괘가 되는 이치가 있겠는가? 다만 알지 못한 것은 복희가 괘를 그릴 때에 64괘가 한 번에 끝난 것이니 비록 건괘, 곤괘이지만 또한 여러 괘를 낳는 이치가 없다는 것이다. 문왕과 공자의 설 같은 경우에는 종횡과 곡직으로 반복하여 서로를 낳지만 안 될 것

괘가 모두 변하여 64괘가 된다'는 것이 또 하나의 설인데, 『역학계몽』「괘변도」가 이것이다. 두 설은 각각의 의미를 가지고 있어서 서로 통할 수 없다. 권의 끝부분에 있는 주자 설의 세 조목은 모두 『주역본의』의 괘변을 말한 것인데 여기에 잘못 인용되었다. (하지만) 잠실 진씨가 또 합해서 논하고 있으니 매우 큰 오류이다.

(4) 易中奇偶之說, 不一. 揲蓍一其四爲奇, 兩其四爲偶, 此一說也. 前一變, 其餘五九, 皆奇, 後二變, 其餘四八, 皆偶, 此一說也. 前一變, 得五者三, 得九者一, 而三一, 皆奇. 後二變, 得四得八者, 皆二, 而二爲偶, 此一說也. 卦畫之陽畫單爲奇, 陰畫坼爲偶, 此一說也. 乾三單爲三畫, 坤三坼爲六畫, 震坎艮一單二坼爲五畫, 巽離兌二單一坼爲四畫, 則陽卦, 皆奇, 陰卦, 皆偶, 此一說也.

역 가운데 기우(奇偶, 짝수와 홀수)의 설은 한 가지가 아니다. 설시를 할 때 '그 4가 하나인 것'이 홀수가 되고, '그 4가 둘인 것'이 짝수가 된다. 이것이 하나의 설이다.[79] '앞선 일변에서 나머지가 5와 9가 되는 것은 모두 홀수이며, 뒤의 이변에

이 없다는 것이다. 요점은 살아 있는 맥락을 보아서 얽매이거나 막힘이 없는 것에 있는데 그리하면 통하지 않는 것이 없다. (卦變所謂剛來柔進之類, 亦是就卦已成後用意推說, 以此爲自彼卦而來耳, 非眞先有彼而後方有此卦也. 古注說賁卦自泰卦而來, 先儒非之以爲乾坤合而爲泰, 豈有泰復爲賁之理. 殊不知若論伏羲畫卦, 則六十四卦一時都了, 雖乾坤亦無能生諸卦之理. 若如文王孔子之說, 則縱橫曲直, 反復相生, 無所不可. 要在看得活路無所拘泥, 則無不通耳.)

[79] 『역학계몽』「명시책」. "옥재 호씨가 말했다. "5를 얻는 것은 세 가지가 있는데, 모두 일변으로서 오른손에 남은 것이 3개면 왼손에는 1개가 남는 것이고, 오른손에 남은 것이 2개면 즉 왼손에는 2개가 남는 것이고, 오른손에 남는 것이 1개면 왼손에 남는 것이 3개인 것이다. 오른손이 3개, 2개, 1개면 왼손의 1개, 2개, 3개를 모으고, (그것에) 건 것 1개와 수를 합하면 각각 그 5를 이루게 되니, 즉 5를 이룬 것에는 무릇 세 가지 경우가 있다. 대개 첫 번째 헤아림에서 가히 5를 얻을 수 있는 것은 이러한 세 가지 경우이다. 9를 얻는 것이 한 가지라는 것은, 대개 일변으로서 오른손에 남은 것이 4개이면 즉 왼손 남는 것 또한 4개이니, 괘 1의 수와 합하면 9가 된다. 첫 번째 헤아림으로 가히 9를 얻을 수 있는 것은 단지 이러한 한 가지 경우만 있다. 주자가 말하길 '4로서 모으는 것은 4로서 헤아린다는 뜻이다.'라고 하였고, 또 말하길 '무릇 4가 홀수가 된다는 것은, 한 개의 4인 것이다. 무릇 8이 짝수라는 것은 두 개의 4인 것이다.' 한 묶음의 4인 것이 1이 되니 고로 홀수이니, 즉 양의(兩義)의 양수(陽數)이다. 두 묶음의 4는 2이니 고로 짝수이니, 즉 양의의 음수(陰數)이다."(玉齋胡氏曰, 得五者三, 蓋以第一變右手餘三則

서 나머지가 4와 8이 되는 것은 모두 짝수가 된다[80]는 것이 또 하나의 설이다. '앞선 일변에서 5를 얻은 것은 셋이고 9를 얻은 것이 하나이면 셋과 하나는 모두 홀

左手餘一, 右手餘二則左手餘二, 右手餘一則左手餘三. 以右手之三二一, 湊左手之一二三, 併掛一之數而各成其五, 則成五者凡三矣. 凡初揲而可得五者, 有此三樣也. 得九者一, 蓋以第一變右手餘四則左手亦餘四, 併掛一之數爲九, 初揲而可得九者, 只有此一樣也. 朱子云, 以四約之者, 揲之以四之義也. 又云, 凡四爲奇, 是一箇四也. 凡八爲偶, 是兩箇四也. 一箇四爲一故爲奇, 卽兩儀之陽數也, 兩箇四爲二故爲偶, 卽兩儀之陰數也.)"

[80] 『역학계몽』「명시책」. "옥재 호씨가 말했다. "옛날의 법이나 지금 사용하는 법이나 49개의 시책을 가지고 점을 치는데, '한 개를 비움, 둘로 나눔, 한 개를 겲, 4개씩 헤아림, 나머지 시책을 한 군데로 되돌림' 등은 애당초 서로 간에 다름이 없다. 그리고 세 번을 거쳐 나뉘는 것을 보더라도 5를 얻는 경우의 수가 3이고, 4를 얻는 경우의 수가 2이며, 9를 얻는 경우의 수가 1이고, 8을 얻는 경우의 수가 2라는 점 또한 같다. 다만 옛날 법은 제1변에서 5를 얻건 9를 얻건 모두 홀수이며, 제2변, 제3변에서 4를 얻건 8을 얻건 모두 짝수인 데 비해, 오늘날의 설에서는 5, 4를 홀수로 여기고 9, 8을 짝수로 여기는 것이 다를 뿐이다. 옛날 법에서 나뉘는 바를 보면 앞의 한 변은 앞에 있어 홀수에 속하기 때문에 그 나머지 시책들인 5와 9도 홀수이며, 뒤의 두 변은 뒤에 있어 짝수에 속하기 때문에 그 나머지 시책들인 4와 8도 짝수이다. 그러나 그 수들을 근거로 홀수, 짝수에만 의거하여 급작스럽게 음양을 정하는 것은 아니다. 나아가 나머지 시책 5, 9는 홀수인데 5가 나오는 경우가 3이고 9가 나오는 경우의 수가 1인 것에는 또한 '둘레 3에 지름 1'의 뜻이 있다. 그리고 나머지 시책 4, 8이 나오는 경우의 수가 모두 2인 것에는 역시 '둘레 4에 절반을 씀'의 뜻이 들어 있다. 하물며 세 번의 변을 거친 뒤 노양의 경우의 수는 12, 노음의 경우의 수는 4, 소양의 경우의 수는 20, 소음의 경우의 수는 28인데, 그것들이 이렇게 넉넉하기도 하고 모자라기도 하며 많기도 하고 적기도 함은 저절로 그러함의 법상으로서 그것들이 본래 같다는 것을 처음부터 해치지 않는다. 주자는 이 설을 특별히 거론하였다. 그래서 '세 번의 변에서 모두 겲'의 타당함을 깊이 있게 밝혔고, 아울러 위의 글에서 논의한 근세 학자들의 '뒤의 두 변에서는 겲지 않는다'는 설이 타당하지 않음을 입증하였다. 이렇게 함으로써 주자는 아래 글에서 '만약에 근세의 법을 사용한다면 세 변을 거친 나머지 시책들은 모두 '둘레 3에 지름 1'의 뜻이 되고 말아 '다시는 홀수, 짝수로 나뉨이 없을 것이다.'라는 말로 연결하여, 그 잘못을 분명하게 드러내고 있다."(玉齋胡氏曰. 舊法與今所用之法, 四十九蓍, 虛一, 分二, 掛一, 揲四, 歸奇, 初無以異. 而三變之分, 得五者三, 得四者二, 得九者一, 得八者二, 亦莫不同. 但其於第一變, 以或五或九者, 皆爲奇, 第二第三變, 以或四或八者, 皆爲偶, 與今所論五四爲奇, 九八爲偶者, 有不同耳. 舊法所分, 蓋以前一變在先而屬奇, 故其餘五九, 亦也奇數也. 後二變在後而屬偶, 故其餘四八亦偶數也. 不過因其數以分奇偶, 初未嘗遽以此奇偶而定陰陽. 然以餘五九者爲奇, 則五三九一, 亦有圍三徑一之義. 以餘四八者爲偶, 則四八皆二, 亦有圍四用半之義. 況三變之後, 老陽十二, 老陰四, 少陽二十, 少陰二十八, 其饒乏多寡, 自然之法象, 初不害其本同也. 朱子特擧此說, 所以深明三變皆掛之得, 以證上文近世後二變不掛之失. 又以起下文若用近世之法, 三變之餘, 皆爲圍三徑一之義, 而無復奇偶之分, 以辨明其誤也.)

수이고, 뒤 이변은 4와 8을 얻은 것이 모두 둘이면 둘은 짝수이다.'[81]라는 것이 또 하나의 설이다. '괘획에서 양획인 단(單, ▬)은 홀수이고, 음획인 탁(坼, --)은 짝수가 된다.'[82]라는 것이 또 하나의 설이다. '건(乾, ☰)은 단(單, ▬)이 셋이니 삼획이 되고, 곤(坤, ☷)은 탁(坼, --)이 셋이니 육획이 되며, 진(震, ☳), 감(坎, ☵), 간(艮, ☶)은 단(單, ▬)이 하나이고 탁(坼, --)이 둘이니 오획이 되고, 손(巽, ☴), 리(離, ☲), 태(兌, ☱)는 단(單, ▬)이 둘이고 탁(坼, --)이 하나이니 4획이 되는데, 양괘는 모두 홀수이고 음괘는 모두 짝수이다.'라는 것이 또 하나의 설이다.

81 『역학계몽』「명시책」. "주자가 말했다. "맨 처음의 변에서 5를 얻는 경우의 수는 3이고 9를 얻는 경우의 수는 1이다. 그러므로 '나머지 시책이 5와 9인 경우에서 5의 경우는 셋이고 9의 경우는 하나이다.'라고 말하는 것이다. 뒤의 두 변에서는 4를 얻는 경우의 수도 2이고, 8을 얻는 경우의 수도 2이다. 그러므로 '나머지 시책이 4와 8인 경우에서 4의 경우도 둘이고 8인 경우도 둘이다.'라고 말하는 것이다. 이 세 변을 거친 뒤에 노양이 되는 경우의 수는 12이고, 노음이 되는 경우의 수는 4이다. 그러므로 '양은 넉넉하고 음은 모자란다'고 말한다. 또 소양이 되는 경우의 수는 20이고 소음이 되는 경우의 수는 28이다. 그러므로 '양은 적고 음은 많다'고 말한다."(朱子曰. 初一變得五者三得九者一. 故曰餘五九者五三而九一. 後二變得四者二得八者二. 故曰餘四八者四八皆二. 三變之後爲老陽者十有二老陰四. 故曰陽饒而陰乏. 少陽二十少陰二十八. 故曰陽少而陰多陰.)"

82 『역학계몽』「명시책」. "옥재 호씨가 말했다. "괘륵지수 4, 5는 홀수이고 9, 8은 짝수이다. 셋 다 홀수인 것은 노양인데, 노양을 얻으면 그 효를 'ㅁ'로 표시한다. 이것을 '겹침'이라 부른다. 홀수 둘, 짝수 하나는 소음인데, 소음을 얻으면 그 효를 '--'로 표시한다. 이것을 '터짐'이라 부른다. 짝수 둘, 홀수 하나는 소양인데, 소양을 얻으면 그 효를 '▬'로 표시한다. 이것을 '홑'이라 부른다. 셋 다 짝수인 것은 노음인데, 노음을 얻으면 그 효를 'X'로 표시한다. 이것을 '교차함'이라 부른다."(玉齋胡氏曰. 掛扐四五爲奇, 九八爲偶. 三奇爲老陽, 遇老陽者其爻爲ㅁ, 所謂重也, 二奇一偶爲少陰, 遇少陰者其爲--, 所謂拆也, 二偶一奇爲少陽, 遇少陽者其爻爲▬, 所謂單也, 三偶爲老陰, 遇老陰者其爻爲X, 所謂交也.)"

2. 小註
소주

1) 本圖書 본도서

(1) 潛室陳氏曰. 伏羲畫卦其表爲八卦, 【止】相爲表裏也.
잠실 진씨가 말했다. "복희의 획괘는 그 표가 팔괘이다. … 서로 표리가 된다."[83]

陳氏表裏之說, 恐誤. 凡言表裏, 裏者爲主, 表者爲賓. 故主河圖而言, 則其裏爲八卦, 其表爲九疇. 主洛書而言, 則其裏爲九疇, 其表爲八卦也.
진씨의 표리설은 오류일 것이다. 표리를 말할 때는 안을 가리키는 리는 주(주

---

[83] 『역학계몽』「본도서」. "잠실 진씨가 말했다. "경위(經緯)의 설은 상하가 경(經)이 되고 좌우가 위(緯)가 된다는 것이 아니다. 무릇 '경'은 그 정(正)을 말하고 '위'는 그 변(變)을 말하니, 두 도(圖)가 서로 정·변이 됨을 말한다. 「하도」를 위주로 말하면 「하도」가 정이 되고 「낙서」가 변이 된다. 「낙서」를 위주로 말하면 「낙서」가 정이 되고 「하도」가 또 변이 된다. 요컨대 천지 사이는 한번은 음, 한번은 양으로, 이로써 오행을 둘로 하는 것에 지나지 않으며, 태극은 항상 그 속에 자리한다. 두 도가 비록 종횡으로 변동하더라도, 요긴한 것은 단지 상호간에 헤아려 나타나니, 이것이 서로 경위가 된다고 말하는 까닭이다. 표리의 설 역시 그러하다. 대개 「하도」로 괘를 그릴 수 있는 것만이 아니라, 구주를 밝힐 수도 있다. 「낙서」로 구주를 밝힐 수 있는 것만이 아니라, 괘를 그릴 수도 있다. 다만 당시 성인들께서 각각 하나의 일로 말미암아 후세에 법을 드리웠을 뿐이다. 복희씨는 「하도」에 근거하여 괘를 그렸고, 대우는 「낙서」에 근거하여 구주를 밝혔다. 요컨대 복희씨가 괘를 그린 것은 그 겉은 팔괘가 되지만 그 속은 구주가 될 수도 있고, 대우가 구주를 펼친 것은 그 겉은 구주가 되지만 그 속은 괘가 될 수도 있음을 알 수 있다. 이것이 서로 표리가 된다고 말하는 이유이다."(潛室陳氏曰, 經緯之說, 非是以上下爲經, 左右爲緯. 大抵經言其正, 緯言其變, 而二圖互爲正變. 主河圖而言, 則河圖爲正, 洛書爲變. 主洛書而言, 則洛書爲正, 而河圖又爲變. 要之天地間, 不過一陰一陽以兩其五行, 而太極常居其中. 二圖雖縱橫變動, 要只是參互呈見, 此所以謂之相爲經緯也. 表裏之說亦然. 蓋河圖不但可以畫卦, 亦可以明疇. 洛書不特可以明疇, 亦可以畫卦. 但當時聖人各因一事, 以垂法後世. 伏羲但據河圖而畫卦, 大禹但據洛書而明疇. 要知伏羲之畫卦, 其表爲八卦而其裏固可以爲疇, 大禹之敘疇, 其表爲九疇而其裏固可以爲卦. 此所以謂之相爲表裏也.)"

인, 주체)가 되며 표는 빈(손님, 객체)이 된다. 그러므로 「하도」를 주로 해서 말하면 그 리는 팔괘가 되며 그 표는 홍범구주(洪範九疇)[84]의 구주가 된다. 「낙서」를 주로 해서 말하면 그 리는 구주가 되고 그 표는 팔괘가 된다.

⑵ 朱子曰. 明堂篇, 有二九四, 七五三, 六一八之語.
주자가 말했다. "『대대례기』[85] 「명당편」에 2·9·4, 7·5·3, 6·1·8 등의 말이 있다."[86]

洛書之文, 分爲三層. 二九四, 前一行也, 七五三, 中一行也, 六一八, 後一行也. 皆自右數起至左.
「낙서」의 무늬는 3층으로 나뉜다. 2·9·4가 앞의 한 행이고, 7·5·3이 가운데 행이며, 6·1·8이 뒤의 행인데, 모두 오른쪽으로부터 수가 일어나 왼쪽에 이른다.

---

84 홍범구주는 9개 조항의 큰 법이라는 뜻으로, 중국 하(夏)나라 우왕(禹王)이 홍수를 다스릴 때 하늘로부터 받은 낙서(洛書)를 보고 만들었다고 한다. 주나라 무왕(武王)이 기자(箕子)에게 선정의 방안을 물었을 때 기자가 이 홍범구주로 교시했다고 한다. 『서경(書經)』「주서(周書) 홍범(洪範)」편에 수록되어 있으며, 9개의 항목은 오행(五行)·오사(五事)·팔정(八政)·오기(五紀)·황극(皇極)·삼덕(三德)·계의(稽疑)·서징(庶徵)·오복(五福)과 육극(六極)이다.
85 『대대례기(大戴禮記)』는 중국 전한 선제(宣帝) 때의 학자인 대덕(戴德)이 편찬한 예서(禮書)로 유향(劉向)이 엮은 『예기(禮記)』 214편을 간추려 85편으로 축약하였다.
86 『대대례기』「명당편」. "명당이란 옛날부터 있어 온 것이다. 무릇 아홉 개의 방이 그것으로, 2·9·4, 7·5·3, 6·1·8이다.(明堂者, 古有之也. 凡九室. 二四九, 七五三, 六一八.)" 『역학계몽』「본도서」. "주자께서 말씀하셨다. '『대대례』 책을 읽으면 또한 하나의 명백한 증거를 얻을 수 있다. 그 「명당편」에 2·9·4, 7·5·3, 6·1·8이라는 말이 있는데, 정현은 주석에서 '거북의 무늬를 본받은 것이다.'라고 하였다. 그런즉 한나라 사람들은 본래 9수를 「낙서」로 여긴 것이다."(朱子曰, 讀大戴禮書, 又得一證甚明. 其明堂篇有二九四七五三六一八之語, 而鄭氏註云, 法龜文也. 然則漢人固以九數者爲洛書矣.)

(3) 勉齋黃氏曰. 自一至十特言奇偶之多寡, 初非以次序而言.

면재 황씨가 말했다. "1부터 10까지는 기우의 많고 적음을 말했을 뿐이며 처음부터 차례로 말한 것은 아니다."[87]

五行之生, 謂有次序, 可也, 謂無次序, 亦可也. 造化之微, 不可執一而論也. 天地未生之前, 元氣渾淪之中, 燥濕剛柔之氣一齊, 都具此五行之生, 無先後也. 若又就其中, 細分其次序, 則元氣其初只是濕底是水也. 濕中便有煖底是火也. 濕極而條達者是木也. 煖極而燥剛者是金也. 此五行之生, 又有先後也. 勉齋雖闢次序之說, 然其自爲說乃曰, 陰陽之氣, 一濕一燥而爲水火, 濕極燥極而爲金木云, 則又自不免爲次第之說矣. 勉齋, 又以太極圖解水陰火陽之說爲疑, 欲易置其說, 此於五行變化之妙, 又有所未察, 已於太極圖說下辨之矣.

오행의 생성 과정은 차례가 있다고 말할 수도 있고 차례가 없다고도 말할 수 있다.[88] 조화의 미묘함은 하나에 집착해서 논할 수 없다. 천지가 아직 생겨나기 전, 원기(元氣)가 혼륜한 가운데는 조습(燥濕, 마름과 젖음)과 강유의 기가 균등하게 하나로 있으니, 모두 이 오행의 생성 과정을 갖추어서 선후가 없다. 만일 그 가운데로 나가 그 차례를 세분하면, 원기가 처음에는 다만 습하기만 한데 이것이 수(水)이고, 습한 가운데 온난함이 있는 것은 화(火)이다. 습한 것이 극에 달해 무럭무럭 자라나 뻗어 나간 것이 목(木)이며, 온난함이 극에 달해 말라 단단해진 것

---

87 면재 황씨가 말했다. "1에서 10까지 다만 홀짝의 다소만 말했을 뿐 애초부터 순서로서 말한 것은 아니다. 하늘이 홀을 얻어 수가 되기 때문에 1이 수를 낳는다고 말한 것이다. 1이 극에 이르면 3이 되기 때문에 3이 목을 낳는다고 말한 것이다. 지는 짝을 얻어 화가 되기 때문에 2가 화를 낳는다고 말한 것이다. 2가 극에 이르면 4가 되기 때문에 4가 금을 낳는다고 말한 것이다. (勉齋黃氏曰, 自一至十, 特言奇偶之多寡爾, 初非以次序而言. 天得奇而爲水, 故曰一生水. 一之極而爲三, 故曰三生木. 地得偶而爲火, 故曰二生火. 二之極而爲四, 故曰四生金.)"

88 『태극해의』「태극도해」. "오행의 생성에는 선후가 있는 것은 아니다. 그러나 마치 하나 둘 셋 넷 다섯하고 세는 것처럼 자연히 선후의 순서가 있게 된다.(五行之生, 非有先後. 如數一二三四五, 自然有先後次序.)"

이 금(金)이다.[89] 이 오행의 생성 과정은 또한 선후가 있다. 면재가 비록 순차의 설을 배척하였으나, 그 스스로 설을 삼은 것은 곧 '음양의 기가 일조일습(一濕一燥)하여 수화(水火)가 되고 습한 것이 극에 달하고 마른 것이 극에 달해 금목(金木)이 된다'[90]고 한 것이니, 또한 순차의 설을 면하지 못했다. 면재는 또한 「태극도해」의 '수는 음이고 화는 양'이라고 보는 설을 의심스럽다고 여기고 그 설을 바꿔 놓으려 했다. 여기에 오행이 변화하는 묘함에 대해서 또한 채 살피지 못한 것이 있다. 이미 「태극도설」의 아래에서 그것을 분별해 밝혔다.

(4) 朱子云相得如兄弟有合如夫婦.

주자는 '서로를 얻음은 마치 형제와 같고 합함이 있음은 부부와 같다'고 말했다.[91]

89 『역학계몽』「본도서」. "정은 습하고 기는 건조하며, 정은 실하고 기는 허하며, 정은 가라앉고 기는 뜨니, 그래서 정은 용모가 되고 기는 말이 된다. 정이 성한 것은 습함이 극에 이른 것이기 때문에 목이 되고 간(肝)이 되고 보는 것이 된다. 기가 성한 것은 건조함이 극에 이른 것이기 때문에 금이 되고 폐가 되고 듣는 것이 된다. 대개 용모와 보는 것은 정에 속하기 때문에 정이 쇠하면 눈이 침침해지며, 말과 듣는 것은 기에 속하기 때문에 기가 쇠하면 귀가 어두워진다. 이러한 것은 확연히 쉽게 드러나는 것들이다.(精濕而氣燥, 精實而氣虛, 精沉而氣浮, 故精爲貌而氣爲言. 精之盛者, 濕之極, 故爲木爲肝爲視. 氣之盛者, 燥之極, 故爲金爲肺爲聽. 大抵貌與視屬精, 故精衰而目暗, 言與聽屬氣, 故氣塞而耳聾. 此曉然易見者也.)"

90 『역학계몽』「본도서」. "[면재 황씨가] 또 말했다. "「홍범」의 오행과 오사는 모두 조화의 시초 및 사람과 사물이 처음 생겨나는 것으로 말한 것이다. 조화의 시초는 천(天)1이 수를 낳고 3이 목을 낳으며, 지(地)2가 화를 낳고 4가 금을 낳는데, 대개 음양의 기가 한 번은 습하고 한 번은 건조하여 수화가 되고, 습한 것이 극에 이르고 마른 것이 극에 이르면 목과 금이 되기 때문이다. 사람과 사물이 처음 생겨날 때는 정(精)과 기(氣)일 뿐이다. 「대전(계사전)」에서 '정과 기가 물(物)이 된다'고 했고, 자산께서 '물이 생겨날 때 처음 변화하는 것을 백(魄)이라 하고 백이 생기고 나서 (백 가운데) 양을 혼(魂)이라 한다'고 했으니 모두 정묘한 말씀이다."(又曰, 洪範五行五事, 皆以造化之初及人物始生言之也. 造化之初, 天一生水而三生木, 地二生火而四生金, 蓋以陰陽之氣, 一濕一燥而爲水火, 濕極燥極而爲木與金也. 人物始生, 精與氣耳. 大傳曰, 精氣爲物, 子産曰, 物生始化曰魄, 旣生魄, 陽曰魂, 此皆精妙之語.)"

91 『역학계몽』「본도서」. "주자께서 말씀하셨다. "'서로를 얻음'은 형제와 같고 '합함이 있음'은 부부와 같다. 대개 '서로 얻음'의 경우는 그 홀짝이 서로 차례가 되어 그 부류를 판별하여 어지러

兄弟相得, 以同類相求而言也. 天地之數, 各以類聚是也. 夫婦相合, 以陰陽
配合而言也. 一與六合, 二與七合之類是也. 玉齋, 相得之說, 雖本於本義, 與啓
蒙說不同, 啓蒙之成, 後於本義, 當以啓蒙爲正.

형제의 서로 얻음은 동류의 서로 구함으로서 말한 것이니, 천지의 수는 각각 유로 취한다는 것이 이것이다. 부부의 서로 합함은 음양의 배합으로 말한 것이니, 1과 6이 합하고, 2와 7이 합하는 유가 이것이다. 옥재의 상득설은 비록『주역본의』에 근거를 두고 있기는 하지만『역학계몽』의 설과 같지 않다.『역학계몽』이 성립된 것은『주역본의』이후이니, 마땅히『역학계몽』을 바른 것으로 삼아야 할 것이다.

(5) 雲莊劉氏曰. 氣質二者,【止】其終之離.

운장 유씨가 말했다. "기질 두 가지는 … 반드시 분리된다."[92]

움을 용납지 않음을 취한 것이다. '서로 합함'의 경우는 그 홀짝이 서로 생과 성이 되어 그 부류를 합하여 차별을 용납지 않음을 취한 것이다. '상득유합(相得有合)' 네 글자는 「하도」의 수를 온전히 갖추었다." 또 말하였다. "상득유합이 10간에 있을 경우에는, 갑을(甲乙)은 목, 병정(丙丁)은 화, 무기(戊己)는 토, 경신(庚申)은 금, 임계(壬癸)는 수이니, 이것이 곧 '서로 얻음'이다. 갑과 기가 합하고, 을과 경이 합하며, 병과 신이 합하고, 정과 임이 합하며, 무와 계가 합하니, 이것이 곧 각각 '합함이 있음'이다."(朱子云, 相得如兄弟, 有合如夫婦. 蓋以相得, 則取其奇偶之相爲次第, 辦其類而不容紊也. 有合, 則取其奇偶之相爲生成, 合其類而不容間也. 相得有合四字, 該盡河圖之數. 又云, 相得有合在十幹, 甲乙木, 丙丁火, 戊己土, 庚辛金, 壬癸水, 便是相得. 甲與己合, 乙與庚合, 丙與辛合, 丁與壬合, 戊與癸合, 便是各有合也.)"

92 『역학계몽』「본도서」. "운장 유씨가 말했다. "「하도」는 음양의 생성의 합이며 「낙서」는 음양의 홀수와 짝수의 나뉨이다. 질의 측면에서 논한다면, 나뉘어서 각기 그 자리를 차지하고, 이것은 대대의 원리에 의해 정해져 있는 체이다. 기의 측면에서 논한다면, 합쳐서 그 방향이 같이 있으니, 이는 유행의 묘용이다. 그러나 기와 질 두 가지는 처음부터 서로 떨어지지 않으니, 나뉘면 반드시 합쳐지고 합치면 반드시 나뉜다. 이른바 '앞으로 미루어 나아가도 그 시초의 합쳐 있음을 보지 못하고 뒤로 끌어가더라도 그 마침에서 서로 분리됨을 보지 못한다'고 한다. 또한 얽매여 고집스레 보아서는 안 된다."(雲莊劉氏曰. 河圖者, 陰陽生成之合, 洛書者, 陰陽奇偶之分. 以質而論, 則分而各居其所, 是對待之定體也, 以氣而論, 則合而同處其方, 是流行之妙用也. 然氣質二者, 初不相離, 有分則必有合, 有合則必有分, 所謂推之於前, 不見其始之

氣質固不相離, 亦有分言者, 朱子所謂, 五行者, 質具於地, 而氣行於天者, 是也. 且朱子推前引後之說, 以言於理氣二物不可分開者, 則可矣, 而以言於氣質, 則亦不襯矣.

기와 질은 참으로 서로 떨어질 수 없으나 또한 나누어 말한 것이 있으니, 주자가 말한 '오행은 질이 땅에서 갖추어진 것이고 기는 하늘에서 행하는 것'[93]이 이것이다. 게다가 주자의 추전인후(推前引後, 앞에서 밀고 뒤에서 당김)의 설[94]에서 이기의 두 가지는 나누어 갈라놓을 수 없다는 데에서 말한 것으로서는 옳지만, 기질에 대해 말한 것으로서는 또한 (그 의미에) 가깝지 않다.

(6) 玉齋胡氏曰. 象之處西南者, 不協夫所生之卦.

옥재 호씨가 말했다. "이 사상들 가운데서 서쪽과 남쪽에 자리 잡고 있는 것들은 '화합하지 않는 사나이'에게서 생겨난 괘들이다."[95]

合, 引之於後, 不見其終之離, 又不可以拘泥而觀之也.)"

93 앞의 『태극해의』 「태극도해」 관련 주석 참고.

94 『태극해의』 「태극도해」. "그렇지만 앞으로 미루어 보아도 그 처음에 (태극과 음양이) 합쳐지는 것을 볼 수 없고, 뒤로 당겨보아도 그 끝에서 분리되는 것을 볼 수 없다. 그러므로 정자(程頤)는 이렇게 말했다. "움직임과 고요함에는 단서가 없고, 음과 양에는 시초가 없으니, 도를 아는 사람이 아니면 누가 그것을 식별할 수 있겠는가."(雖然, 推之於前而不見其始之合, 引之於後而不見其終之離也. 故程子曰. 動靜無端, 陰陽無始, 非知道者, 孰能識之.)"

95 『역학계몽』 「본도서」. "옥재 호씨가 말했다. 「하도」는 생(生)과 성(成)으로 음양을 나눈다. 다섯 생수(生數)의 양으로 다섯 성수의 음을 거느리고 그것들은 각 방향에 함께 자리 잡고 있다. 양은 안에, 음은 밖에 자리 잡고 생과 성을 서로 합하니 '교태(交泰)'의 뜻이다. 「낙서」는 홀수와 짝수로 음양을 나눈다. 다섯 홀수의 양으로 네 짝수의 음을 거느리며 그것들은 각자 그 자리에 있다. 양의 수(1, 3, 7, 9)는 똑바로 자리 잡고 음의 수(2, 4, 6, 8)는 치우치게 자리 잡으며 홀수와 짝수가 이미 나뉘었으니, 존귀함과 비천함의 위치를 드러내는 것이다. 「하도」의 수는 10인데 10은 대대(對待)를 이루며 그 체(體)를 세우니 상(常, 불변함)이 된다. 「낙서」의 수는 9인데 9는 유행하며 그 용(用)을 이루니 변(變, 변화)이 된다. 그런데 상변(常變, 변화와 불변)의 설은 주자가 각기 그 중요한 바를 들어서 말한 것일 뿐, 「하도」는 오로지 상에만 속하여 체만 있고 용은 없다거나 「낙서」는 오로지 변에만 속하여 용만 있고 체는 없다는 것이 아니다. 사상(四象)이 합쳐져 있는 「하도」의 관점에서 보면 네 방위에 배열해 있는 상들이 각기 자

리 잡고 있는 위치에 합당하다. 이것이 바로 그 체의 상(常)이다. 그런데 이 사상들 가운데서 서쪽과 남쪽에 자리 잡고 있는 것들은 '화합하지 않는 사나이(不恊夫, 사상 가운데 태양과 소양을 가리키는 말.)'에게서 생겨난 괘들이니, 이는 또한 용의 변이다. 복희씨는 그 변한 것들을 본떠 『역』을 만들었으니, 「횡도」의 괘획이 이루어짐에 나아가 「원도」의 괘기 운행을 궁구한다면, 사상이 나뉘어 팔괘가 되는 데서 음의 노·소는 변동하지 않음에 비해 양의 노·소는 갈마들어 옮겨감을 알게 될 것이다. 이는 변을 위주로 한 것이다. 그러니 「하도」라 하여 어찌 꼭 상에만 구애받는 것이겠는가! 이에 비해 사상을 나누어 배열하고 있는 「낙서」에서 보면, 사상 가운데 서쪽과 남쪽에 자리 잡고 있는 것들은 그들이 자리 잡고 있는 위치에 합당하지 않은 것들이다. 이는 바로 그 용의 변이다. 그런데 「낙서」에서 사상이 사방에 배열하고 있는 것들을 보면, 모두가 '화합하는 사나이'에게서 생겨난 괘들로 되어 있다. 이는 또한 체의 상이다. 우임금은 바로 그 상을 본떠 「홍범」을 만들었는데, 무왕이 어떻게 이륜(彝倫, 마땅히 참된 윤리)을 펼쳐야 할지를 물은 것을 바탕으로 하늘이 우임금에게 구주를 내려주었다고 한 기자의 답변을 탐구한다면, 사상이 나뉘어 구주가 되는 데서 양이 네 개의 정방에 자리 잡고 있음은 4양의 괘들을 배열하여 음의 주재자가 되게 한 것이고, 음이 네 개의 구석 자리, 즉 간방(艮方)에 자리 잡고 있음은 4음의 괘들을 배열하여 양의 보조자가 되게 한 것임을 알게 될 것이다. 이는 상을 위주로 한 것이다. 그러니 「낙서」가 용의 변을 표방한 것이기는 하지만, 성인이 어찌 꼭 그것에만 억눌렸다고 할 수 있겠는가."(玉齋胡氏曰. 河圖, 以生成分陰陽. 以五生數之陽, 統五成數之陰, 而同處其方. 陽內陰外, 生成相合, 交泰之義也. 洛書, 以奇偶分陰陽. 以五奇數之陽, 統四偶數之陰, 而各居其所. 陽正陰偏, 奇偶旣分, 尊卑之位也. 河圖數十, 十者對待以立其體, 故爲常, 洛書數九, 九者流行以致其用, 故爲變也. 常變之說, 朱子特各擧所重者爲言, 非謂河圖專於常有體而無用, 洛書專於變有用, 而無體也. 自河圖四象之合者觀之, 象之列於四方者, 各當其所處之位, 此其體之常, 象之處於西南者, 不恊夫所生之卦, 又爲用之變矣. 伏羲則其變者以作易, 卽橫圖卦畫之成, 而究圓圖卦氣之運, 則知四象分爲八卦, 陰之老少不動而陽之老少迭遷, 此主變也, 豈拘於常者乎. 自洛書四象之分者觀之, 象之居於西南者, 不當其所處之位, 此其用之變, 象之列於四方者, 悉恊夫所生之卦, 又爲體之常矣. 大禹則其常者以作範, 因武王彝倫攸敍之問, 以究箕子天錫禹疇之對, 則知四象分爲九疇, 陽居四正, 則配四陽之卦以爲陰之宰, 陰居四隅, 則配四陰之卦以爲陽之輔. 此主常也, 豈撓於變者乎.)"

화합하지 않는 사나이(不恊夫)라는 이 표현은 태극에서 양의 및 사상을 거쳐 팔괘가 생겨나는 과정을 「하도」의 방위에 배치하면서 생겨나는 모순적인 상황을 상과 변의 논리로 설명하는 데서 등장한다. 예컨대 '사나이'는 사상 가운데 태양과 소양을 가리킨다. 태양에서 분화가 진행되건 건과 태가 생겨나고, 소양에서 분화되면 손과 감이 된다. 그런데 「하도」의 방위에서 사상의 태양과 소양을 배치하면 태양은 서쪽 방위에 속하고, 소양은 남쪽 방위에 속한다. 또한 「하도」의 방위에서 팔괘를 배치하면 남쪽은 건이 속하고 서쪽은 감이 속하게 된다. 여기서 '화합하지 않는' 모습이 보인다. 곧 소양이 분화되어 생겨난 감이 남쪽에 있지 않고 서쪽에 있으며, 태양이 분화되어 생겨난 건이 서쪽에 있지 않고 남쪽에 있게 된다. 이것은 사상 수준에서의 방위와 팔괘 수준에서의 방위가 일치하지 않는 것이고, 두 사나이들(태양과 소양)이 화합하지 않는 것으로 묘사한 것이다. 그러나 이것은 사상과 팔괘의 생성 수준 및 「하도」의 방위에 팔괘 생성의 순서를 모두 하나로 합해서 일괄적으로 설명하려는 논리에 의해서 생겨난 '모순'이다.

此以五行生成之數爲四象. 五行四象, 各是一事, 強合爲一, 不知是何說. 卦位配圖, 唯坤離二卦之外, 皆不協本象, 豈特西南二方哉.

이것은 오행의 생성의 수로 사상을 생각한 것이다. 오행과 사상은 각각 하나의 일이므로 억지로 합해서 하나로 만들면 이것은 무슨 말인지 알 수 없다. 괘의 자리를 그림에 배치한 것에서 곤(坤)과 리(離) 두 괘 이외에는 모두 본상과 부합하지 않으니, 어찌 서쪽과 남쪽의 두 방위만 그렇겠는가!

(7) 玉齋胡氏曰. 一與二【止】脗合.

옥재 호씨가 말했다. "1과 2 … 서로 위아래 입술처럼 꼭 맞으니."[96]

此以奇統偶, 數因類相附者而言, 則當曰一與六, 三與八, 七與二, 九與四.

그렇지만 이 모순 또한 역학의 설명 원리로 자리 잡게 되었다. 역학의 설명 원리가 지닌 합리적 수준에서 이해될 수 없는 특정한 성격을 잘 보여주는 하나의 사례이다.

[96] 『역학계몽』「본도서」. "옥재 호씨가 말하였다. "「하도」의 [중앙] 5는 다섯 생수의 상을 갖추고 있고, 「낙서」의 [중앙] 5는 다섯 홀수의 상을 갖추고 있다. 이는 모두 그 주인 되는 바를 가지고 말한 것이다. 주인이 있으면 반드시 손님이 있으니, 「하도」의 성수와 「낙서」의 짝수도 또한 각각 중앙의 5라는 수를 갖추고 있다. 「하도」의 중앙 5라는 수 아래 한 점은 이미 천1의 상을 갖추고 있으니, 1과 6이 합하여 지6의 성수가 저절로 천1과 떨어질 수 없다. 2, 3, 4, 5에 이르러서도 모두 그러하다. 이와 같다면 곧 「하도」는 1·6으로부터 5·10에 이르기까지 생수와 성수가 모두 합하고 있으니 55의 전체 수가 중앙의 5라는 수 가운데 갖추어져 있다. 「낙서」의 중앙 5라는 수 아래 한 점은 이미 천1의 상을 갖추고 있으니, (중앙 5라는 수의) 위의 한 점에 이르면 이미 천9의 상이 갖추어져 있으니, 1과 2, 3과 4, 7과 6, 9와 8, 홀수와 짝수가 서로 위아래 입술처럼 꼭 맞으니, 45의 전체 수 또한 중앙의 5라는 수에 다 갖추어져 있는 것이다. 어찌 오직 5라는 수로만 국한하겠는가."(玉齋胡氏曰. 圖之五, 具五生數之象, 書之五, 具五奇數之象. 蓋皆以其所主者言之. 有主必有實, 而圖之成數與書之偶數, 亦各具於中央之五數矣. 圖之中五下一點, 旣具天一之象, 則一與六合而地六之成數, 自不能離乎天一矣. 以至二三四五, 皆然. 如是, 則河圖由一與六以至五與十, 生成相合而五十五之全數, 盡具於中央五數之中. 書之中五下一點, 旣具天一之象, 以至上一點, 旣具天九之象, 則一與二, 三與四, 七與六, 九與八, 奇偶亦相爲脗合, 而四十五之全數, 亦盡具於中央之五數矣, 豈可惟以五數拘之哉.)"

이것이 '기수가 우수를 통괄하며 수는 종류에 따라 서로 연관된다'는 측면에서 말한 것이라면, 마땅히 1과 6, 3과 8, 7과 2, 9와 4 등으로 말해야 한다.

(8) 雲莊劉氏曰. 陽動主變云云.
운장 유씨가 말했다. "양은 움직여 변화를 주도한다. …"[97]

陽動主變, 陰靜主常, 固陰陽之正, 然於此, 則不可以此爲說. 九七之易果是陽之主變, 則二四之易, 又是何義. 此朱子所以陰易爲說而九七之易, 亦歸之於陰也. 蓋陰陽以動靜言, 則動者變, 而靜者不變, 以貴賤言, 則賤者可易, 而貴者不可易也.

'양은 움직여 변화를 주도하고 음은 고요하여 항상됨을 주도한다'는 것은 진실로 음양의 바름이다. 그러나 여기에는 이것을 설로 삼아서는 안 된다. 9와 7의 교역(금과 화의 교역)이 과연 양이 변화를 주도하는 것이라면 2와 4의 교역은 또 무슨 의미인가? 이것이 주자가 음역(陰易, 음은 바뀔 수 있음)으로 설명하면서, 9와 7의 교역도 또한 음에 귀결시킨 이유이다.[98] 대개 음양은 움직임과 고요함으로 말하면 움직임은 변화이고 고요함은 변하지 않는 것이며, 귀천으로 말하면 천한 것

97　『역학계몽』「본도서」. "운장 유씨가 말하였다. 「하도」의 1, 3, 5, 7, 9는 모두 홀수이며 양이지만 1, 3, 5의 위치는 [「낙서」에서] 바뀌지 않고 7, 9의 위치가 바뀌는 까닭은 하늘과 땅 사이에 양이 움직여 변화를 주관하기 때문이다. 그러나 양이 북쪽과 동쪽에서는 움직이지 않다가 서쪽과 남쪽에서는 서로 옮겨가는 까닭은 북쪽과 동쪽은 양이 생기기 시작하는 방위이고, 서쪽과 남쪽은 양이 지극히 왕성한 방위이기 때문이다. 양은 나아감을 주관하니, 수 또한 반드시 극에 나아간 뒤에 변한다."(雲莊劉氏曰. 圖之一三五七九, 皆奇數陽也, 而一三五之位不易, 七九之位易者, 亦以天地之間, 陽動主變故也. 然陽於北東則不動, 於西南則互遷者, 蓋北東, 陽始生之方, 西南, 陽極盛之方. 陽主進, 數又必進於極而後變也.)

98　『역학계몽』「본도서」. "「하도」와 「낙서」의 수와 자리가 모두 세 개는 같고 두 개는 다른 것은 양은 바뀔 수 없지만 음은 바뀔 수 있기 때문이다. 성수는 비록 양이지만 본디 생수의 음이다.(其數與位, 皆三同而二異, 蓋陽不可易而陰可易. 成數雖陽, 固亦生之陰也.)"

은 바꿀 수 있지만 귀한 것은 바꿀 수 없다.

(9) 玉齋胡氏曰. 圖書之一六【止】皆在東.
옥재 호씨가 말했다. "「하도」와 「낙서」의 1과 6은 … 모두 동쪽에 있다."[99]

三同二異, 承上文生數奇數爲主之說而言, 六八非生數, 又非奇數, 本不與於位數同異之中, 玉齋幷言之, 誤矣.

---

[99] 『역학계몽』「본도서」. "옥재 호씨가 말했다. "[여기서 말하는] 수는 「하도」의 1에서 10까지의 수와 「낙서」의 1에서 9까지의 수이다. 위치는 동, 서, 남, 북, 중앙의 위치를 말한다. '위치와 수 모두가 셋은 같으나 둘은 다르다'는 것은 「하도」든 「낙서」든 1과 6은 북쪽에 있고, 3과 8은 동쪽에 있으며, 5는 중앙에 있으니, 이 셋은 위치와 수가 모두 같은 것이다. 「하도」에서 2와 7은 남쪽에 있지만 「낙서」에서 2와 7은 서쪽에 있고, 「하도」에서 4와 9는 서쪽에 있는데 「낙서」에서 4와 9는 남쪽에 있으니, 이 둘은 위치와 수가 모두 다르다. '양은 바뀔 수 없다'는 것은 전적으로 1, 3, 5를 가리키는 것이고, '음은 바뀔 수 있다'는 것은 2, 7과 4, 9를 통틀어 말한 것이다. '성수가 비록 양이라 하더라도'라는 말은 7과 9를 가리키며, '진실로 그것은 또한 생수의 음이기도 하다'는 것은 7이 생수 2의 음이라는 것과 9가 생수 4의 음이라는 것을 가리킨다. 2와 4는 생수라는 점에서는 비록 양에 속하지만, 성수라는 점에서는 '음'에 속하기에 양이라 할 수 없다. 그러므로 바뀔 수 있는 것이다. 7과 9는 홀수로 말하면 양에 속하지만 성수로 말하면 음이라고 말할 수 있다. 그러므로 바뀔 수 있는 것이다. '성수가 비록 양이라 하더라도 진실로 그것은 또한 생수의 음이다.'라고 하면서도 '생수가 음이라 하더라도 진실로 그것은 또한 성수의 양이기도 하다'라고 말하지 않은 까닭은 다만 음이 바뀔 수 있다는 점을 위주로 말한 것이다.(玉齋胡氏曰. 數則河圖自一至十, 洛書自一至九之數. 位則東西南北中央之位, 皆三同而二異者, 圖書之一六皆在北, 三八皆在東, 五皆在中, 三者之位數, 皆同也. 圖之二七在南, 而書則二七在西, 圖之四九在西, 而書則四九在南, 二者之位數, 皆異也. 陽不可易, 專指一三五, 陰可易, 統指二七四九. 成數雖陽, 指七九, 固亦生之陰, 指七爲二生數之陰, 九爲四生數之陰也. 二四以生數言雖屬陽, 然以偶數言, 則屬陰, 不得謂之陽矣. 故可易. 七九以奇數言, 雖屬陽, 然以成數言, 只可謂之陰矣. 故可易. 其曰成數雖陽, 固亦生之陰, 不曰生數雖陰, 固亦成之陽者, 蓋但主陰可易而言也.)"

'셋은 같고 둘은 다르다'[100]는 것은 위 문장의 '생수와 기수가 주도한다'[101]는 설을 이어 말한 것이다. 6과 7은 생수가 아니며 또한 기수도 아니니, 본래 지위와 수의 같고 다름과 관련이 없다. 옥재가 그것을 함께 말한 것은 오류이다.

(10) 玉齋胡氏曰. 一六老陰之數云云.

옥재 호씨가 말했다. "1과 6은 노음의 수이다.…"[102]

---

100 삼동이이(三同二異):「하도」와「낙서」숫자의 위치가 세 개는 같고 두 개는 다르다는 뜻이다. 세 개의 숫자는 1, 3, 5이며 두 개의 숫자는 2, 4이다.「하도」와「낙서」를 살펴보면 1은 왼쪽, 3은 아래, 5는 중앙에 있다. 그러나 2, 4는「하도」의 경우는 2가 위쪽에 4가 오른쪽에 있고,「낙서」의 경우는 2, 4가 서로 자리를 바꾸었다.

101 『역학계몽』「본도서」. "그러나「하도」는 생수를 위주로 한다. 그러므로 그 중앙이 5가 되는 것은 또한 다섯 생수의 상이 여기에 갖추어져 있기 때문이다. 그 [중앙 5의] 아래 한 점은 천1의 상이요, 그 위의 한 점은 지2의 상이며, 그 왼쪽 한 점은 천3의 상이요, 그 오른쪽 한 점은 지4의 상이며, 그 가운데 한 점은 천5의 상이다.「낙서」는 홀수를 위주로 한다. 그러므로 그 중앙이 5가 되는 것은 그것에 또한 다섯 홀수의 상이 갖추어져 있기 때문이다. 그래서 그 [중앙 5의] 아래 한 점은 천1의 상이요, 그 왼쪽 한 점은 천3의 상이며, 그 가운데 한 점도 천5의 상이요, 그 오른쪽의 한 점은 천7의 상이며, 그 위의 한 점은 천9의 상이다.(然河圖以生數爲主. 故其中之所以爲五者, 亦具五生數之象焉. 其下一點, 天一之象也, 其上一點, 地二之象也, 其左一點, 天三之象也, 其右一點, 地四之象也, 其中一點, 天五之象也. 洛書以奇數爲主. 故其中之所以爲五者, 亦具五奇數之象焉. 其下一點, 亦天一之象也, 其左一點, 亦天三之象也, 其中一點, 則天五之象也. 其右一點, 則天七之象也, 其上一點, 則天九之象也.)"

102 『역학계몽』「본도서」. "옥재 호씨가 말했다. "네 정방(正方)은 건, 곤, 리, 감이 되고 네 귀퉁이의 간방(間方)은 태, 진, 손, 간이 된다는 것은 대체로 1, 6 노음의 수가 괘를 그리면 간괘와 곤괘가 되는데, 간괘는 6의 자리를, 곤괘는 1의 자리를 차지한다. 또 3, 8 소음의 수가 괘를 그리면 리괘와 진괘가 되는데, 리괘는 3의 자리를, 진괘는 8의 자리를 차지한다. 4, 9 노양의 수가 괘를 그리면 건괘와 태괘가 되는데, 건괘는 9의 자리를, 태괘는 4의 자리를 차지한다. 2, 7 소양의 수가 괘를 그리면 손괘와 감괘가 되는데, 손괘는 2의 자리를, 감괘는 7의 자리를 차지한다. 이와 관련해서는「낙서」에서도 역시 팔괘를 만들 수 있다. '구주의 세목'이라고 한 것은 오행이 5, 오사가 5, 팔정이 8, 오기가 5, 황극이 1, 삼덕이 3, 계의가 7, 서징이 10, 오복·육극이 11이어서 그 더한 값이 모두 55가 된다."(玉齋胡氏曰, 四方爲乾坤離坎, 四隅爲兌震巽艮者, 蓋一六老陰之數, 而畫卦爲艮坤, 艮居一也, 坤居一也. 三八少陰之數, 而畫卦爲離震, 離居三, 震居八也. 四九老陽之數, 而畫卦爲乾兌, 乾居九, 兌居四也. 二七少陽之數, 而畫卦爲巽坎, 巽居二, 坎居七也. 此洛書亦可以爲八卦也. 九疇之目者, 五行五, 五事五, 八政八, 五紀五, 皇極一, 三德三, 稽疑七, 庶徵十, 福極十一, 總五十五也.)"

前屢辨之, 玆不復論.

앞에서 여러 차례 분변했으니 다시 논의하지 않는다.

(11) 玉齋胡氏曰. 洛書之五, 又自含五, 【止】中一點, 含天五之象.

옥재 호씨가 말했다. "「낙서」의 5는 또한 스스로 5를 머금고 … 가운데 한 점은 천5의 상을 머금었다."[103]

五自含五者, 十爲數之全, 而一二三四五, 除其本身餘數爲九八七六五. 是一二三四五, 含九八七六五之數, 而通其本身爲十矣. 若如胡說, 則五含十五而通其本身爲二十矣, 安得爲含五得十乎. 若中五具五, 生數五奇數之說, 與此各是一義. 胡說牽合多如此類, 讀者不可以不辨也. 胡說又以河圖之象釋洛書之數, 尤見其謬矣.

'5는 저절로 5를 머금는다'는 것은 10은 수의 전체가 되는데, 1, 2, 3, 4, 5로 그 본신을 제거하여 남는 수가 9, 8, 7, 6, 5가 된다. 이것은 1, 2, 3, 4, 5가 9, 8, 7, 6, 5의 수를 머금어서 그 본신을 합하면 10이 되는 것이다. 만일 호씨의 설대로라면 5는 15를 머금고 그 본신을 합해서 20이 될 것이니, 어찌 5를 머금어 10이 될 수

---

[103] 『역학계몽』「본도서」. "옥재 호씨가 말하였다. "「낙서」의 5는 또한 스스로 5를 함축하여 10이 된다는 말은 그 중앙의 다섯 점에서 아래 한 점은 천1의 상을 함축하고 있고, 위 한 점은 지2의 상을 함축하고 있으며, 왼쪽 한 점은 천3의 상을 함축하고 있고, 오른쪽 한 점은 지4의 상을 함축하고 있으며 그 가운데 한 점은 천5의 상을 함축하고 있다는 말이다. 그리하여 이른바 '5는 또한 스스로 5를 함축하여 10이 된'것은 밖에 있는 40의 수와 통하여 대연(大衍)의 수가 된다. 5와 10을 누적하여 15를 얻는다는 것은 그것이 함축하고 있는 5를 누적하면 5와 10을 함축하여 15가 되니, 이것이 밖에 있는 40의 수와 통하여「하도」의 누적값 55가 된다는 말이다."(玉齋胡氏曰. 洛書之五, 又自含五而得十者, 下一點含天一之象, 上一點含地二之象, 左一點含天三之象, 右一點含地四之象, 中一點含天五之象, 所謂五自含五而得十, 通在外四十爲大衍之數積. 五與十而得十五者, 以其所含之五積之, 則含五與十爲十五, 通在外四十, 而爲河圖五十五也.)"

있을 것인가? 만일 가운데 5가 5를 갖추면 생수 5와 기수의 설은 이것과 함께 각각의 의미가 된다. 호씨의 설은 이처럼 견강부회가 많으니 공부하는 사람들은 분변하지 않을 수 없다. 호씨의 설은 또한 「하도」의 상으로 「낙서」의 수를 해석하는 데서 더욱 그 오류가 드러난다.

2) 原卦畫 원괘획

(1) 玉齋胡氏曰. 畫前之易, 一太極耳.

옥재 호씨가 말했다. "획이 있기 전(괘를 그리기 전)의 역은 하나의 태극일 뿐이다."[104]

此語有認氣爲理之失. 畫前之易, 蓋指陰陽奇偶之數, 天地水火山澤風雷之象, 而太極之理, 亦具於其中, 所謂易者, 卽陰陽變易之謂也. 豈專指理哉.

이 말에는 기(氣)를 리(理)로 잘못 인식한 것이 있다. 획이 있기 전의 역이란[105] 대개 음양기우의 수와 '천지수화', '산택통기'의 상이 있고, 태극의 이치 또한 그 가운데 갖추어져 있음을 가리킨다. 이른바 역이란 곧 음양의 변역을 말하는 것인

---

104 『역학계몽』「원괘획」. "옥재 호씨가 말했다. "획을 그리기 전의 역은 하나의 태극일 뿐이다. 「횡도」에 갖춰진 양의, 사상, 팔괘로부터 64괘에 이르는 것들은 모두 이로부터 생겨났다.(玉齋胡氏曰. 畫前之易, 一太極耳. 橫圖所該儀象卦以至六十四者, 皆自此而生也.)"

105 『주자어류』 권62「중용」. "홀로 있을 때에 삼가는 것은 이미 쓰임에 나타난다. 공자가 말한 것은 단지 뒤섞어 합하여 말한 것이다. 자사는 사람들이 이해하지 못할까 걱정하여 또 나누어 구별했다. 대체로 옛사람의 말은 한 구절이 한 구절을 연다. 예컨대 복희의 『역』은 단지 음양 아래로 나아갔을 뿐이며, 공자에 이르러 또한 태극에서 본원을 미루어 헤아렸으나, 다만 『역』에 태극이 있다고 말했을 따름이다. 주염계에 이르러 비로소 하나의 그림을 그려냈으며, 소강절 또한 (괘를) 그리기 전에 역이 있었다고 말했다.(慎獨已見於用. 孔子言語只是混合說. 子思恐人不曉, 又爲之分別. 大凡古人說話, 一節開一節. 如伏羲易只就陰陽以下, 至孔子又推本於太極, 然只曰易有太極而已. 至濂溪乃畫出一圖, 康節又論畫前之易.)"

데, 어찌 이치만을 가리킨 것이겠는가?

(2) 玉齋所引朱子說, 少陰少陽交而生震巽, 坎離不交, 各得本畫云云.

옥재 호씨가 주자의 설[106]을 인용하여, '소음과 소양이 교접하여 진(震)과 손(巽)을 낳고 감(坎)과 리(離)는 교접하지 않고, 각각 본래의 획을 얻는다'고 말한 부분.[107]

---

[106] 『주자어류』 권65 「易一」. "태양과 태음이 사귀어 간과 태를 낳고, 소음과 소양이 사귀어 진과 손을 낳는다. 이와 감은 교접하지 않으며 각기 본 획을 얻는다. 이와 감의 교접은 두 번째 획으로 사상을 낳을 때 교접한다. 노양이 지나가면서 음과 교접하고 노음은 지나오면서 양과 교접하니 바로 태와 간의 셋째 획이다. 소음과 소양이 사귀면 곧 진과 손의 위 셋째 획이다. 따라서 이러한 것들은 그들이 차지한 자리의 차례에서 서로를 끼고 있다는 것을 알 수 있다.(太陰太陽交而生艮兌, 少陰少陽交而生震巽. 離坎不交, 各得本畫. 離坎之交是第二畫, 在生四象時交了. 老陽過去交陰, 老陰過來交陽, 便是兌艮第三畫. 少陰少陽交, 便是震巽上第三畫. 所以知其如此者, 他這位次相挨旁.)"

[107] 『역학계몽』「원괘획」. "또한 주자는 "태음과 태양이 교접하여 간과 태를 낳고 소음과 소양이 교접하여 진과 손을 낳는다. 감과 리는 교접하지 않고 각기 그 본래의 획 그대로를 얻는다. 감과 리의 교접은 둘째 획에서 양의가 사상을 낳을 때 벌써 이루어졌다. 노양은 지나가서 음과 교접하고, 노음은 지나와서 양과 교접하는데, 이것이 바로 태와 간 위의 셋째 획이다. 소음과 소양이 교접한 것이 바로 진과 손 위의 셋째 획이다. 따라서 이러한 것들은 그들의 위치에서 서로 끌어당기는 것을 알 수 있다"고 말했다. 여기서 보듯이, 태양이 지나가서 태음과 교접하면 간괘 상효의 양을 낳고, 태음이 지나와서 태양과 교접하면 태괘 상효의 음을 낳는다. 그런데 건, 곤에 대해서 '교접하여 생겨난다'고 말하지 않는 까닭은 건괘 상효의 양이 태양에서 생겼고, 곤괘 상효의 음이 태음에서 생겼으니 '교접한다'는 뜻을 취할 바가 없기 때문이다. 소음이 소양과 교접하면 진괘의 상효의 음을 낳고, 소양이 소음과 교접하면 손괘의 상효의 양을 낳는다. '감과 리는 교접하지 않고 각기 본래의 획 그대로를 얻는다'는 말은 리괘의 상효가 양의의 양을 얻었고 감괘의 상효가 음의의 음을 얻었으니 역시 교접하여 생긴 것이 아니라는 의미이다. '감과 리의 교접은 둘째 획에서 양의가 사상을 생할 때 이미 이루어졌다'는 말은 양의가 음의와 교접하여 감괘 중효의 양을 얻었고, 음의가 양의와 교접하여 리괘 중효의 음을 얻었다는 것이다. 이것이 사상이 팔괘를 생할 때 태, 간, 진, 손괘만 교접하여 생기고 건, 곤, 감, 리괘는 교접하지 않고 생기는 까닭이다. '이 자리가 다음에 서로 밀쳐내고 곁으로 간다'는 말은 태와 건, 간과 곤, 진과 손 등 여섯 괘의 위차가 모두 서로 밀쳐내고 곁으로 간다는 의미이다.(又按, 朱子云, 太陰太陽, 交而生艮兌, 少陰少陽, 交而生震巽. 坎離不交, 各得本畫. 坎離之交, 在第二畫兩儀生四象時交了. 老陽過去交陰, 老陰過來交陽, 便是兌艮上第三畫. 少陰少陽交, 便是震巽上第三畫. 所以知其如此者, 他這位次相挨傍. 蓋以太陽過去交太陰, 則生艮上爻之陽,

震巽字與坎離字差互, 下言坎離震巽, 亦皆差互. 玉齋不知其差互, 而強釋之, 不成義理. 朱子說中位次相挨傍者, 亦謂乾兌艮坤, 以二太相交, 而其位挨傍, 離震巽坎以二少相交, 而其位挨傍云也. 本幷以八卦位次兩兩挨傍而言, 玉齋以乾兌艮坤震巽六卦爲言, 則亦不成說矣.

'진과 손'의 글자 및 '감과 리'의 글자는 서로 교차한 것이고, 아래에서 '감리진손'을 말한 것도 또한 모두 서로 교차한 것이다. 옥재 호씨는 그것이 서로 교차한 줄 모르고 억지로 해석해서 의미를 파악하지 못했다. 주자의 설 가운데 '그 위차(자리의 차례)에서 서로를 끼고 있다'라고 한 것은 또한 '건태간곤은 태양과 태음이 서로 교접하여 그 자리를 서로 끼고 있다'는 것과 '리진손감은 소양과 소음이 서로 교접하여 그 자리를 서로 끼고 있다'는 것을 말한 것이다. 본래 '팔괘의 자리는 차례로 둘씩 서로를 옆에 끼고 있다'는 것을 함께 말한 것인데, 옥재 호씨는 건태간곤진손의 여섯 괘로 말하니 또한 말이 되지 않는다.

(3) 黃氏曰. 邵伯溫云, 伊川在康節時, 於先天之學, 非不問不語之也.

황씨가 말했다. "소백온(소강절의 아들)은 '정이천이 소강절과 함께 있을 때 선천학에 대해서 묻지도 말하지도 않은 것은 아니다.'라고 했다."[108]

太陰過來交太陽, 則生兌上爻之陰. 乾坤不言交而生者, 以上爻陽生於太陽, 陰生於太陰, 於交之義無取也. 少陰交少陽, 則生震上爻之陰, 少陽交少陰, 則生巽上爻之陽, 坎離不交各得本畫者, 離之上得陽儀之陽, 坎之上得陰儀之陰, 亦非交而生也. 坎離之交在第二畫生四象時交者, 陽儀交陰儀, 而生坎中爻之陽, 陰儀交陽儀, 而生離中爻之陰也. 此所以四象生八卦, 獨兌艮震巽交, 而乾坤坎離不交也. 位次相挨傍者, 兌乾艮坤震巽六卦位次, 皆相挨也.)"

108 『역학계몽』「원괘획」. "황서절이 말했다. 「선천도」는 「태극도」와 같은 시기에 나타났다. 주렴계와 소강절 두 선생은 서로 알지 못했으니, 두 도(圖) 역시 통하지 못했음은 더 말할 것이 없다." 진영중이 말하길, "문정공(사마광)과 소강절은 같은 시대를 살았고 우의가 좋았으나, 일찍이 한마디도 선천의 학문을 언급한 적이 없다"고 했다. 소백온이 말하길, "이천 선생이 선천 생전에 선천의 학문에 대해 묻지 않은 것이 아니나 대답하지 않았다"고 했다. 이 두 선생의 말씀을 보니, 「선천도」가 당시에 어찌 제대로 드러나지 않았으리오. 진영중이 말하길, "선천의 학문은 마음으로 근본을 삼는다. 『황극경세서』에 있는 그것은 소강절에게 그리 중요하지 않은

非不非字恐衍, 或是亦字之誤. 蓋字相似而誤也. 伊川答晁氏書曰. 某與堯夫同裏巷居三十年餘, 世間事無所不問, 唯一字未嘗及數. 伊川所自言者, 如此. 伯溫不應妄言其有問答也.

비불(非不)의 '비(非)'자는 연문이든지 '역(亦)'자의 오류일 것이다. 대개 글자가 같아서 오류를 범한 것이다. 정이천이 조열지에게 쓴 서신에서 말했다. "내가 소요부 선생과 같은 마을에서 30여 년을 살면서 세상일에 대해서는 묻지 않은 것이 없지만, 오직 한 글자 수(數)에 대해서는 언급한 적이 없었다."[109] 정이천이 스스로 한 말이 이와 같으니 소백온이 당연히 문답이 있었다고 망언하지는 않았을 것이 확실하다.

(4) 朱子說二數殊塗不約而會.

주자는 '두 수가 다른 길을 가도 기약 없이 만난다.'라고 했다.[110]

일일 뿐이다."라고 했고, 또 말하기를 "이전 성인의 아득함을 분명하게 하고, 선천의 분명함은 숨기는 것이 소강절의 책에 있지 않은가!" 하였다. 그러니 주자 이전에 이 도(圖)를 우러러 받드는 자로 진영중이 있었음을 알겠다. (黃氏瑞節曰. 先天圖, 與太極圖同時而出. 周邵二子不相聞, 則二圖亦不相通, 此勿論也. 陳瑩中云, 司馬文正與康節同時友善, 而未嘗有一言及先天之學. 邵伯溫云, 伊川在康節時, 於先天之學非不問, 不語之也. 即二先生之論, 則先天圖在當時, 豈猶未甚著耶. 陳瑩中云, 先天之學, 以心爲本. 其在經世書者, 康節之餘事耳. 又云, 闡先聖之幽, 微先天之顯, 不在康節之書乎. 然朱子以前, 表章尊敬此圖者, 了翁爲有見也.)"

[109] 『二程外書』권12. "조이도(조열지)는 늘 말했다. "예전에 편지로 이천 선생에게 이렇게 물었던 적이 있었다. '제가 평생 배우고 싶었던 것은 강절 선생입니다. 강절 선생이 세상을 떠나 만나 뵐 수 없으니 강절 선생의 벗으로는 오직 선생이 계실 뿐입니다. 선생께 강절의 학에 대해 묻고자 합니다.' 이천이 답하는 편지에서 말했다. '나는 요부(소강절의 자)와 같은 동리에서 30여 년 살면서 세상일에 대해 논하지 않은 것이 없었지만 수에 대해서는 한 글자도 언급한 적이 없다."(晁以道嘗說, 頃嘗以書問伊川先生云 某平生所願學者, 康節先生也. 康節先生沒, 不可見, 康節之友惟先生在, 願因先生問康節之學. 伊川答書云, 某與堯夫同裏巷居三十年餘, 世間事無所不論, 惟未嘗一字及數耳.)

[110] 『역학계몽』「원괘획」. "팔괘가 서로 섞인 후 만물이 생긴다. 한 괘 위에 각각 팔괘를 더해 서로 섞음으로써 64괘가 이루어진다. 그런데 셋째 효끼리 서로 교접하면, 넷째 효가 하나의 홀수 효

二數指八卦相乘爲六十四, 一也, 自三畫以上三加一倍亦爲六十四, 二也. 二 數雖殊, 同歸於六十四, 所謂不約而會者也. 其下謂此段, 雖通論圓圖, 實先以 橫圖自兩儀至六十四者明之云者言, 邵子此說雖論圓圖, 其曰兩儀立四象生八 卦相錯一分爲二, 二分爲四, 四分爲八云云者, 實以橫圖生出之序言之云也. 本 不幹二數殊塗之說. 玉齋乃以二數謂指橫圖圓圖, 夫二圖只是一事, 而先橫後 圓, 又非一時湊會, 則何以謂二數殊塗而同歸者耶. 可謂不察之甚矣.

'두 수'라는 것은 팔괘를 서로 곱해서 64괘가 되는 것이 '하나'이고, 3획부터 그 이상 세 번 곱절씩 더해 64괘가 되는 것이 '둘'이라는 것을 가리킨다. 두 수가 (불 어나는 방법이) 서로 다르지만, 64괘로 같이 귀결되는 것이 이른바 '기약하지 않아 도 만난다'는 것이다. 그 아래에 '이 단락이 비록 「원도」를 통론했지만 실제로는 먼저 「횡도」의 양의로부터 64괘에까지 이른 것으로서 밝힌 것이다.'라는 것은 소 자의 이 설이 비록 「원도」를 논의했지만, 그가 '양의가 서고, 사상이 생겨나고, 팔 괘가 서로 착종하여 하나가 나뉘어 둘이 되고 둘이 나뉘어 넷이 되며 넷이 나뉘 어 여덟이 된다'고 말한 것이 실제로는 「횡도」의 생출의 순서로서 말했다는 것을 언급한 것이다. 그래서 본래 '두 수는 길이 다르다'는 설과 충돌하지 않는다. 옥재

와 하나의 짝수 효를 낳는다. 이 홀수 효와 짝수 효에서 각각 두 괘에서 넷째 효가 되고, 아래 넷째 효가 다시 나뉘어 32괘가 된다. 다섯 효가 서로 교접하면, 여섯째 효가 하나의 홀수 효와 하나의 짝수 효를 낳는다. 이 홀수 효와 짝수 효에서 각각 두 괘에서 여섯째 효가 되어, 아래 다섯 효가 다시 나뉘어서 64괘가 된다. 팔괘끼리 서로 곱하면 64괘가 되어, 3획으로부터 위로 세 번에 걸쳐 1배를 더해 6획에 이르면, 3획은 또다시 1배를 더해, 괘의 체를 가로로 나누어도 또한 64괘다. 두 수가 다른 길을 가도 기약 없이 만난다. 부절이 합치하듯 미세한 차이도 없다. 바로 이것이 역학의 오묘함이다. (八卦相錯而後萬物生焉. 一卦之上各加八卦以相間錯, 則 六十四卦成矣. 然第三爻之相交, 則生第四爻之一奇一偶, 於是一奇一偶各爲四卦之第四爻, 而下三爻亦分爲十六矣. 第四爻又相交, 則生第五爻之一奇一偶, 於是一奇一偶各爲二卦之 第五爻, 而下四爻亦分爲三十二矣. 第五爻又相交, 則生第六爻之一奇一偶, 於是一奇一偶各 爲二卦之第六爻, 而下五爻亦分爲六十四矣. 蓋八卦相乘爲六十四, 而自三畫以上, 三加一倍 以至六畫, 則三畫者亦加一倍, 而卦體橫分亦爲六十四矣. 二數殊塗, 不約而會. 如合符節, 不差毫釐. 正是易之妙處.)"

호씨는 이에 두 수는 「횡도」와 「원도」를 가리킨다고 했다. 그러나 대개 저 두 그림은 단지 하나의 일이며, 「횡도」를 먼저 하고 「원도」를 나중에 한 것 또한 일시에 끌어다 맞춘 것이 아니니, 어떻게 두 수는 길이 다르지만 같은 곳으로 귀결된다고 할 수 있겠는가? 참으로 살필 줄 모른다고 할 수 있을 것이다.

(5) 玉齋胡氏曰. 朱子嘗言文王後天八卦,【止】爲得其偶.

옥재 호씨가 말했다. "주자는 일찍이 문왕의 후천팔괘를 말하길 … 그 짝을 얻게 되었다."[111]

此似指下文震兌橫而六卦縱下朱子說, 而全失其指矣.

이는 아래 문장의 '진과 태는 가로로 있고 여섯 괘들은 세로로 있다.'[112]라는 말 아래에 있는 주자의 설[113]을 가리키는 듯한데, 완전히 그 뜻을 잃었다.

---

111 『역학계몽』 「원괘획」. "주자는 일찍이 말하길, "문왕의 후천팔괘는 리괘가 동쪽, 태괘가 서쪽에 있고, 어른(長, 큰아들과 딸, 둘째 아들과 둘째 딸)과 젊은이(少, 막내 아들과 막내 딸)가 서로 바른 곳에 합치한다. 손괘는 동남쪽, 간괘는 동북쪽에 있고, 어른과 젊은이가 서로 치우친 곳에 합치한다. 어른과 젊은이의 합치함이 되는 것이 우연이 아니고, 필연적으로 복희의 선천팔괘와 같다. 진괘는 장남으로서 음의 장녀인 손괘와 합치하여 바람과 우레가 서로 거스르지 않는 것이 된다. 간괘는 소남(막내 아들)으로서 음의 젊은 괘인 태괘(막내 딸)와 합치하여 산과 연못이 기가 통하는 것이 된다. 어른은 어른과 합치하고 젊은이는 젊은이와 합치함으로써 그 짝을 얻는 것이 된다"고 했다.(朱子嘗言, 文王後天八卦, 震東兌西, 爲少少相合於正方, 巽東南艮東北, 爲長少相合於偏方, 爲長少之合爲非其偶, 必若伏羲先天八卦. 震以長男而合陰長之巽, 爲風雷不相悖, 艮以少男而合陰少之兌, 爲山澤通氣. 以長合長少合少, 爲得其偶.)"

112 이는 소강절의 말이다. 『황극경세서』 권13 「觀物外篇上」.

113 『역학계몽』 「원괘획」. 아래의 주자 학설은 『주역전의대전(周易傳義大全)』(「역본의도 문왕팔괘방위지도」) 설명에서도 볼 수 있다. "[주자가 말했다.] "일찍이 이 그림을 고찰하고 다음과 같이 말한 적이 있다. 진은 동쪽이고 태는 서쪽에 있는 것은 양은 나아감을 주장하므로 장남을 처음으로 삼아서 왼쪽에 자리하는 것이고 음은 물러남을 주장하므로 소녀를 귀하게 여겨 오른쪽에 자리하는 것이다. 감이 북쪽에 있는 것은 나아감의 중간이기 때문이고, 리가 남쪽에 있는 것은 물러남의 중간이기 때문이다. 남자는 북쪽에 있고 여자는 남쪽에 있는 것은 서로 그 집에 감추어 있는 것이다. 이 네 괘는 모두 사방의 바른 자리에 해당하여 용사하는 괘가 된다. 그러

(6) 今邵子說四象之交, 卽文王之說也.

지금 소자의 설인 '사상의 교접'은 곧 문왕의 말이다.[114]

邵子之說, 雖與朱子說不同, 亦只是說陰陽相交, 一各生兩之義, 卽所以明伏羲之易, 幹文王何事.

소자의 설이 비록 주자의 설과 같지 않지만, 또한 음양이 서로 교접하여 하나가 각각 둘을 낳는다는 뜻이니, 곧 복희의 역을 밝힌 것이다. 문왕의 역과 무슨 관련이 있겠는가?

나 진과 태는 시작이고 감과 리는 끝이며, 진과 태는 가볍고 감과 리는 무겁다. 건은 서북쪽에 자리하고 곤은 서남쪽에 자리하는 것은 부모는 이미 노쇠하여 물러나 쓰이지 않는 자리에 머무는 것이다. 그러나 어머니는 친밀하고 아버지는 존귀하므로 곤은 그래도 반쯤 쓰이지만 건은 완전히 쓰이지 않는 것이다. 간은 동북쪽에 자리하고 손은 동남쪽에 자리하는 것은, 소남은 나아감의 뒤이고 장녀는 물러남의 앞이므로 또한 모두 쓰이지 않는 것이다. 그러나 소남은 아직 스승에게 나아가지 않고 장녀는 장차 시집을 가므로 손은 조금 쓰임으로 향하지만 간은 완전히 쓰이지 않는 것이다. 이 네 괘는 모두 사방 모퉁이의 바르지 않은 자리에 거한다. 그러나 동쪽에 자리하는 것은 아직 쓰이지 않은 것이지만 서쪽에 자리하는 것은 다시 쓰이지 않는 것이다. 그러므로 아랫글에 여섯 괘를 낱낱이 들면서 건과 곤을 세지 않은 것이니, 물과 불, 우레와 바람, 산과 못이 서로 짝이 되는 것으로 말하면 또한 복희씨의 「복희팔괘방위지도」를 사용한 것이다."(朱子曰. 嘗考此圖而更爲之說. 曰震東兌西者陽主進, 故以長爲先而位乎左, 陰主退. 故以少爲貴而位乎右也. 坎北者, 進之中也, 離南者, 退之中也, 男北而女南者, 互藏其宅也. 四者, 皆當四方之正位而爲用事之卦. 然震兌始而坎離終, 震兌輕而坎離重也. 乾西北, 坤西南者, 父母旣老而退居不用之地也. 然母親而父尊, 故坤猶半用而乾全不用也. 艮東北, 巽東南者, 少男進之後而長女退之先, 故亦皆不用也. 然男未就傅女將有行, 故巽稍向用而艮全未用也. 四者, 皆居四隅不正之位. 然居東者, 未用而居西者, 不復用也. 故下文歷擧六子而不數乾坤, 至其水火雷風山澤之相隅, 則又用伏羲卦云.)

114 『역학계몽』「원괘획」. "지금 소자가 말한 사상의 교접은 즉 문왕의 말이다. 주자가 말한 사상의 교접은 즉 복희의 말이다. 주자의 말을 살펴보면, 실제로 소자가 다하지 못한 의미를 넓히고 있다. (그러나) 소자의 설을 살피면, 또한 여러 절충의 요소가 있다. (今邵子說四象之交, 卽文王之說也. 朱子說四象之交, 卽伏羲之說也. 觀朱子說, 實廣邵子未盡之意. 而觀邵子說者, 亦庶乎有折衷矣.)"

(7) 玉齋胡氏曰, 震者長之始, 【止】分限也.

옥재 호씨가 말했다. "진은 자라남의 시작이니 … 한계가 된다."¹¹⁵

乾以分之, 坤以翕之, 分有分別之意, 翕有翕聚之意. 陽之於陰, 欲其分別, 陰之於陽, 欲其翕聚. 於乾下分字, 於坤下翕字, 扶陽抑陰之意也. 只以分限言之, 未盡其指矣.

'건으로 나누고 곤으로 합한다'고 할 때, '나눔(分)'에는 분별의 뜻이 있고 '합함(翕)'에는 합쳐 모인다는 뜻이 있다. 양은 음에 대해서 분별하고자 하고, 음은 양에 대해서 합쳐 모이고자 한다. 건 아래 '분'자와 곤 아래 '흡'자는 부양억음(扶陽抑陰, 양을 일으켜 세우고 음을 억누름)¹¹⁶의 뜻이다. 단지 한계로서 말한 것은 그 뜻을 다하지 못한 것이다.

(8) 居上臨下, 故曰君, 【止】有所歸宿.

위에 거처하고 아래에 임하기 때문에 다스리고 … 돌아가 머무는 바가 있다.¹¹⁷

乾以君之, 坤以藏之, 皆包上六卦而言. 乾不能統陰, 何以爲君, 坤不能畜陽,

---

115 『역학계몽』「원괘획」. "옥재 호씨가 말했다. "진은 자라남의 시작이니 우레로 움직이게 한다. 리와 태를 거쳐 건에 이르러, 자람이 극에 달해 음양이 나뉘는 한계가 된다."(玉齋胡氏曰, 震者, 長之始, 雷以動之也. 歷離兌而乾, 則長之極而爲陰陽之分限矣.)"

116 『주역』곤괘 초육(初六)에 대한 주자의 해석.(『주역본의』) "꺼짐과 자라남이 갈리고 선과 악이 구분됨에 이르러서 일찍이 양을 일으켜 세우고 음을 억누르는 뜻을 지극히 하지 않은 적이 없었다.(至其消長之際淑慝之分, 則未嘗不致其扶陽抑陰之意焉.)"

117 『역학계몽』「원괘획」. "[옥재 호씨가 말했다.] "위에 자리 잡고 아래에 임한다. 그러므로 다스린다고 말한다. 진, 리, 태의 양은 건으로부터 얻은 것이어서 임금의 다스림을 받는다. 곤은 음의 지극함이어서 밑에 자리 잡고 갈무리를 한다. 그러므로 저장한다고 한다. 손, 감, 간의 음은 곤으로부터 얻은 것이어서 그것으로 돌아가 머문다."(居上而臨下, 故曰君. 以震離兌之陽, 得乾而有所君宰. 坤, 至陰也, 居下而括終, 故曰藏. 以巽坎艮之陰, 得坤而有所歸宿.)"

所藏者, 何事. 胡說, 誤矣.

'건으로 다스리고 곤으로 감춘다'는 것은 모두 위 여섯 괘들을 포괄해서 말한 것이다. 건이 음을 거느릴 수 없으면 어떻게 다스리며, 곤이 양을 기를 수 없다면 저장한 것은 무엇이겠는가? 호씨의 설은 오류이다.

(9) 玉齋胡氏曰. 陽主闢, 分布此陰.
옥재 호씨가 말했다. "양은 열림을 주관하여 이 음들을 분포한다."[118]

分布之云亦誤.
분포라고 말한 것도 오류이다.

(10) 思齋翁氏曰. 卯爲日門, 太陽所生, 酉爲月門, 太陰所生.
사재 옹씨가 말했다. "묘(卯)는 해의 문(門)이어서 태양이 생겨나는 곳이고, 유(酉)는 달의 문이어서 태음이 생겨나는 곳이다."[119]

---

[118] 『역학계몽』「원괘획」. "옥재 호씨가 말했다. "주자가 '원도에서 순환의 뜻을 말한 것이다.'라고 한 것에는 다음과 같은 의미가 들어 있다. 원도의 오른쪽이 음에 속하고 그 음 속에 양이 있기 때문에 한 효가 음인 구괘(姤卦, ䷫)로부터 여섯 효 전체가 음인 곤괘에 이르기까지 모두 음으로서 양을 함축하고 있다. 그런데 음은 닫힘(闔)을 주관한다. 그래서 그것이 거두어들여 모아 놓은 것들이 바로 이 양들을 함축하고 있음이라는 것이다. 또 원도의 왼쪽이 양에 속하고 그 양 속에 음이 있기 때문에 한 효가 양인 복괘(復卦, ䷗)로부터 여섯 효 전체가 양인 건괘에 이르기까지 모두 양으로서 음을 분포하고 있다. 그런데 양은 열림(闢)을 주관한다. 그래서 그것이 발산한 것들이 바로 이 음들을 분포하고 있는 것이다."(玉齋胡氏曰. 朱子言就圖上說循環之理者, 蓋以右一邊屬陰而陰中有陽, 故自一陰之姤, 至六陰之坤, 皆是以陰而含陽. 陰主闔, 其翕聚者所以含畜此陰也. 左一邊屬陽而陽中有陰, 故自一陽之復, 至六陽之乾, 皆是以陽而分陰. 陽主闢, 其發散者所以分布此陰也.)"

[119] 『역학계몽』「원괘획」. "사재 옹씨가 말했다. "묘는 해의 문이어서 태양이 생겨나고, 유는 달의 문이어서 태음이 생겨난다."(思齋翁氏曰. 卯爲日門, 太陽所生. 酉爲月門, 太陰所生.)"

日生於東, 無可疑矣. 月沒於西而謂之生於西者, 月初三始見於西, 而至望方見於東, 生於西, 據初見而言也.

해가 동쪽에서 생겨나는 것은 의심할 것이 없다. (그러나) 달은 서쪽으로 지는데 서쪽에서 생겨난다고 하는 것은, 달은 초삼일에 처음 서쪽에서 나타나지만 보름이 되면 동쪽에서 나타나니, 서쪽에서 생겨난다고 하는 것은 처음에 나타난 것에 근거해 말한 것이다.

(11) 不但日月出入,【止】坎離功用之大.

그러나 해와 달만 여기서 들고나는 것이 아니다. … 감리(坎離)의 공용이 위대함[을 극찬하고 있다.]120

天地以下, 本幷乾坤言, 專以坎離言, 誤矣.

'천지' 이하는 본래 건곤을 함께 해서 말한 것인데, 감리만으로 말하는 것은 오류이다.

(12) 朱子曰, 陰陽互居其方, 則陽自上而下, 陰自下而上.

주자가 말했다. "음양이 그 방위에 서로 거처하니 양은 위에서 아래로 내려가고 음은 아래에서 위로 올라간다."121

---

120 『역학계몽』「원괘획」. "[사재 옹씨가 말했다.]" "그러나 꼭 해와 달만 여기서 들고 나는 것이 아니다. 크게는 하늘과 땅이 만물을 열어주는 것이 비록 인에서 비롯되지만 묘에 이르러 그 문이 더욱 활짝 열리며, 만물을 닫아버리는 것이 비록 술에서 이루어지지만 유에 이르러 그 문이 완전히 꽉 닫힌다. 한 해의 봄, 여름, 가을, 겨울, 한 달의 그믐, 초하루, 상하현, 보름, 하루의 밤낮의 운행 도수 등이 어느 것 하나 왼쪽, 오른쪽의 문으로부터 말미암지 않는 것이 없어서, 감괘와 이괘의 공용이 위대함을 극찬한 것이다."(不但日月出入於此, 大而天地之開物雖始於寅, 至卯而門彌闢, 閉物雖成於戌, 至酉而門已闔. 一歲而春夏秋冬, 一月而晦朔弦望, 一日而晝夜行度, 莫不由乎左右之門, 所以極贊坎離功用之大也.)"

121 『역학계몽』「원괘획」. "[주자가 말했다.]" "원도 왼쪽 부분 외괘(外卦)의 네 곤괘는 양효가 하

上下二字, 皆差互, 當正之. 陽皆自下而上, 陰皆自上而下, 陽主升, 陰主降
也. 陽在陽方, 自下而上, 陰在陰方, 自上而下, 皆順以其得所也. 陽在陰方, 自
下而上, 陰在陽方, 自上而下, 皆逆以其失所也. 圖中上下, 或以左右言, 左下而
右上也. 或以南北言, 南上而北下也. 此之上下, 以南北而言也. 無論左右, 自南
而北, 爲上而下, 自北而南, 爲下而上矣. 但自南由西而北, 自北由東而南, 左
行, 故順. 自南由東而北, 自北由西而南, 右行, 故逆也.

위와 아래 두 글자는 모두 서로 뒤바뀌어 있으니, 마땅히 바로 잡아야 한다. 양은 모두 아래에서 위로 올라가고 음은 모두 위에서 아래로 내려가니, 양은 상승을 주로 하고 음은 하강을 주로 한다. 양이 양의 방위에 있으면서 아래에서 위로 올라가고, 음이 음의 방위에 있으면서 위에서 아래로 내려가는 것은 모두 순행해서 그 있을 자리를 얻은 것이다. 양이 음의 방위에 있으면 아래에서 위로 올라가고 음이 양의 방위에 있으면 위에서 아래로 내려가는 것은 모두 역행하여 그 있을 자리를 잃은 것이다. 그림 가운데 상하는 혹 좌우로도 말할 수 있으니, 좌가 아래이고 우는 위이다. 혹은 남북으로도 말할 수 있으니, 남이 위고 북이 아래이다. 여기서 상하는 남북으로 말한 것이다. 좌우를 막론하고 남쪽에서 북쪽으로 가는 것은

나도 없고, 네 간괘의 하나씩인 양효로부터 각기 순행하여 건괘의 세 양효에 이른다. 이 양효들은 모두 밑에서 위로 간 것이니 역시 양이 양 속에 있는 것으로서 양이 순행한 것이다. 오른쪽 부분 외괘의 네 건괘는 음효가 하나도 없고, 네 태괘의 하나씩인 음효로부터 각기 순행하여 곤괘의 세 음효에 이른다. 이 음효들은 모두 위에서 밑으로 간 것이니 역시 음이 음 속에 있는 것으로서 음이 순행한 것이다. 이를 역행과 순행의 관점에서 말하면 이러하다. 음양이 각기 자기 쪽에 자리 잡고 있으면 양이 밑에서 위로 가거나 음이 위에서 밑으로 가는 것이 모두 순행이다. 이에 비해 음양이 그 거처를 서로 바꾸어 자리 잡고 있으면 양이 위에서 밑으로 가거나 음이 밑에서 위로 가는 것은 모두 역행이다. 이는 이들 스스로 그렇게 하는 추세이며 여기에는 본디 저절로 참되고도 지극한 이치가 있다."(左方外卦四坤無陽, 自四艮各一陽順行, 而至於乾之三陽. 其陽皆自下而上, 亦陽在陽中陽順行也. 右方外卦四乾無陰, 自四兌各一陰順行, 而至於坤之三陰. 皆自上而下, 亦陰在陰中陰順行也. 以順逆之說推之, 陰陽各居本方, 則陽自下而上, 陰自上而下, 皆爲順. 若陰陽互居其方, 則陽自上而下, 陰自下而上, 皆爲逆. 此自然之勢, 固自有眞至之理也.)"

위에서 아래로 가는 것이 되고, 북쪽에서 남쪽으로 가는 것은 아래에서 위로 가는 것이 된다. 단지 남쪽에서 시작하여 서쪽을 거쳐 북쪽으로 가고, 북쪽에서 시작하여 동쪽을 거쳐 남쪽으로 가는 것은 좌행이므로 순행이다. 남쪽에서 시작하여 동쪽을 거쳐 북쪽으로 가고, 북쪽에서 시작하여 서쪽을 거쳐 남쪽으로 가는 것은 우행이므로 역행이다.[122]

(13) 思齋翁氏曰. 陽主升, 自下而升, 亦順也.

사재 옹씨가 말했다. "양은 상승을 주로 하니 아래에서 상승하는 것도 순행이다.[123]

陽在陰中, 亦自下而上, 不得爲順, 陰亦然. 不可以陽升陰降, 皆以爲順而無逆也.

---

[122] 주자의 설을 비판하는 것이 아니라 오해의 여지가 있는 것을 명확히 설명하고 있다.

[123] 『역학계몽』「원괘획」. "사재 옹씨가 말했다. "「선천원도」에서 왼쪽은 양이고 오른쪽은 음이다. 왼쪽의 32괘의 양들은 복괘의 초구에서 시작하여 16번의 변화를 거쳐 양효가 두 개인 임괘가 되고, 또 8번 변하여 양효가 세 개인 태괘가 되며, 또 세 번 변하여 양효가 네 개인 대장괘가 되고, 또 한 번 변하여 양효가 다섯 개인 쾌괘가 되는데, 건괘가 거기에 군림하니, 양이 나아가는 것이다. 처음에는 느리다가 끝에는 빨라져서 그 나아감이 점진적인 것이, 이른바 '양이 양의 영역에서 순응하는 것'이다. 양은 오르는 것을 위주로 하여 아래로부터 위로 올라가는 것 역시 순행이다. 복괘에서 무망괘까지 양효가 20개이고, 명이괘에서 동인괘까지는 양효가 28개이며, 임괘에서 리괘까지는 양효가 28개이고, 건괘에서 태괘까지는 양효가 36개이다. 여기에서 20개는 양의 미미함이고 28개는 양의 드러남이며 36개는 양의 성대함이다. 양이 북쪽에 있으면 미미하고 동쪽에 있으면 드러나고 남쪽에 있으면 성대한 것 역시 순행이다. 양이 순행할 때 음이 역행하는 것은 말하지 않아도 알 수 있다. 양이 오른쪽의 32괘에 있을 때는 이와 반대한다. 그러므로 '참으로 지극한 이치이니 원도를 살펴보면 알 수 있다'고 말한 것이다."(思齋翁氏曰. 先天圓圖左陽右陰. 左三十二卦陽, 始於復之初九, 歷十六變而二陽臨, 又八變而三陽泰, 又三變而四陽大壯, 又一變而三陽夬, 而乾以君之, 陽之進也. 始緩而終速, 其進也以漸, 所謂陽在陽中順也. 陽主升, 自下而升亦順也. 復至無妄二十陽, 明夷至同人二十八陽, 臨至履亦二十八陽, 乾至泰三十六陽, 二十者陽之微, 二十八陽之著, 三十六陽之盛. 陽在北則微, 在東則著, 在南則盛, 亦順也. 陽順而陰逆, 不言可知矣. 陽在右方三十二卦則反是. 故曰, 眞至之理, 按圖可見也.)"

양이 음의 가운데에 있으면 아래에서 위로 올라가도 순행이라 할 수 없으니, 음도 또한 마찬가지이다. 그러므로 양승음강(陽升陰降)이 모두 순행이 되어 역행이 없다고 할 수 없는 것이다.

(14) 邵子自贊云, 弄環餘暇, 時往時來.
소자의 「자찬시」에서 '구슬 놀이 하는 한가로운 때, 때맞춰 오가느니'라고 했다.[124]

擊壤集作弄丸, 此作弄環, 恐是. 周子見得太極根原處分明, 故其言每從太極上說來. 邵子見得陰陽際接處分明, 故其言每從陰陽上說起. 且太極圖主於太極之動靜, 先天圖主於陰陽之往來, 周邵所學入處不同, 亦自可見矣. 若是周子見處, 則弄丸爲是, 而只據邵子見處, 則弄環似是. 深於理者, 當有以辨之矣.

『이천격양집』에는 '농환(弄丸)'이라고 되어 있고 여기는 '농환(弄環)'으로 되어 있는데, 아마도 이게 맞을 듯하다.[125] 주렴계는 태극의 근원처를 분명하게 깨달았기 때문에, 매번 태극의 관점에서 말하고 있다. 소자는 음양이 교접하는 곳을 분명하게 깨달았기 때문에, 매번 음양으로부터 말하고 있다. 게다가 「태극도」는 태극의 동정(動靜)을 주로 한 것이고, 「선천도」는 음양의 왕래를 주로 한 것이니, 주렴계와 소강절이 배워서 들어간 곳이 다른 것을 자연스럽게 알 수 있다. 만일 주렴계가 본 것대로라면 농환(弄丸)이 옳고, 다만 소강절이 본 것에 의거한다면 농환(弄

---

124 『역학계몽』「원괘획」.
125 『伊川擊壤集』 권12 「自作眞贊」. "소나무와 계수나무의 태도와 행실, 꾀꼬리가 울고 꽃이 만발한 글재주, 강과 산의 기운, 바람 부는 달 밝은 날의 정회, 그대들에게서 얼굴 모양을 빌리고, 그대들에게서 형체를 빌리노니, 구슬을 가지고 노는 여가에 한가로이 갔다가 한가로이 오노라.【환(丸)은 태극을 이른다.】(松桂操行, 鶯花文才, 江山氣度, 風月情懷, 借爾面貌, 假爾形骸, 弄丸餘暇, 閑往閑來【丸謂太極】)" 『이천격양집』은 소강절의 시집으로 이른바 도학시(道學詩)의 전범이다.

環)이 옳은 것 같다.¹²⁶ 이치에 깊게 들어간 자는 마땅히 분별할 수 있을 것이다.

(15) 邵子詩云, 三十六宮都是春.
소자는 시에서 '36궁이 모두 봄이로다.'라고 했다.¹²⁷

三十六宮, 以卦之反易不易言之, 固是矣. 然自乾一至坤八之數合而計之, 亦爲三十六, 以乾三畫坤六畫, 震坎艮各五畫, 巽離兌各四畫, 合以計之, 亦成三十六, 而六十四卦, 皆自八卦而推, 則三十六宮之意, 尤可見其備矣. 三十六爲老陽之策數, 又以三約之, 得十二, 則爲老陽, 掛扐之數, 以四約之, 得九, 則爲老陽. 居一含九之數, 八卦尊陽之義, 又隱然於其中矣.

36궁은 괘의 반역(反易)과 불역(不易)으로 말한 것이니 진실로 맞다.¹²⁸ 그러나

---

126 농환(弄丸)은 공을 높이 던지고 받는 놀이라고 하며, 농환(弄環)은 구슬을 굴리며 노는 놀이라고 구분된다. 한원진은 앞의 것은 공의 움직임과 고요함의 표상이고, 뒤의 것은 구슬이 오가는 것의 표상으로 보고 있다.

127 『역학계몽』「원괘획」. "소자는 시에서 말했다. "눈 밝고 귀 밝은 남자의 몸으로서 널리 가지런히 부여했으니 궁색하지 않네. 월궁을 살펴본 후에야 물을 알 것이고, 천근을 밟지 아니하면, 어찌 사람을 알리오? 건괘와 손괘가 만날 때 월궁을 보고, 지괘와 뇌괘가 만나는 곳에 천근을 보네. 천근과 월굴이 한가로이 왕래하니 삼십육궁이 모두 봄이라네." 주자도 찬(贊)에서 다시 말했다. "손으로 월굴을 더듬고, 발로 천근을 밟았다." 지양의 하거원은 시와 찬에 대해 물었다. "음과 양을 말한 것이 아닙니까?" 주자가 답했다. "선천도는 복괘에서 건괘까지가 양이다. 구괘에서 곤괘까지가 음이다. 양은 사람을 주로 한다. 음은 사물을 위주로 한다. 손으로 더듬고 발로 밟는 것 또한 깊은 의미는 없다. 그러나 복괘는 아래에 있고 구괘는 위에 있다. 위에 있기 때문에 손으로 더듬는다 말한 것이고, 아래에 있기 때문에 발로 밟았다 말한 것이다."(邵子詩云, 耳目聰明男子身, 洪鈞賦予不爲貧. 因探月窟方知物, 未躡天根豈識人. 乾遇巽時觀月窟, 地逢雷處見天根, 天根月窟間來往, 三十六宮都是春. 朱子贊之亦云, 手探月窟, 足躡天根. 池陽何巨源問詩並贊云, 莫是說陰陽否. 朱子答云, 先天圖自復至乾, 陽也, 自姤至坤, 陰也, 陽, 主人, 陰, 主物. 手探足躡, 亦無甚意義. 但復在下, 姤在上, 上故言手探, 下故言足躡.) 소강절의 위 시는 「관물음(觀物吟)」(『이천격양집』 권16)이다.

128 반역은 전도괘(顚倒卦, 뒤집어 물구나무선 형태로 괘를 만든 것)이며, 불역은 전도해도 괘상이 불변하는 괘를 가리키며 이들을 합해 36괘가 된다는 뜻이다.

건1부터 곤8까지의 수를 합해서 계산해도 36이고,[129] 건의 3획과 곤의 6획, 진, 감, 간(삼형제) 각각 5획, 손, 리, 태(세 자매) 각 4획을 합해서 계산해도 36이 되며,[130] 64괘는 8괘로부터 미루어 나가면 36궁의 뜻이 갖추어져 있음을 더욱 잘 볼 수 있다. 36은 노양의 책수이니, 셋씩 묶어서(나누어서) 12를 얻으면 노양이 되고, 괘륵의 수는 넷씩 묶어서 9를 얻으면 노양이 된다. 첫 번째에 있으면서 9를 머금은 노양의 수[131]와 팔괘가 양을 높이는 뜻이 또한 그 가운데 은밀하게 들어 있다.

(16) 潛室陳氏曰. 文王易, 以反對爲次.

잠실 진씨가 말했다. "문왕의 [후천] 역은 반대(反對, 뒤집어 짝이 됨)로 차례를 삼는다."[132]

文王之易, 固以反對爲次, 然屯之次坤, 需之次蒙, 又不以反對, 則亦不可專以反對爲言也.

---

[129] 1+2+3+4+5+6+7+8=36

[130] 3(乾)+6(坤)+5(震)+5(坎)+5(艮)+4(巽)+4(離)+4(兌)=36

[131] 『역학계몽』「원괘획」. "옥재 호씨가 말했다. "사상이 이미 세워지면 태양은 1의 자리에서 9를 머금고(함축하고) 있고, 소음은 2의 자리에서 8을 함축하고 있으며, 소양은 3의 자리에서 7을 함축하고 있고, 태음은 4의 자리에서 6을 함축하고 있다."(玉齋胡氏曰. 四象旣立, 太陽居一含九, 少陰居二含八, 少陽居三含七, 太陰居四含六)."

[132] 『역학계몽』「원괘획」. "잠실 진씨가 말했다. "복희의 역은 생겨나옴을 차례로 삼고, 문왕의 역은 뒤집혀 대대함을 차례로 삼았다. 건괘와 곤괘는 체가 순순하고, 감괘와 이괘는 체가 바르며, 이괘와 대과계, 소과계, 중부괘는 체가 뒤섞인 것이나 바르다. 이 여덟 괘는 뒤집어서 둘이 서로 대대할 수가 없고, 남은 오십육괘는 체가 뒤섞여 있다. 어지럽게 뒤섞인 가운데서도 자연히 어지를 수 없는 정연한 조리가 있으니, 이것이 오묘한 까닭이다.(潛室陳氏曰. 伏羲易以生出爲次, 文王易以反對爲次, 乾坤純體, 坎離正體, 頤大過小過中孚雜體中之正者, 此八卦不可反而兩相對, 餘五十六卦爲褋體, 兩相反以爲對於褋然紛錯之中, 自有井然不紊之統紀者, 此其所以爲妙也.)"

문왕의 역은 진실로 반대로 차례를 삼고 있다. 그러나 준(屯,䷂)이 곤 다음에 오고, 수(需,䷄)가 몽(蒙,䷃) 다음에 오는 것은 또한 반대로 한 것은 아니니, 반대라고만 말해서도 안 될 것이다.[133]

(17) 玉齋胡氏曰. 艮全未用, 所以當用中之偏.

옥재 호씨가 말했다. "간(艮)은 전혀 쓰지 않는다. 따라서 쓰는 것들 속에서도 치우침에 해당한다."[134]

艮全未用, 與當用之偏, 各是一義, 胡氏合爲一說, 語不相入, 誤矣. 八卦之用不用, 其說有三, 卦畫陰陽, 一說也. 方位偏正, 一說也. 父母男女, 一說也. 震兌坎離巽艮, 陰陽交雜, 故用, 乾坤, 純陽純陰, 故不用, 此以卦畫陰陽而言也. 震兌坎離, 居四方之正, 故用, 乾坤巽艮, 居四隅之偏, 故不用. 又於不用之中, 居東者【巽艮】, 將用, 而居西者【乾坤】, 不復用, 居南者【巽坤】, 稍用, 而居北者

---

[133] 현행 『주역』의 64괘 차례는 대체로 앞과 뒤의 차례를 이룬 괘들이 전도괘로 배열되어 있다. 예를 들어, 수뢰준괘(水雷屯卦, ䷂) 다음은 산수몽괘(山水蒙卦, ䷃)가 된다. 그런데 몽괘 다음은 수천수괘(水天需卦, ䷄)인데 이는 전도 관계가 아니다. 일관성을 모두 적용하기 어려운 것이다.

[134] 『역학계몽』 「원괘획」 "[옥재 호씨가 말했다.] "교역의 관점에서 논하면 진은 동쪽, 태는 서쪽에 자리 잡고 있어서 교역의 시작이 되며, 묘(卯)와 유(酉) 및 아침과 저녁의 괘위에 해당한다. 그리고 이는 남쪽, 감은 북쪽에 자리 잡고 있어서 교역함의 극이 되며, 자오(子午)의 괘위와 천지의 가운데에 해당한다. '교역하지 않음'의 관점에서 논하면, 손과 간은 남북의 동쪽에 자리 잡고 있으며, 건곤의 음양에 비해서도 더욱 복잡하다. 그러므로 손은 점점 일을 하는 쪽으로 향해 가지만, 간은 전혀 쓰지 않는다. 따라서 '쓰는 것들 속에서도 치우침'에 해당한다. 건괘와 곤괘는 남, 북의 서쪽에 자리 잡고 있으며 손괘와 간괘에 비교해 보면 음양이 순수하다. 이것은 부모가 이미 늙어서 일을 하지 않는 곳에 물러나 있는 것을 말하는 것이다."(自其交者論之, 震東兌西爲交之始, 當卯酉之中, 朝夕之位也. 離南坎北爲交之極, 當子午之位, 天地之中也. 自其不交者論之, 巽艮居南北之東, 比於乾坤陰陽爲尤襍, 故巽稍向用而艮全未用, 所以爲當用中之偏, 乾坤居南北之西, 比於巽艮爲陰陽之純, 所謂父母旣老而退處於不用之地也.)"

【乾艮】, 全不用, 東南陽而西北陰故也. 此以方位偏正而言也. 其以父母男女言者, 又極詳備而無遺. 有是三說之綜錯, 故有用而不用者, 有不用而用者, 不可爲典要也. 獨乾以陽之純父之尊, 而又居西北, 故終於不用矣.

'간은 전혀 쓰지 않음'과 '쓰는 것들 속에서도 치우침에 해당함'은 각각 하나의 의미인데 호씨는 합쳐서 하나의 설로 만들었으니 말이 서로 맞지 않아서 오류가 된다. 팔괘의 '씀(用)'과 '쓰지 않음(不用)'에는 세 가지 설이 있다. 괘획의 음양이 하나의 설이고,[135] 방위의 치우침과 바름이 하나의 설이고,[136] 부모와 남녀가 하나의 설이다.[137] 진(震), 태(兌), 간(坎), 리(離), 손(巽), 간(艮)은 음양이 서로 섞여 있기 때문에 쓰고, 건곤은 순양과 순음이므로 쓰지 않으니, 이것은 괘획의 음양으로 말한 것이다. 진, 태, 감, 리는 사방의 정위에 자리 잡고 있으므로 쓰고, 건, 곤, 손, 간은 네 귀퉁이의 치우친 방위에 자리 잡고 있으므로 쓰지 않는다. 또한 쓰지 않는 가운데 동쪽에 자리 잡고 있는 것【손간】은 장차 쓰게 될 것이고, 서쪽에 자리 잡고 있는 것【건곤】은 다시 쓰지 않으며, 남쪽에 자리 잡고 있는 것【손곤】은 약간 쓰고, 북쪽에 자리 잡고 있는 것【건간】은 전혀 쓰지 않는다. 동쪽과 남쪽은 양이고 서쪽과 북쪽은 음이기 때문이다. 이것은 방위의 치우침과 바름으로 말한 것이다. 부모와 남녀로 말한 것은 또한 매우 자세하게 갖추어서 빠진 것이 없

---

135 『역학계몽』「원괘획」.「계사전」의 "역에 태극이 있으니, 이것이 양의를 낳고, 양의는 사상을 낳으며, 사상은 팔괘를 낳는다.(易有太極, 是生兩儀, 兩儀生四象, 四象生八卦.)"를 기초로 하는 설이다.

136 「복희팔괘차서도」즉「횡도(橫圖)」에 기초한 사상의 위수(位數)를「복희팔괘방위도」즉「원도(圓圖)」에 배치하는 것이다. 구체적으로, 사상의 수 6, 7, 8, 9의 합을 나누어 건, 곤, 감, 리를「원도」의 네 정방의 자리에 위치시키고, 사상의 위차 1, 2, 3, 4의 차례에 의해 진, 태, 손, 간을「원도」의 네 모퉁이의 빈 곳을 보충하는 '석합보공(析合補空)'을 의미한다.

137 「설괘전」에 근거하여 건과 곤의 각 효를 서로 구하여 8괘의 나머지 6괘를 낳는다고 보는 건곤육자설(乾坤六子說)을 의미한다. 즉 건곤부모(乾坤父母)로부터 여섯 자녀가 태어나 태(兌, 少女), 리(離, 中女), 손(巽, 長女), 진(震, 長男), 감(坎, 中男), 간(艮, 少男) 등의 삼남삼녀가 가족을 이룬다.

다. 이 세 가지 설이 섞여 있기 때문에, 쓰임이 있는데도 쓰지 않는 것이 있고, 쓰지 않는데도 쓰임이 있어서 일정한 법칙이 될 수가 없다. 오직 건만이 양의 순수함과 아버지의 존엄을 가지고 있고 또한 서북에 자리 잡고 있으므로 쓰지 않음으로 마치는 것이다.

(18) 玉齋胡氏曰. 艮東北,【止】爲縱矣.
옥재 호씨가 말했다. "간은 동북쪽이며 … 가로가 된다."[138]

震兌橫, 則坎離對, 艮坤對, 巽乾對, 是爲縱矣. 今以巽艮對, 坤乾對, 各隔一卦爲縱, 謬矣.

진과 태가 가로로 있으면 감과 리가 서로 짝이 되고, 간과 곤이 짝이 되면 손과 건이 짝이 되니, 이것이 세로가 되는 것이다. 이제 손이 간과 짝이 되고 곤과 건이 짝이 되면, 각각 한 괘씩 건너뛰어 가로가 되니 오류이다.[139]

---

138 『역학계몽』「원괘획」. "옥재 호씨가 말했다. "앞서 선천팔괘를 논할 때는 세로(縱)와 가로(橫)를 『주역』의 근본으로 하였다. 그러므로 여기서 후천팔괘를 논하면서도 또한 세로와 가로를 『주역』의 작용으로 하고 있다. 「선천팔괘원도」에서는 건이 남쪽에 곤이 북쪽에 자리 잡고 있는 것이 상(象)으로는 세로가 된다. 그리고 리가 동쪽, 감이 서쪽, 진이 동북쪽, 손이 서남쪽, 태가 동남쪽, 간이 서북쪽에 자리 잡고 있는 것이 상으로는 모두 각기 가로가 된다. 이에 비해 「후천팔괘원도」에서는 진이 동쪽, 태가 서쪽에 자리 잡고 있는 것이 상으로 가로가 된다. 그리고 이가 남쪽, 감이 북쪽, 간이 동북쪽, 손이 동남쪽, 곤이 서남쪽, 건이 서북쪽에 자리 잡고 있는 것이 상으로는 모두 각기 세로가 된다."(玉齋胡氏曰. 前論先天八卦有縱橫, 爲易之本. 故此論後天八卦, 亦有縱橫, 爲易之用也. 先天八卦圓圖, 乾南坤北, 於象爲縱也. 離東坎西震東北巽西南兌東南艮西北, 於象皆爲橫矣. 後天八卦圖, 震東兌西, 於象爲橫也. 離南坎北艮東北巽東南坤西南乾西北, 於象皆爲縱矣.)"

139 손(巽, ☴)과 간(艮, ☶)이 짝이 되면 진(震, ☳)을 건너뛴 것이고, 곤(坤, ☷)과 건(乾, ☰)을 짝으로 두면 태(兌, ☱)를 건너뛴 모습이다.

(19) 玉齋胡氏曰. 三男, 乾之似也.

옥재 호씨가 말했다. "삼남괘140들은 건과 유사하다."141

三男卦, 陽少陰多, 何似於乾也. 當曰三男坤之似也, 而謂之男者, 求於乾也. 三女, 乾之似也, 而謂之女者, 求於坤也云, 則可矣.

삼남의 괘들은 양이 적고 음이 많으니 어떻게 건과 유사하겠는가? 마땅히 '삼남괘들은 곤과 유사하니 남(男)이라고 부르는 것은 건에서 구한 것이고, 삼녀의 괘142들은 건과 유사하니 녀(女)라고 부르는 것은 곤에서 구한 것이다.'라고 한다면 옳을 것이다.

---

140 삼남괘(三男卦)는 진(震, ☳), 감(坎, ☵), 간(艮, ☶)을 일컫는다.

141 『역학계몽』「원괘획」. "옥재 호씨가 말했다. "주자는 "건괘가 곤괘에게 구하여 딸을 낳고 곤괘가 건괘에게 구하여 아들을 낳는다고 하였는데 애초에 괘를 그릴 적에 이와 같았다는 것이 아니다. 단지 괘를 그려 놓고 보니 이러한 상(象)이 있을 따름이다."라고 말하였다. 이에 대한 나의 견해는 이러하다. 세 아들 괘들은 양(陽)이다 그래서 건과 흡사하기에 곤이 구한 뒤에 얻은 것으로 돌린 것이다. 그리고 세 딸 괘들은 음(陰)이다. 그래서 곤과 흡사하기에 건이 구한 뒤에 얻은 것으로 돌린 것이다. 이 말의 뜻은 무엇일까. 세 아들 괘들은 본래는 곤의 몸이었는데 각기 양효 하나씩을 얻어 이루어졌으며, 이 양효들은 음에 뿌리박고 있다. 그래서 곤으로 돌린 것이다. 또 세 딸 괘들은 본래는 건의 몸이었는데 각기 음효 하나씩을 얻어 이루어졌으며, 이 음효들은 양에 뿌리박고 있다. 그래서 건으로 돌린 것이다. 소자는 '어미가 큰아들을 낳은 것이 복괘(䷗)고, 아비가 큰딸을 낳은 것이 구괘(䷫)다'라고 하였다. 이러한 말들을 바탕으로 할 적에 음과 양이 서로에게 뿌리박고 있다는 의미를 알 수 있을 것이다."(玉齋胡氏曰. 朱子云. 乾索於坤而得女. 坤索於乾而得男. 初間畫卦時不是恁地. 只是畫卦後便見有此象耳. 愚謂. 三男. 陽也. 乾之似也. 乃歸之於坤求而後得. 三女. 陰也. 坤之似也. 乃歸之於乾求而後得. 何也. 蓋三男本坤體, 各得乾一陽而成. 此陽根於陰. 故歸之坤也. 三女本乾體, 各得坤一陰而成. 此陰根於陽. 故歸之乾也. 邵子云. 母孕長男而爲復. 父生長女而爲姤. 陰陽互根之義, 可見矣.)"

142 삼녀괘(三女卦)는 장녀의 손(巽, ☴), 중녀의 리(離, ☲), 소녀의 태(兌, ☱)를 일컫는다.

3) 明蓍策 명시책

(1) 朱子曰, 一六共宗, 爲太陽之位數.

주자가 말했다. "1과 6은 같은 종족으로, 태양의 자리와 수가 된다."[143]

位下恐脫太陰之三字, 下二七三八四九同.

[143] 『역학계몽』「원괘획」. "[주자가 말했다.] "이제 이전의 일설로 추측건대, 천지의 수는 5에 불과할 따름이다. 5는 수의 조상이다. 이는 '천3, 지2'이고, 3양과 2음인데, 3과 2가 각각 음과 양으로 섞이니 수의 근본이 되는 수는 5이다. 그러므로 3에 그 3을 곱하고, 3에 그 2를 곱하면 노양노음의 수가 되고, 2를 그 3에 곱하고, 1을 그 2에 곱하면 소음의 수가 되며, 2를 그 2에 곱하고 1을 그 3에 곱하면 소양의 수가 되니 모두 5의 수이다.「하도」천1부터 지10까지 누적 수가 55인데, 그 50은 모두 5로 말미암은 이후에 얻은 것이니, 그러므로 5는 가운데가 비워져 아무것도 안 하는 것 같으나, 실제로는 50이 50이 되는 까닭이 되고 있다【1이 5를 얻어 6을 이루고, 2는 5를 얻어 7을 이루며, 3은 5를 얻어 8을 이루고, 4는 5를 얻어 9를 이루며, 5는 5를 얻어 10을 이룬다. 이 5가 없다면 50은 어디서 오겠는가.】「낙서」의 첫째 오행에서부터 아홉째 오복(五福)에 이르기까지 누적 수는 무릇 45이니, 이 또한 모두 40이 5로 말미암은 이후에 얻은 것이다. 그러므로 또한 5가 가운데를 비워 아무것도 안 하는 것 같으나, 실제로는 40이 40이 되는 까닭이다【1과 6은 같은 종족으로 태양의 위수(位數)가 되고, 2와 7은 함께 벗하여 소음의 위수가 되며, 3과 8은 친구가 되니 소양의 위수가 되고, 4와 9는 같은 길을 가기에 태음의 위수가 되니, 이 5란 수를 얻지 못하면 어찌 이 40을 이룰 수 있겠는가.】이렇게 보자면「하도」와「낙서」는 모두 5를 중앙에 거처하게 하여 수의 조종이 되게 했다. 대연(大衍)의 수 50은 이 5란 수를 더하고 곱하여 각각의 극인 10에 이르면 곧 50에 부합된다. 그러므로 5의 수가 밖에 흩어져 분포하여 50이 되는 것은「하도」의 수가 되고, 외부로 흩어져 분포되는 40은「낙서」의 수가 되며, 늘려서 극에 이르러 50이 된 대연의 수는 모두 이 5의 수에서 시작되었을 따름이다."(今以前一說推之, 天地之所以爲數不過五而已. 五者, 數之祖也. 蓋三天兩地, 三陽而二陰, 三二各陰陽錯而數之所以爲數五也. 是故三其三, 三其二, 而爲老陽老陰之數, 兩其三, 一其二, 而爲少陰之數, 兩其二, 一其三, 而爲少陽之數, 皆五數也. 河圖, 自天一至地十積數, 凡五十有五, 而其五十者, 皆因五而後得, 故五虛中, 若無所爲, 而實乃五十之所以爲五十也【一得五而成六, 二得五而成七, 三得五而成八, 四得五而成九, 五得五而成十. 無此五數, 則五十者何自來耶】洛書, 自一五行至九五福, 積數凡四十有五, 而其四十者, 亦皆因五而後得. 故五亦虛中, 若無所爲, 而實乃四十之所以爲四十也【一六共宗而爲太陽之位數, 二七共朋而爲少陰之位數, 三八成友而爲少陽之位數, 四九同道而爲太陰之位數, 不得此五數, 何以成此四十耶】即是觀之, 河圖洛書, 皆五居中, 而爲數宗祖. 大衍之數五十者, 即此五數衍而乘之各極其十, 則合爲五十也. 是故五數散布於外, 爲五十而爲河圖之數, 散布於外, 爲四十而爲洛書之數, 衍而極之爲五十, 而爲大衍之數, 皆自此五數始耳.)

'위'자 아래에 '태음지(太陰之)' 세 글자가 빠진 듯하다. 아래의 2와 7, 3과 8, 4와 9도 같다.[144]

(2) 玉齋胡氏徑圍說
옥재 호씨의 경위설(지름과 둘레에 대한 설)[145]

徑圍之法其說有三. 有以掛扐所値奇偶而言者, 得奇者象圓而圍三. 得偶者,

---

[144] 위의 원문에서 "一六共宗而爲太陽之位數, 二七共朋而爲少陰之位數, 三八成友而爲少陽之位數, 四九同道而爲太陰之位數"는 태양과 태음(노양과 노음)에서 한쪽을 생략하고 있다. 한원진의 지적에 따라 이를 고쳐 쓰면 다음과 같다. "一六共宗, 一爲老陽之位, 六爲老陰之數, 四九爲友, 四爲老陰之位, 九爲老陽之數, 二七爲朋, 二爲少陰之位, 七爲少陽之數, 三八同道, 三爲少陽之位, 八爲少陰之數."

[145] 『역학계몽』「명시책」. "[옥재 호씨가 말했다.] '"괘륵의 수에서 1개를 제외한 것은 48개의 시책을 4로 나누어 그 한 묶음을 얻을 것이다.'라는 말은, 즉 49개의 시책에서 맨 처음에 건 시책 1개를 제외하고 남은 48개의 시책을 4로 나누면 12개짜리가 모두 4개가 된다는 것이다. 그 가운데 12개짜리 1개를 갖고 보면, 이는 4로 나눈 것 중에 하나이며, 12개짜리로 보면 1개요 4개짜리로 보면 3개다. 여기에서 12개짜리 1개는 또한 '지름 1'을 의미하고, 4개짜리 3개는 역시 '둘레 3'을 의미한다. 이는 위에서 그 3을 3개 누적한다고 하였던 것의 수로서, 단지 1개의 9이기 때문에 9의 어미가 된다. 과설의 수에서 보면 48개의 시책을 넷으로 나누면 모두 12개짜리 4개가 되는 것은 똑같다. 그중에서 12개짜리 3개를 얻으면, 이는 넷으로 나눈 것 중에 3개며, 12개짜리로 보면 3개요 4개짜리로 보면 9개이다. 그런데 바로 윗글의 36을 4개씩 묶은 수는 도리어 4개의 9이기 때문에 9의 자식이 된다는 것이다. 12개짜리 1개는 또한 '지름 1'을 의미하고, 4개짜리 9개는 역시 '둘레 3'을 의미한다. 이는 곧 사상 속의 태양이 첫째 자리를 차지하고서 9라는 수를 품고 있음을 나타낸다. 다만 시책을 헤아려 하나씩 효를 구해 나가면 각각에 노소(老少)의 수들이 있을 터이니 그 변과 불변 여부를 보고 점을 치는데, 태극을 바탕으로 2배씩 해서 생긴 것들은 제2효에 이르러야 비로소 노소가 드러난다. 이 또한 몰라서는 안 된다." (掛扐除一, 四分四十八而得其一者, 以四十九策, 除初掛之一, 而四分四十八策, 計四箇十二. 於其中得一箇十二, 是爲四分中之一分, 一其十二而三其四也. 一箇十二, 亦徑一之義, 三箇四, 亦圍三之義, 卽上文三三之數, 只是一箇九, 故爲九之母. 過揲之數, 以四十八而四分之, 亦計四箇十二. 於其中得三箇十二, 是得四分中之三分, 三其十二而九其四也, 卽上文三十六之數, 以四約之, 却是四箇九, 故爲九之子. 一箇十二亦徑一之義, 九箇四亦圍三之義, 卽四象中太陽, 占第一位, 而含九之數. 特撰著逐爻, 各有老少之數, 觀其變與不變以爲占, 而由太極加倍以生者, 則老少在第二爻方見. 此又不可不知也.)"

象方而圍四. 圍三者, 用全, 圍四者, 用半. 此一說也.

경위의 법에는 세 가지 설이 있다.[146] 괘득을 해서 얻게 된 기우(홀수와 짝수)로

146 『회암집』 권66 「蓍卦考誤」 "'사영(四營)에 역(易)을 이룬다'고 하니, 영(營)은 경영(經營)을 말하고, 역(易)은 변화(變)를 말한다. [사영이란] 분이(分二, 시책을 둘로 나눔)와 괘일(掛一, 하나를 손가락 사이에 겸)과 설사(揲四, 넷씩 헤아림)와 귀기(歸奇, 손가락에 낀 나머지)를 말하니, 무릇 네 번 시책을 경영하여 일변(一變)을 이룬다. '18변에 괘를 이룬다'는 것은 이미 삼변하여 한 효(爻)를 이루고, 다시 49책을 합해서 전과 같이 경영하여 일변을 삼으니, 18변을 쌓아서 육효를 이루어 일괘가 됨을 말한다. 그 방법이 처음 1변은 양설(兩揲, 좌우 양손의 시책을 넷씩 헤아림)한 나머지를 괘득(손가락 사이에 끼움)한 것이 5 아니면 9이고, 제2변은 양설한 나머지를 괘득한 것이 4 아니면 8이고, 제3변도 양설한 나머지를 괘득한 것이 4 아니면 8이다. 5와 4는 소(少)가 되고, 9와 8은 다(多)가 된다. 만약 삼변의 사이에 한 개의 5와 두 개의 4가 되면[5, 4, 4] 삼소(三少)라고 말한다. 한 개의 9와 두 개의 8이 되면[9, 8, 8] 삼다(三多)라고 말한다. 혹 한 개의 9와 한 개의 8과 한 개의 4[9, 8, 4], 한 개의 5와 두 개의 8[5, 8, 8]이면 양다일소(兩多一少)라고 말한다. 혹 한 개의 9와 두 개의 4[9, 4, 4], 한 개의 5와 한 개의 4와 한 개의 8[5, 4, 8]이면 양소일다(兩少一多)라고 말한다. 대개 49책에 처음 손가락에 건(掛) 하나를 빼면 남은 것은 48이니, 4로 덜면 12뭇 덜어 셈한(揲) 수가 된다. 4와 5가 소(少)가 됨은 일설(一揲, 좌우 한쪽의 시책을 4씩 덜어냄)의 수이다. 8과 9가 다(多)가 됨은 양설(兩揲)의 수이다. 일설이 기(奇)가 되고, 양설이 우(偶)가 된다. 기(奇)는 양에 속하고 원(圓)을 상징하며, 우(偶)는 음에 속하고 네모를 상징한다. 원은 지름이 1이고 둘레가 3이니 전체를 쓰는 까닭으로 일기(一奇)이면서 삼(三)을 포함한다. 네모는 한 변이 1이면서 둘레가 4이니 절반만 쓰는 까닭에 일우(一偶)이면서 이(二)를 포함한다. 사상(四象)의 순서는 첫째는 태양이고, 둘째는 소음이고, 셋째는 소양이고, 넷째는 태음이다. 10으로 나누면, 첫째[一]에 자리한 것은 9를 포함하고, 둘째[二]에 자리한 것은 8을 포함하고, 셋째[三]에 자리한 것은 7을 포함하고, 넷째[四]에 자리한 것은 6을 포함한다. 그것은 서로 대대(對待)하니, 「낙서」에 갖추어진 것을 볼 수 있다. 그러므로 삼소(三少)가 노양이 된 것은 삼변이 각각 일설의 수를 얻어서 3×3=9이다. 그 나머지가 36인데, 4개씩 덜어 다시 9설의 수를 얻는다. 좌수(左數) 우책(右策)은 좌우가 모두 9이다. 좌우의 모든 책(策)이 1이면서 둘레가 3이다. 삼다(三多)가 노음이 된 것은 삼변이 각각 양설의 수를 얻어서 3×2=6이다. 그 나머지가 24인데, 4개씩 덜어 다시 6설의 수를 얻는다. 좌수 우책은 좌우가 모두 6이다. 좌우의 모든 책이 둘레가 4이고 절반만 쓴다. 양다일소(兩多一少)가 소양이 된 것은 삼변의 가운데 양설의 수를 두 번 얻고 일설의 수를 한 번 얻어서 2×2+3×1=7이다. 그 나머지가 28인데, 4개씩 덜어 다시 7설의 수를 얻는다. 좌수 우책은 좌우가 모두 7이다. 좌우의 모든 시책이 네모(方)가 2이고 원(圓)은 1이다.(네모 2는 양팔(2×8=16)을 말하고, 원1은 12(1×12=12)이다.) 양소일다(兩少一多)가 소음이 된 것은 삼변 가운데 일설의 수를 두 번 얻고 양설의 수를 한 번 얻어서 2×3+1×2=8이다. 그 나머지가 32인데, 4개씩 덜어 다시 8설의 수를 얻는다. 좌수 우책은 좌우가 모두 8이다. 좌우의 책은 원이 2이고, 네모가 1이다.(원2는 24(2×12=24)이고 네모 1은 8이다.)(四營而成易者, 營謂經營, 易卽變也. 謂分二掛一‧ 揲四歸奇. 凡四度經營蓍策, 乃成

말하는 것이 있는데, 홀수를 얻은 것은 원을 본뜬 것이며 원의 둘레는 3이며, 짝수를 얻은 것은 네모(方)를 본뜬 것이며 네모의 둘레는 4이다. 둘레가 3인 것은 모두 쓰는 것(用全)이고, 둘레가 4인 것은 반만 사용한 것(半用)이다. 이것이 하나의 설이다.

有以掛扐過揲策數而言者. 老陽掛扐一其十二而三其四, 過揲三其十二而九其四, 皆徑一而圍三也. 老陰掛扐過揲, 皆兩其十二而六其四, 兩其十二者, 四其十二而得其半, 六其四者, 四其二六而得其半, 皆圍四而用半也. 此一說也.

괘륵(시책을 손가락에 걸고 사이에 끼움)과 과설(괘륵을 하고 남는 나머지)의 책수로 말하는 것이 있는데, 노양의 괘륵의 수는 '12개짜리 1개이기도 하고, 4개짜리 3개'이기도 하며, 과설의 수는 '12개짜리 3개이기도 하고 4개짜리 9개'이기도 하

一變也. 十有八變而成卦者, 謂旣三變而成一爻, 復合四十九策, 如前經營, 以爲一變, 積十八變則成六爻而爲一卦也. 其法, 初一變, 兩揲之餘爲掛扐者, 不五則九, 第二變, 兩揲之餘爲掛扐者, 不四則八, 第三變, 兩揲之餘爲掛扐者, 亦不四則八. 五四爲少, 九八爲多. 若三變之間一五兩四, 則謂之三少. 一九兩八, 則謂之三多. 或一九一八而一四, 或一五而二八, 則謂之兩多一少. 或一九而二四, 或一五一四而一八, 則謂之兩少一多. 蓋四十九策去其初掛之一而存者, 四十八, 以四揲之, 爲十二揲之數. 四五爲少者, 一揲之數也. 八九爲多者, 兩揲之數也. 一揲爲奇, 兩揲爲偶. 奇者屬陽而象圓, 偶者屬陰而象方. 圓者一圍三而用全, 故一奇而含三. 方者一圍四而用半, 故一偶而含二也. 若四象之次, 則一曰太陽, 二曰少陰, 三曰少陽, 四曰太陰. 以十分之(十一), 則居一者含九, 居二者含八, 居三者含七, 居四者含六. 其相爲對待而其於洛書者, 亦可見也. 故三少爲老陽者, 三變各得一揲之數而三三爲九也. 其存者三十六, 而以四數之, 復得九揲之數也. 左數右策, 則左右皆九. 左右皆策, 則一而圍三也. 三多爲老陰者, 三變各得兩揲之數而三二爲六也. 其存者二十四, 而以四數之, 復得六揲之數也. 左數右策, 則左右皆六. 左右皆策, 則圍四而半也. 兩多一少爲少陽者, 三變之中再得兩揲之數, 一得一揲之數, 而二二一三爲七也. 其存者二十八, 而以四數之, 復得七揲之數也. 左數右策, 則左右皆七. 左右皆策, 則方二圓一也. (方二謂兩八, 圓一謂一十二(十二).) 兩少一多爲少陰者, 三變之中再得一揲之數, 一得兩揲之數, 而二三一二爲八也. 其存者三十二, 而以四數之, 復得八揲之數也. 左數右策, 則左右皆八. 左右皆策, 則圓二方一也. (圓二謂兩十二, 方一謂一八.))"

니, 모두 '지름은 1이고 둘레는 3'을 의미한다.[147] 노음의 괘록과 과설의 수는 모두 '12개짜리 2개'이기도 하고 '4개짜리 6개'이기도 하니, '12개짜리 2개'라는 것은 12개를 4로 한 것에서 반을 얻은 것이며, '4개짜리 6개'라는 것은 26개를 4로 한 것에서 반을 얻은 것이니, 모두 '둘레는 4이고 반을 쓴다'는 의미이다. 이것이 하나의 설이다.

有以三變所得奇偶之數而言者. 初一變爲五者三, 爲九者一, 是圍三徑一之義也. 後二變爲四者二, 爲八者二, 皆圍四用半之義也. 此一說也.

삼변하여 얻은 기우의 수로 말하는 것이 있다. 처음 일변하여 (시책의 수가) 5가 되는 경우가 세 가지 있고, 9가 되는 경우가 한 가지 있으니, 이것은 '둘레가 3이고 지름이 1'이라는 뜻이다. 일변 다음의 두 변(이변과 삼변)에서 4가 되는 경우가 두 가지 있고, 8이 되는 경우가 두 가지 있으니, 모두 '둘레가 4이며 반을 쓴다'는 뜻이다. 이것이 하나의 설이다.

若不知此而欲以一例一義按見, 則決不能通矣. 胡氏徑圍之說, 似失先儒之意. 蓋以其爲奇之四策, 取一策爲徑一, 取三策爲圍三, 而謂之用全, 則是於四策, 猶去一不用, 安得爲用全乎. 以其爲偶之八策, 去四不用, 以所存四策爲圍

---

147 『역학계몽』「본도서」. "물었다. '「하도」와 「낙서」가 모두 5의 수가 중앙에 있는 것은 무엇 때문인가?' 답했다. '무릇 수의 시작은 일음일양일 따름이다. 그런데 양의 상은 둥글고 둥근 것은 지름이 1이라면 둘레가 3이다. 음의 상은 네모지고, 네모는 모서리를 1이라 하면 둘레가 4이다. 둘레가 3인 것은 1을 하나로 치니, 그 하나의 양을 3 곱하여 3이 된다. 둘레가 4인 것은 둘을 하나로 치니 그 하나의 음을 2 곱하여 2가 된다. 이것이 이른바 삼천양지(參天兩地)라는 말이다. 이 3과 2의 합이 5다. 이것이 「하도」와 「낙서」의 수들이 모두 5를 중앙에 자리 잡도록 한 까닭이다."(曰. 其皆以五居中者, 何也. 曰. 凡數之始, 一陰一陽而已矣. 陽之象圓, 圓者徑一而圍三, 陰之象方, 方者徑一而圍四. 圍三者以一爲一, 故參其一陽而爲三. 圍四者以二爲一, 故兩其一陰而爲二. 是所謂參天兩地者也. 三二之合, 則爲五矣. 此河圖洛書之數, 所以皆以五爲中也.)

四, 而又去二存二, 謂之用半, 則是於八策之中, 只用二策, 而用其半之又半, 安得爲用半乎. 又於圍四無徑一之策, 則與前分四策爲徑一圍三者, 其法不齊矣.

만일 이런 설들을 모르고 한 가지 사례의 뜻만으로 살펴보려고 한다면 결코 통할 수 없다. 호씨의 경위설은 선유들의 참뜻을 잃어버린 것 같다. 대개 홀수가 되는 4책 중에서 1책을 취한 것은 '지름 1'이 되고 3책을 취한 것은 '둘레가 3'이 되어 '모두 쓴다'고 하면, 이는 네 시책에서 하나를 제거하고 쓰지 않는 것이니 어찌 '모두 쓴다'가 될 수 있겠는가? 짝수가 되는 여덟 시책 중에서 넷을 제거하고 쓰지 않으니, 남겨진 4책을 '둘레 4'로 여기고서, 또한 둘을 제거하고 둘을 남겨서 '반을 쓴다'라고 하면, 이는 8책 중에서 2책만 쓰고 그 반의 반을 쓰는 것이니, 어찌 '반을 쓴다'가 될 수 있겠는가? 또한 '둘레 4'에 '지름 1'의 시책이 없다면, 이는 앞서 네 시책을 나누어 '지름 1, 둘레 3'이 되는 것과 그 방법이 일치하지 않는다.

蓋揲著求爻, 徑圍之法, 只取奇偶之數, 方圓之象, 而爲之耳, 本不用策數. 如參天兩地之起數, 亦用徑圍之法, 則天地何嘗有策數可據耶.

대개 시책을 세어 효를 구하는 '지름과 둘레'의 방법은 다만 홀짝의 수와 원과 네모의 상을 취해서 그렇게 한 것일 따름이며, 본래는 책수를 쓰지 않았다. 예를 들어 '삼천양지(參天兩地)'로 수를 일으킬 때도 '지름과 둘레'의 방법을 쓴다면 천지에 어찌 근거로 삼을 수 있는 책수가 있었겠는가?

(3) 徑一圍三, 更有可究者. 奇之象圓, 故以一徑之, 而以徑一之三, 周而圍之, 恰成圓. 偶之象方, 故以一徑之, 而以徑一之四, 對而布之, 恰成方. 徑一者, 所以定方圓之限, 而方圓者, 所以見奇偶之象也, 非有策數以擬之也. 圍三用全, 其義無可疑矣. 圍四用半者, 其實亦用全也. 蓋上下相對爲偶者一, 左右相對爲偶者一, 是以二爲一, 而所以圍四而用二者也. 若於四箇中直去其二不用, 則所用之二, 皆以一爲一, 何以見其以二爲一而一皆爲偶之象也. 胡氏於此, 蓋未有見, 故其說多錯耳.

'지름 1, 둘레 3'을 다시 살펴볼 수 있는 것이 있다. 홀수는 원을 본뜬 것이므로 1로 지름을 삼으니, 지름 1로 세 번 주위를 둘러싸면 비슷하게나마 원(圓)이 이루어진다. 짝수는 네모를 본뜬 것이므로 1로 지름을 삼아서, 지름 1로 4번 짝을 이루어 펼쳐 놓으면 비슷하게나마 네모가 이루어진다. '지름 1'은 네모와 원의 한계를 정한 것이고, '네모와 원'은 홀수와 짝수의 상을 나타낸 것이지 책수가 있어서 거기에 비유한 것은 아니다. 둘레 3이면 모두 쓴다는 것은 그 뜻에 의심스러운 것이 없지만, 둘레 4이면 반만 쓴다는 것은 실제로 전부 쓴 것이다. 대개 상하가 상대하여 우가 되는 것이 하나이고, 좌우가 상대하여 우가 되는 것이 하나이므로, 이는 둘을 하나로 삼는 것이라서 '둘레가 4인 데서 둘을 쓰는' 이유인 것이다. 만일 네 개 가운데서 둘을 제거하고 쓰지 않는다면, 쓰는 것 둘은 모두 하나를 하나로 삼는 것이니, 어떻게 둘이 하나가 되고 하나가 모두 우의 상이 되는 것을 나타낼 수 있겠는가? 호씨는 이에 대해 알지 못했기 때문에 그 설에 많은 부분이 잘못되었다.

(4) 玉齋胡氏曰. 四十九蓍, 虛一分二.

옥재 호씨가 말했다. "49개의 시책을 가지고 한 개를 비움, 둘로 나눔 …"[148]

---

[148] 『역학계몽』「명시책」. "옥재 호씨가 말했다. "옛 법이나 지금 사용하는 법이나 49개의 시책을 가지고 점을 치는데, '한 개를 비움', '둘로 나눔', '한 개를 걺', '4개씩 헤아림', '나머지 시책을 한 군데로 되돌림' 등은 애당초 서로 간에 다름이 없다. 그리고 삼변을 거쳐 나뉘는 것을 보더라도 5를 얻는 경우의 수가 3이고, 4를 얻는 경우의 수가 2이며, 9를 얻는 경우의 수가 1이고, 8을 얻는 경우의 수가 2라는 점 또한 같다. 다만 옛 법은 제1변에서 5를 얻은 9를 얻은 모두 홀수이며, 제2변, 제3변에서 4를 얻든 8을 얻든 모두 짝수임에 비해, 오늘날의 설에서는 5, 4를 홀수로 여기고, 9, 8도 홀수이며 뒤의 2변은 뒤에 있어 짝수에 속하기 때문에 그 나머지 시책들인 4와 8도 짝수이다. 그러나 그 수들을 근거로 홀수와 짝수에만 의거하여 급작스럽게 음양을 정하는 것은 아니다. 나아가 나머지 시책 5, 9는 홀수인데, 5가 나오는 경우가 3이고 9가 나오는 경우가 1인 것에는 또한 '둘레 3에 지름 1'의 뜻이 있다. 그리고 나머지 시책 4, 8이 나

蔡氏四十九蓍虛一之云, 謂四十九策中虛一不用也. 非謂五十虛一也. 四十九中虛一, 則掛揲之餘, 無爲五九者矣. 胡氏引其說, 蓋誤認爲五十虛一矣.

채원정이 49개 시책에서 '한 개를 비움'[149]이라고 한 것은 49개의 시책 가운데 하나를 비게 하여 쓰지 않는다고 한 것이지, 50개 시책에서 하나를 비게 한다고 말한 것이 아니다. 49개 시초 가운데 하나를 비우면, 괘륵을 하고 난 나머지가 5와 9가 되는 것이 없다.[150] 호씨가 채원정의 설을 인용한 것은, 아마도 50개

오는 경우가 모두 2인 것에는 역시 '둘레 4에 절반을 씀'의 뜻이 들어 있다. 하물며 삼변을 거친 뒤 노양의 경우의 수는 12, 노음의 경우의 수는 4, 소양의 경우의 수는 20, 소음의 경우의 수는 28인데, 그것들이 이렇게 넉넉하기도 하고 모자라기도 하며 많기도 하고 적기도 함은 저절로 그러함의 법상으로서 그것들이 본래 같다는 것을 처음부터 해치지 않는다. 주자는 이 설을 특별히 거론하였다. 그래서 '세 번의 변에서 모두 걺'의 타당함을 깊이 있게 밝혔고, 아울러 위의 글에서 논의한 근세 학자들의 '뒤의 두 변에서는 걸지 않음'의 설이 타당하지 않음을 입증했다. 이렇게 함으로써 주자는 아랫글에서 '만약에 근세의 법을 사용한다면 삼변을 거친 나머지 시책들은 모두 '둘레 3에 지름 1'의 뜻이 되고 말아 다시는 홀수와 짝수로 나뉨이 없을 것이다.'라는 말로 연결하여, 그 잘못을 분명하게 드러내고 있다."(玉齋胡氏曰. 舊法與今所用之法. 四十九蓍. 虛一分二. 掛一揲四歸奇. 初無以異. 而三變之分. 得五者三. 得四者二. 得九者一. 得八者二. 亦莫不同. 但其於第一變. 以或五或九者, 皆爲奇. 第二第三變. 以或四或八者. 皆爲偶. 與今所論五四爲奇. 九八爲偶者. 有不同耳. 舊法所分. 蓋以前一變在先而屬奇. 故其餘五九亦也奇數也. 後二變在後而屬偶. 故其餘四八亦偶數也. 不過因其數以分奇偶. 初未嘗遽以此奇偶而定陰陽. 然以餘五九者爲奇. 則五三九一. 亦有圍三徑一之義. 以餘四八者爲偶. 則四八皆二. 亦有圍四用半之義. 況三變之後. 老陽十二. 老陰四. 少陽二十. 少陰二十八. 其饒乏多寡自然之法象. 初不害其本同也. 朱子特擧此說. 所以深明三變皆掛之得. 以證上文近世後二變不掛之失. 又以起下文若用近世之法. 三變之餘. 皆爲圍三徑一之義. 而無復奇偶之分. 以辨明其誤也.)"

149 『역학계몽』「명시책」. "채원정이 말했다. "49개의 시초를 가지고 1개를 비워두고 둘로 나누며 1개를 걸어두고 4개씩 세고 나면, 홀이 되는 경우가 둘이고 짝이 되는 경우가 둘이 되며, 노양이 8을 얻고 노음이 8을 얻으며 소양은 24를 얻고 소음은 24를 얻으니, 또한 [모양이] 좋지 아니한가!"(蔡元定曰. 以四十九蓍, 虛一分二, 掛一揲四. 則爲奇者二, 爲偶者二, 而老陽得八, 老陰得八, 少陽得二十四, 少陰得二十四, 不亦善乎.)"

150 일변 할 때 50개의 시초에서 1개를 비우는 것은 태극을 상징한다. 그래서 쓰는 것은 49이다. 49를 둘로 나누고, (양의) 한쪽 더미에서 한 개를 손가락에 건다.(인책) 그리고 4씩 덜어 간다.(4계절) 이렇게 해서 나머지가 5 또는 9가 된다. 하지만 첫 시작이 48개의 시초를 쓴다면 5와 9를 절대 얻을 수 없다는 것을 말하고 있다.

시초에서 하나를 비운다는 것으로 잘못 알았기 때문일 것이다.

(5) 二老本皆八,【止】有此例.
노양과 노음의 경우의 수는 본래 모두 8이며 … 이러한 예가 ….[151]

若如蔡氏說四十九蓍虛一, 則二老皆八, 二少皆二十四, 實有此例, 而所謂體數常均者也. 胡氏蓋不曉蔡氏之說, 故不知其有此例耳.
만일 채원정의 설처럼 49개 시책 가운데서 하나를 비운다고 한다면,[152] 노양과

---

[151] 『역학계몽』「명시책」. "노양과 노음의 경우의 수는 본래 8이요, 소양과 소음의 경우의 수는 본래 24라는 것에 대해 말하자면, 사실 설시 과정에 이러한 예가 있는 것은 아니다. 그런데 또한 하늘과 땅 사이에도 음양이 각기 그 절반을 차지하고 있으니, 그들 사이에는 본래 많고 적음의 다름이 없다. 64괘를 가지고 말하면, 양의 괘가 32개요, 음의 괘가 또한 32개이다. 384를 가지고 말하더라도 양효가 192개, 음효가 192개이다. 이와 같다면 음양의 노소가 고를지니 노양과 노음의 경우는 수는 모두 8이어서 합하면 16이 될 것이고, 소양과 소음의 경우의 수는 모두 24여서 합하면 48이 될 것이다. 그러나 이는 역시 그 체의 수가 대대 관계를 이루는 것으로서 '하나는 홀, 하나는 짝'이 본래 이와 같다는 것일 뿐이다.(二老皆八, 二少本皆二十四者, 其實非揲蓍有此例. 蓋亦以天地之間, 陰陽各居其半, 本無多寡之殊, 以六十四卦言之, 陽卦三十二, 陰卦三十二, 以三百八十四爻言之, 陽爻百九十二, 陰爻百九十二, 夫如是則以陰陽老少而均之. 二老皆八, 合之得十六, 二少皆二十四, 合之得四十八, 亦言其體數對待. 一奇一偶本如此而已.)"

[152] 『역학계몽』「명시책」. "[주자가 말했다.] 채원정이 이른바 '49개의 시초로 한 개를 비워두고 둘로 나누며, 한 개를 걸어두고 4개씩 센다.'라는 것은 다음과 같은 것을 말한다. '1개를 비워둔 것 외에 다만 48개를 사용하여, 둘로 나누고 하나를 걸어두고 4개씩 세고 난 나머지 홀과 짝이 되는 것이 각각 둘이니, 노양과 노음의 변수는 각각 8이고 소음과 소양의 변수는 각각 24로, 합치면 64가 되어 8괘가 각각 8을 얻은 것이다. 그러나 이것은 바로 홀과 짝이 대대하는 것을 배가하여 얻은 것이니 체의 수이다. 천3 지2를 연역하여 50이 되는 것과 같은 것은 용의 수이다. 체의 수는 항상 고르지만, 용의 수는 양이 풍부하고 음이 모자라니, 이것이 바로 조화의 오묘함이다. 만약 음과 양이 같은 부류이고 노와 소가 같다면, 이것은 체의 수이지 용의 수가 아니다."(蔡氏所謂以四十九蓍, 虛一分二掛一揲四者, 蓋謂虛一外止用四十八, 分掛揲之餘爲奇偶各二, 老陽老陰變數各八, 少陰少陽變數各二十四, 合爲六十四, 八卦各得八焉, 然此乃奇偶對待, 加倍而得者, 體數也. 若天三地二, 衍而爲五十者, 用數也. 蓋體數常均, 用數, 則陽饒而陰乏也. 此正造化之妙. 若陰陽同科, 老少一例, 是體數, 非用數也.)"

노음은 모두 8이며, 소양과 소음은 모두 24이니 실제로 이런 예가 있으며, 이른바 '체수는 항상 고르다'는 것이다. 호씨는 아마도 채원정의 설을 잘 알지 못했기 때문에 이러한 예가 있다는 것을 모른 것일 뿐이다.

(6) 玉齋胡氏曰. 掛扐以少爲貴云云, 過揲以多爲貴云云.

옥재 호씨가 말했다. "괘륵의 수는 적은 것을 귀하게 여긴다. …" "과설의 수는 많은 것을 귀하게 여긴다. …"[153]

此說未瑩. 掛扐過揲, 皆以陽爲主, 而少陰, 陰也, 掛扐次少, 過揲次多者, 生於陽儀也. 少陽, 陽也, 掛扐次多, 過揲次少者, 生於陰儀也. 如是推說然後, 多少主陽之說, 方通矣.

이 설은 분명하지 못하다. 괘륵과 과설은 모두 양을 주로 한다. 소음은 음이지

---

[153] 『역학계몽』「명시책」. "옥재 호씨가 말했다. "노양은 1에 자리하고 9를 함축하고, 노양은 3에 자리하고 7을 함축하니, 그 자리와 수가 모두 홀수이다. 노음은 4에 자리하고 6을 함축하고, 소음은 2에 자리하고 8을 함축하니, 그 자리와 수가 모두 짝수이다. 양을 중심으로 하는 홀수를 말하자면, 즉 괘륵지수는 적은 것을 귀하게 여긴다는 것이다. 따라서 노양은 극히 적고, 소음은 다음 적으며, 반대로 노음의 괘륵지수는 극히 많고, 소음의 괘륵지수는 다음 많으니, 양(陽)이 적은 것으로 견줄 수 없다. 노양과 소양의 자리의 수는 모두 홀수이고, 홀수는 1로서 실하다. 노음과 소음의 자리의 수는 모두 짝수이니, 짝수는 2로서 비어 있다. 양을 중심으로 하는 실함을 말하자면, 즉 괘륵지수는 많음을 귀하게 여긴다는 것이다. 따라서 노음은 극히 많고, 소양은 다음 많으니, 노양의 과설지수가 극히 적고, 소음의 과설지수가 다음 적은 것으로는 양(陽)이 많은 것으로 견줄 수 없다. 모두 양의 홀수와 실한 것을 중심으로 삼으니, 여기서 양을 존숭하는 뜻을 볼 수 있다. 소음과 소양의 괘륵지수와 과설지수 모두 그 사이(노양과 노음 사이)에서 한 번 나아가고 한 번 물러서면서 사귀는 것은 바로 위 문장에서 노양과 노음의 나아가고 물러나는 것이 각각 3등분의 1에 이르러 소음과 소양의 뜻을 이룬 것이다."(玉齋胡氏曰. 老陽居一含九, 少陽居三含七, 其位與數皆奇, 老陰居四含六, 少陰居二含八, 其位與數皆偶. 主陽之奇而言, 則掛扐以少爲貴, 故老陽極少, 少陰次少, 而老陰掛扐極多, 少陰掛扐次多者, 不能以並乎陽之少也. 老陽少陽位數皆奇, 奇則一而實. 老陰少陰位數皆偶, 偶則二而虛. 主陽之實而言, 則過揲以多爲貴. 故老陰極多, 少陽次多, 而老陰過揲極少, 少陰過揲次少者, 不能以並乎陽之多也. 壹皆以陽之奇與實者爲主, 其尊陽之義可見矣. 二少掛扐過揲, 皆一進一退, 而交於二老之中者, 即上文二老進退, 各至於三之一, 以成二少之義.)"

만, 괘륵의 수는 두 번째로 적고 과설의 수는 두 번째로 많은 것은 양의에서 생겨났기 때문이다. 소양은 양이지만, 괘륵의 수는 두 번째로 많고 과설의 수는 두 번째로 적은 것은 음의에서 생겨났기 때문이다. 이처럼 설을 미루어 헤아린 뒤에야 많고 적음이 양을 주로 한 것이라는 설이 통할 수 있게 된다.

(7) 玉齋胡氏曰. 陰陽二物, 指二老云云.

옥재 호씨가 말했다. "음양의 두 가지란 노양과 노음을 가리킨다. …"[154]

---

[154] 『역학계몽』「명시책」. "옥재 호씨가 말했다. "음과 양의 두 가지는 노음과 노양을 말하는 것이다. 갈마들며 꺼졌다 커졌다 함은 괘륵지수와 과설지수를 말하는 것이다. 동일한 괘륵지수(노음에서 노양 사이의)이나, 노양이 커지면서 변하여 소음이 되고, 노음이 꺼지면서 변하여 소양이 된다. 동일한 과설지수이나, 노양이 꺼지면서 변하여 소음이 되고, 노음이 커지면서 변하여 소양이 된다. 이처럼 갈마들며 꺼졌다 커졌다 함은 소음과 소양을 이루는 것이다. 한 가지는 혹 노양을 한 가지로 삼거나, 혹 노음을 한 가지로 삼는다는 것이다. 두 개의 단은 괘륵지수과 과설지수를 말하는 것이다. 또 노양을 한 가지로 논한다면, 노양의 괘륵지수 12는 소음의 괘륵지수 16에 비해 꺼진 것이다. 소음의 괘륵지수 16은 노양의 괘륵지수 12에 비해 커진 것이다. 노양의 과설지수 36은 소양의 과설지수 32에 비해 커진 것이다. 소양의 과설지수 32는 노양의 과설지수 36에 비해 꺼진 것이다. 괘륵지수가 커지면 과설지수는 꺼진다. 과설지수가 커지면 괘륵지수가 꺼진다. 노음을 한 가지로 미루어 보더라도 역시 그러하다. 저울(權衡)처럼 오르내린다는 것은 양이 자라나면 양은 오르고 음은 낮아지고, 음이 자라나면 음이 오르고 양이 낮아져, 마치 저울에 경중이 있는 것과 같다. 부절처럼 나뉘고 합쳐진다는 것은 합쳐져서는 음과 양의 두 가지가 갈마들며 꺼졌다 커졌다 하고, 나뉘어서는 한 가지 안에서 각자 스스로 꺼졌다 커졌다 하니, 마치 부절을 나눴다 합치는 것과 같다. 서로 함께한다는 뜻을 가지고서 서로 갈마들어 운행하는 것을 잘 살펴보니 그 자연의 오묘함이 펼쳐지는 가운데 어찌 인위적인 것이 끼어들겠는가?"(玉齋胡氏曰. 陰陽二物, 指二老言, 迭爲消長, 指掛扐過揲言. 同一掛扐也, 老陽以長而變爲少陰, 老陰則以消而變爲少陽, 同一過揲也, 老陰以消而變爲少陽, 老陰則以長而變爲少陽. 此迭爲消長, 以成二少也. 一物, 指或爲老陽一物, 或爲老陰一物言, 二端, 指掛扐過揲言. 且以老陽一物論之, 老陽掛扐十二, 視少陰掛扐十六消矣, 少陰掛扐十六, 視老陽掛扐十二則爲長焉, 老陽過揲三十六, 視少陰過揲三十二長矣, 少陰過揲三十二, 視老陽過揲三十六則爲消矣. 掛扐長, 則過揲消, 過揲長, 則掛扐消. 推之老陰一物之中亦然. 相與低昂如權衡, 陽長則陽昂而陰低, 陰長則陰昂而陽低, 如權衡之有輕重也, 相與判合如符契, 合焉而陰陽二物迭爲消長, 判焉而一物之中又各自有消長, 如符契之有判合也. 因其相與之義, 究其迭爲之旨, 其自然之妙, 豈容人力於其間哉.)"

陰陽二物, 迭爲消長, 亦以掛扐過揲而言, 消長低昂判合, 又皆通言陰陽二物一物二端之事. 老陽掛扐少而老陰掛扐多, 老陽過揲多而老陰過揲少, 二少相對亦然. 老陽與少陰, 老陰與少陽, 相對亦然, 此則陰陽二物, 迭爲消長也.

'음양의 두 가지가 번갈아 들어 꺼지고 자라난다'는 것은 또한 괘륵과 과설로서 말한 것이고, 꺼지고 자라남(消長), 저울추와 저울대가 서로 오르락내리락함(低昂), 부절의 서로 쪼개진 것들이 합치함(判合) 등은 또한 '음양의 두 가지'와 '한 가지의 두 단서'의 일을 통틀어 말한 것이다. 노양은 괘륵이 적고 노음은 괘륵이 많으며, 노양은 과설이 많고 노음은 과설이 적으니, 소양과 소음이 상대해도 또한 그렇다. 노양과 소음, 노음과 소양 등이 서로 상대하여도 또한 그러하니, 이것이 '음양의 두 가지가 번갈아 들어 소장하는 것'이다.

掛扐少則過揲多, 過揲少則掛扐多, 此則一物之中, 二端迭爲消長也. 陽少則陰多, 陰少則陽多, 此陰陽二物相與低昂也. 掛扐少則過揲多, 過揲少則掛扐多, 此一物之中, 二端相與低昂也. 分之則陰陽二物判焉, 而合之則自陽之進退其數而爲陰, 自陰之進退其數而爲陽【詳見蔡說】, 反復相因, 此陰陽二物之相與判合也. 分之則掛扐過揲二端判焉, 而合之則以掛扐之多少, 而爲過揲之多少, 以過揲之多少, 而爲掛扐之多少, 宛轉相因, 此又一物之中二端, 相與判合也.

괘륵이 적으면 과설이 많고 과설이 적으면 괘륵은 많으니, 이것은 한 가지 가운데 두 단서가 번갈아 들어 소장하는 것이다. 양이 적으면 음이 많고, 음이 적으면 양이 많으니, 이것은 음양의 두 가지가 서로 오르락내리락하는 것에 참여하는 것이다. 괘륵이 적으면 과설이 많고 과설이 적으면 괘륵이 많으니, 이것은 한 가지 가운데 두 단서가 저울과 저울추처럼 서로 오르락내리락하는 것이다. 나누면 음양의 두 가지는 갈라지고, 합치면 양으로부터 그 수가 나아가고 물러서고(進退), 음으로부터 그 수가 나아가고 물러서다가 양이 되면서【자세한 것은 채원정의 설에 보인다】반복하여 서로 원인이 되니, 이것은 음양의 두 가지가 서로 쪼개진 것들이 합치하는 것이다. 나누면 괘륵과 과설의 두 단서가 나누어지며, 합하면 괘륵의 많고 적음으로 과설의 많고 적음이 되고, 과설의 많고 적음으로 괘륵의 많고 적음이 되면서 순탄하고 원활하게 서로 원인이 되니, 이것은 또한 한 가지 가운데 두 단서가 서로 쪼개진 것들이 합치하는 것이다.

消長低昂判合之義, 皆具於上文及蔡氏說, 而實無待於更推矣. 玉齋論迭爲消長, 則專以老少相與消長而言, 其論低昂, 則專以陰陽二物而言, 說得旣偏矣. 至論判合, 則合以陰陽二物而言, 判以一物二端而言, 其於判合之義, 俱無所當而全不成說矣.

꺼지고 자라남, 오르락내리락함, 쪼개진 것들이 합치함의 뜻은 모두 위 문장과 채원정의 설에 갖추어져 있으니, 다시 미루어 헤아릴 것도 없다. [하지만] 옥재 호씨는 번갈아 들어 꺼지고 자라남을 논할 때는 오로지 노소(老少)가 서로 꺼지고 자라남에 참여하는 것으로만 말하고, 오르락내리락함을 논할 때는 오로지 음양 두 가지로만 말하고 있으니, 그 설이 이미 한 곳으로 치우쳐 있다. 쪼개진 것들이 합치함을 논하는 데 이르면, 합치함은 음양 두 가지로 말하고, 쪼개짐은 한 가지의 두 단서로 말하고 있으니, 그 쪼개진 것들이 합함의 의미에 있어서 모두 합당한 바가 없으며 전혀 말이 되지 않는다.

(8) 玉齋胡氏, 去三四五六, 以成九八七六之說.

옥재 호씨가 '3, 4, 5, 6을 제거하여 9, 8, 7, 6을 이룬다'는 설.[155]

---

155 『역학계몽』「명시책」. "이것이 3, 4, 5, 6의 수를 제거하여 9, 8, 7, 6의 책을 이룬다는 것이다. 이로써 노소의 괘륵지수에서 처음 건 것을 제거한 뒤에 많고 적음이 다르더라도 전부 사용하든 절반만 사용하든, [사용하는 수는] 균일하게 12의 수를 넘지 않음을 알 수 있다. 그 12에서 3을 제거하면 9를 이루고, 4를 제거하면 8을 이루며, 5를 제거하면 7을 이루고, 6을 제거하면 6을 이룬다. 12는 노양의 괘륵지수의 수이다. 한결같이 노양의 수를 기준 삼아 제거하고 취함으로서 9, 8, 7, 6의 수를 이룬다. 그 양을 존숭하는 뜻을 여기서 다시 확인할 수 있다.(此去

胡氏徑圍之說, 本領已錯, 故推此爲說者類, 皆附會牽强, 無不錯矣.

호씨의 경위설은 근본에서 이미 착오를 일으키고 있기 때문에, 이것을 미루어서 만든 설들은 모두 견강부회로 착오가 아닌 것이 없다.

(9) 朞三百朱子說, 天體至圓.

1년의 주기에 대한 주자설[156]의 '천체가 완전한 원'이라는 부분.[157]

三四五六之數, 以成九八七六之策也. 是知老少掛扐, 去初掛之後, 多寡雖不同, 而用全用半, 均不過十二之數. 以其十二者去三則成九, 去四則成八, 去五則成七, 去六則成六, 十二, 乃老陽掛扐之數也. 壹是皆以老陽之數爲準, 而去取以成九八七六焉. 其尊陽之意, 又可見於此矣.)"

[156] 기삼백(朞三百)에 대한 논의는 해와 달의 주기에 따른 역법(曆法)의 문제를 다루고 있으며 『서경집전(書經集傳)』의 주석에 근거를 둔다. 이 주석은 주자가 채침(蔡沉, 채원정의 둘째 아들)의 「천설(天說)」을 거의 전적으로 수용한 것이다. 이 글은 『주자어류』 권2 「이기하-천지하(理氣下-天地下)」에 실려 있으며, 『역학계몽』에 실린 글도 이와 같다. 이곳에서 한원진은 자신의 입장에서 좀 더 정밀하게 정리하고 있다.

[157] 『역학계몽』 「명시책」. "윤달을 두는 법은 『상서(尙書)』(『서경』) 「요전(堯典)」의 '1년의 주기는 366일인데 윤달을 두어 사계절을 정하고 한 해를 이룬다'는 구절에 처음 보인다. 이에 대해 주자는 다음과 같이 풀이하고 있다. "천체는 매우 둥글며 바깥 둘레가 365와 1/4도이다. 땅을 둘러싸고 왼쪽에서 오른쪽으로 도는데, 하루에 언제나 한 바퀴 하고도 1도를 더 돈다. 태양은 하늘에 걸려 있는데 그보다 약간 더디다. 그래서 태양도 하루에 지구를 둘러싸고 한 바퀴를 돌지만 하늘에 비하면 1도만큼 못 미친다. 그래서 365와 235/940일이 누적되어야 하늘과 똑 떨어지게 만나며 이것이 한 해에 태양이 운행하는 수치이다. 달도 하늘에 걸려 있는데 더욱 더뎌서 하루에 13과 7/19도만큼 하늘에 미치지 못한다. 그래서 29와 499/940일을 누적해야 태양과 만난다. 12번 만나는 동안에는 348일 하고도 5988/940일이 걸린다. 5988/940일은 6과 348/940일이다. 따라서 통틀어 계산하면 354와 348/940일이다. 이것이 1년 동안 달이 운행하는 수치이다. 1년에는 12개월이 있고, 한 달에는 30일이 있다. 그리고 360은 1년의 상수이다. 그러므로 이 상수를 기준으로 할 적에, 태양이 하늘과 만나는 데서 5와 235/940일이 많은 것이 '기영'이다. 이에 비해 달이 태양과 만나는 데서 5와 592/940일이 적은 것이 '삭허'이다. 이 기영과 삭허를 합하여 윤달이 생기는 것이다. 따라서 1년의 윤율은 10과 827/940일이다. 3년에 한 번 윤년이 되면 32와 601/940일이다. 5년에 두 번 윤년이 되면 54와 275/940일이다. 19년에 7번 윤년이 되면 태양의 주기와 달의 주기의 문제가 가지런해지니 이것이 1장(章)이다."(按閏法始於堯典云, 朞三百六旬有六日, 以閏月定四時成歲. 朱子云, 天體至圓, 周圍三百六十五度四分度之一. 繞地左旋, 常一日一周而過一度. 日麗天而少遲, 故日一日亦繞地一周, 而在天爲不及一度. 積三百六十五日九百四十分日之二百三十五而與天會, 是一歲日行之數也. 月

渾天說曰. 天之形象似鳥卵, 地居其中, 天包地外, 如鳥卵之裹黃.

혼천설[158]에 이르기를, 하늘의 형상은 새알과 흡사하니, 땅이 그 가운데에 자리 잡고 있으며 하늘은 땅의 바깥을 에워싸고 있는 것이 새알의 노른자를 에워싸고 있는 것과 같다.[159]

(10) 三百六十五度

365도.[160]

> 麗天而尤遲, 一日常不及天十三度十九分度之七, 積二十九日九百四十分日之四百九十九而與日會. 十二會得全日三百四十八, 餘分之積五千九百八十八, 如日法九百四十而二得六不盡三百四十八, 通計得三百五十四日九百四十分日之三百四十八, 是一歲月行之數也. 歲有十二月, 月有三十日. 三百六十者, 一歲之常數也. 故日與天會而多五日二百三十五分者, 爲氣盈, 月與日會而少五日五百九十二分者, 爲朔虛. 合氣盈朔虛而閏生焉. 故一歲閏率, 十日九百四十分日之八百二十七. 三歲一閏, 則三十二日九百四十分日之六百一, 五歲再閏, 則五十四日九百四十分日之二百七十五, 十九歲七閏, 則氣朔分齊是爲一章也.")

158 대표적인 전통 우주론에는 혼천설(渾天說), 개천설(蓋天說), 선야설(宣夜說), 안천설(安天說), 궁천설(穹天說), 혼천설(昕天說) 등이 있으며, 모두 천동설의 관점이다.

159 『주자대전』 65권 「舜典」. "혼천설에 이르기를 "하늘의 형상은 새알과 같으니, 땅은 가운데에 있고 하늘은 땅의 바깥을 싸고 있어서 마치 알이 노른자를 싸고 있는 것과 같고 둥글기는 탄환과 같으므로 혼천이라 한다. 그 형체가 혼혼(渾渾)함을 말한 것이다. 그 방법은 하늘이 반은 지상을 덮고 반은 지하에 있다. 하늘이 지상에 있어 보이는 것이 182도와 반이 넘고, 지하도 그러하다. 북극은 지상으로 나온 것이 36도이고 남극은 지하로 들어간 것이 또한 36도인데 숭고(崇高: 높은 곳)는 바로 하늘의 중앙에 해당한다. 남극의 55도가 가장 높은 곳에 해당한다. 또 그 남쪽 12도는 하지의 일도(日道: 해가 다니는 길)가 된다. 또 그 남쪽 24도는 춘분과 추분의 일도가 되며, 또 그 남쪽 24도는 동지의 일도가 된다. 남쪽 아래로 땅과 31도가 떨어져 있을 뿐이며 이는 하짓날로 북쪽으로 북극과의 거리가 67도이고 춘분과 추분은 북극과의 거리가 91도이며 동지는 북극과의 거리가 115도이니, 이것이 그 대체이다."(渾天說曰, 天之形狀似鳥卵, 地居其中, 天包地外, 猶卵之裏黃, 圓如彈丸, 故曰渾天. 言其形體渾渾然也. 其術以爲天半覆地上, 半在地下. 其天居地上, 見有一百八十二度半强, 地下亦然. 北極去地上三十六度, 南極入地亦三十六度, 而嵩高正當天之中. 極南五十五度, 當嵩高之上. 又其南十二度, 爲夏至之日道. 又其南二十四度, 爲春秋分之日道. 又其南二十四度, 爲冬至之日道. 南下去地三十一度而已, 是夏至日北去極六十七度, 春秋分去極九十一度, 冬至去極一百一十五度, 此其大率也.)" 이 내용은 『성리대전』 권26에도 수록되어 있다.

160 1년의 주기(朞三百)에 대한 주자설 각주 참고.

天行健, 比日而速, 天與日, 共起一處, 而日則一日一夜, 繞地一周, 拾到起處而止, 天則一日一夜, 繞地一周, 而超過其起處, 以其所過於起處爲一度.

하늘의 운행은 강건해서 해에 비해 빠르다. 하늘과 해가 같은 곳에서 시작하면 해는 하루 밤낮 동안 땅을 한 바퀴 빙 돌아 시작한 곳에 이르러 그치지만, 하늘은 하루 밤낮 동안 땅을 한 바퀴 빙 돌아 시작한 곳을 훨씬 지나가니, [이는] 시작한 곳을 지나간 것이 1도가 되기 때문이다.

(11) 四分度之一
4분의 1.[161]

一度九百四十分, 四分九百四十分, 則四分之一, 當爲二百三十五分.
1도는 940분이며, 940분을 4로 나누면 1/4은 마땅히 235분이 되어야 한다.

(12) 與天會
하늘과 만남[162]

---

[161] 『역학계몽』「명시책」. "내(호방평)가 생각하기에 천체는 탄환처럼 둥근데, 그 절반은 땅 위를 덮고 있고 또 절반은 땅 아래에 있다. 28수로 하늘의 둘레의 한도를 나누면 공히 365와 1/4도이다. … 1/4도라는 것은 하늘이 운행하는 낱낱의 1도를 940으로 나누어 계산한 것이다. 그것을 네 조각으로 나누면 4개의 235/940이 되는데 이 네 조각 중 한 조각이라는 말이다.(愚謂, 天體圓圓如彈丸, 半覆地上, 半在地下. 以二十八宿分周天之度, 共爲三百六十五度四分度之一 … 四分度之一者, 天行每一度, 計九百四十分. 分爲四分, 則計四箇二百三十五分, 而得其四分之一也.)"

[162] 『역학계몽』「명시책」. "'태양이 하늘과 만난다'는 것은 1주년 안에 24절기가 있고 366일이 있으며, 이는 비록 윤달이 든 해를 만나더라도 동일하다는 것이다. 예컨대 올해 동지로부터 내년 동지 하루 전날까지 틀림없이 366일이 있는 것과 같다. 그래서 태양과 하늘은 내년 동지의 366일째 되는 날에 만나서 한 해를 이룬다.(日與天會者, 一朞內二十四氣, 必有三百六十六日, 雖遇置閏年亦同, 如自今年冬至, 至來年冬至前一日, 必三百六十六日也. 日與天, 在來年冬, 至三百六十六日上會 而成一歲也.)"

日與天本起一處, 天每一日一夜過一度, 二日過二度, 三日過三度, 積三百六十五日四分日之一, 天恰過了三百六十五度四分度之一, 日恰退了三百六十五度四分度之一, 日與天復會於一處, 天之過, 卽日之退, 非日眞有退也.

해와 하늘은 본래 한 곳에서 시작한다. 하늘은 매일 밤낮 1도를 지나가며, 2일이면 2도를 지나가고, 3일이면 3도를 지나가니, 365와 1/4일 동안 쌓여, 하늘은 365와 1/4도를 지나간 것 같고, 해는 365와 1/4도 [뒤로] 물러난 것 같은데, [결국은] 해와 하늘이 다시 한 곳에서 만나게 된다. [하지만] 하늘이 지나간 것은 곧 해가 물러난 것이지, 해가 진짜로 물러나는 것은 아니다.[163]

(13) 不及天十三度十九分度之七.

[하루에] 13과 7/19도만큼 하늘에 미치지 못한다.[164]

十九分謂一度十九分之也. 月不及天十三度十九分度之七, 則一日一夜所行三百五十一度四分度之一, 及十九分度之十二分耳.

19분은 1도를 19로 나눈 것이다. 달은 13과 7/19도만큼 하늘에 미치지 못하니, 하루 밤낮 운행하는 것은 351과 1/4도 및 12/19도일 뿐이다.

---

163 천체에서 해와 달은 운행이 서로 달라서 천체에 대해 해는 1도 늦게 가고, 달은 13과 7/19도 늦는다. 그래서 해는 달에 대해서 12와 7/19도 더 빨리 가고 달은 이 수치만큼 느리다. 해의 일주년은 365와 1/4도이며 이를 달과 비교하기 위해 양자의 분모 4와 19를 통분한 76을 이용할 수 있다. 곧 365와 1/4도×76은 2만 7,759분이 되고, 이는 달의 운행 거리를 해를 기준으로 만든 것이라서 월법(月法)이라 부른다. 그리고 해와 달의 운행은 940분 차이가 난다. 12와 7/19×76은 940분이 되기 때문이다. 이를 일법(日法)이라고 한다.

164 1년의 주기에 대한 주자설 각주 157 참고.

(14) 與日會
해와 만남[165]

月不及天十三度十九分度之七, 而日不及天一度, 則月之不及日十二度十九分度之七矣. 月每一日退日十二度十九分度之七, 積二十九日九百四十分日之四百九十九, 恰退三百六十五度四分度之一, 而與日復會一處.

달은 13과 7/19도만큼 하늘에 미치지 못하며, 해는 하늘에 1도만큼 미치지 못하니, 달은 12와 7/19도만큼 해에 못 미친다. 달은 매일 해로부터 12와 7/19도 물러나서, 29와 499/940일 쌓이면, 흡사 365도와 1/4도 물러선 것처럼 보이며, 해와 다시 한 곳에서 만난다.

(15) 得全日三百四十八
온전한 날 348을 얻음.[166]

通計十二箇二十九日, 則爲三百四十八日.

12개의 29일을 합하여 계산하면 348일이 된다.

(16) 餘分之積, 又五千九百八十八.
여분의 쌓임(누적)은 또한 5,988이다.[167]

---

165 『역학계몽』「명시책」. "달과 태양이 만나는 곳을 보면 매월 29와 499/940일 위에서 연계하여 만난다.(月與日會處, 係於每月, 二十九日四百九十九分上會.)"
166 해와 달이 만나는 주기를 가리킴. 1년의 주기에 대한 주자설 각주 157 참고.
167 해와 달의 운행이 서로 일치하지 않고, 정수배로 나누어떨어지지 않기 때문에 생겨난 여분의 수로, 윤달의 근거가 된다. 1년의 주기에 대한 주자설 각주 참고.

通計十二箇四百九十九, 則爲五千九百八十八.

12개의 499를 합하여 계산하면 5,988이 된다.

(17) 如日法九百四十而一, 得六.

날짜 계산법대로, 940을 1로 하면 6이 된다.

一字下當句. 謂以餘分之積, 如日法九百四十分, 而成一日, 得日有六也. 如字或作單, 非也. 若作單, 則下一字疊矣. 謂如日法九百四十分, 而計成一日, 得六, 謂餘分之積, 纔足一日之數, 則便成一日, 以充其月三十日之數, 又積之纔足日數, 便成一日, 總計得六日也. 非謂都合五千九百八十八之數, 一時計得六日也. 若一時計得, 則前六月, 皆小, 後六月, 皆大矣. 安得以平節氣成歲功哉.

일(一)자 아래 구절을 떼어야 한다. [이는] 여분의 쌓임(누적)을 '날짜 계산법대로 940분이 1일이 되는 것으로 계산하면 6일이 된다'는 말이다. 여(如)자를 혹은 단(單)이라고 하는데 그건 아니다. 만일 단(單)이라고 하면 아래의 일(一)자는 중복되어, '날짜 계산법대로 940분은 계산해서 1일이 된다'고 한 것이다. '6일이 됨'은 여분의 쌓임이 1일의 분수가 채워지면 곧 1일을 이루니, 그달의 30일 수를 채우고 나서, 또 쌓여서 날수를 채우면 1일이 되므로, 모두 합해서 계산하면 6일을 얻는 것이지 5,988이라는 수를 모두 합쳐서 한 번에 계산하여 6일이 된다는 것은 아니다. 만일 한 번에 계산한 것이라면 앞의 여섯 달은 모두 작고 뒤 여섯 달은 모두 클 것이다. 어찌 절기를 고르게 하고 한 해를 이룰 수 있을 것인가?[168]

---

[168] 『역학계몽』「명시책」. "달도 하늘에 걸려 있는데 더욱 더뎌서 하루에 13과 7/19도만큼 하늘에 미치지 못한다. 그래서 29와 499/940일을 누적해야 태양과 만난다. 12번 만나는 동안에는 348일 하고도 5,988/940일이 걸린다. 5,988/940일은 6과 348/940이다. 따라서 통틀어 계산하면 354와 348/940일이다. 이것이 1년 동안 달이 운행하는 수치이다. … 12개의 29일을 합하여 계산하면 온전한 날수의 합은 348일이 된다.(月麗天而尤遲, 一日常不及天十三度十九分度之七, 積二十九日九百四十分日之四百九十九而與日會. 十二會得全日

(18) 不盡三百四十八.

다하지 못한 것이 348이다.

餘分之積, 計成六日, 外所餘者, 又三百四十八分.

여분의 쌓임은 계산해서 6일을 이루고, 그 외로 나머지가 또 348분이다.

(19) 通計得日三百五十四九百四十分日之三百四十八.

통틀어 계산하면 354와 348/940일이 된다.[169]

全日三百四十八, 餘分所得之日, 又六合而計之, 爲三百五十四日耳. 三百四十八, 卽上不盡之餘分也.

온전한 날이 348일이고, 여분으로 얻은 날을 또 6일 합쳐서 계산하면 354일이 된다. 348은 곧 위에서 다하지 못한 여분이다.

(20) 日與天會, 而多五日九百四十分日之二百三十五者, 爲氣盈.

해와 하늘이 만나는 데서 5와 235/940일이 많은 것이 기영(氣盈)이다.[170]

一歲日行之數, 本有三百六十五日九百四十分日之二百三十五, 而一歲分爲十二月, 一月各統三十日, 則所多而餘者, 有五日九百四十分日之二百三十五耳.

三百四十八, 餘分之積五千九百八十八, 如日法九百四十而一得六不盡三百四十八, 通計得三百五十四九百四十分日之三百四十八, 是一歲月行之數也. … 合十二箇二十九日, 計全日三百四十八.)"

169 『역학계몽』「명시책」. 각주 168 참고.
170 『역학계몽』「명시책」. "그러므로 이 상수를 기준으로 할 적에, 태양이 하늘과 만나는 데서 5와 235/940일이 많은 것이 기영이다.(故日與天會而多五日二百三十五分者, 爲氣盈.)"

氣盈, 卽二十四氣之盈溢也, 謂二十四氣, 不能恰周於一歲三百六十日之內, 而有所盈溢也.

1년 해의 운행 도수는 본래 365와 235/940일이며, 1년을 열두 달로 나누면 한 달은 각 30일을 통괄하니, 많이 남는 것은 5와 235/940일이 있다. 기영은 곧 24기가 가득 차 넘치는 것이니, 24기가 1년 360일 안에 한 바퀴 빙 돌 수 없어서 가득 차 넘치는 것이 있음을 말한다.

(21) 月與日會, 而少五日九百四十分日之五百九十二者, 爲朔虛.

달이 해와 만나는 데서 5와 592/940일이 적은 것이 삭허(朔虛)이다.[171]

一歲日數之常, 當爲三百六十, 而一歲月行之數, 乃三百五十四日九百四十分日之三百四十八, 故較一歲日數之常, 所少而縮者, 有五日九百四十分日之五百九十二矣. 蓋一日九百四十分, 而一歲月行之餘分, 有三百四十八, 故所不足者, 五百九十二分也. 合計三百四十八與五百九十二, 則恰爲一日九百四十分之數矣. 朔, 蘇也, 月之明, 自初一日而復蘇, 故初一日謂之朔, 而初一日爲一月之首, 故一月亦謂之一朔, 朔虛謂一月所虛也.

1년 날수의 항상됨은 마땅히 360이 되어야 하나, 1년 달의 운행 수는 곧 354와 348/940일이므로, 1년 날수의 항상됨과 비교하면, 축소된 것은 5와 592/940일이 있다. 대개 1일을 940분으로 보아, 한 해 달의 운행의 여분은 348이 있으므로 부족한 것은 592분이다. 348과 592를 합쳐 계산하면 거의 1일 940분의 수가 된다. 삭(朔, 초하루)은 소생의 의미이다. 달의 밝음은 초하루부터 다시 소생하므로 초하루를 삭이라 하며, 초하루는 한 달의 머리이므로 한 달을 또한 일삭(一朔)

---

171 『역학계몽』「명시책」. "이에 비해 달이 태양과 만나는 데서 5와 592/940일이 적은 것이 삭허이다.(月與日會而少五日五百九十二分者, 爲朔虛.)"

이라고 하니, '삭허'는 한 달에서 (차지 않고) 비어 있는 것을 말한다.

(22) 合氣盈朔虛, 而閏生焉.
기영과 삭허를 합하면 윤달이 생겨난다.[172]

閏生於餘分, 則取其盈而有者而成之則可也, 而取其虛而無者而成之, 則不能也. 然則所謂朔虛, 非虛而無者也. 自月之小而言, 故謂之朔虛, 而其實皆日行之數所餘也. 一朞日行之數, 有三百六十五日四分日之一, 而一歲日數, 則卻從月行之數計定, 故就日行之常數計除三百五十四日九百四十分日之三百四十八, 則所餘有十日九百四十分日之八百二十七矣. 置閏之法, 不用三百五十四日之餘分三百四十八者, 此三百四十八之數, 實在一月二十九日四百九十九分之中, 以全日計月, 雖若爲餘分, 而實非餘分也. 如一章七閏之餘分六百七十三之數, 以月法二十九日四百九十九計之, 則適足無餘, 而氣朔分齊者也.

윤달은 여분에서 생기니 그 넘쳐나는 것을 취하여 만들 수 있지만, 그 비어서 없는 것을 취해서 만드는 것은 할 수 없다. 그러므로 이른바 삭허는 비어서 없는 것이 아니고 달이 작은 것으로 말하기 때문에 삭허라고 하지만, 실제로는 모두 해의 운행의 수에서 남은 것이다. 1년 해의 운행의 수는 365와 1/4일이 있지만, 한 해의 해의 수는 오히려 달의 운행의 수로부터 계산해 정하므로, 해의 운행의 상수에서 354와 348/940일을 제하면, 남는 것은 10과 827/940일이다. 치윤법(윤달을 두는 법)은 354일의 여분인 348은 쓰지 않는 것은 348의 수가 실제 한 달

---

172 『역학계몽』「명시책」. "이 기영과 삭허를 합하여 윤달이 생기는 것이다. 따라서 1년의 윤율(閏率, 1년의 해의 운행 시간과 달의 운행 시간의 차이 비율)은 10과 827/940일이다. 3년에 한 번 윤년이 되면 32와 601/940일이다. 5년에 두 번 윤년이 되면 54와 275/940일이다. 19년에 7번 윤년이 되면 기영과 삭허가 고르게 나뉘어져 1장이 된다.(合氣盈朔虛而閏生焉. 故一歲閏率, 十日九百四十分日之八百二十七. 三歲一閏, 則三十二日九百四十分日之六百一, 五歲再閏則五十四日九百四十分日之二百七十五, 十九歲七閏, 則氣朔分齊是爲一章也.)"

29일 499분 속에 들어 있어서 온전한 날을 달로 계산하면, 비록 여분이 되는 것 같지만, 실제로 여분이 아니기 때문이다. 예를 들어 1장에 일곱 번 윤달을 두고 나머지 673의 수를 월법(달을 세는 법)인 29일 499로 계산하면, 알맞게 나머지가 없고 기영과 삭허가 고르게 된 것을 말할 수 있다.

(23) 氣朔分齊.

기영과 삭허가 고르게 나뉜다.[173]

月行二十九日九百四十分日之四百九十九, 而與日會. 以日法九百四十乘二十九, 得二萬七千二百六十; 又加四百九十九積實二萬七千七百五十九, 是爲一月, 月行之法也. 一歲閏法十日九百四十分日之八百二十七, 以日法九百四十乘十, 得九千四百, 又加八百二十七積實一萬二百二十七, 是爲一歲之餘分也. 積十九歲之餘分, 得十九萬四千三百一十三分, 以月法二萬七千七百五十九除

---

[173] 『역학계몽』「명시책」. "'19년에 7번 윤달이 들어 1장이 된다'는 것은 9가 하늘 수의 끝이고 10이 땅 수의 끝이어서 19년이 되면 하늘 수와 땅 수가 함께 끝나기 때문이다. 이 동안에는 마땅히 일곱 번 윤달이 든다. 1년에 남는 날 10과 827/940일을 19년 동안 누적하면 온전한 날로는 190일이요, 분수 날의 누적값은 15,713/940일인데 이 누적값을 일법에 맞추어보면 16과 673/940일로 된다. 그러므로 전체적으로 통틀어서는 206과 673/940일이 된다. 이 수를 가지고 19년 안에서 나누어 7개의 윤달을 만들면, 30일씩 7개의 달 즉 210일에서 3과 267/940일이 모자란다. 그러나 7개의 윤달 가운데 이 3과 267/940일을 빼고 그만큼을 3개 달에 고루 적용하여 작은 달로 하면 맞아떨어진다. 그리하여 기영과 삭허가 나뉘어 각각 가지런해지게 하기 위해서는 반드시 이때의 동지를 음력 11월 초하루에 들게 정해야 한다. 이렇게 하여 동지와 초하루가 같은 날이 되어 1장에 해당하는 19년이 된다.(十九歲七閏爲一章者, 蓋九爲天數之終, 十爲地數之終, 十九歲而天地之數俱終, 故當七閏也. 自一歲餘十日零八百二十七分, 積十九年得全日一百九十零分, 積一萬五千七百一十三分, 以日法九百四十分除之, 計成日一十六日零六百七十三分. 通前所得全日總計二百單六日零六百七十三分. 將此數於十九年內分作七箇閏月, 計三七二百一十日內, 少三日二百六十七分. 七閏月之中, 合除此三日二百六十七分, 均作三箇月小盡正恰好. 故氣朔分齊, 定是冬至在十一月朔, 是爲至朔同日, 而爲一章之歲也.)"

之得七, 更無一分餘欠, 是謂十九歲七閏, 而氣朔分齊者也. 其詳具著書傳卷首, 閏月定時成歲之圖.

　달은 29와 499/940일 운행하여 해와 만난다. 날을 세는 방법으로 940에 29를 곱하면 2만 7,260이 되고, (거기에) 또 499를 더하면 실제 2만 7,759가 한 달이 되는 것이 달이 운행하는 법이다. 1년의 윤달을 두는 법은 10과 827/940일이고, 날을 세는 방법으로 940에 10을 곱하면 9,400이 되고, 거기다 또 827을 더하면 실제 1만 227이 1년의 여분이 된다. 19년의 여분이 쌓여서 19만 4,313분이 되는데, 달을 세는 방법으로 2만 7,759로 그것을 나누면 7을 얻어서 1분도 남거나 모자란 것이 없게 된다. 이것을 '19년에 7번 윤달'을 두어서 기영과 삭허가 고르게 나뉜다는 것이다. 상세한 것은 『서전(書傳)』 앞머리에 있는 「윤월정시성세지도(閏月定時成歲之圖)」에 나타나 있다.

　(24) 月行趁日, 一日所退十二度三百四十六分奇, 則半日四百七十分[一日九百四十分中分之則爲四百七十分]. 內所退六度一百七十三分奇, 月行二十九日後, 又行四百九十九分, 則四百九十九於半日四百七十分, 又進二十九分. 故二十九分上所退, 又得三百五十八分奇, 而四百九十九分上所退六度五百三十一分奇矣. 二十九日所退三百五十八度六百四十三分奇, 又加四百九十九分上所退六度五百三十一分奇, 則恰退三百六十五度二百三十五分, 而復與日會. 每月計全日二十九, 又將十二箇四百九十九分, 積五千九百八十八, 以日法九百四十分除之, 又得六日零三百四十八, 通計三百五十四日三百四十八分, 而一歲中, 六月大, 六月小也.

　달이 해를 쫓아서 운행할 때 하루 뒤처져 물러서는 것이 12도 346분 남은 수이니, 반나절은 470분(하루 940분을 반으로 나누면 470분이 된다)이다. 안에 뒤처진 것이 6도 173분으로 똑 떨어지고, 달이 29일 운행한 뒤에 또 499분을 운행하면, 499분은 반나절 470분에서 또 29분 더 나간 것이다. 그러므로 29분 뒤처진 것에

다 또 363분을 얻고, 499분 뒤처진 것이 6도 531분 남은 수다. 29일 [동안] 뒤처진 것이 358도 643분 남은 수이고, 거기에 499분에서 뒤처진 6도 531분 남은 수를 더하면 거의 365도 235분 뒤처진 다음에 다시 해와 만난다. 매달 전체 날수 29일을 계산하고 또 12개월 동안의 499분을 더한 5,988분을 날을 세는 법으로 940으로 나누면, 또 6일과 나머지 348을 얻는다. [이것을] 모두 합해서 계산하면, 354일 348분이 되며, 한 해 가운데 여섯 달은 큰 달이 되고 여섯 달은 작은 달이 된다.[174]

(25) 或曰. 月行比日, 一日所退十二度三百四十六分奇, 而四百九十九分所退, 又得六度五百三十六分奇, 盡日所行, 其退反有多於半日所行, 何也.

누군가 물었다. "달의 운행은 해에 비해서 하루 뒤처진 것이 12도 346분 남은 수이며, 499분 뒤처진 것에다 또 6도 531분 남은 수를 얻는다니, 하루가 다할 동안 해가 운행하는 것이 반나절 운행하는 것보다 뒤처지는 것이 오히려 더 많은 것은 어째서입니까?

曰. 日行速, 月行遲, 故所行未多, 所退未遠, 所行旣多, 所退亦多. 譬如兩人同時出門, 一人速行, 一人遲行, 徐者之後於速者, 行半日未甚遠矣. 過半日稍遠, 而盡日愈遠, 所行愈多, 而所退愈遠矣.

말씀드립니다. "해의 운행은 빠르고 달의 운행은 느립니다. 그래서 운행하는 것이 많지 않으면 뒤처지는 것도 멀지 않으며, 운행하는 것이 이미 많으면 물러서는 것도 많습니다. 비유하자면, 두 사람이 동시에 문을 나설 때, 한 사람은 빨리 걷

---

174 달은 천체보다 13과 7/19도가 부족하므로 해보다 부족한 것은 12와 7/19도가 된다. 여기에 29일을 곱하면 348(12×29)을 얻고 여분의 합계가 또 203(7/19×29=203/19)이 된다. 203을 19로 나누면 10과 13/19가 나온다. 그래서 합산하여 358(348+10)과 13/19도가 된다.

고 다른 사람은 느리게 걷는다고 하면, 천천히 걷는 자는 빠르게 걷는 자의 뒤로 갑니다. 반나절 걷는다면 그다지 멀지 않겠지만, 반나절을 넘어서면 조금 멀어지고, 하루가 다하면 더욱 멀어지니, 가면 갈수록 뒤처지는 것이 더욱 멀어집니다.

(26) 弦望晦朔, 生於月與日會, 而爲一月之數, 二十四氣周於日與天會, 而爲朞之數, 弦望晦朔備而成月, 十有二月積而成歲, 故一歲日數, 必以月行之度計之, 而一歲只有三百五十四日三百四十八分, 則二十四氣一朞之數, 不能盡周於其間矣. 若不置閏以均之, 則三歲而春之一月, 入於夏, 夏之一月, 入於秋, 六歲而春之二月, 入於夏夏之二月, 入於秋, 九歲而春, 全入於夏, 夏全入於秋矣.

현망회삭(弦望晦朔)[175]은 달과 해가 만나는 데서 생겨나서 한 달의 수가 되고, 24절기는 해와 하늘이 만나는 곳에서 한 바퀴 돌아 1년의 수가 된다. 현·망·회·삭이 갖추어져 달이 이루어지고, 열두 달이 쌓여서 1년이 된다. 그러므로 1년의 날수는 반드시 달 운행의 도수로 계산해야 하지만, 1년이 단지 354일 348분만 있다면 24절기가 있는 1년의 수가 그 안에서 한 바퀴 다 돌 수가 없다. 만일 윤달을 두어서 고르게 하지 않는다면, 3년째는 봄의 첫 달이 여름에 들어가고, 여름의 첫 달이 가을에 들어가게 되며, 6년째는 봄의 두 달이 여름에 들어가고, 여름의 두 달은 가을에 들어가게 되며, 9년째는 봄이 전부 여름으로 들어가고, 여름도 전부 가을로 들어가게 된다.

(27) 日與天會之期, 在於三百六十五日二百三十五分, 而一歲十二月每月計三十日, 則通爲三百六十日, 而不盡五日二百三十五, 所謂氣盈也. 月與日會之

---

[175] 달의 이지러짐과 가득 참을 기준으로 하는 음력으로 보았을 때, 매달 7, 8, 22, 23일 등을 현일(弦日)이라 하며, 7일과 8일을 상현(上弦)이라 하고 22일과 23일을 하현(下弦)이라 부른다. 또한 15일은 망일(望日, 보름달이 뜨는 때)을 뜻하고, 회삭(晦朔)은 각각 초하루와 그믐을 뜻한다.

期, 在於二十九日九百四十分日之四百九十九, 而每月計全日二十九, 餘分之積, 又得六日 三百四十八分, 通爲三百五十四日三百四十八分, 而又縮五日五百九十二, 所謂朔虛也. 自三十日而餘, 則謂之氣盈, 自月之小而言, 則謂之朔虛, 其實三百六十五日二百三十五分, 爲日與天會一期之限, 而一歲日數, 卻以月行之數計之, 一歲只有三百五十四日三百四十八, 則所不盡者, 十日八百二十七矣. 此十日八百二十七者, 三歲積之爲閏矣.

해와 하늘이 만나는 주기가 365일 235분에 있으며, 1년 열두 달의 매달을 30일을 계산하면, 통틀어 360일이 되어 5일 235분이 남게 되니, 이른바 기영이라는 것이다. 달이 해와 만나는 주기는 29와 499/940일이며, 매달을 온전한 날 29로 계산하고 여분이 쌓여서 또 6일 348분이 되니, 합해서 354일 348분이 되고, 또한 5일 592가 줄어드니 이른바 삭허라는 것이다. 30일에서 남게 되면 기영이라 부르고, 작은 달로서 말하면 삭허라 한다. 그러나 실제로 365일 235분은 해와 하늘이 만나는 1주기의 한계가 되며, 1년의 날수는 오히려 달 운행의 수로 계산하면 1년은 단지 354일 348이므로, 남는 것은 10일 827이다. 이 10일 827이 3년 쌓여서 윤달이 된다.

(28) 玉齋胡氏曰. 氣朔分齊,【止】是爲至朔同日.

옥재 호씨가 말했다. "기영과 삭허가 고르게 나뉘는 것은 … 이는 동지와 초하루(朔)가 같은 날이 된다."[176]

---

[176] 중국의 춘추 시기에 태양년의 길이와 삭망월의 길이가 거의 일치하는 시기가 발견되어 윤달을 놓는 법이 고안되었다. 19 태양년과 235 삭망월의 길이가 같아지는 주기인 6,940일이 장주기(章周期)이고 메톤(Meton) 주기라 한다. 이에 따라 태음력 사용 초기에는 동지가 들어오는 달을 세수(歲首)로 정했다. 그러나 이후부터 윤달은 19년에 7번을 두되 윤달은 2~3년에 한 번씩 두며, 5월이 빈도가 가장 많고, 11월, 12월, 1월은 거의 없다. 아래 옥재 호씨의 주석은 전통적인 견해를 반복한 것으로 보인다. 『후한서』「율력지(律曆志)」에서 "세(歲)의 시작이 동지이고, 달의 시작이 삭(朔)이다. 지(至)와 삭이 같은 날을 '장(章)'이라고 한다(歲首, 至也,

以至朔同日爲氣朔分齊, 誤矣. 氣朔分齊之說, 見原錄.

동지와 초하루를 같은 날로 하여 기영과 삭허를 고르게 나뉘는 것으로 생각한 것은 오류이다.[177] 기삭분제(氣朔分齊)에 대한 설은 이전 초고를 보라.[178]

(29) 武陵丁氏說
무릉 정씨의 설[179]

月首, 朔也. 至朔同日謂之章.)"고 하였기 때문이다. 『역학계몽』「명시책」. "19년에 일곱 번 윤달이 들어 1장이 된다"에 대한 주석 참고.

[177] 『성리대전』 권26 「理氣」. 잠실 진씨가 말했다. "고력(古曆)에서는 19년으로 1장(章)을 삼았다. 1장 동안에는 일곱 번 윤달이 든다. 장(章)에 들어가 3년째는 9월에 윤달이 들고, 6년째는 6월에 윤달이 들고, 9년째는 3월에 윤달이 들고, 11년째는 11월에 윤달이 들고, 14년째는 8월에 윤달이 들고, 17년째는 4월에 윤달이 들고, 19년째는 12월에 윤달이 든다.(潛室陳氏曰. 古曆十九年爲一章, 章有七閏. 入章, 三年閏九月, 六年閏六月, 九年閏三月, 十一年閏十一月, 十四年閏八月, 十七年閏四月, 十九年閏十二月.)"

[178] '이전 초고(原錄)'는 독립적인 저술이 아니라, 『경의기문록』이 시간에 따라 집필되었을 때 가장 이른 시기의 초고를 가리키는 듯하다. 「경의기문록발」 참고.

[179] 『역학계몽』「명시책」. "황서절이 말했다. "대연지수에 관해서는 주자와 채원정의 설이 잘 갖추고 있다고 할 수 있다. 무릉 정씨가 말했다. "주자의 '5를 10에 곱한다'는 설은 여러 학자들과 비슷하다. 49에 관해서는 모두 '하나를 비움'으로 귀결시키는 데 지나지 않으니, 대저 50의 수와 49의 온전함을 얻는 자는 있지 않았다." 정씨는 이에 57학파의 설을 모아서 논설을 만들었고 스스로도 「원연」과 「익연」을 지어 모두 3권이 되었다. 그곳에서 [정역동은] 다음과 같이 말했다. "선천원도의 양의, 사상, 팔괘를 49개만 사용하며 비워둔 하나와 합한 것이 태극이다.'라고 하는 이들이 있고, '49와 50은 모두 하늘 수와 땅 수를 각각 재차 제곱하고 중수의 제곱으로 나눈 것이다.'라고 말하는 이들이 있는데, 이 두 설은 흡사하기는 하지만 미진한 점이 있다. 생각건대 하늘 수와 땅 수는 각각 5개인데 합하여 연역하면 9개의 자리에 통할 수 있다. 여기에서 1과 2는 3, 2와 3은 5, 3과 4는 7, 4와 5는 9, 5와 6은 11, 6과 7은 13, 7과 8은 15, 8과 9는 17, 9와 10은 19가 된다. 그래서 9개의 자리에는 각각 홀수가 있고, 5개의 자리에는 각각 짝수가 있다. 그 다섯 자리의 짝수는 그대로 둔 것이 50으로 대연의 체의 수이다. 이에 비해 아홉 자리의 홀수를 보존하면 49가 되는데, 이것은 대연의 용의 수이다. 1은 거기에서 가운데 자리하여 쓰이지 않으며, 왼쪽, 오른쪽의 자리는 각각 넷이다. 그리하여 '하나를 걺', '둘로 나눔', '4개씩 헤아림'의 상이 있다고 하였다." 정씨의 설은 주자나 채원정과는 다른 계열에서 나왔으나 갖추었다는 설들 중에서도 더욱 잘 갖춘 것이라 할 수 있다. 이들을 붙여 '성인들께서 수를 말한 것은 단지 한 갈래 길로만 말한 것이 아니니, 저절로 숱하게 통할 수 있다'는 주자의 말이 참으로 그러함을 보여주고 있다.(黃氏瑞節曰. 大衍之說, 朱蔡可謂備矣. 武陵丁氏

丁說重倂偏仄, 皆非自然, 而一居其中, 不用之云, 又於自說中相抵背, 則亦不足備一說矣.

정씨의 설은 중복되고 치우쳐서 모두 자연스럽지 않으며, '1은 그 가운데 자리하여 쓰지 않는다.'라고 운운한 것, 또 저 자신이 말한 것에서도 서로 저촉되고 위배되니 또한 하나의 설로서 자격을 갖추었다고 보기에는 부족하다.

云, 朱子以五乘十之說, 於諸家爲近. 至於四十有九, 率不過歸之虛一而已, 未有得夫五十數與四十九之全者. 於是萃五十七家之說爲稽衍, 而自爲原衍翼衍凡三卷. 其說曰, 有以先天兩儀四象八卦, 合四十九所虛之一是爲太極者, 有謂四十九與五十皆天地之數, 各再自乘而以中數自乘除之者, 二說似矣而未也. 蓋天地之數各五, 合而衍之通得九位. 一與二爲三, 二與三爲五, 三與四爲七, 四與五爲九, 五與六爲十一, 六與七爲十三, 七與八爲十五, 八與九爲十七, 九與十爲十九, 九位各有奇而五位各有偶, 置其五位之偶是爲五十, 大衍之體數也. 存其九位之奇, 則得四十有九, 大衍之用數也. 一居其中不用, 而左右之位各四. 有掛一分二揲四之象焉. 丁氏之說, 又出朱蔡之外, 備之備也. 已撮其圖入諸書圖類, 大略附此以見朱子所謂聖人說數, 不只說得一路, 自然有許多通透, 信矣.)"황서절이 인용한 정역동의 설은 『대연색은(大衍索隱)』권1 「원연(原衍)」과 「대연지수오십기용사십구도(大衍之數五十其用四十九圖)」의 글을 편집한 것이다.

경의기문록 권제5
부록

1. 易學答問 역학답문

2. 文王易釋義 문왕역석의

1. 易學答問
역학답문

1) 易學答問圖 역학답문도

(1) 하도(河圖)

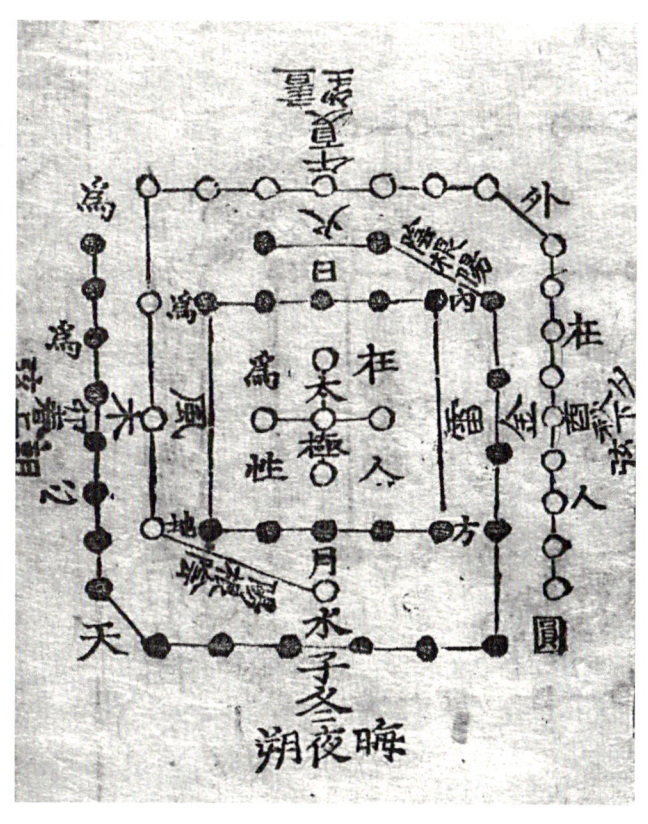

(2) 하도여선천태극상합지도(河圖與先天太極相合之圖)

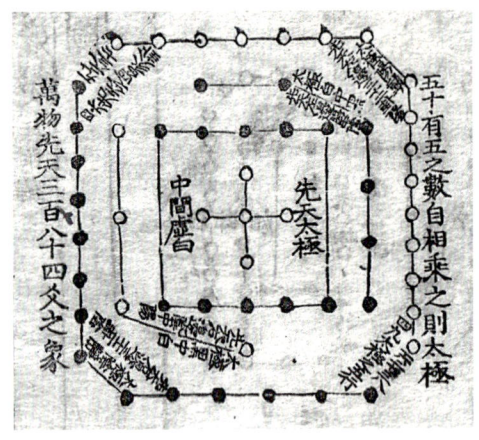

(3) 복희칙하도작역획괘지도(伏羲則河圖作易畫卦之圖)

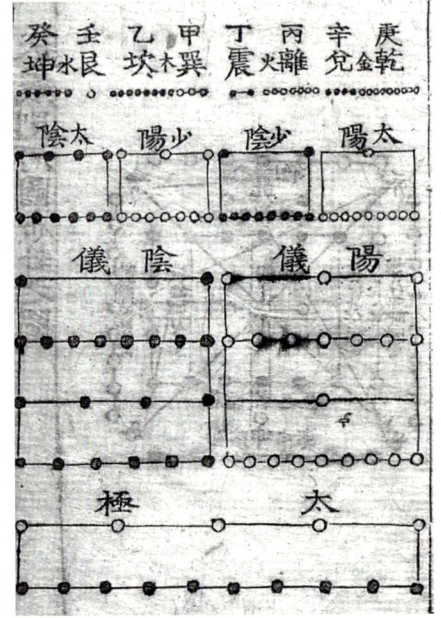

(4) 복희칙하도포괘지도(伏羲則河圖布卦之圖)

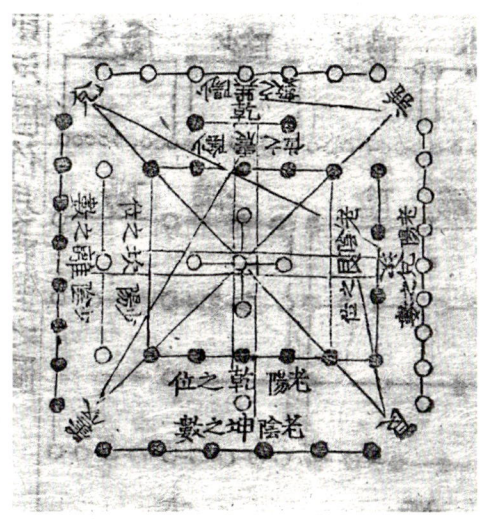

(5) 횡도차서합하도지도(橫圖次序合河圖之圖)

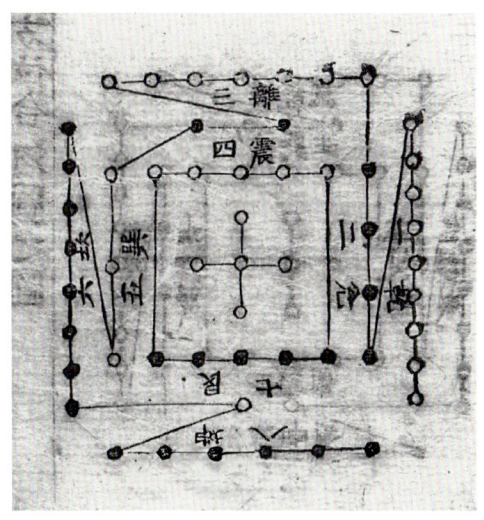

(6) 원도방위합하도지도(圓圖方位合河圖之圖)

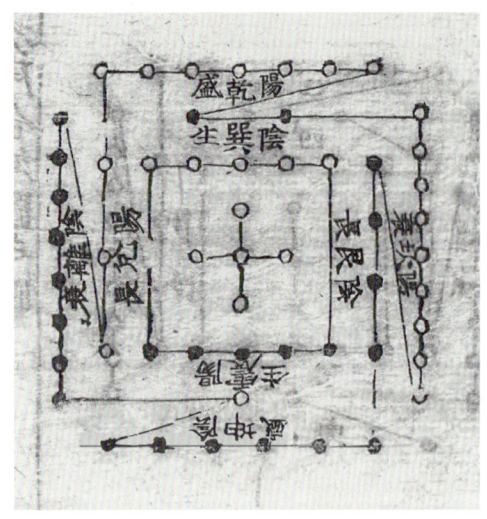

(7) 문왕칙하도포괘지도(文王則河圖布卦之圖)

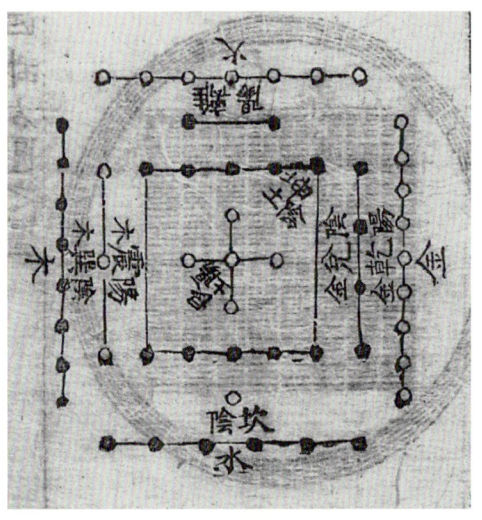

(8) 육십사괘방원지도(六十四卦方圓之圖)

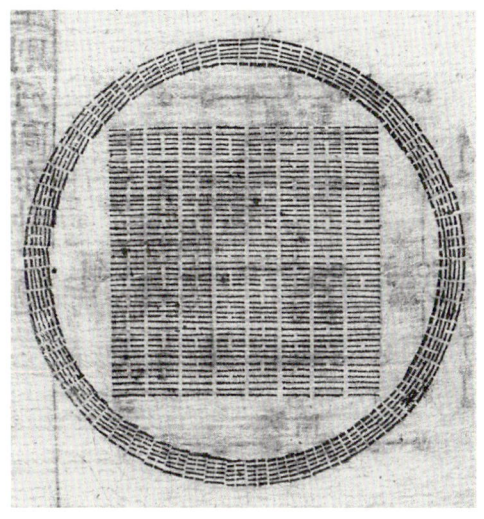

(9) 선천팔괘위체지도(先天八卦爲體之圖)

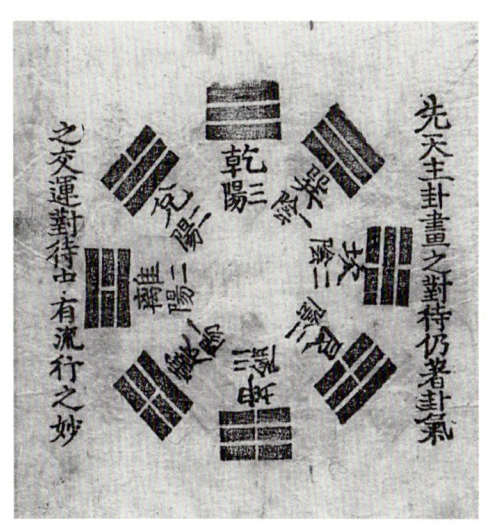

(10) 후천팔괘위용지도(後天八卦爲用之圖)

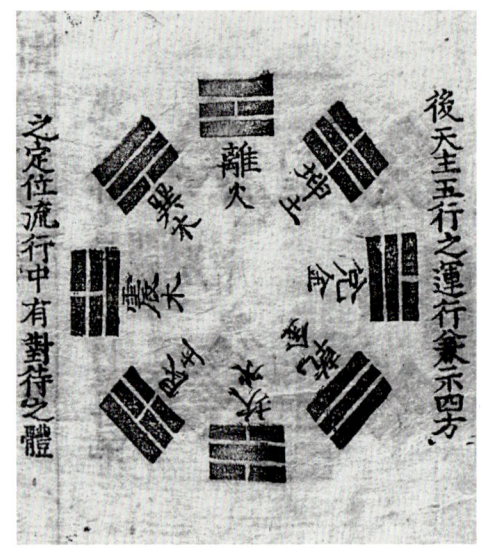

(11) 선천팔괘취상지도(先天八卦取象之圖)

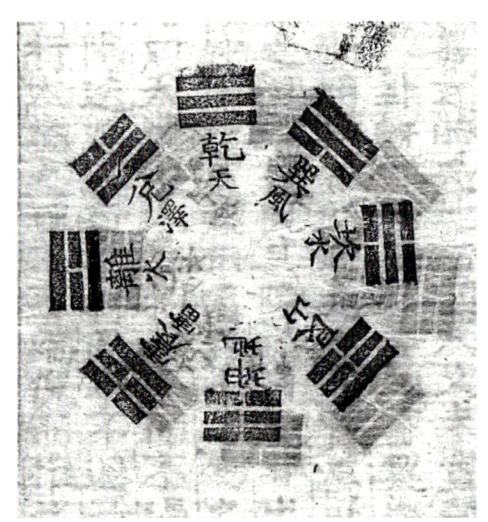

(12) 후천팔괘취상지도(後天八卦取象之圖)

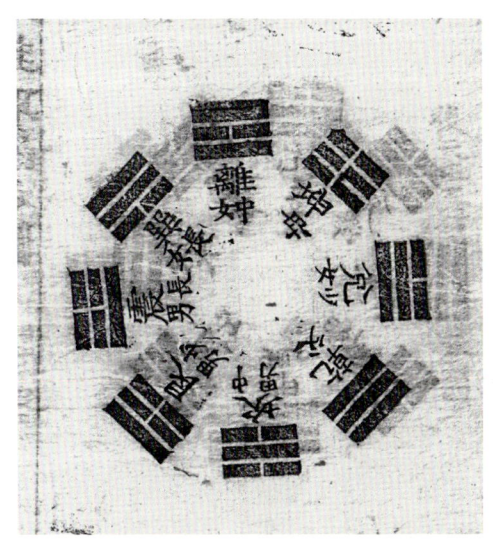

2) 易學答問 역학답문

(1) 「하도」[1]

或問曰. 伏羲之時, 天地初闢, 人文未宣, 河圖首出, 而八卦始畫, 八卦旣畫, 而書契肇判, 書契旣判, 而敎方略備, 人道漸明矣. 然則河之一圖, 實萬世彝敎之根本, 而理學之淵源也. 況其降之自天非出於人爲, 則是必有微妙無窮之理, 包盡天地萬物之情者, 可得而聞之耶.

어떤 사람이 물었다. 복희의 때에는 천지가 처음 개벽하고 인문이 아직 베풀어지지 않았는데, 「하도」가 처음 나오고 팔괘가 처음 그어졌으며, 팔괘가 그어지자

---

[1] '2) 역학답문'의 (1), (2), (3) … 구분과 소제목은 역자가 임의로 붙인 것으로 원전에는 없다.

서계(書契, 글자)²가 창조되고, 서계가 창조되자 비로소 가르침이 대강 갖추어져 인도가 점차 밝아졌습니다. 그런즉 하수(河水)에서 나온 이 그림은 실로 만세의 이교(彝敎, 영구불변한 떳떳한 가르침)³의 근본이며 이학(理學)의 근원입니다. 그것이 강림한 것이 하늘로부터 온 것이지 사람의 손에서 나온 것이 아니므로, 이것은 반드시 미묘하기 끝이 없는 이치가 천지만물의 실정을 모두 포괄한 것이 있을 것이니 그것을 들을 수 있습니까?

曰. 天地至大, 萬物至衆, 而不過陰陽五行而已也. 陰陽迭運, 五行錯行, 而又不過一太極而已也. 陰陽五行太極之理, 不可端倪而惟此圖盡之了. 此一圖, 則其於天地之造化, 人事之無窮, 可一以貫之矣.

말씀드립니다. 천지는 지극히 크고 만물은 지극히 다양하지만 음양오행에 지나지 않습니다. 음양이 갈마들어 운행하고 오행이 번갈아 운행해도, 하나의 태극에 지나지 않습니다. 음양오행과 태극의 이치는 단서를 찾을 수 없으나 오직 이 그림이 그것을 다하고 있습니다. 이 그림 하나면 천지의 조화와 인사의 무궁함에 일이관지(一以貫之)할 수 있습니다.

請略言之, 圖之七九相連於右上者, 卽陽之動也. 六八相連於左下者, 卽陰之靜也. 一三, 居于六八之內, 二四, 伏于九七之內者, 陰根陽陽根陰, 而陰陽互藏其宅也.

---

2   서계(書契): 문자 발명 이전에 사용된 기억 보조 수단으로, 막대기에 홈을 파서 사물의 수량이나 개념, 약속, 사건을 표시하는 기호이며, 다른 말로는 부절(符節)이라고도 한다. 여기서는 최초의 문자 일반을 가리킨다. 『주역』「계사하전」 2장. "상고 시대에는 노끈을 맺어서 정치를 하였는데, 후세 성인이 서계를 가지고 바꾸었다.(上古結繩而治, 後世聖人易之以書契.)"

3   『서경』「君奭」. "[주공이] 말했다. "[이 다섯 신하가] 이곳에 왕래하여 떳떳한 가르침으로 인도하지 않았더라면 문왕께서도 그 덕이 백성들에게 베풀어지는 일이 없었을 것이다.(又曰. 無能往來玆, 迪彝敎, 文王蔑德降于國人.)"

대략적인 것을 말씀드리지요. 그림의 7과 9가 오른쪽 위에서 서로 연결된 것은 곧 양의 움직임(動)입니다. 6과 8이 왼쪽의 아래에서 서로 연결된 것은 곧 음의 고요함(靜)입니다. 1과 3이 6과 8의 안에 거처하고, 2와 4가 9와 7의 안에 엎드려 있는 것은 음이 양의 뿌리가 되고 양이 음의 뿌리가 되어, 호장기택(互藏其宅, 음양이 그 집에 서로 감추어져 있는 것)[4]입니다.

五與十居中者, 卽太極也. 所以動而陽, 靜而陰之本體, 而夫子所謂易有太極者也. 一六共宗于北, 二七爲朋于南, 三八同道于東, 四九爲友于西, 五十相守于中者, 陰陽生五行也. 五行具, 則造化發育之具, 無不備, 而所以化生萬物, 變化無窮者也.

5와 10이 가운데 거처한 것이 곧 태극입니다. 움직여 양이 되고 고요하여 음이 되게 하는 본체이며, 공자님이 말씀하신 '역에 태극이 있다.'라는 것입니다. 1과 6은 북쪽에 공종(共宗, 같은 종파)하고, 2와 7은 남쪽에서 위붕(爲朋, 벗이 됨)하고, 3과 8은 동쪽에 동도(同道, 같은 길을 걷는 이)하고, 4와 9는 서쪽에서 위우(爲友, 친구 삼음)하며, 5와 10이 가운데서 서로 지키고 있는 것은 음양이 오행을 생하는 것입니다. 오행이 갖추어지면 조화발육(造化發育, 만들고 성장시킴)이 구비되지 않음이 없으며, [「태극도설」에서 말하는] '만물을 화생하니 변화가 무궁함(化生萬物, 變化無窮)'을 만드는 것입니다.

---

4 호장기택은 장재(張載)의 『정몽(正蒙)』에서 처음 쓴 말이며, 이후 주희(朱熹)를 비롯한 많은 도학자들이 언급하고 재해석했는데, 학자들마다 그 단어를 설명하고 사용한 방식에 약간의 차이가 있다. 기본적인 의미는 어떤 하나가 완전히 고립적이고 개별적인 단위로 존재하는 것이 아니라 그 안에 다른 것을 간직하고 있어 상호 내재적이라는 뜻이다. 예를 들면 '양' 안에는 '음'의 원리가 이미 내재되어 있고 '음' 안에는 '양'의 원리가 내재되어 있는 것과 같은 종류이다. '호장기택'에 대해서는 김진근, 「호장기택의 논리와 그 철학적 의의」, 『유학사상연구』 제33집(2008) 참고.

盖五與十爲太極, 而五者陽之數, 十者陰之數, 則是太極之具陰陽動靜之理, 而無不該者也. 二十奇爲陽, 二十偶爲陰, 而一而三, 三而七, 七而九者, 陽之盛有漸也. 二而四, 四而六, 六而八者, 陰之盛有漸也. 七九八六之各著于外者, 是升降生殺之有大分也. 而一三二四之互伏於內者, 是無截然爲陽爲陰之辨, 而陰陽無可盡之時者也.

대개 5와 10은 태극이 되며, 5는 양의 수이며 10은 음의 수이니 태극이 음양과 동정의 이치를 구비하여 갖추어지지 않음이 없는 것입니다. 20(1, 3, 7, 9의 합)의 홀수는 양이 되고, 20(2, 4, 6, 8의 합)의 짝수는 음이 되며, 1에서 3, 3에서 7, 7에서 9로 가는 것은 양의 성대함이 점차 증가하는 것입니다. 2에서 4, 4에서 6, 6에서 8로 가는 것은 음의 성대함이 점차 증가하는 것입니다. 7, 9, 8, 6 등이 각각 바깥으로 드러난 것은 올라가고 내려옴(升降)과 살리고 죽임(生殺)에 커다란 구분이 있는 것입니다.[5] 그리고 1, 3, 2, 4 등이 서로 안에 잠복한 것은 칼로 자른 듯이 양이 되고 음이 되는 구별이 없는 것이며, 음양은 다하는 때가 없는 것입니다.

陽主升, 故陽之生數居下, 而成數在上. 陰主降, 故陰之生數居上, 而成數在下也. 一六爲水, 二七爲火, 三八爲木, 四九爲金, 五十爲土. 而水與火對, 木與金對者, 四方之對待也. 水而木, 木而火, 火而土, 土而金, 金而復水, 左旋相生者, 五氣之順布也. 分而爲五行, 合而爲陰陽, 則五行一陰陽也. 二十奇二十偶, 共包五與十, 則陰陽一太極也.

양은 올라감(升)을 주로 하기 때문에 양의 생수(生數)는 아래에 거처하고, 성

---

[5] 『程氏遺書』권2 上. "음양은 하늘과 땅 사이에서 완전히 끊어진 채로 음이 되고 양이 되는 이치는 없다. 서로 뒤섞이지만 오르내리고 살리고 죽이는 구분이 없을 수가 없다.(陰陽於天地間, 雖無截然爲陰爲陽之理. 須去參差, 然一箇升降生殺之分, 不可無也.)"

수(成數)는 위에 있습니다.[6] 음은 강(剛)을 주로 하기 때문에 음의 생수는 위에 거처하고 성수는 아래에 있습니다. 1과 6은 수(水)이고, 2와 7은 화(火)이며, 3과 8은 목(木)이고, 4와 9는 금(金)이며, 5와 10은 토(土)입니다. 그리고 수와 화가 짝을 이루고 목과 금이 짝을 이루는 것은 네 방위의 대대(待對, 서로 짝이 됨)입니다. 수가 목이 되고 목이 화가 되며 화가 토가 되고 토가 금이 되며 금이 다시 수가 되어 좌선하여 상생하는 것(수생목, 목생화, 화생토, 토생금, 금생수)은 '다섯 가지 기가 순하게 퍼지는 것(五氣順布)'입니다. 나뉘어 오행이 되고 합해서 음양이 되니 오행은 하나의 음양입니다. 20의 홀수와 20의 짝수는 5와 10을 빠짐없이 포함하니, 음양은 하나의 태극입니다.

因是, 推之則大, 而天地之變小, 而一歲之運遠, 而萬物之數近, 而人心之理, 無一不具於其中矣. 嗚呼至哉. 非天之所啓能如是哉. 是故圖之繼此而作者, 如伏羲之先天, 濂翁之太極, 雖各盡其妙, 而要皆不出於此圖, 按圖考之可見也.

이를 말미암아 미루어보면 크나 천지의 변화는 적고, 한 해의 운행은 멀지만 만물의 수는 가까우며, 인심의 이치는 그 가운데 하나라도 갖추지 않음이 없습니다. 아아, 지극합니다! 하늘이 계시한 바가 능히 이와 같지 않은가요! 이것을 이어서 지은 그림은 복희의 선천(先天), 염옹(주렴계)의 태극과 같은 것이니, 비록 각기 그 묘함을 다했지만 요점은 모두 이 그림에서 벗어나지 않으니 그림을 살피고 깊게 생각하면 알 수 있습니다.

---

6 생수(生數)는 1~5의 수이고 성수(成數)는 6~10의 수이다. 오행의 관점에서 보면, 생수와 성수가 합해서 오행이 생성(生成)된다. 1과 6이 협력하여 수(水)를 생성하고, 2와 7이 협력하여 화(火)를 생성하고, 3과 8이 협력하여 목(木)을 생성하며, 4와 9가 협력하여 금(金)을 생성하고, 5와 10이 협력하여 토(土)를 생성한다.

(2) 선천과 태극

曰. 先天太極之合乎河圖者, 可得言其詳耶.

어떤 사람이 물었다.「선천도」와「태극도」가「하도」와 부합하는 것[7]을 상세하게 말씀해 줄 수 있습니까?

曰. 河圖右上七九之相連, 卽先天左邊三十二卦之陽, 太極第二圈之陽動也. 左下六八之相連, 卽先天右邊三十二卦之陰, 太極第二圈之陰靜也. 一三居于六八之內者, 卽先天右邊陰中之陽, 太極右邊黑中之白也. 二四伏于九七之內者, 卽先天左邊陽中之陰, 太極左邊白中之黑也. 其中五與十者, 卽先天太極之

---

[7] 『성리대전』 권1 「論太極圖與諸書同異」. "「선천도」와「태극도」에 대해 물었다. 대답했다. "「선천도」는 복희가 본래 그린 것이지 소강절이 스스로 그린 것이 아니다. 비록 아무런 설명도 없지만 관련 범위가 매우 넓어서 무릇 근래 역학 가운데 한 글자 한 뜻이 그로부터 나오지 않은 것이 없다.「태극도」는 주렴계(주돈이)가 스스로 그린 것이니, 역(易)의 얼개와 골자가 되는 뜻을 밝혔을 뿐이다. 그러므로 그 구조와 격식을 논하면,「태극도」는「선천도」만큼 크지 않지만 상세하다. 그 내용을 논하면,「선천도」는「태극도」만큼 정밀하지 못하지만 간략하다. 원래 규모가 같지 않아「태극도」는「선천도」의 범위 안에 있으며, 사려와 안배에 의존하지 않은「선천도」의 자연스러움만 못하다. 만약 수로써 말한다면「선천도」의 수는 1에서 2가 되고, 강유(剛柔)가 되고, 2에서 4가 되며, 4에서 8이 되어 팔괘가 된다.「태극도」의 수 또한 1에서 2가 되고, 2에서 4가 되며, (강유와 선악을 합해 말하면) 강선(剛善), 강악(剛惡), 유선(柔善), 유악(柔惡)이 되지만, 마침내 하나 중(中)을 더하여 오행이 되고 결국 아래로 만물에 이르게 된다. 사물의 리는 본래 같고 상과 수 또한 두 가지 이치가 없지만 추론함에 큼과 작음, 상세함과 간략함이 있을 뿐이다."(問, 先天太極二圖. 曰. 先天乃伏羲本圖, 非康節所自作. 雖無言語, 而所該甚廣, 凡今易中一字一義, 無不自其中流出者. 太極却是濂溪自作, 發明易中大槪綱領意思而已. 故論其格局, 則太極不如先天之大而詳. 論其義理, 則先天不如太極之精而約. 蓋合下規模不同, 而太極終在先天範圍之內, 又不若彼之自然, 不假思慮按排也. 若以數言之, 則先天之數, 自一而二, 剛柔, 自二而四, 自四而八, 以爲八卦. 太極之數亦自一而二, 自二而四, 剛善剛惡, 柔善柔惡, 遂加一中以爲五行, 而遂下及於萬物. 蓋物理本同, 而象數亦無二致, 但推得有大小詳略耳)." 강유와 선악을 합해 말한 것은 주렴계가 『통서』에서 사람의 기품의 성(性)은 강유선악(剛柔善惡)에서 벗어나지 않는다고 한 것에 따라, 강선, 강악, 유선, 유악 등의 구분이 생겼다. 위의 『성리대전』에서는 단지 사상(四象)의 분화에 대한 예시로 등장한다. 곧 강선, 강악, 유선, 유악을 사상으로 나누면, 강선은 태양이고, 강악은 소양이고, 유선은 태음이고, 유악은 소음이다.

中間白處, 謂之太極者也.

말씀드립니다. 「하도」의 오른쪽 위에 7과 9가 서로 연결된 것은 곧 「선천도」의 왼쪽 부분에 있는 32괘의 양이며, 「태극도」의 두 번째 권의 '양동(陽動)'입니다. 「하도」의 왼쪽 아래에 6과 8이 서로 연결된 것은 곧 「선천도」의 오른쪽 부분의 32괘의 음이며, 「태극도」의 두 번째 권의 '음정(陰靜)'입니다. 1과 3이 6과 8의 안에 거처하는 것은 곧 「선천도」의 오른쪽에 음 속에 양이 있는 것이며, 「태극도」의 오른쪽에 검은색 가운데 흰색이 있는 것입니다. 2와 4가 9와 7 속에 엎드려 있는 것은 곧 「선천도」의 왼쪽에 양 속에 음이 있는 것이며, 「태극도」의 왼쪽에 흰색 가운데 검은색이 있는 것입니다. 그 가운데 5와 10은 곧 「선천도」와 「태극도」의 가운데 흰 곳이니 그것을 태극이라고 하는 것입니다.

一九二八三七四六之相得, 卽先天之四象八卦也. 一六二七三八四九之相合, 卽太極之五行也. 合而爲五十有五之數, 而又以五十有五, 自相乘之則, 卽先天三百八十四爻, 太極男女萬物之象也. 此河圖之爲先天太極之本, 而先天太極又相爲表裏者也.

1과 9, 2와 8, 3과 7, 4와 6 등이 상득한 것은 곧 「선천도」의 사상과 팔괘입니다. 1과 6, 2와 7, 3과 8, 4와 9 등이 상합한 것은 곧 「태극도」의 오행입니다. 합해서 55의 수가 되며, 55가 절로 상승의 규칙이 되는 것은 「선천도」의 384효이며, 「태극도」의 남녀만물(男女萬物)의 상입니다. 이것이 「하도」가 「선천도」와 「태극도」의 뿌리가 되며, 「선천도」와 「태극도」가 또 서로 표리가 되는 것입니다.

夫河圖出於天, 而先天太極作於人, 先天刱於前, 而太極畫於後, 出於天者, 固無待於人, 作於人者, 非强擬於天, 而自不違背. 創於前者, 非有預見於後, 畫於後者, 未必追考於前, 而默相符合, 則理之本一, 而無天人古今之異者, 又可見矣.

무릇 「하도」가 하늘에서 나오고 「선천도」와 「태극도」는 사람에게서 지어진 것이니, 「선천도」는 앞서 만들어지고 「태극도」는 뒤에 그려진 것으로 하늘에서 나온 것으로 진실로 사람을 기다림이 없이 사람에게서 지어진 것이나 하늘에 억지로 비긴 것은 아니며, 저절로 위배하지 않습니다. 앞서 만들어진 것은 뒤의 것을 예견한 것도 아니며, 뒤에 그려진 것은 앞의 것을 따라 생각한 것이 아닌데도 암암리 서로 부합하고 있으니, 이치는 본래 하나이며 천인(天人)과 고금(古今)의 다름이 없는 것을 또한 알 수 있습니다.

(3) 복희의 획괘

曰. 伏羲則河圖作易之事, 先儒雖已論之, 今亦有可詳言者歟.

어떤 사람이 물었다. 복희가 「하도」를 본떠서 역을 지은 일을 선유들이 이미 논했지만, 지금도 상세하게 말할 것이 있을까요?

曰. 圖之虛, 五與十爲太極, 二十奇二十偶爲兩儀, 以一二三四爲七八九六爲四象, 析四方之合補四隅之空, 以爲八卦, 朱子之論也. 大略如此, 而無他曲折之推詳, 故亦莫見其兩儀之爲一畫, 四象之爲二畫, 八卦之爲三畫, 何則也. 四象八卦陰陽奇偶之或純或交何則也. 四象八卦之生於某儀某象者, 亦何則也.

말씀드립니다. 그림의 빈 곳은 5와 10이 태극이 되고, 20의 홀수와 20의 짝수는 양의가 되며, [「선천도」의] 1, 2, 3, 4는 7, 8, 9, 6으로 생각하여 사상이 되고, 이를 석합보공(析合補空, 사방에 합쳐진 것을 쪼개서 빈 방위에 보충함)이라 하여 팔괘로 생각하는 것은 주자의 의론입니다.[8] 대략 이와 같지만 곡절을 상세하게 미루어볼 만한 것이 아무것도 없습니다. 그래서 양의가 일획이 되고, 사상이 이획

---

8 하도(河圖)의 사방에 합해 있는 것[四方之合]을 쪼개어 건(乾), 곤(坤), 리(離), 감(坎)으로 삼고 사우의 비어 있는 곳(四隅之空)을 보충하여 태(兌), 진(震), 손(巽), 간(艮)으로 삼는다는 말로, 이는 주자(朱子)의 설이다.

이 되고, 팔괘가 삼획이 되는 것은 무슨 원칙에 따른 것인지 볼 수 없습니다. 사상, 팔괘, 음양, 기우(홀수와 짝수)의 혹은 순하거나 혹은 교섭하는 것은 무슨 원칙에 따른 것일까요?

愚竊謂易卦之畫旣本於圖, 則兩儀之爲一畫, 四象之爲二畫, 八卦之爲三畫, 與夫四象八卦陰陽奇偶之或純或交, 四象八卦之生於某儀某象者, 必皆有合於圖, 不但位數名目之相符而已也. 故嘗僭爲一圖分爲四層, 第一層以五與十爲太極, 第二層以二十奇爲陽儀, 二十偶爲陰儀. 邵子所謂太極分而兩儀立者也.

내가 생각하기에는, 역에서 괘의 획은 이미 그림에 뿌리가 되므로, 양의는 1획이고, 사상은 2획이며, 팔괘의 획은 3획이고, 무릇 사상과 팔괘를 이루는 음양과 기우가 섞이지 않고 순정하거나 섞여서 교접하는 것과 더불어, 사상과 팔괘가 양의(陽儀)나 음의(陰儀) 가운데 어떤 의와 사상 가운데 어떤 상에서 생겨나는지는 반드시 그림에 부합함이 있으니, 단지 자리(位)와 수(數)의 명목에만 부합하는 것은 아닙니다. 그래서 일찍이 참람하게 그림 하나를 그려 네 개의 층으로 나누었는데, 첫 번째 층은 5와 10을 태극으로 하고, 두 번째 층은 20의 홀수를 양의(陽儀)로 하고, 20의 짝수를 음의(陰儀)로 했습니다. 소강절 선생이 말한 '태극이 나뉘어 양의가 수립된다'는 것입니다.

第三層, 以陰儀之半, 二八交於陽儀之上半, 生陽儀上一奇一偶, 而爲太陽少陰. 以陽儀之半, 三七交於陰儀之上半, 生陰儀上一奇一偶, 而爲少陽太陰. 邵子所謂陽上交於陰, 陰下交於陽, 而四象生者也. 第四層, 以太陰之位, 加太陽之上半, 而爲乾爲兌, 以少陽之數, 加少陰之上半, 而爲離爲震, 以少陰之數, 加少陽之上半, 而爲巽爲坎, 以太陽之位, 加太陰之上半, 而爲艮爲坤. 邵子所謂陽交於陰, 陰交於陽, 而生天之四象, 剛交於柔, 柔交於剛, 而生地之四象者也.

세 번째 층은 음의의 반으로 2와 8이 양의(陽儀)의 상반에서 교섭하여 양의 위일기일우(一奇一偶)를 낳아 태양과 소음이 됩니다. 양의의 반은 3과 7이 음의(陰儀)의 상반에 교섭하여 음의 위에 일기일우를 낳고 소양과 태음이 됩니다. 소강절 선생이 말한 '양은 위에서 음과 교섭하고 음은 아래에서 양과 교섭하여 사상이 생긴다'는 것입니다. 네 번째 층은 태음의 위로 태양의 상반에 더해서 건과 태가 되고, 소양의 수(數)로 소음의 상반에 더해 리와 진이 되며, 소음의 수로 소양의 상반에 더해 손과 감이 되고, 태양의 위로 태음의 상반에 더해 간과 곤이 됩니다. 소강절 선생이 말한 '양은 음과 교섭하고 음은 양과 교섭하여 천(天)의 사상을 낳고, 강(剛)은 유(柔)와 교섭하고 유는 강과 교섭하여 지(地)의 사상을 낳는다'는 것입니다.

八卦旣成, 則乾一兌二離三震四巽五坎六艮七坤八之序, 自然依此連排, 而無一毫人力私智之所安排也. 然後見其卦畫中, 兩儀之爲一畫, 四象之爲二畫, 八卦之爲三畫, 與夫四象八卦陰陽奇偶之或純或交者, 四象八卦之生於某儀某象者, 皆有所則而然, 非泛然擬之者也.

팔괘가 이미 이루어지면 건1, 태2, 리3, 진4, 손5, 감6, 간7, 곤8 등의 순서가 자연스럽게 이것에 의해 연속적으로 배열되며, 한 터럭이라도 사람의 힘과 사사로운 지혜로 안배하는 것은 아닙니다. 그런 뒤에 괘획 가운데를 보면 양의의 1획이 되고, 사상은 2획이 되며, 팔괘는 3획이 되니 무릇 사상, 팔괘, 음양, 기우의 혹 순하고 혹 교섭하는 것과 더불어, 사상과 팔괘가 어떤 양의와 어떤 상(象)에서 생겨나는지는 모두 원칙에 따르는 바가 있는 것이지, 대충 비긴 것은 아닙니다.

至若二老以位相交, 二少以數相交者, 盖陽主進陰主退, 九者陽數之進, 而一者其位之退也, 六者陰數之退, 而四者其位之進也, 故二老以數爲重, 而以位爲輕, 三者陽位之進, 而七者其數之退也, 二者陰位之退, 而八者其數之進也, 故二少以位爲重, 而以數爲輕, 然則以其重者, 自加輕者, 交於他, 亦重內輕外, 先此後彼, 此理勢之自然也.

태양과 태음이 지위로서 서로 교섭하고 소양과 소음이 수(數)로서 서로 교섭하는 것에 이른다면, 대개 양은 나아감을 주로 하고 음은 물러섬을 주로 하니, 9는 양수의 나아감이나 1은 그 지위의 물러섬입니다. 6은 음수의 물러섬이나 4는 그 지위의 나아감입니다. 그래서 태양과 태음은 수를 중요한 것으로 삼고 지위는 가벼운 것으로 생각합니다. 3은 양위(陽位)의 나아감이고 7은 그 수의 물러섬입니다. 2는 음위(陰位)의 물러섬이고 8은 그 수의 나아감입니다. 그래서 소양과 소음은 지위를 중요한 것으로 삼고 수는 가벼운 것으로 생각합니다. 그래서 그 중요한 것으로 저절로 가벼운 것에 더하여 다른 것과 교섭하니 또한 안은 중하게 여기고 밖은 가볍게 여기며 이것을 먼저하고 저것을 뒤로 하니 이것은 이치의 기세가 보여주는 스스로 그러함입니다.

(4) 획괘의 의미

曰. 子之論, 則圖畫卦之義, 似與朱子說, 不同, 試言之. 朱子以河圖之虛五與十爲太極, 而子直以五與十爲太極, 朱子以太陽位數爲乾兌, 而乾得九兌得一, 以太陰位數爲艮坤, 而艮得四坤得六, 以少陰位數爲離震, 而離得八震得二, 以少陽位數爲巽坎, 而坎得七巽得三, 子以二太位數相交爲乾兌艮坤, 以二少位數相交爲離震巽坎, 此皆不同, 何也.

어떤 사람이 물었다. 당신의 논의에서 그림을 본받음과 획괘에 대한 의론은 주자의 설과 비슷해 보이지만 같지 않은데, 시험 삼아 말해 봅니다. 주자는 「하도」의 빈 곳의 5와 10을 태극으로 보았는데, 당신은 곧바로 5와 10을 태극으로 봅니다. 주자는 태극의 지위와 수를 건과 태로 보아 건은 9를 얻고 태는 1을 얻고, 태음의 지위와 수는 간과 곤으로 보아 간은 4를 얻고 곤은 6을 얻으며, 소음의 지위와 수를 리와 진으로 보아 리는 8을 얻고 진은 2를 얻고, 소양의 지위와 수는 손과 감으로 보아 감은 7을 얻고 손은 3을 얻습니다. 그런데 당신은 태양과 태음의 지위와 수가 서로 교섭하는 것을 건, 태, 간, 곤으로 보고, 소양과 소음의 지위와 수가 서로 교체하는 것을 리, 진, 손, 감으로 보니 이것은 모두 같지 않습니다. 왜 그런 것인가요?

曰. 河圖之數五十有五, 洛書之數四十有五, 大衍之數五十, 其數之多寡, 位之所布, 皆不同. 然縱橫推之, 無所不通, 故畫卦者, 本乎河圖, 而亦合乎洛書之位數, 敍疇者本乎洛書, 而亦合乎河圖之位數, 作筭數者本乎大衍, 而亦合乎河圖之數, 故朱子曰. 聖人說這數, 不只是說得一路, 自然有許多通透去. 又曰. 苟明乎此, 則橫斜曲直, 無所不通, 而河圖洛書, 豈有先後彼此之間哉.

말씀드립니다. 「하도」의 수 55, 「낙서」의 수 45, 대연(大衍)의 수 50 등 그 수의 많고 적음과 지위의 분포된 바는 모두 같지 않습니다. 그러나 종횡으로 미루면 통하지 않는 바가 없습니다. 그래서 획괘는 「하도」에 뿌리를 가지고 있지만 「낙서」의 지위와 수에 부합합니다. 구주(九疇)를 서술하는 것은 「낙서」에 뿌리를 두고 있지만 「하도」의 지위와 수에 부합합니다. 산술(算術)을 지은 것은 대연에 뿌리를 두고 있지만 「하도」의 수에 부합합니다. 그러므로 주자는 말씀하셨습니다. '성인이 저 수를 말함은 단지 한 가지 길만 있는 것이 아니라 저절로 많은 이해의 방식이 있다.'[9] 또 말씀하셨습니다. '진실로 여기에 밝다면 가로 세로와 굽고 곧은 것이 통하지 않는 바가 없으니 「하도」와 「낙서」가 어찌 선후와 피차의 사이가 있겠는가?'

---

[9] 『朱子語類』 권65 「易一」. "중앙의 수 5를 불려(衍) 그 수를 각각 끝까지 하여 10에 이른 것에서, 한 개를 불려 열 개를 이루니 다섯 개는 곧 50이다. 성인이 이 수를 한 가지 방법으로만 말한 것은 아니다. 그는 이 사물이 나오면 자연히 많은 모양으로 통찰했다. 예를 들어, 기수 다섯과 우수 다섯을 더해서 55가 되는 것과 같은 것이다. 또 하나의 설명은 6, 7, 8, 9, 10이 5를 얻은 수가 이것이라는 것이다.(中數五, 衍之而各極其數以至於十者, 一箇衍成十箇, 五箇便是五十. 聖人說這數, 不是只說得一路. 他說出這箇物事, 自然有許多樣通透去. 如五奇五耦成五十五. 又一說, 六七八九十因五得數, 是也.)"

此盖數原乎理之一, 故數之變者, 通乎一理, 該乎數之殊, 故理之變者, 不可窮. 若欲以一說一義斷之, 而不容其復有一說者, 非所以語理數之源者也. 然則雖使愚說實有所異於朱子說, 猶可備一說, 況其爲說悉本於朱子, 而特推其詳, 則又何不可之有哉.

대개 수는 이치의 하나됨에 근원을 두고 있기 때문에 수의 변함도 하나의 이치에 통하고, 수의 다양함을 갖추고 있기 때문에 이치의 변함은 그 끝을 알 수가 없습니다. 만약 한 가지 설이나 뜻으로 단정해서 어떤 설도 다시는 용납하지 않으려고 하면 이수(理數)[10]의 근원을 말하는 것이 아닙니다. 그러므로 가령 나의 설이 실로 주자의 설과 다른 것이 있다고 하더라도 하나의 설이 될 수 있는 것입니다. 하물며 그 설이 모두 주자에게 뿌리를 두고 있으며 그 상세한 것을 미루어 헤아린다면 또 어찌 불가하겠습니까?

盖朱子之論太極, 求之於兩儀四象八卦環布四面之中, 故虛其中, 五與十, 以象太極之居中無形, 而其所以爲太極者, 實不外此, 五與十之位, 則又豈眞捨五與十, 而論太極哉. 愚之論太極, 推之於兩儀四象八卦未生之前, 故以中五與十從一邊起, 以象太極之爲兩儀四象八卦之本, 而其所以爲太極者, 亦非眞以爲有形象方所, 如兩儀四象八卦之云, 則又豈實遺夫虛中之義哉. 此其似異而實不異也.

---

[10] 『주역』에서 논의하는 수(數)는 주로 양을 세는 양수(量數)가 아니라 천지자연에 내재하고 있는 선험적인 수리적 패턴을 가리키는 것이라고 할 수 있다. 대표적으로 역학의 원리를 도해한 「하도」와 「낙서」에서 제시하고 있는 자연수는 사물의 양을 추상한 수가 아니라 자연수의 본질을 제시하고 있다는 의미에서 이수이다. 역학사에서 이처럼 수의 가능성을 최고로 발휘하여 『주역』을 해석한 인물은 소강절이다. 소강절은 주역의 기본을 구성하고 있는 괘와 효의 성립 원리를 「계사전」의 태극, 양의, 사상, 팔괘 등에 대한 해석으로 제시했는데, 그것은 획이 이진법적 원리에 근거를 두고 배수(倍數)로 전개되는 것을 가리키며, 이를 우주에 내재한 선험적 원리라고 하였다. 이러한 이진법적 원리는 자연에 내재한 음양 원리를 수리적으로 해석한 것으로서 이수의 가장 대표적인 것이라고 할 수 있다.

주자가 태극을 논의할 때는 양의, 사상, 팔괘 등이 둘러싼 네 면의 가운데에서 구하기 때문에 그 가운데가 비어 5와 10으로 태극이 가운데 거소하여 형체가 없는 것을 상징했고 태극이 되는 것은 실제 여기에서 벗어나지 않으니, 5와 10의 지위는 또 어찌 5와 10을 버리고서 태극을 논의할 수 있겠습니까? 내가 태극을 논의할 때는 양의, 사상, 팔괘 등이 아직 생겨나기 전을 미루어 헤아렸기 때문에, 가운데 5와 10으로 한쪽 가장자리를 따라 일으켜 태극이 양의, 사상, 팔괘 등의 근본이 됨을 상징하고, 태극이 되는 것은 양의, 사상, 팔괘처럼 형상과 방소가 있는 것은 아니니, 저 가운데가 빈 의미를 버릴 수 있겠습니까? 이것은 다른 것처럼 보이지만 실제로는 다르지 않습니다.

至於八卦之各配其所生, 本象之位數者, 雖於義爲通, 而其說不著於啓蒙, 又不合於析合補空之說, 則其不以爲正義可見也. 析合補空之說, 只以八卦圓圖之位合乎河圖之位而已, 亦非所以直推八卦之各自某數而來者, 則此不可無更推之說也.

팔괘가 각기 생겨난 곳에 배정하는 것에 이르면, 본상(本象)의 지위와 수는 비록 뜻으로는 통하지만 그 설은 『역학계몽』에 나오지 않습니다. 또 석합보공의 설은 팔괘와 「원도」의 위치로 「하도」의 위치에 부합한다는 것일 뿐이며, 또한 팔괘가 각각 어떤 수로부터 온 것이라는 점을 직접 미루어 헤아린 것은 아니니 이것은 다시 헤아리지 않을 수 없는 설입니다.

故愚推本朱子二太相交生天四象, 二少相交生地四象. 朱子解邵子說者之說, 依倣大易本義之圖, 反之於河圖, 以爲圖. 若說, 則其圖其說, 又豈有一不本於朱子之意者哉.

그래서 내가 주자가 말한 태양과 태음이 서로 교섭하여 천(天)의 사상을 낳고 소양과 소음이 서로 교섭하여 지(地)의 사상을 낳았다는 것을 근본하여 미루어 헤아린 것입니다. 주자가 소강절 선생의 설을 해석한 것에 대한 (나의) 설은 『대역본의』(『주역본의』, 주자의 저술)의 그림을 모방하여 「하도」에서 다시 근본적인 것을 구하여 그림을 만든 것입니다. 설이라고 하면 그 그림에 그 설이니 어찌 하나라도 주자의 뜻에 근본하지 않는 것이 있겠습니까?

(5) 복희의 「원도」

曰. 伏羲圓圖之布, 亦有則於河圖耶?

어떤 사람이 물었다. 「복희원도」(선천원도)의 분포도 「하도」에서 본받은 것이 있습니까?

曰. 八卦對待河圖中, 本有此象, 故伏羲因而布之耳. 太陽之位與太陰之數, 相守於北, 而乾生於太陽, 坤生於太陰, 則乾坤相對之象也. 少陽之位與少陰之數, 相合乎東, 而坎生於少陽, 離生於少陰, 則坎離相對之象也. 太陰之位與太陽之數, 共居于西, 而艮生於太陰, 兌生於太陽, 則艮兌相對之象也. 少陰之位與少陽之數, 同處乎南, 而震生於少陰, 巽生於少陽, 則震巽相對之象也.

말씀드립니다. 팔괘가 「하도」와 대대하는 가운데 본래 이런 상이 있습니다. 그래서 복희가 그것을 말미암아 분포한 것일 뿐입니다. 태양의 지위와 태음의 수는 북쪽에서 서로 지키고 건은 태양에서 생겨나고 곤은 태음에서 생겨나니, 건과 곤이 상대하는 상입니다. 소양의 지위와 소음의 수는 동쪽에서 서로 합하고 감은 소양에서 생겨나고 리는 소음에서 생겨나니 감과 리가 상대하는 상입니다. 태음의 지위와 태양의 수는 서쪽에서 함께 거처하고 간은 태음에서 생겨나고 태는 태양에서 생겨나니, 간과 태가 상대하는 상입니다. 소음의 지위와 소양의 수는 남쪽에서 함께 거처하니 진은 소음에서 생겨나고 손은 소양에서 생겨나니 진과 손이 상대하는 상입니다.

乾自北而進, 居乎南, 與坤對, 則巽避于西南, 而對巽之震, 自居於東北矣.
坎自東而分, 居于西, 與離對, 則艮避于西北, 而對艮之兌, 自居于東南矣. 然則
圓圖之布, 夫豈無與於河圖哉.

건은 북쪽에서 전진하며 남쪽에 거처하여 곤과 짝이 되니, 손은 서남쪽으로 피신하며 손과 짝이 되는 진은 동북에 스스로 거처합니다. 감은 동쪽에서 나누어져 서쪽에서 거처하고 리와 짝이 되니, 간은 서북으로 피신하고 간의 짝이 되는 태는 절로 동쪽에 거처합니다. 그러므로 「원도」의 분포가 어찌 「하도」에 참여함이 없겠습니까?

(6) 괘의 차례와 순서

曰. 伏羲, 旣則圖畫卦, 則其卦之次序, 亦有合於圖者歟.

어떤 사람이 물었다. 복희씨가 이미 그림을 본받아 획괘하니 그 괘의 순서가 또한 그림에 부합하는 것이 있습니까?

曰. 乾兌得九四而成卦, 故配九四之位. 離震得七二而成卦, 故配七二之位. 巽坎得三八而成卦, 故配三八之位. 艮坤得一六而成卦, 故配一六之位. 以卦周而圍之, 則成圖之右九四上七二左三八下一六之位, 將圖伸而長之, 則成卦之乾一兌二離三震四巽五坎六艮七坤八之序者, 無不脗合, 而乾兌離震之配位, 自外而內, 巽坎艮坤之配位, 自內而外, 亦先數陽後數陰之序也.

말씀드립니다. 건과 태는 9와 4를 얻어 괘를 이루므로 9와 4의 지위와 짝이 됩니다. 리와 진은 7과 2를 얻어 괘를 이루므로 7과 2의 지위와 짝을 이룹니다. 손과 감은 3과 8을 얻어 괘를 이루므로, 3과 8의 지위와 짝을 이룹니다. 간과 곤은 1과 6을 얻어 괘를 이루므로 1과 6의 지위와 짝을 이룹니다. 괘를 골고루 미쳐서 둘레를 싸면, 그림의 오른쪽에 9와 4, 위에 7과 2, 왼쪽에 3과 8, 아래에 1과 6의 위를 이루며, 그림을 펴서 늘리게 되면 괘의 건1, 태2, 리3, 진4, 손

5, 감6, 간7, 곤8의 순서를 이루는 것이 꼭 들어맞지 않음이 없으며, 건태리진이 배속된 지위는 바깥에서 안으로 온 것이며, 손감간곤이 배속된 지위는 안에서 밖으로 간 것이니 또한 수(數)의 양(陽)이 먼저이고 수의 음(陰)은 나중인 순서입니다.

乾之純陽配九, 而兌之有一陰者配四, 坤之純陰配六, 而艮之有一陽者, 配一. 其餘四卦, 陽多者配奇, 陰多者配偶, 亦莫不有自然之象也. 至於乾兌得九四, 而屬金, 離震得七二, 而屬火, 巽坎得三八, 而屬木, 艮坤得一六, 而屬水, 而一二三四, 皆自中五而來, 七八九六, 皆因五而成, 則土亦無所不在也. 自坤艮起來數, 至乾而復爲坤, 又有合乎五行相生, 四時循環之序矣.

건의 순양은 9와 짝하고 태의 음효 하나는 4와 짝하며, 곤의 순음은 6과 짝하고 간의 양효 하나는 1과 짝합니다. 그 나머지 네 괘는 양이 많은 것은 홀수와 짝하고 음이 많은 것은 짝수와 짝하니 스스로 그러한 상이 있지 않음이 없습니다. 건과 태가 9와 4를 얻어 금에 속하고, 리와 진이 7과 2를 얻어 화에 속하고, 손과 감이 3과 8을 얻어 목에 속하고, 간과 곤이 1과 6을 얻어 수에 속하는 것에 이르면 1, 2, 3, 4는 모두 가운데 5로부터 온 것이며 7, 8, 9, 6은 모두 5로 말미암아 이루어진 것이니, 토 역시 있지 않음이 없습니다. 곤과 간으로부터 일어난 수는 건에 이르러 다시 곤이 되니 또한 오행이 상생하고, 사시가 순환하는 순서에 부합함이 있습니다.

(7) 「하도」의 방위

曰. 伏羲布卦, 旣則河圖, 則其方位, 亦有相合者耶.

어떤 사람이 물었다. 복희씨가 괘를 분포할 때 이미 「하도」를 본떠서 했다면 그 방위 또한 서로 부합함이 있습니까?

曰. 圖中一是陽之生, 三是陽之長, 七是陽之盛, 九是陽之衰, 二是陰之生, 四是陰之長, 六是陰之盛, 八是陰之衰, 故以震之一陽始生者, 居東北而配一, 以離之陰衰者, 居東而配八, 以兌之二陽浸長者, 居東南而配三, 以乾之三陽極盛者, 居南而配七, 以巽之一陰始生者, 居西南而配二, 以坎之陽衰者, 居西而配九, 以艮之二陰浸長者, 居西北而配四, 以坤之三陰極盛者, 居北而配六, 此其卦圖方位, 無不合者也.

말씀드립니다. 그림 가운데 1은 양의 생(生, 생겨남)이고, 3은 양의 장(長, 자라남), 7은 양의 성(盛, 성대함), 9는 양의 쇠(衰, 쇠퇴함)이며, 2는 음의 생(生), 4는 음의 장(長), 6은 음의 성(盛), 8은 음의 쇠(衰)입니다. 그러므로 진(震, ☳)의 1양(陽)이 처음 생겨난 것은 동북쪽에 거처하며 1에 짝했고, 리(離, ☲)의 음이 쇠퇴한 것은 동쪽에 거처하며 8에 짝했으며, 태(兌, ☱)의 2양이 점점 자라나는 것은 동남쪽에 거처하며 3에 짝했고, 건(乾, ☰)의 3양이 극성한 것은 남쪽에 거처하며 7에 짝했으며, 손(巽, ☴)의 1음(陰)이 처음 생겨난 것은 서남쪽에 거처하며 2에 짝했고, 감(坎, ☵)의 양이 쇠퇴함은 서쪽에 거처하며 9에 짝했으며, 간(艮, ☶)의 2음이 점점 자라나는 것은 서북쪽에 거처하며 4에 짝했고, 곤(坤,☷)의 3음이 극성한 것은 북쪽에 거처하며 6에 짝했으니, 이것은 괘와 그림의 방위가 합하지 않음이 없는 것입니다.

陽衰於九陰衰於八云者, 九與四同居, 而四陰已長於內, 則內者爲主, 而陽之勢已分矣. 八與三同居, 而三陽已長於內, 則外者爲客, 而陰之勢已奪矣. 況九者陽之極, 八者陰之極, 而極則衰生者乎. 然此特論其圖卦之配合而爲言耳. 若正論陰陽盛衰之極致, 則固不當泥此之說, 此又可見河圖所包之至廣, 而橫說竪說皆可通者也.

'양은 9에서 쇠퇴하고 음은 8에서 쇠퇴한다'고 한 것은 9와 4가 동거할 때 4음이 이미 안에서 자라나면 안은 주인이 되고 양의 세력은 이미 분열됩니다. 8과 3

이 동거할 때 3양이 이미 안에서 자라나면 밖은 손님이 되고 음의 세력은 이미 탈진합니다. 하물며 9는 양의 극(極)이고 8은 음의 극인데 극에 이르러 쇠퇴함이 생겨나는 것이랴! 그러나 이것은 그림과 괘의 배합을 특별히 논의해서 말한 것일 뿐입니다. 만일 음양의 성대함과 쇠퇴함의 극치를 바로 논의한다면 진실로 이 같은 설에 집착해서는 안 되니, 이것은 또 「하도」에 포함된 지극히 광대하며 이런 방면 저런 방면 모두 통할 수 있는 것을 볼 수 있습니다.

(8) 문왕의 「팔괘방위도」

曰. 文王八卦方位, 亦有則於河圖, 而有合者歟.

어떤 사람이 물었다. 「문왕팔괘방위도」 역시 「하도」를 본떴으며 부합하는 것이 있습니까?

曰. 文王八卦專主五行之運行, 故其所取, 則於河圖者, 亦取其五行之方位耳. 乾兌居四九金之位【乾陽金, 故配九, 兌陰金, 故配四.】離當二七火之位, 震巽居三八木之位【震陽木故配三, 巽陰木故配八.】, 坎當一六水之位, 艮坤配五十土之位, 而分居間方【其位一, 則以五行相對, 二則以陰陽相對也.】 故欲知八卦配五行之源, 則當以文王八卦之位, 準之於河圖五行之位, 欲知文王布八卦之由, 則當以河圖五行之位, 證之於文王八卦之位也.

말씀드립니다. 문왕의 팔괘는 전적으로 오행의 운행을 주로 합니다. 그 취한 것은 「하도」에서 본뜬 것이어서 이 또한 오행의 방위에서 취한 것일 뿐입니다. 건과 태는 4와 9의 금(金)의 지위에 거처합니다.【건은 양의 성질을 가진 금이므로 9에 짝하고 태는 음의 성질을 가진 금이므로 4와 짝합니다.】 리는 2와 7의 화(火)의 지위에 합당합니다. 진과 손은 3과 8의 목(木)의 지위에 거처합니다.【진은 양의 성질을 가진 목이므로 3에 짝하고 손은 음의 성질을 가진 목이므로 8에 짝합니다.】 감은 1과 6의 지위에 합당합니다. 간과 곤은 5와 10의 토의 지위에 짝하고 그 사이의 방위에 나누어 거처합니다.【그 지위가 1이라는 것은 오행의 상대로서 한 것이며, 2는 음양의 상대로서 한 것입니다.】그러므로 팔괘와 오행이 배당되는 근원을 알려고 한다면, 마땅히 문왕팔괘의 자리로서 「하도」의 오행의 지위에 준거를 삼아야 합니다. 문왕이 팔괘를 분포한 이유를 알려고 하면, 마땅히 「하도」의 오행의 지위로서 문왕팔괘의 지위를 증명해야 합니다.

(9) 오행의 배속

曰. 子之以先天八卦配屬五行, 又與後天不同其義, 亦有可言者歟.

어떤 사람이 물었다. 당신이 선천팔괘를 오행에 배속하는 것은 후천팔괘와 그 의미가 같지 않은데 그 이유를 말할 수 있습니까?

曰. 河圖之中旣具五行生成之數, 而八卦之畫又本此五行之數而成, 則八卦之隨其所得之數而爲五行者, 可見其理之必有矣. 況河圖五行一陰一陽, 兩其五行, 故八卦之配屬五行者, 亦各具陰陽, 而兩其五行, 則其出於理數之自然, 而非人力私智之所牽合強排而成者, 又可見矣.

말씀드립니다. 「하도」 가운데 이미 오행의 생성하는 수(數)가 갖추어져 있으며, 팔괘의 획도 이 오행의 수에 근본을 두고 이루어졌으니, 팔괘가 그 얻은 바의 수를 따라서 오행이 된 것은 그 이치가 반드시 있음을 볼 수 있습니다. 하물며 「하도」의 오행이 한 번 음이 되었다가 양이 되고 그 오행이 둘이니, 팔괘를 오행에 배속하는 것도 각각 음양을 구비하고 그 오행이 둘이 되니, 이는 이수의 자연스러움에서 출현한 것이지 사람의 힘과 사사로운 꾀로 견강부회하여 성립된 것이 아님을 또한 볼 수 있습니다.

至於後天, 則文王因伏羲之卦, 變而通之, 以爲入用之位, 故其父母男女之取象, 離南坎北之位, 皆與先天不同, 則先天之五行, 又何必求其後天之相準哉. 若以八卦之成畫推之, 則乾之三陽至剛, 而成於天九, 則是爲陽金【乾之三陽中實, 卽金之成質, 外光內實, 體圓性剛之象也.】兌之二陽, 次剛而生於地四, 則是爲陰金也.【兌之一陰卽地四之象, 而二陽卽生金之象, 金剛爲陽也.】離之二陽在外而成於天七, 則是爲陽火.【離之二陽包陰, 卽火之成質, 外明內暗之象也.】震之二陰包陽而生於地二, 則是爲陰火也.【震之二陰卽地二之象, 而一陽卽生火之象, 火明爲陽也.】巽之二陽出上而生於天三, 則是爲陽木【巽之二陽卽天三之象, 而一陰卽生木之象, 木植爲陰也.】坎之二陰附外而成於地八, 則是爲陰木也.【坎之二陰包陽, 卽木之成質, 外植不動, 陽氣在內之象也.】艮之一陽在上而生於天一, 則是爲陽水【艮之一陽卽天一之象, 而二陰卽生水之象, 水柔爲陰也.】坤之三陰至柔而生於地六, 則是爲陰水也.【坤之三陰內虛卽水之成質, 中洞外黑之象也.】

후천에 이르면, 문왕이 [본체의 지위를 지닌] 복희씨의 괘로 말미암아 변통하여 작용의 지위를 얻었기 때문에,[11] 그 부모와 남녀의 상을 취한 것이나 리가 남쪽의 지위를 갖고 감이 북쪽의 지위를 갖는 것은 모두 선천과 같지 않으니, 선천의 오행은 또 어찌 반드시 후천과 서로 기준이 되는 것을 구하겠습니까? 만일 팔괘가 획을 이룬 것으로 미루어 헤아린다면, 건의 3양은 지극히 강하여 천9에서 이루어지니 이것은 양의 성질을 지닌 금이 됩니다.【건의 3양의 가운데가 실한 것은 곧 금의 성질로, 밖으로 빛나고 안으로 실하고 몸은 둥글며 성질은 강한 상입니다.】태의 2양은 버금으로 강하며 지4에서 생겨나니 이것은 음의 성질을 지닌 금입니다.【태의 1음은 곧 지4의 상이며 2양은 곧 생금의 상이니, 금의 강함은 양이 됩니다.】리의 2양은 밖에 있어 천7에서 이루어지니 이것은 양의 성질을 지닌 화입니다.【리의 2양이 음을 포함하니 곧 화의 성질로, 밖으로 밝고 안은 어두운

---

[11] 문왕팔괘에 대해 소강절은 "작용의 지위를 얻으니 후천의 학문이다.(此, 文王八卦, 乃入用之位, 後天之學也.)"라고 하였다. 『周易本義』「文王八卦方位之圖」.

상입니다.】진의 2음은 양을 포함하며 지2에서 생겨나니 이것은 음화입니다.【진의 2음은 곧 지2의 상이며 1양은 곧 생화의 상으로, 화의 밝음은 양이 됩니다.】 손은 2양이 위로 나와서 천3에서 생겨나니 이것은 양의 성질을 지닌 목입니다.【손의 2양은 곧 천3의 상이며 1음은 곧 생목(生木)의 상으로 나무가 심어진 것은 음이 됩니다.】 감의 2음은 바깥에 붙어서 지8에서 이루어지니 이것은 음의 성질을 지닌 목입니다.【감의 2음은 양을 포함하니 곧 목의 기질을 이루었고 바깥으로 심은 것은 움직이지 않으니 양기가 안에 있는 상입니다.】 간의 1양은 위에 있고 천1에서 생겨나니 이것은 양의 성질을 지닌 수(水)입니다.【간의 1양은 곧 천1의 상이며 2음은 곧 생수의 상으로 물의 부드러움은 음이 됩니다.】 곤의 3음은 지극히 순하며 지6에서 생겨나니 이것은 음의 성질을 지닌 수가 됩니다.【곤의 3음은 안이 비어 있으니 곧 수의 기질을 이루고 가운데가 텅 비어 있고 밖으로 검은 모습의 상입니다.】

 生數之一二三四, 皆自中五四面一點而來, 成數之七八九六, 又皆生數之得五而成者, 則土之無不在也.
 생수의 1, 2, 3, 4는 모두 가운데 5의 4면 한 점으로부터 오며 성수 7, 8, 9, 6도 모두 생수가 5를 얻어서 이루어진 것이니 토가 있지 않음이 없습니다.

 先天主於生出, 故以陰陽之生五行而定體, 後天主於運行, 故以五行之自相生而爲位, 其所配屬不得不異也. 且說卦中言八卦之五行, 或言或否, 無論先後天, 而皆有所不備, 則後天之備言五行, 必是後人之所備也. 先天八卦生於五行生成之數, 後天八卦又以造化運行爲主, 則是其爲五行者, 必已皆具於其始, 而特未明言之耳. 安知先天一變而爲後天, 後天見用而先天不用, 故後人於後天, 則備言而, 先天則不復及耶. 今旣推言先天八卦之生於五行之數, 則又備言其八卦之爲五行, 似不可已也.

선천은 생출(생겨남)을 주로 하기 때문에 음양이 오행을 낳는 것으로 체(體)를 정하고, 후천은 운행을 주로 하기 때문에 오행이 스스로 상생하는 것을 지위로 삼으니, 그 배속된 것이 다르지 않을 수 없습니다. 게다가 「설괘전」에서 팔괘의 오행을 말하는 곳이 혹은 말이 있기도 하고 없기도 하여, 선천과 후천을 논의하지 않고서 모두 갖춘 것이 없으니 후천이 오행을 갖추어 말한 것은 반드시 후인들이 갖춘 것입니다. 선천팔괘가 오행의 생성하는 수에서 나오고 후천팔괘는 또 조화와 운행을 위주로 하니 오행이 되는 것은 반드시 이미 모두 그 시초에 갖추어져 있으나 분명하게 말하지 않았을 뿐입니다. 선천이 한 번 변해 후천이 되고, 후천이 쓰임을 입고 선천은 쓰지 않기 때문에 후인들이 후천에 대해서 갖추어 말하니, 선천은 다시 언급되지 않음을 어찌 알겠습니까? 지금 이미 선천팔괘가 오행의 수(數)에서 생겨남을 미루어 말했으니, 또 그 팔괘가 오행이 되는 것을 갖추어 말한 것은 부득이해서 그런 것일 것입니다.[12]

---

[12] 『주역본의』「역본의도 문왕팔괘방위지도」. "'나는 『역학계몽』의 「원괘획」 한 편에서 또한 두 뜻을 나누어 복희의 역을 앞에 두고 문왕의 역을 뒤에 두었으니, 반드시 성인이 역을 지은 근본을 알려고 한다면 마땅히 복희의 획을 상고하여야 할 것이요, 만약 다만 지금의 『주역』의 글 뜻을 알고자 한다면 다만 문왕 경(經)과 공자의 전(傳)에서 찾으면 충분하니, 두 가지는 애당초 서로 방해되지 않고 또한 서로 섞일 수도 없다." 또 다음과 같이 말씀하였다. "처음에 괘획이 있지 않았을 때로부터 6획이 가득찬 부분까지 설명한 것은 소자(邵子)의 이른바 선천의 학이요, 괘가 이루어진 뒤에 각각 한 가지 뜻으로 인하여 미루어 말한 것은 소자의 이른바 후천의 학이니, 「계사전(繫辭傳)」과 「설괘전(說卦傳)」에 삼재(三才)와 육위(六位)에 대한 말 같은 것은 곧 이른바 후천이라는 것이다. 선천과 후천이 이미 각각 별도로 한 뜻이 되고, 후천설 가운데에도 뜻을 취한 것이 또 많이 다르나 피차가 서로 방해되지 않으니, 한 가지를 고집하여 백 가지를 버려서는 안 된다."(某於啓蒙原卦一篇, 亦分兩義, 伏羲在前, 文王在後, 必欲知聖人作易之本, 則當考伏羲之, 若只欲知今易書文義, 則但求之文王之經, 孔子之傳, 足矣, 兩者初不相妨而亦不可以相雜也. 又曰 自初未有時, 說到六滿處者, 邵子所謂先天之學也, 卦成之後, 各因一義推說, 邵子所謂後天之學也, 如繫辭說卦三才六位之說, 卽所謂後天者也. 先天, 後天, 旣各自爲一義, 而後天說中, 取義又多不同, 彼此自不相妨, 不可執一而廢百也)."

大抵五行同出一原, 故五行各具五行之理, 而其變至於不可窮, 是以說卦中, 以一卦而爲數行者, 多矣. 至於堪輿家五行互相變易者, 其說雖不可盡取, 謂之 全無其理, 則不可也. 況於先天後天各以生出運行, 分爲兩五行, 而備言之者, 又何可疑之有哉. 於是而疑者, 殆不可以語易矣.

대저 오행은 하나의 근원에서 함께 출현한 것이므로 오행은 각각 오행의 이치를 갖추고 있고 그 변화는 헤아릴 수 없는 것에 이릅니다. 따라서「설괘전」 중에 하나의 괘로 수와 오행을 말한 것이 많습니다. 감여가(풍수지리가)들이 말한 오행이 서로 변역한다는 것에 이르러서는 그 설을 비록 다 취할 수는 없다고 하지만 전혀 이치가 없다고 하는 것은 불가합니다. 하물며 선천과 후천이 각각 생출과 운행으로 두 오행을 나누어 갖춰 말한 것은 또 어찌 의심할 수 있겠습니까? 이에 의심하는 자는 역을 말할 수 없을 것입니다.

(10) 서명이 동일하지 않음에 대하여
曰. 河圖洛書之爲數同, 其列於龜馬之背者, 亦同, 而曰圖曰書名之不同, 何也.

어떤 사람이 물었다.「하도」와「낙서」의 수는 같고 거북이와 말의 등에 배열된 것도 같은데, 그림이라 하고 글이라 하여 이름이 같지 않은 것은 어째서입니까?

曰. 伏羲受河圖而畫卦八卦圖也. 大禹錫洛書而敍疇九疇書也. 圖書之稱, 恐或因所作而名其本也歟.

말씀드립니다. 복희씨가 하수에서 그림을 받아 괘를 그린 것이 팔괘도입니다. 우임금이 낙수에서 글을 주석하여 분류를 지은 것이 구주서[13]입니다. 그림과 글로 명칭한 것은 아마도 지은 바에 따라서 그 근본에 이름 붙인 것이 아니겠는지요.

---

13 『서경』「홍범」에서 제시한 홍범구주(洪範九疇)를 가리킨다.

(11) 「하도」와 「낙서」 및 홍범의 관계에 대하여

曰. 先儒以洛書可以爲易, 而河圖可以爲範, 信乎.

어떤 사람이 물었다. 선유들이 「낙서」를 역이라 하고 「하도」를 홍범이라 할 수 있다 한 것은 믿을 수 있는 것입니까?

曰. 天下之數不同而天下之理本同, 故若數之出於理者, 亦可以變通而歸一矣. 此河洛之數, 所以有不同而其歸無不同者也.

말씀드립니다. 천하의 수(數)는 같지 않지만 천하의 이치는 본래 같습니다. 그래서 만일 수가 이치에서 나온 것이라면 또한 변통하여 하나로 돌아갈 수 있습니다. 이 「하도」와 「낙서」의 수가 같지 않은 것이 있지만 그 귀착점은 같지 않음이 없는 이유입니다.

曰. 然則易之必則河圖, 而不待於洛書, 範之必本洛書, 而不考於河圖者, 何歟.

물었다. 그렇다면 역은 반드시 「하도」를 본받아야 하나 굳이 「낙서」를 필요로 하지 않으며, 홍범은 반드시 「낙서」를 근본으로 삼으나 「하도」를 고려하지 않는 것은 어째서입니까?

曰. 八卦天理之自然者, 而九疇人事之當然者也. 天理爲體而人事爲用, 體以生出爲本, 用以克制爲本. 河圖之五行相生, 洛書之五行相克, 故八卦必則河圖, 而九疇必本洛書者也.

말씀드립니다. 팔괘는 천리(天理)의 스스로 그러함이며, 구주는 인사(人事)의 마땅히 그러함입니다. 천리는 본체가 되고 인사는 작용이 되니, 본체는 생출로 근본을 삼고 작용은 극하고 제어하는 것으로 근본을 삼습니다. 「하도」의 오행은 상생하고 「낙서」의 오행은 상극하기 때문에 팔괘는 반드시 「하도」를 본받고, 구주는 반드시 「낙서」에 근본을 두고 있는 것입니다.

曰. 體以生出爲本, 用以克制爲本, 何歟.

물었다. 본체는 생출을 근본으로 삼고, 작용은 극하고 제어하는 것을 근본으로 삼는다는 것은 무엇입니까?

曰. 不有生出則無是物矣, 無是物矣, 則安得有體乎. 此體之所以生出爲本也. 不有克制, 則無所取裁, 無所取裁, 則安得爲用乎. 故水火相煎, 而養人【如飮食烹飪之事, 與病熱, 則以寒治之, 病寒, 則以熱治之, 皆用以養人也.】水土相錯, 而養物【如水能生物, 而以土制之, 殺其勢, 然後能養物也.】木遇金而成其棟樑榱桷之材, 金遇火而成其鍾鼎刀劒之器, 土遇木而成其耕耘稼穡之功, 此用之所以克制爲本也. 盖造化之運, 生而不克, 則物無所裁, 克而不生, 則物無所存, 生者所以待其克, 而克者所以成其生也. 如春夏生之, 故秋冬殺之, 秋冬殺之, 故春夏又生之, 一生而不殺, 則生者不復繼矣. 一殺而不生, 則殺者不復再矣. 一生一克, 而天地之功用, 所以不息也.

말씀드립니다. 생출이 없으면 사물이 없습니다. 사물이 없으면 어찌 본체가 있을 수 있을까요? 이것이 본체가 생출을 근본으로 삼는 이유입니다. 극하고 제어하는 것이 없으면 취해서 재단할 것이 없습니다. 취해서 만들어낼 것이 없으면 어찌 작용이 있을 수 있을까요? 그래서 수(水)와 화(火)가 서로 어울려 물이 끓게 되어 사람을 기릅니다.【예를 들면 음식을 삶고 익히는 일, 열병에 걸리면 차가운 기운으로 다스리고 찬 병에 걸리면 뜨거운 기운으로 다스리는 것, 이 모든 것이 작용으로 사람을 기르는 것입니다.】수(水)와 토(土)가 서로 뒤섞여 사물을 기릅니다.【예컨대 수(水)는 생물을 낳고 토(土)로 제어하여 그 기세를 누른 뒤에야 생물을 기를 수 있습니다.】목(木)이 금(金)을 만나서 용마루, 들보, 서까래 같은 재목이 이루어지고, 금(金)이 화(火)를 만나서 종, 솥, 칼 같은 기물이 이루어지며, 토(土)가 목(木)을 만나서 논 갈고, 밭 가는 공을 이루게 되니 이것이 작용은 극하고 제어하는 것을 근본으로 삼는 이유입니다. 생각건대 조화의 운동은 낳고 극하지 않으면 사물은 만들어질 수가 없고, 극하고 낳지 않으면 사물은 존재할 수 없으니, 생겨남은 그 극을 기다리고 극은 그 생겨남을 이루는 것입니다. 예를 들어, 봄과 여름이 생겨나므로 가을과 겨울이 그것을 거두어 가고, 겨울과 가을이 거두어 가므로 봄과 여름이 또 생겨납니다. 한 번 생겨나서 거두어 가지 않으면 생겨남은 다시 이어질 수 없습니다. 한 번 죽고 나서 생겨나지 않으면, 죽은 것은 다시 생겨날 수 없습니다. 한 번 생겨나고 한 번 극하여 천지의 공용이 쉬지 않는 것입니다.

(12) 복희의 64괘

曰. 伏羲六十四卦方圓圖之異, 可得聞其說耶.

어떤 사람이 물었다. 복희 64괘 「방도」와 「원도」의 차이에 대한 설을 들을 수 있습니까?

曰. 六十四卦圓圖, 本無異於八卦圓圖, 但有大小詳略之別耳. 若方圖則其規模法象, 與圓圖迥異. 蓋以專明天地之定位也, 其法自南至北, 自東至西, 自西南角至東北角, 自西北角至東南角, 皆八層也.

말씀드립니다. 「육십사괘원도」는 본래 팔괘를 그린 「원도」와 차이가 없고 단지 크고 작다든지 상세하다든지 요약되었다든지 하는 구별이 있을 뿐입니다. 「방도」는 규모와 방법들이 원도와 많이 차이 날 뿐입니다. 생각건대 천지의 정해진 지위를 오로지 밝힌 것이며, 그 방법은 남쪽에서 북쪽까지, 동쪽에서 서쪽까지, 서남의 모퉁이에서 동북의 구석까지, 서북의 구석에서 동남의 구석까지 모두 8층으로 되어 있습니다.

自八方推之, 而無適不遇其對待也. 自北至南而橫看之, 則坤八卦對乾八卦, 艮八卦對兌八卦, 坎八卦對離八卦, 巽八卦對震八卦. 自西至東, 而直看之亦然. 從西北角, 斜望東南角, 乾坤艮兌坎離震巽, 各以本卦相對, 從西南角, 斜望東北角, 否泰咸損旣濟未濟恒益, 皆以其相交者相對, 此對待之所以定天地之位也.

팔방으로부터 헤아리면 그 대대하는(서로 짝이 되는) 것을 꼭 만납니다. 북쪽에서부터 남쪽까지 가로로 보면, 곤(坤)에서 생겨난 팔괘가 건(乾)에서 생겨난 팔괘와 대대하고, 간(艮)에서 생겨난 팔괘가 태(兌)에서 생겨난 팔괘와 대대하며, 감(坎)에서 생겨난 팔괘가 리(離)에서 생겨난 팔괘와 대대하고, 손(巽)에서 생겨난 팔괘가 진(震)에서 생겨난 팔괘와 대대합니다.[14] 서쪽에서부터 동쪽까지 곧게 보더라도 그렇습니다. 서북쪽에서 동남쪽을 비스듬히 바라보면, 건(乾), 곤(坤), 간(艮), 태(兌), 리(離), 진(震), 손(巽)이 각기 본괘와 서로 마주하고 있으며, 서남쪽에서 동북쪽을 비스듬히 바라보면, 비(否, ䷋), 태(泰, ䷊), 함(咸, ䷞), 손(損, ䷨),

---

14   건의 팔괘는 하괘(下卦)를 건(乾, ☰)으로 가지고 있는 8개 괘를 뜻한다. 이런 원칙에서 건위천(乾爲天, ䷀) 즉 중천건(重天乾)에서 시계 방향으로 배열된 8괘와 64괘의 배속 관계는 다음과 같다.

- 건(乾)에서 생겨난 팔괘: 地天泰, 山天大畜, 水天需, 風天小畜, 雷天大壯, 火天大有, 澤天夬, 乾爲天
- 손(巽)에서 생겨난 팔괘: 天風姤, 澤風大過, 火風鼎, 雷風恒, 巽爲風, 水風井, 山風蠱, 地風升
- 감(坎)에서 생겨난 팔괘: 天水訟, 澤水困, 火水未濟, 雷水解, 風水渙, 坎爲水, 山水蒙, 地水師
- 간(艮)에서 생겨난 팔괘: 天山遯, 澤山咸, 火山旅, 雷山小過, 風山漸, 水山蹇, 艮爲山, 地山謙
- 곤(坤)에서 생겨난 팔괘: 天地否, 澤地萃, 火地晉, 雷地豫, 風地觀, 水地比, 山地剝, 坤爲地
- 진(震)에서 생겨난 팔괘: 地雷復, 山雷頤, 水雷屯, 風雷益, 震爲雷, 火雷噬嗑, 澤雷隨, 天雷無妄
- 리(離)에서 생겨난 팔괘: 地火明夷, 山火賁, 水火旣濟, 風火家人, 雷火豊, 離爲火, 澤火革, 天火同人
- 태(兌)에서 생겨난 팔괘: 地澤臨, 山澤損, 水澤節, 風澤中孚, 雷澤歸妹, 火澤睽, 兌爲澤, 天澤履

기제(旣濟, ䷾), 미제(未濟, ䷿), 항(恒, ䷟), 익(益, ䷩) 등이 모두 서로 교역해서 마주하고 있습니다.[15] 이 대대로 해서 천지의 지위가 정해지는 것입니다.

 天地最居於外, 而山澤次之, 水火又次之, 而風雷最居其內. 定位者居外, 作用者居內, 此又定位之中, 有作用之妙也. 自坤至泰, 其間六卦, 陽少陰多, 至泰而陽中. 自泰至乾, 其間六卦, 陽多陰少, 至乾而陽盛. 自乾至否, 其間六卦, 陰少陽多, 至否而陰中. 自否至坤, 其間六卦, 陰多陽少, 至坤而陰盛. 此又對待之中, 有流行之運也.

 천지가 가장 바깥에 거처하고 산택(山澤)이 그다음에 있고 수화(水火)는 또 그다음에 있으며, 풍뢰(風雷)가 그 안에 거처합니다. 정해진 지위는 바깥에 거처하고 작용은 안에 거처하니, 이것은 또 정해진 지위 가운데 작용의 묘함이 있는 것입니다. 곤(坤, ䷁)부터 태(泰, ䷊)까지 그사이 여섯 괘는 양이 적고 음이 많으며, 태(泰)까지 양 속에 있습니다. 태(泰)부터 건(乾, ䷀)까지 그사이 여섯 괘는 양이 많고 음이 적으니 건(乾)까지는 양이 성한 것입니다. 건(乾)부터 비(否, ䷋)까지 그사이 여섯 괘는 음이 적고 양이 많으니 비(否)까지 음 속에 있습니다. 비(否)부터 곤(坤)까지 그사이 여섯 괘는 음이 많고 양이 적으니 곤까지 음이 성한 것입니다. 이것은 또 대대 가운데 유행하는 운행이 있는 것입니다.

 圓圖以流行爲本, 而對待在其中, 方圖以對待爲本, 而流行在其中. 合二圖而言之, 則圓者爲天, 方者爲地, 而天地定位也. 分而言之, 則方者天地之定位, 而圓者天地之運用也. 各就其中而言, 則方者定位中有流行, 而圓者流行中有定

---

15 이 8개의 괘들은 교역의 관계로 되어 있다. 천지비괘(天地否卦)의 상괘(上卦)와 하괘를 바꾸면 지천태괘(地天泰卦)가 되고, 택산함괘(澤山咸卦)의 상괘와 하괘를 바꾸면 산택손괘(山澤損卦)가 된다. 수화기제(水火旣濟)와 화수미제(火水未濟)의 두 괘도 이런 관계이며, 뇌풍항괘(雷風恒卦)와 풍뢰익괘(風雷益卦)도 이런 관계로 구성되어 있다.

位也. 圓圖之對待, 其陽在南, 其陰在北, 以天之日月行乎南, 而隱乎北也. 方圖之對待, 其陽在北, 其陰在南, 以地之山嶽鎭於西北, 而川澤會於東南也. 圓圖之流行, 自左而右. 以天道左旋, 而日月生於東, 沒於西也方. 方圖之流行, 自右而左. 以地道右旋, 而山川起於西北, 而歸於東南也. 故方圓之圖, 一言而蔽之曰天地之道也.

「원도」는 유행으로 근본을 삼는데 대대가 그 속에 있으며 「방도」는 대대로 근본을 삼는데 유행이 그 가운에 있습니다. 두 그림을 합해서 말하면, 「원도」는 하늘이 되고 「방도」는 땅이 되니 '하늘과 땅이 그 자리를 정함(天地定位)'입니다. 나누어서 말하면 「방도」는 천지의 정위이며 「원도」는 천지의 운용입니다. 각각 그 가운데 나아가서 말하면 「방도」는 정위 가운데 유행이 있고 「원도」는 유행 가운데 정위가 있는 것입니다. 「원도」의 대대는 그 양이 남쪽에 있고 그 음은 북쪽에 있으니 하늘의 해와 달이 남쪽에서 행하고 북쪽으로 숨기 때문입니다. 「방도」의 대대는 그 양이 북쪽에 있고 그 음이 남쪽에 있으니 땅의 산악이 서북에 우뚝 솟아 자리 잡고 천택(川澤)은 동북에서 모이기 때문입니다. 「원도」의 유행은 왼쪽에서 오른쪽으로 갑니다. 하늘의 길은 왼쪽으로 도니, 해와 달은 동쪽에서 생겨나고 서쪽으로 지기 때문입니다. 「방도」의 유행은 오른쪽에서 왼쪽으로 갑니다. 땅의 도는 오른쪽으로 도니, 산천은 서북에서 일어나 동남쪽에서 머무르기 때문입니다. 그러므로 「방도」와 「원도」는 한마디로 말해서 천지의 도라고 하는 것입니다.

(13) 선천팔괘의 상(象)

曰. 先天八卦之取象, 於天地水火山澤風雷, 何歟.

어떤 사람이 물었다. 선천팔괘가 천지(天地), 수화(水火), 산택(山澤), 풍뢰(風雷)에서 상을 취한 것은 어째서입니까?

曰. 乾之三陽至健, 則天之象也. 坤之三陰至順, 則地之象也. 離之一陰居中, 則陰爲陽制, 而爲火之象也.【火生於地二, 則是陰也, 而陰之始生甚微, 故爲天七之陽所制, 不得自遂, 而反爲火.】坎之一陽居中, 則陽爲陰陷, 而爲水之象也.【水生於天一, 則是陽也, 而陽之始生甚微, 故爲地六之陰所陷, 不能自成, 而反爲水.】艮之一奇, 附於二偶之上, 則上隆下順, 而山之象也.【奇者, 圓而能隆, 偶則方而不能隆也. 山自上降下, 其勢順也.】兌之一偶, 居於二奇之上, 則上通下塞, 而澤之象也.【上通陰之坼也, 下塞陽之連也.】震之一陽在內而動, 二陰在外而包, 則奮擊發散[16], 而爲雷之象也. 巽之一陰, 在內而聚, 二陽在外而動, 則周旋不舍, 而爲風之象也.

말씀드립니다. 건(乾, ☰)의 3양은 지극히 굳세므로 하늘의 상입니다. 곤(坤, ☷)의 3음은 지극히 순하므로 땅의 상입니다. 리(離, ☲)의 1음이 가운데 거처하면 음은 양에게 제어를 받아서 불의 상이 됩니다.【화(火)는 지2에서 생겨나니 이것은 음이지만, 음이 처음 생겨날 때는 매우 미약하므로 천7의 양에게 제어를 받아 스스로 완수할 수 없게 되어 도리어 화가 됩니다.】감(坎, ☵)의 1양이 가운데 거처하면 양은 음에게 함입되어서 물의 상이 됩니다.【수(水)는 천1에서 생겨나니 이것은 양이지만, 양이 처음 생겨날 때는 매우 미약하므로 지6의 음에 빠져 들어가 스스로 이룰 수 없게 되어 도리어 수가 됩니다.】간(艮, ☶)의 1기(一奇)[17]는 2우(二偶)의 위에 붙어 있으므로 위로 융기하고 아래로 유순하니 산의 상입니다.【기(奇)는 원만하여 융기할 수 있고, 우(偶)는 모나서 융기할 수 없습니다. 산은 위에서 아래로 내려가면서 그 기세가 순합니다.】태(兌, ☱)의 1우(一偶)는 2

---

16 散은 散과 같지만 원문 표기를 따라 散이라 함.

17 일기(一奇)는 일양(一陽)과 같다. 기는 홀수라는 뜻이 있으므로 양에 속한다. 마찬가지로 일우(一偶)도 짝수이기 때문에 일음(一陰)과 같다. 뒤이은 이우(二偶)라는 표현도 간괘(艮卦, ☶)를 이루는 두 개의 음을 가리킨다. 한원진은 음양기우(陰陽奇偶) 사이의 유사성을 이용해서 표현에 다양성을 추구하고 있다.

기(二奇)의 위에 거처하므로 위는 통해 있고 아래는 막혀 있으니 못의 상입니다.【위로 통해 있는 것은 음이 갈라짐이며, 아래로 막혀 있는 것은 양이 이어짐입니다.】진(震, ☳)의 1양(一陽)은 안에 있으면서 움직이며 2음은 바깥에 있으면서 안을 싸고 있으니 떨치고 치고 발산하여 우레의 상이 됩니다. 손(巽, ☴)의 1음(一陰)은 안에 있으면서 모여 있으며 2양은 바깥에 있으면서 움직이니 두루두루 돌아감에 그치지 않아 바람의 상이 됩니다.

八卦取象, 大槩如此. 然乾之爲天以其圓也,【乾三奇, 奇者, 徑一圍三, 則圓也】動也,【陽性, 主動】實也,【乾三畫, 皆連, 對坤之虛中者爲實, 卽天氣行乎地中, 而無一毫空闕者】不專取於健之一字也, 坤之爲地, 以其方也,【坤三偶, 偶者, 徑一圍四, 則方也】靜也,【陰性主靜】虛也,【坤三畫, 皆虛中, 卽地之質, 虛而受天之氣者也】不但取於順之一字也. 仔細推之, 則他卦無不然矣.

팔괘의 취상이 대강 이와 같습니다. 그러므로 건이 하늘이 되는 것은 원(圓)【건은 3기(三奇)다. 기는 지름이 1이고 주위가 3이므로 원이다.】, 움직임【양의 성질은 움직임을 주로 한다.】, 차 있음【건의 3획은 모두 이어져 있고, 곤의 가운데가 비어 있는 것과 대비해서 차 있으므로 하늘의 기운이 땅속으로 움직임에 한 터럭의 빈틈이 없는 것이다.】이며, 강건함(健)이라는 글자만 다루지 않았습니다. 곤은 땅이 되는데, 방정하고【곤은 3우이며, 우는 지름이 1이고 둘레가 4이니 네모지다.】, 고요하며【음의 성질은 고요함을 주로 한다.】, 비어 있으며【곤의 3획은 모두 가운데가 비어 있으니 곧 땅의 성질은 비어서 하늘의 기운을 받아들이는 것이다.】, 순함(順)이라는 글자만 다루지 않았습니다. 자세하게 미루어본다면 다른 괘들도 그렇지 않음이 없습니다.

(14) 괘의 획에서 고찰할 수 있음

曰. 後天八卦之爲五行, 亦有可考於卦畫者歟.

어떤 사람이 물었다. 후천팔괘가 오행이 되는 것도 괘획에서 살펴볼 수 있습니까?

曰. 乾之三陽, 至剛, 而物之剛者, 莫如金, 則乾之所以爲金也. 坤之三陰, 至柔, 而物之柔者, 莫如土, 則坤之所以爲土也. 兌之爲金, 以其似於乾也. 艮之爲土, 以其似於坤也. 坎之一陽內明, 而二陰外暗, 則所以爲水也. 離之一陰內暗, 而二陽外明, 則所以爲火也. 善動者, 木也, 善入者, 亦木也. 而震之一陽動, 巽之一陰入, 則皆所以爲木也. 兌有一陰, 則金之始生於土者也. 乾是純陽, 則金之已成其質者也. 震之一陽動於二陰之下, 則木之萌動於地中者也. 巽之二陽, 出於一陰之外, 則木之已出於地上者也. 如是推之, 則八卦之所以爲五行, 與其所以爲用, 皆實有其故, 而非牽合強配之者也.

말씀드립니다. 건의 3양은 지극히 강하니 사물 가운데 강한 것은 쇠만 한 것이 없으므로 건이 금(金)이 되는 것입니다. 곤의 3음은 지극히 순하니 사물 가운데 순한 것은 흙만 한 것이 없으므로 곤이 토(土)가 되는 것입니다. 태가 금이 되는 것은 그것이 건과 비슷하기 때문입니다. 간이 토가 되는 것은 그것이 곤과 비슷하기 때문입니다. 감의 1양은 안이 밝고 2음은 밖이 어두우니 수(水)가 되는 것입니다. 리의 1음은 안이 어둡고 2양은 밖이 밝으니 화(火)가 되는 것입니다. 잘 움직이는 것은 목(木)이며, 잘 들어가는 것도 목입니다. 그래서 진의 1양은 움직이고 손의 1음은 들어가니 모두 목이 되는 것입니다. 태에 1음이 있는 것은 금이 토(土)에서 처음 생기는 것입니다. 건은 순양(純陽)이므로 금이 이미 그 기질을 이룬 것입니다. 진의 1양이 2음의 아래에서 움직이면 목의 싹이 땅속에서 움직이는 것입니다. 손의 2양이 1음의 바깥으로 나오면 목이 땅 위로 이미 나온 것입니다. 이처럼 헤아리면 팔괘가 오행이 되는 것과 쓰임이 되는 것이 모두 진실로 그 까닭이 있는 것이며 견강부회하여 배속한 것이 아닙니다.

(15) 도상의 분포가 동일하지 않음에 대하여

曰. 先天後天, 所以布圖之不同, 何歟.

어떤 사람이 물었다. 선천과 후천을 나타내는 그림에 분포된 괘상이 다른 이유는 무엇입니까?

曰. 先天主卦畫之對待, 而仍著卦氣之交運, 後天主五行之運行, 而兼示四方之定位. 先天卦位, 陰儀與陽儀對, 老陰與老陽對, 少陰與少陽對, 乾三陽與坤三陰, 兌上陰與艮上陽, 坎中陽與離中陰, 震下陽與巽下陰對, 此卦畫之所以對待, 而分陰分陽, 兩儀立焉者也. 震一陽, 離兌二陽, 乾三陽, 巽一陰, 坎艮二陰, 坤三陰, 陽之盛也, 有漸而陽極, 則陰生, 陰之盛也, 有漸而陰極則陽生, 此卦氣之所以交運, 而一動一靜互爲其根者也.

말씀드립니다. 선천은 괘획의 대대에 주안점을 두고 이에 괘기(卦氣)의 교대하는 운행을 나타낸 것이며,[18] 후천은 오행의 운행에 주안점을 두고 사방의 정해진 지위를 겸해서 보여준 것입니다. 선천의 괘위는 음의(陰儀)와 양의(陽儀)가 짝이 되고, 노음과 노양이 짝이 되고, 소음과 소양이 짝이 되며, 건의 3양과 곤의 3음, 태 위에 있는 1음과 간 위에 있는 1양, 감 가운데 있는 양과 리 가운데 있는 음, 진 아래에 있는 양과 손 아래에 있는 음 등이 짝이 되는데,[19] 이것이 괘획이 대대하여 음으로 나뉘고 양으로 나뉘는 이유이니 양의가 수립된 것입니다. 진의 1양, 리와 태의 2양, 건의 3양, 손의 1음, 감과 간의 2음, 곤의 3음 등은 양의 성대함이니 점차로 진행하면서 양이 극에 이르면 음이 생겨나고, 음이 성대하게 되어 점차

---

18 괘기(卦氣)는 1년 12월을 괘(卦)에 배합시킨 것이다. 정월은 태(泰), 2월은 대장(大壯), 3월은 쾌(夬), 4월은 건(乾), 5월은 구(姤), 6월은 둔(遯), 7월은 비(否), 8월은 관(觀), 9월은 박(剝), 10월은 곤(坤), 11월은 복(復), 12월은 임(臨) 등이다. 괘기설은 한역(漢易)의 대표 인물인 맹희(孟喜)와 경방(京房)이 체계화시킨 것이며 상수역학의 특징을 이룬 이론이다.

19 팔괘를 이루는 효(爻)의 형상을 설명하고 있다.

로 진행하여 음이 극에 이르면 양이 생겨납니다. 이것이 교대하는 운행이며 한 번 움직이고 한 번 고요한 일동일정(一動一靜)이 서로 그 뿌리가 되는 것입니다.

後天卦位, 震巽木生離火, 離火生坤土, 坤土生兌乾金, 兌乾金生坎水, 坎水復生震巽木. 若艮土之處, 水木相生之間者, 似非造化, 然水非土, 則無所載, 木非土則無所寄. 故艮土雖與水木相克, 而必居其間者, 乃所以濟其相生之功也. 五行之生, 雖莫不待土, 然木之生火, 金之生水, 或不待土,【鑽木生火, 鑠金成流, 皆不待土而然也】而水之生木, 非土決不能成也. 此艮之所以不處於他卦之間, 而獨處於坎震之間者也. 水而木, 木而火, 火而土, 土而金, 金而復水, 如環無端者, 五行之所以運行而造化發育之事也. 東方木與西方金對, 南方火與北方水對, 而不可移易者, 四方之所以定位而建立天地之體也.

후천의 괘위는 진과 손의 목(木)이 리의 화(火)를 낳고, 리의 화가 곤의 토(土)를 낳고, 곤의 토가 태와 건의 금(金)을 낳으며, 태와 건의 금이 감의 수(水)를 낳고, 감의 수가 다시 진과 손의 목을 낳습니다. 간의 토가 수와 목이 상생하는 사이에 거처하는 것은 조화가 아닌 것 같으나, 수는 토가 아니라면 실린 바가 없으며, 목은 토가 아니라면 기댈 바가 없습니다. 간토가 비록 수목과 상극하지만 반드시 그 사이에 거처하는 것은 곧 그 상생의 공을 구제하기 때문입니다. 오행의 생겨남은 비록 토를 기다리지 않음이 없지만, 목이 화를 낳고 금이 수를 낳을 때 혹여 토를 기다리지 않고,【나무를 문질러 불을 만들고 금을 녹여 흘러내림을 이루는 것 등은 모두 토를 기다리지 않아서입니다.】수가 목을 낳을 때 토가 아니면 결코 이룰 수 없습니다. 이것이 간(艮)이 다른 괘의 사이에 거처하지 않고 홀로 감(坎)과 진(震)의 사이에 거처하는 이유입니다. 수에서 목으로, 목에서 화로, 화에서 토로, 토에서 금으로, 금에서 다시 수로 가는 것은 마치 반지에 시작과 끝이 없는 것 같아서 오행이 운행하여 발육의 일을 조화하고 있기때문입니다. 동방의 목과 서방의 금이 짝이 되고, 남방의 화와 북방의 수가 짝이 되어 바뀔 수 없는 것은 사방이 지위가 정해지고 천지의 실체를 만들어 수립하고 있기 때문입니다.

盖先天以對待爲主, 而流行在其中, 後天以流行爲主, 而對待在其中, 對待者 其體, 而流行者其用也. 故合先後二天而言, 則先天爲體而後天爲用, 分先後二 天而言, 則先天固自有體用, 而後天亦自有體用也.

생각건대 선천은 대대를 위주로 하지만 유행이 그 가운데 있으며, 후천은 유행을 위주로 하지만 대대가 그 가운데 있습니다. 대대는 그 본체이며 유행은 그 작용입니다. 그래서 선후천을 합해서 말하면 선천은 본체가 되고 후천은 작용이 되며, 선후천을 나누어서 말하면 선천은 저절로 체용(體用)이 있고 후천도 그 자체로 체용이 있습니다.

(16) 「방도」와 「원도」를 논의함

曰. 子論方圓圖, 旣以爲圓圖以流行爲本, 而今論先後天, 又以爲先天以對待 爲本, 何先後言之矛盾也.

어떤 사람이 물었다. 당신은 「방도」와 「원도」를 논의하면서, 이미 「원도」는 유행을 근본으로 삼는다고 했는데, 지금은 선후천을 논의하면서 또 선천은 대대를 근본으로 삼는다고 하니, 앞뒤 말이 모순됩니다.

曰. 易道無窮, 不可以執滯而論也. 圓圖與橫圖對, 則橫圖主卦畫之生, 圓圖 主卦氣之運. 生者有定體, 而運者有流行, 此主卦畫而言也. 與方圖對, 則方者, 地之靜也, 圓者, 天之動也, 靜者, 有定體, 而動者, 有流行. 此主天地而言也. 與後天對, 則先天, 天地之體也, 後天, 天地之用也, 體有定位而用有流行也, 此 主體用而言也. 所主之意不同, 故其言, 雖若矛盾, 而實未嘗矛盾也.

말씀드립니다. 역(易)의 도는 무궁해서 어디 한군데 집착해서 논의할 수 없습니다. 「원도」와 「횡도」는 짝이 되니 「횡도」는 괘획의 생겨남에 주안점을 둔 것이고, 「원도」는 괘기의 운행에 주안점을 둔 것입니다. 생겨나는 것은 일정한 본체가 있고, 운행하는 것은 유행이 있으니, 이것은 괘획에 주안점을 두어서 말하는 것입니다. 「방도」와 짝이 되니 방(方)은 땅의 고요함이고 원(圓)은 하늘의 움직임입니다. 고요함은 일정한 본체가 있고 움직임은 유행이 있습니다. 이것은 천지에 주안점을 두어서 말하는 것입니다. 후천과 짝이 되니 선천은 천지의 본체이며 후천은 천지의 작용입니다. 본체는 정해진 지위가 있고 작용은 유행이 있습니다. 이것은 본체와 작용에 주안점을 두어서 말하는 것입니다. 주안점을 두고 있는 뜻이 다르기 때문에 그 말이 모순같지만 실상은 모순인 적이 없습니다.

(17) 선천팔괘의 취상(取象)

曰. 先天八卦, 取象於天地風雷, 後天八卦, 取象於父母男女, 而有所不同, 何歟.

어떤 사람이 물었다. 선천팔괘는 천지와 풍뢰에서 상을 취하고 후천팔괘는 부모와 남녀에게서 상을 취해서 같지 않은 바가 있는데 어째서입니까?

曰. 先天八卦, 天地位之事也. 後天八卦, 萬物育之事也. 天地定位, 山澤通氣, 風雷相薄, 水火相逮者, 天地之所以位也. 父生三女, 母生三男, 男女相得, 共主生育者, 萬物之所以育也. 此先後天取象之不同也. 然雷以動之, 風以散之, 日以烜之, 雨以潤之, 艮以止之, 兌以說之, 乾以君之, 坤以藏之, 則先天之亦育萬物者也. 父統三男同居于陽方, 母率三女共處于陰方, 而男女各正其位, 則後天之亦位天地者也.

말씀드립니다. 선천팔괘는 천지가 자리를 잡는 일입니다. 후천팔괘는 만물을 기르는 일입니다. 천지정위(天地定位), 산택통기(山澤通氣), 뇌풍상박(雷風相薄),

수화불상체(水火不相逮)[20]는 천지가 자리를 잡은 것입니다. 아비가 삼녀를 낳고 어미가 삼남을 낳아서 그 남녀가 서로 혼인하여 함께 아이들을 낳고 기름을 주관하는 것은 만물이 기르는 것입니다. 이것이 선후천의 취상(取象)이 다른 이유입니다. 그렇지만 뇌이동지(雷以動之), 풍이산지(風以散之), 일이훤지(日以煊之), 우이윤지(雨以潤之), 간이지지(艮以止之), 태이열지(兌以說之), 건이군지(乾以君之), 곤이장지(坤以藏之)[21] 하니 선천도 만물을 기르는 것입니다. 아비는 삼남을 거느리고 양방에서 함께 거처하고 어미는 삼녀를 이끌고 음방에서 함께 거처하며, 남녀가 각각 그 위치에 바르게 있으니 후천도 천지에 자리하는 것입니다.

　大抵天地位者, 其體之立也. 萬物育者, 其用之行也. 位天地者, 所以育萬物者, 而育萬物者, 實自位天地中來, 則天地位萬物育, 非有兩事, 而先天後天, 元無二理者, 可見矣.

　대저 천지가 자리를 바로 하는 것은 그 본체가 서는 것입니다. 만물이 길러지는 것은 그 작용이 실행되는 것입니다. 천지의 자리를 잡는 것은 만물을 기르는 것이며, 만물을 기르는 것은 실제 스스로 천지가 제 자리를 잡는 가운데 하는 것이니 '천지가 제자리에 있고 만물이 화육됨'[22]은 두 일이 아니며 선천과 후천이 원

20　『주역』「설괘전」3장. "하늘과 땅이 제자리를 잡는다. 산과 연못이 기(氣)를 통한다. 우레와 바람이 서로 부딪힌다. 물과 불이 서로 어울리며 싫어하지 않는다.(天地定位. 山澤通氣. 雷風相薄. 水火不相射.)" 한원진은 射를 逮로 쓰고 있다.

21　『주역』「설괘전」4장. "우레로 움직이고, 바람으로 흩트리고, 비로 적셔주고, 해로 따뜻하게 하고, 간(艮)으로 그치게 하고, 태(兌)로 기쁘게 하고, 건(乾)으로 임금 노릇하고, 곤(坤)으로 감춘다.(雷以動之, 風以散之, 雨以潤之, 日以煊之, 艮以止之, 兌以說之, 乾以君之, 坤以藏之.)" 한원진은 雨以潤之와 日以煊之의 순서를 바꿔 적고 있다.

22　『禮記』「中庸」. "중(中: 중정함)과 화(和: 조화로움)를 미루어 다 발휘하면 천지가 제자리를 잡고 만물이 화육된다.(致中和, 天地位焉, 萬物育焉.)" 이에 대한 『중용장구』의 주석은 다음과 같다. "치(致)는 미루어 지극히 함이다. '지위'는 그 자리를 편안히 함이요, '육(育)'은 그 삶을 이루는 것이다. … 천지와 만물이 본래 나의 한 몸이다. 나의 마음이 바르면 천지의 마음이 또한 바르고, 나의 기운이 순하면 천지의 기운이 또한 순하다. 그러므로 그 효험이 이와 같음

래 두 이치가 없는 것을 볼 수 있습니다.

(18) 선천의 배치

曰. 先天, 天地風雷之位, 後天, 父母男女之位, 其所布置, 亦皆有由歟.

어떤 사람이 물었다. "선천은 '천지풍뢰'의 지위이고, 후천은 '부모남녀'의 지위인데 그 분포와 배치에 모두 이유가 있습니까?"

曰. 天覆於上, 地載於下, 故乾南坤北. 日升於東, 月生於西, 故離東坎西. 山起西北, 水注東南, 故艮居西北, 而兌居東南. 雷以發生, 而東北是發生之方. 風以長養, 而西南是長養之鄕. 故震居東北, 而巽居西南【以時, 則春始發雷, 夏秋多風. 以方, 則東北多雷, 西南多風.】且天地旣定位, 則日月行乎其中. 故坎離居乾坤之中, 澤降於天上, 風行於天下, 故巽兌居乾之上下, 山附於地上, 雷出於地中, 故艮震居坤之上下, 先天八卦之象, 所以各居其方者, 盖有緣矣.

말씀드립니다. 하늘은 위에서 만물을 덮어주고 땅은 아래에서 만물을 실어주고 있습니다. 그래서 건은 남쪽이고 곤은 북쪽에 있으며, 해는 동쪽에서 떠오르고 달은 서쪽에서 생겨납니다. 그래서 리는 동쪽에 있고 감은 서쪽에 있습니다. 산은 서북쪽에서 융기하고 물은 동남쪽으로 흐릅니다. 그래서 간은 서북쪽에 거처하고 태는 동남쪽에 거처합니다. 우레는 발생하니 동북쪽은 발생하는 방위입니다. 바람은 길러주고 키우니 서남쪽은 길러주고 키우는 고향입니다. 그래서 진

에 이르는 것이니, 이는 학문의 지극한 공효요 성인의 능사인데, 애당초 밖에서 구할 필요가 없고 수도지교(修道之敎)도 또한 이 안에 들어 있다. 이는 한 체와 한 용이 비록 동정(動靜)의 다름이 있으나 반드시 그 체가 선 뒤에 용이 행해질 수 있으니, 그렇다면 그 실제는 또한 두 가지 일이 있는 것이 아니다. (致推而極之也. 位者, 安其所也. 育者, 遂其生也. … 盖天地萬物, 本吾一體. 吾之心正, 則天地之心亦正矣. 吾之氣順, 則天地之氣亦順矣. 故其效驗至於如此. 此學問之極功, 聖人之能事, 初非有待於外而脩道之敎, 亦在其中矣. 是其一體一用, 雖有動靜之殊, 然必其體立而後用有以行, 則其實亦非有兩事也.)"

은 동북쪽에 거처하고 손은 서남쪽에 거처합니다.【때로 보자면 봄은 우레가 처음 시작되고 여름과 겨울은 바람이 많습니다. 방위로 보자면 동북쪽은 우레가 많고 서남쪽은 바람이 많습니다.】게다가 천지가 이미 위치를 정하면 해와 달이 그 가운데에서 운행합니다. 그래서 감과 리는 건과 곤의 가운데에 거처합니다. 못은 하늘 위에서 내려오고 바람은 하늘 아래에서 운행합니다. 그래서 손과 태는 건의 위아래에 거처합니다. 산은 땅 위에 붙어있고 우레는 땅속에서 나옵니다. 그래서 간과 진은 곤의 위아래에 거처합니다. 선천팔괘의 상이 각각 그 방위에 거처하는 것은 다 연유가 있는 것입니다.

男道主生, 而莫如長子, 故震居東方, 女道主育, 而諸女皆可, 故巽居東南, 離居南, 坤居西南, 兌居西, 各以用事之勞逸爲次, 萬物生於東, 而養於南, 成於西, 故以生主之, 長男居東, 而以育主之, 諸女居西南, 二方母親, 故雖老猶能用事, 而居少女之先, 父尊, 故旣退不復用事, 而居西北. 坎艮又不可與長男匹倂, 故皆居無用之地. 蓋男尊而女卑, 故事之出於尊者, 不可有二統, 而逮於卑者, 不嫌其有衆, 此三女, 皆當用事之位, 而男則獨長男之外, 皆不得有用者也. 後天八卦之象, 所以各得其位者, 果無由乎.

남자의 도는 만들어내는 것을 주로 하고 장자(큰아들)만 한 것이 없습니다. 그래서 진(震, 큰아들)은 동쪽에 거처합니다. 여자의 도는 기르고 키움을 주로 하니 모든 여자가 다 그럴 수 있습니다. 그래서 손(巽, 큰딸)은 동남쪽에 거처하고 리(離, 둘째 딸)는 남쪽에 거처하며 곤(坤, 어머니)은 서남에 거처하고 태(兌, 셋째 딸)는 서쪽에 거처하니 각각 작용하는 일의 수고로운 정도로 차례를 삼는 것입니다. 만물은 동쪽에서 자라고 남쪽에서 키워지며 서쪽에서 자랍니다. 그래서 만들어내는 생(生)을 주로 하니 장남은 동쪽에 거처하고 양육을 주로 하니 여러 여자는 서남쪽에서 거처하며 두 방위는 어머니에 해당합니다. 그래서 비록 늙었어도 일을 할 수 있으니 젊은 여자의 앞에 거처합니다. 아버지는 존귀하므로 이미 물러나서 다시 일을 하지 않고 서북쪽에 거처합니다. 감(坎, 둘째 아들)과 간(艮, 셋째 아들) 또한 장남과 필적할 수 없으므로 모두 일이 없는 곳에 거처합니다. 생각건대 '남자는 높은 자리에 처하고 여자는 낮은 자리에 처하므로(男尊女卑)' 일이 자리의 높음과 낮음에서 나오는 것은 두 가지 계통이 있을 수 없으며 낮은 데 미치는 것은 그 무리를 싫어할 수 없으니, 이 세 여자는 모두 일을 하는 지위에 합당하며 남자는 오직 장남 이외에는 모두가 무언가 일을 할 수 없는 것입니다. 후천 팔괘의 상이 각각 그 지위를 얻은 것에 진정 이유가 없겠습니까?

(19) 선천과 후천의 명명에 대하여

曰. 先天後天命名之義, 何據歟.

어떤 사람이 물었다. 선천과 후천이라는 명명의 의미는 무엇에 근거를 두고 있습니까?

曰. 陰陽變易, 皆天也. 然天不能自示於人, 而聖人畫卦以示人, 則所謂先乎天者也. 卦畫旣成, 則天又在此矣. 聖人因以變通, 以爲入用之位, 則所謂後乎天者也. 且伏羲八卦, 天地所以定其位也, 文王八卦, 天地所以著其用也. 天地之位旣定, 而後天地之用乃著, 則定位者, 豈非先之天, 而著用者豈非後之天乎. 抑所謂天者, 非專謂蒼蒼, 盖高之天也. 八卦中一奇一偶, 莫非天也, 而伏羲之卦畫於前, 文王之卦演於後, 則謂之先天後天, 不亦可乎. 以玆數說觀之, 則先天後天立名之義, 庶可知矣.

말씀드립니다. 음양의 변역은 모두 하늘(天)에 속하는 것입니다. 그러나 하늘은 사람(人)에게 스스로 보일 수 없어서 성인이 괘를 그려 사람에게 보인 것이니, 이른바 '선어천(先乎天)'이라는 것입니다. 괘획이 이미 이루어지면 하늘도 여기에 있습니다. 성인이 변통으로 말미암아 작용의 지위를 얻었으니 이른바 '후어천(後

乎天)'이라는 것입니다.²³ 게다가 복희팔괘는 천지가 그 지위를 정한 것이며 문왕팔괘는 천지가 그 작용을 드러낸 것입니다. 천지의 지위가 이미 정해지면 천지 이후의 작용이 곧 드러나니 지위를 정하는 것이 어찌 천에 앞서는 것이 아니며 작용을 드러내는 것이 어찌 천 뒤에 있는 것이 아니겠습니까? 그러나 복희의 괘는 앞에서 그린 것이고 문왕의 괘는 뒤에 연역된 것이니 선천과 후천이라고 이른 것이 또한 안 되는 일이겠습니까? 이런 여러 가지 설을 살펴본다면, 선천과 후천이라는 명명의 의미도 거의 알 수 있습니다."²⁴

(20) 천지자연의 역, 복희의 역, 문왕과 주공의 역, 공자의 역

曰. 朱子曰, 有天地自然之易, 有伏羲之易, 有文王周公之易, 有孔子之易, 然

---

23 선천과 후천은 『주역』「건괘 문언전」을 근거로 한다. "대인은 천지와 덕이 부합하며, 일월과 밝음이 부합하고, 사계절과 질서가 부합하며, 귀신과 길흉이 부합하여, 하늘보다 먼저 해도 하늘과 어긋나지 않고, 하늘보다 뒤에 해도 하늘의 때를 받드니, 하늘이 또한 어기지 않는데 하물며 사람에게 있어서이겠으며, 귀신에게 있어서이겠는가?(夫大人者, 與天地合其德, 與日月合其明, 與四時合其序, 與鬼神合其吉凶, 先天而天弗違, 後天而奉天時, 天且弗違, 而況於人乎, 況於鬼神乎.)" 여기서 선천과 후천에 대해 정이천은 『역전』에서 선어천(先於天)과 후어천(後於天)으로 해석한다. "성인이 하늘보다 먼저 해도 하늘이 그와 같이 하고, 하늘보다 뒤에 해도 하늘에 순응하는 것은 도에 부합해서일 뿐이다.(聖人, 先於天而天同之, 後於天而能順天者, 合於道而已.)" 소강절의 선천역학에서 선천의 명칭은 여기서 유래한다. 한원진은 先於天과 後於天을 先乎天과 後乎天으로 해석하고 있는데, 역대 「문언전」주석에서 간혹 등장하며, 뜻에서 볼 때 큰 차이는 없다.

24 선천과 후천의 구분은 소강절의 역학 해석에서 비롯된다. 선천은 복희의 역에 따른 세계의 질서를 가리키며, 후천은 선천에 뒤이어 생겨난 문왕과 주공의 역에 따른 세계의 질서를 가리킨다. 선천의 역은 문자가 없는 괘상(卦象)만 존재했으며, 후천의 역에 이르러 괘상을 해석하는 문자가 생겨나고, 이어 공자에 의해서 이들 문자들이 십익(十翼)의 이름으로 체계화되었다. 이후 북송의 소강절은 역학의 성립에 근거가 되는 존재론적 원리를 탐구하여 이를 선천역학이라 명명하고, 이 역학은 이미 공자가 선천역학의 본질을 계시한 것으로 보았다. 이러한 소강절의 해석은 실제 「문언전」과 「설괘전」의 구절을 해석하면서 등장한 것으로 선천역학과 후천역학은 각각 독특한 팔괘의 배열을 담은 도상과 대응하여, 도서역학(圖書易學)과 같은 후대 역학사의 큰 자산으로 계승된다. 그 첫 번째 계승자가 주자였으며, 주자학의 흥기와 더불어 소강절의 역학 이론은 후대에 큰 영향을 미치게 되었다.

則易有此數般之不同歟.

어떤 사람이 물었다. 주자께서는 '천지자연의 역이 있고, 복희의 역이 있고, 문왕과 주공의 역이 있고, 공자의 역이 있다'[25]고 했습니다. 그렇다면 역에는 이처럼 같지 않은 역들이 있는 것입니까?

曰. 未畫之前, 固已有太極之理, 陰陽之氣, 天地風雷水火山澤之象, 河圖五十有五之數, 則所謂自然之易也. 衆人不知其爲易, 而惟聖人知之, 故伏羲畫卦以擬之, 則所謂卦畫之易也. 卦畫旣成而未有文字, 則人猶不知其裏面所包者, 有至廣至大之理, 故文王周公爲之係辭焉. 孔子又爲之作十翼, 以發明之, 則所謂文字之易也. 然文字之易, 所以發明卦畫之易, 而卦畫之易, 所以準擬自然之易, 則其實一而已矣. 豈眞有數般之不同哉.

말씀드립니다. 획이 있기 전에 진실로 이미 태극의 이치와 음양의 기, 천지·풍뢰·수화·산택의 상(象), 「하도」 55의 수 등이 있었으니, 이른바 '자연의 역'입니다. 뭇사람들은 그것이 역인 줄 몰랐지만 오직 성인은 그것을 알았기 때문에 복희가 괘를 그려 그것을 본뜬 것이니, 이른바 '괘획의 역'입니다. 괘획이 이미 이루어졌지만 아직 문자가 없어 사람들이 그 이면에 포함된 것에 지극히 넓고 커다란 이치가 있는 것을 몰랐습니다. 그래서 문왕과 주공이 해설(辭)[26]을 붙였고, 공자

25　『주역본의』「역본의도」. "천지자연의 역이 있고 복희의 역이 있고 문왕·주공의 역이 있고 공자의 역이 있으니, 복희 이전에는 문자가 없고 다만 획을 그린 것만 있어서 가장 깊이 완미해야 하니, 이렇게 해야 역을 지은 본원의 정미(精微)한 뜻을 볼 수 있으며, 문왕 이후에는 비로소 문자가 있었으니, 지금의 『주역』이다. 그러나 읽는 자가 또한 각기 본래의 문장을 가지고 이리저리 연구해야 할 것이요, 공자의 말씀을 문왕의 말씀으로 삼아서는 안 된다.(有天地自然之易, 有伏羲之易, 有文王周公之易, 有孔子之易, 自伏羲以上, 皆无文字, 只有圖, 最宜深玩, 可見作易本原精微之意, 文王以下, 方有文字, 卽今之周易. 然讀者亦宜各就本文消息, 不可便以孔子之說, 爲文王之說也.)"

26　『주역』에서 언급되는 '사(辭)'라는 용어의 개념은 다음에 근거를 둔다. 『계사상전』 제2장. "성인이 괘를 만들어 상을 보고 말을 달았다.(聖人設卦, 觀象繫辭焉.)" 『주역』은 성인이 64괘와

께서 또 「십익(十翼)」²⁷을 지어서 그 의미를 분명하게 보여주셨으니, 이른바 '문

384효의 상을 보고 그에 해당하는 괘사(卦辭)와 효사(爻辭)를 지었다고 본다. 역학의 전통에 의하면, 괘사는 문왕이 지은 것이고, 효사는 주공이 지은 것이다. 예를 들어, 건괘의 괘사는 '원형이정(元亨利貞)'이고, 건괘의 초구의 효사는 '잠룡(潛龍), 물용(勿用)'이다. 역학에서는 괘사를 단사(彖辭)라 부르기도 하고, 효사를 상사(象辭)라 부르기도 한다. '단사'라는 용어의 출처는 『계사하전』 제9장의 "지혜로운 자가 단사를 살펴보면, (한 괘에 대해서) 절반 넘게 이해할 수 있을 것이다.(知者觀其彖辭, 則思過半矣.)"이다. 이를 통해 보면, 단사가 한 괘의 상을 전체적으로 말한 괘사임을 알 수 있다. 역학의 전통에서는 괘사보다 단사라는 용어를 자주 쓰는 편이다. 효사를 상사라고 쓰기도 하는데, 역학의 전통에서 이 용어를 자주 쓰는 편은 아니다. 효사를 상사로 쓸 때는 일반적으로 단사와 짝을 이루는 경우가 많다. 예를 들어, 조선 후기 역학자 이익(李瀷)은 다음과 같이 단사와 상사를 설명한 바 있다. "우선 복희가 괘를 만들었지만 상은 여전히 밝혀지지 않았고, 문왕과 주공이 사(辭)를 덧붙였지만 뜻은 여전히 살필 수 없어서 공자가 다시 「십익」을 더하게 되었다. 그렇지만 복희씨가 그은 괘는 신묘하고, 문왕이 지은 단사와 주공이 지은 상사는 간략하여 공자가 전(傳)을 지어 후인들을 명쾌하게 다 깨치도록 하였지만 단사와 상사가 합치되지 않을 뿐만 아니라, 공자의 전과 더불어 읽기가 여전히 어렵게 되어 혼미함이 여전하고 의혹도 더욱 커졌다." 이익의 이러한 관점은 다음과 같은 단(彖)과 상(象)의 어원적 설명으로 뒷받침된다. "상(象)이란 글자는 모양을 본뜬다는 뜻이다. 윗부분의 두 획은 (코끼리의) 두 개의 상아를 그린 것이다. 그다음 두 획은 (코끼리의) 코를 그린 것이다. 단(彖)은 (코끼리의) 상아를 제거하고 코만 남겨놓은 것으로 암코끼리를 나타낸다. … 그러므로 무릇 모양을 본뜨는 것을 일러 상이라 한다. 괘는 움직이지 않고 음에 속하므로 단이라 하고,(암코끼리이다.) 효는 움직이고 양에 속하므로 상이라 한다." 한편 상사라는 용어는 역학에서 「상전(象傳)」의 글이라는 의미로 쓰이기도 한다. 즉 공자가 지었다고 전해지는 「십익」의 하나인 「상전」의 글이라는 의미로도 쓰인다.

27 「십익」은 공자가 쓴 「역전(易傳)」을 일컫는 이름이다. 「역전」이라는 이름의 책이 여러 편 있기 때문에 공자의 책을 다른 저자의 것과 구별하기 위해 「십익」이라는 명칭을 사용하였다. 「역전」의 전(傳)은 경을 해설한다는 뜻이고, 「십익」의 익(翼)은 경의 이해를 돕는다는 뜻이니 서로 통한다고 할 수 있다. 「십익」이라 한 것은 「역전」이 모두 10편으로 구성되어 있기 때문이다. 괘사를 해석한 「단전(彖傳)」 2편, 효사를 해석한 「소상전(小象傳)」 1편과 「대상전(大象傳)」 1편, 역 전체에 대한 대의를 해설한 「계사전」 2편, 「문언전」 1편, 「설괘전」 1편, 「서괘전(序卦傳)」 1편, 「잡괘전(雜卦傳)」 1편 등 모두 7종 10편으로 구성된다. 그러나 이것은 일반론을 말한 것이고 현재까지도 「역전」의 저자와 구성에 대해서는 논란이 계속되고 있다. 일반론을 반대하는 관점은 세 가지로 분류할 수 있다. 첫째, 「단전」과 「상전」만 공자의 저술이고 나머지는 제자나 후학들이 지었다는 견해로 송의 구양수(歐陽脩)가 대표자이다. 둘째, 「역전」은 공자의 저작이 아니며 전국시대 중기나 말기 혹은 그 이후에 나왔다는 견해이며, 청의 최술(崔述), 강유위(康有爲), 근대 이후의 고힐강(顧頡剛), 이경지(李鏡池), 곽말약(郭沫若) 등이 대표자이다. 셋째, 「역전」은 기본적으로 공자의 저작이나 그 가운데 전대의 기록이나 후대에 삽입된 부분도 있고 착간도 다수 있다고 보는 견해이다. 대표자는 김경방(金景

자의 역'입니다. 그러나 문자의 역은 괘획의 역을 분명하게 나타낸 것이며 괘획의 역은 자연의 역을 기준으로 본뜬 것이니 실상은 하나입니다. 어찌 여러 역에 다름이 있겠습니까?"

(21) 성인이 역을 지은 이유
曰. 聖人所以作易者, 何爲也.
어떤 사람이 물었다. 성인이 역을 지은 것은 무엇 때문입니까?

曰. 太古之世, 民性朴渾, 心智未開, 思慮未運, 又無文字之可考, 往事之可徵, 故於其一身之行, 與夫天下之事, 皆無以識其吉凶之所在, 而定其趨向矣. 是以聖人爲之卜筮, 使之遇事必占, 因占稽疑, 于以識吉凶而定趨向者也. 卜筮又不可以徒爲, 故畫卦以寓之, 而畫卦必本於陰陽者, 蓋以天地之間一陰一陽而已.

말씀드립니다. 태고 시대에 보통 사람들의 본성은 소박하고 어두웠으며 인식이 아직 개발되지 않았고, 생각은 아직 움직이지 않았습니다. 또한 문자로 헤아리지도 못했고, 지나간 일을 징험할 수도 없었습니다. 그래서 한 몸의 행동과 천하의 일에 대해서 모두 그것이 길한지 흉한지를 알지 못해 나갈 곳을 정하지 못했습니다. 이런 이유로 성인께서 복서(卜筮)를 만들어서 일을 만나면 반드시 점을 쳐서 의심나는 곳을 묻고 길흉을 알아, 나아갈 곳을 정하는 데 쓰게 하였습니다. 복서 또한 소용없는 짓일 수 없기 때문에 획괘하여 그것에 의지했으니 획괘는 반드시 음양에 근본을 두는 것이며, 생각건대 천지 간의 '한 번 음이 되고 한 번 양이 되는 변화'에 의한 것일 뿐입니다.

芳), 이학근(李學勤), 요명춘(廖名春) 등이다.

人之一身乃陰陽之所會, 故其動靜云爲, 莫非陰陽之所發, 而事之吉凶善惡, 亦莫不由於陰陽進退消長之變也. 以其類言之, 則陽善而陰惡, 陽吉而陰凶. 以其全言之, 則陰陽皆有中正過不及, 而莫不有善惡吉凶也. 然而陰陽之變不可端倪, 故畫卦以擬之, 因其動而考其變, 是豈無所根因而強意之也哉. 蓋陰陽者, 吉凶之本, 而卦畫者, 陰陽之影也. 卜筮者, 所以因其影而察其本者也. 事之吉凶善惡, 旣出於陰陽進退消長之變, 則其進退消長之變, 又不可以不深探其本, 故先天後天所以又因卦畫而推明義理者也.

사람의 한 몸은 음양이 모인 것입니다. 그래서 움직임과 고요함이나 말과 행위 등은 음양이 발휘된 것이 아님이 없으며, 일의 길흉과 선악 또한 음양의 진퇴, 소장의 변화에 연유하지 않음이 없는 것입니다. 종류로 말하면 양은 선하고 음은 악하며, 양은 길하고 음은 흉합니다. 전체적인 것으로 말하면, 음양이 모두 중정(中正, 때와 지위에 적합하고 바름)과 과불급(過不及, 지나침과 모자람)이 있으며 선악과 길흉이 있습니다. 그러나 음양의 변화는 시작과 끝을 알 수 없기 때문에 괘를 그려서 의지한 것이니, 그 움직임으로 말미암아 변화를 헤아리니 이것이 어찌 근거할 수 있는 원인 없이 억지로 뜻을 만든 것이겠습니까? 생각건대 음양이라는 것은 길흉의 근본이며 괘를 그린 것은 음양의 그림자입니다. 복서라는 것은 그림자에 연유해서 근본을 살피는 것입니다. 일의 길흉과 선악은 이미 음양의 진퇴와 소장의 변화에 나타나 있으므로, 그 진퇴와 소장으로, 일어나는 변화의 근본을 또한 깊이 살피지 않을 수 없습니다. 그러므로 선천과 후천이 나누어지는 까닭 또한 괘를 그은 것으로 인하여 의리를 밝게 밝히는 것입니다.

愚故曰聖人因陰陽以畫卦, 因卦畫以明義理, 而畫卦之起乃由於卜筮也. 然則陰陽卦畫卜筮義理, 未嘗不一以貫之者也. 世人見說易爲卜筮作, 則皆以爲羞而以爲卜筮非所以語易. 實不知卜筮是爲何樣大事也. 天下之義理, 綜錯而至難尋, 吉凶深遠而至難預者, 莫不因卜筮以決之. 則卜筮乃是使天下趨吉避凶向善背惡之一大路, 而窮理正心, 修己治人之道, 無不實具於其中矣. 此聖人所以未有許多論議時, 已先作卜筮以敎人者也. 故孔子曰, 太極生兩儀, 兩儀生四象, 四象生八卦, 八卦定吉凶, 吉凶生大業, 此尤可見其卦畫之爲卜筮, 而卜筮之非小事也.

저는 그래서 말합니다. 성인은 음양으로 말미암아 획괘를 하고, 획괘로 말미암아 의리를 밝히며 획괘의 일어남은 곧 복서에 연유한 것입니다. 그러므로 음양, 괘획, 복서, 의리는 일찍이 하나로 관통되지 않은 적이 없는 것입니다. 세상 사람들은 역은 복서를 위해서 지은 것이라는 말을 들으면 모두 부끄럽게 생각해서 복서는 역을 말하는 것이 아니라고 생각합니다. 실은 복서가 도대체 얼마나 큰 일인지를 모르기 때문입니다. 천하의 의리는 착종되어 찾기가 지극히 어렵고 길흉은 심원하여 예기하기 지극히 어려운 것이니 복서로 말미암아 결정하지 않을 수 없습니다. 복서는 천하가 추길피흉(趨吉避凶, 길한 것을 따라가고 흉한 것을 피함)하고 향선배악(向善背惡, 선을 향해 나아가고 악을 돌아보지 않고 등짐)하도록 하는 커다란 길인 것이며, 궁리정심(窮理正心, 이치를 궁구하고 마음을 바르게 함)과 수기치인(修己治人, 자신을 연마하고 남을 다스림)의 도가 실로 그 가운데 갖추어져 있습니다. 이것이 성인이 허다한 논의를 할 때 먼저 복서를 지어 사람을 가르치는 이유입니다. 그래서 공자는 '태극이 양의를 낳고, 양의가 사상을 낳고, 사상이 팔괘를 낳고, 팔괘가 길흉을 정하며, 길흉은 대업(大業)을 낳는다.'[28]라고 한 것입니다. 여기서 괘획이 복서가 되며 복서가 작은 일이 아니라는 것을 더욱 잘 알 수 있습니다.

(22) 역의 도에 대하여

曰. 易之道, 盡於是乎.

---

28 『주역』「계사전상」11장.

어떤 사람이 물었다. 역의 도는 이것으로 다 된 것입니까?

曰. 安得盡也. 伏羲畫卦而不能盡其意, 文王周公繫其辭, 而不能盡其言, 又更孔子康節朱子而後, 易道始大明矣. 然於精微曲折之間, 未暇詳焉. 故後之談易者, 未已而猶有所未盡發者矣. 今余之言, 或有言於諸儒之所不言者, 或致詳於前言之所未詳者, 而皆易中之一端也. 易道安得盡於是哉. 余所不及者, 將以從世之善易者, 學焉.

말씀드립니다. 어찌 다 되었다고 할 수 있겠습니까! 복희씨가 획괘를 했으나 그 뜻을 다하지 못해서 문왕과 주공이 괘와 효에 설명을 달았으나 그 말을 다 할 수 없었으며, 또다시 공자, 소강절, 주자가 뒤를 잇게 되자, 역의 도가 비로소 크게 밝아졌습니다.[29] 그러나 정미하고 곡절한 가운데 상세하게 설명할 겨를이 없었습니다. 그래서 뒤에 역을 말하는 자들은 채 완결 짓지 못하고 오히려 다 발휘

---

[29] 『주자어류』 권66 「易二」. "『역』은 본래 복서의 책이다. 후세 사람들은 복서에만 그친다고 생각했는데, 왕필(王弼)이 『노자』와 『장자』로 『역』을 해석하고 난 뒤부터 사람들은 오직 리(理)로 간주하고 복서로 여기지 않으니, 역시 잘못이다. 생각건대, 처음에 복희가 괘를 그릴 때에는 단지 양은 길하고 음은 흉하다고 여겼을 뿐 별도의 설명이 없었다. 감히 단언할 수는 없지만 이와 같다고 생각한다. 후에 문왕이 그것이 해독 불가능함을 보고 거기에 단사를 지었다. 그런데 간혹 점쳐서 얻은 효에 이해할 수 없는 것들이 있었기 때문에 주공이 효사를 지었다. 또 이해할 수 없는 점이 있었기 때문에 공자가 「십익」을 지었다. 이는 모두 처음의 의미를 해석한 것이다. 지금 사람들은 괘효는 보지 않고 「계사전」만을 보는데, 이는 마치 『형통(刑統)』(법전)은 보지 않고 『형통』의 「서례(序例)」만 보는 것과 같으니, 어찌 제대로 이해할 수 있겠는가! 지금 사람들은 반드시 복서의 책으로 보아야 비로소 이해할 것이니, 그렇지 않으면 『역』을 이해할 수 없다. 일찍이 애헌(艾軒, 임성계. 주자와 교유)과 남헌(南軒, 장식. 주자의 문우)이 논쟁하는 것을 보았는데, 남헌은 위와 같이 말하지 않았다. 그렇다면 남헌 역시 제대로 알지 못한 것이다.(易本卜筮之書, 後人以爲止於卜筮. 至王弼用老莊解, 後人便只以爲理, 而不以爲卜筮, 亦非. 想當初伏羲畫卦之時, 只是陽爲吉, 陰爲凶, 無文字, 某不敢說, 竊意如此. 後文王見其不可曉, 故爲之作彖辭, 或占得爻處不可曉, 故周公爲之作爻辭, 又不可曉, 故孔子爲之作十翼, 皆解當初之意. 今人不看卦爻, 而看繫辭, 是猶不看刑統, 而看刑統之序例也, 安能曉. 今人須以卜筮之書看之, 方得, 不然, 不可看易. 嘗見艾軒與南軒爭, 而南軒不然其說. 南軒亦不曉.)"

하지 못한 것이 있었습니다. 지금 제가 한 말에는 여러 유자가 말하지 않은 것을 말한 것이 있을 것이고, 혹은 앞서 한 말들에서 상세하지 못한 것을 상세하게 한 것이 있을지도 모르겠지만, 이 모두는 역 가운데 한 단서입니다. 역의 도가 어찌 이것으로 다 되었다고 할 수 있겠습니까! 제가 다 못 한 것은 앞으로 세상에서 역을 잘하는 사람들을 따라서 배울 것입니다.

丁亥十月日 書于高山之僧舍
정해년(1707) 시월 어느 날에 고산사에서 쓰다.[30]

(23) 발문

右圖說, 盖多出於愚見推測, 而書成亦已久. 然推其所由, 得實自函丈之間發之, 故附之於記聞錄之後云.

위의 도설은 내 소견으로 미루고 헤아려 본 데서 생겨난 것들이며, 글로 써놓은 것도 이미 오래되었다. 그러나 그 유래가 된 것을 헤아려 보았을 때 실제로는 스승님 밑에서 배워서 깨우친 것이므로 『경의기문록』의 말미에 덧붙인다.

乙未 季冬 書
을미년(1715) 늦겨울 쓰다.[31]

---

30 고산(高山)은 전주와 논산 사이에 있던 옛 지명이다. 이 책의 「한원진 연보」와 「후기: 한원진의 거처와 강학의 길」 참고.
31 을미년(1715)은 최초로 글을 쓴 정해년(1707)에서 8년이 지난 시점으로, 8년 동안 원고를 묵혔다가 초고를 살피고 발문을 지은 것을 알 수 있다.

2. 文王易釋義【癸酉年 正月】
문왕역석의【계유년 정월】[32]

說卦傳曰. 乾天也, 故稱乎父, 坤地也, 故稱乎母. 震一索而得男, 故謂之長男, 巽一索而得女, 故謂之長女, 坎再索而得男, 故謂之中男, 離再索而得女, 故謂之中女, 艮三索而得男, 故謂之少男, 兌三索而得女, 故謂之少女.

「설괘전」에 이르기를, "건은 하늘이므로 아버지라 부르고, 곤은 땅이므로 어머니라 부르고, 진은 첫 번째로 구하여 남자를 얻었으므로 장남(첫째 아들)이라 이르고, 손은 첫 번째로 구하여 여자를 얻었으므로 장녀(첫째 딸)라 이르고, 감은 두 번째로 구하여 남자를 얻었으므로 중남(둘째 아들)이라 이르고, 리는 두 번째로 구하여 여자를 얻었으므로 중녀(둘째 딸)라 이르고, 간은 세 번째로 구하여 남자를 얻었으므로 소남(셋째 아들)이라 이르고, 태는 세 번째로 구하여 여자를 얻었으므로 소녀(셋째 딸)라 이른다."[33] 하였다.

(1) 문왕팔괘생출지도(文王八卦生出之圖)

此文王八卦生出之序也. 乾一, 坤二, 震三, 巽四, 坎五, 離六, 艮七, 兌八, 說卦中釋後天八卦性情, 遠取近取廣象, 皆以此爲序.

이것은 문왕팔괘의 생출(생겨 나오는) 순서이다. 건 1, 곤 2, 진 3, 손 4, 감 5, 리 6, 간 7, 태 8은 「설괘전」 가운데 후천팔괘의 성정을 해석한 것이니 멀리서 취하

---

[32] '2. 문왕역석의 계유년 정월'의 (1), (2), (3) … 구분과 소제목은 역자가 임의로 붙인 것으로 원전에는 없다.

[33] 『주역본의』「설괘전」 10장. "색(索)은 구함이니, 시초(蓍草)를 세어 효를 구함을 이른다. 남자와 여자는 괘 속의 하나의 음효와 하나의 양효를 가리켜 말했다.(索求也, 謂揲蓍以求爻也. 男女, 指卦中一陰一陽之爻而言.)"

고 가까이에서 취한[34] 광범위한 상들은 모두 이것으로 순서를 삼는다.

帝出乎震, 齊乎巽, 相見乎離, 致役乎坤, 說言乎兌, 戰乎乾, 勞乎坎, 成言乎艮. 萬物出乎震, 震東方也. 齊乎巽, 巽東南也, 齊也者, 言萬物之潔齊也. 離也者, 明也, 萬物, 皆相見, 南方之卦也. 聖人南面, 而聽天下, 嚮明而治, 蓋取諸此也. 坤也者, 地也, 萬物, 皆致養焉, 故曰致役乎坤. 兌, 正秋也, 萬物之所說也, 故曰說言乎兌. 戰乎乾, 乾, 西北之卦也, 言陰陽相薄也. 坎者, 水也, 正北方之卦也. 勞卦也, 萬物之所歸也, 故曰勞乎坎. 艮, 東北之卦也, 萬物之所成終, 而所成始也, 故曰成言乎艮.

[「설괘전」 5장에서] "상제가 진(震)에서 나와,[35] 손(巽)에 가지런하고, 리(離)

---

34 『주역』「계사전하」 2장. "가까이는 자신에게서 상(象)을 취하고 멀리는 사물에서 취하여 이에 비로소 팔괘를 만들었다.(近取諸身, 遠取諸物, 於是始作八卦.)"

35 『주역본의』「설괘전」 5장. "제(帝)는 하늘의 주재(主宰)이다. 소자가 말하였다. '이 괘의 자리는 바로 문왕이 정한 것이니, 이른바 후천의 학문이란 것이다.'(帝者, 天之主宰. 邵子曰 此

에서 서로 만나보고, 곤(坤)에 일을 맡기고, 태(兌)에 기뻐하고, 건(乾)에 싸우고, 감(坎)에 수고롭고, 간(艮)에 이른다. 만물이 진에서 나오니 진은 동방이다. 손에 가지런하다는 것은 손은 동남(東南)이니, 제(齊)는 만물이 가지런함을 말한 것이다. 리는 밝음이니 만물이 모두 서로 만나보기 때문이니, 남방의 괘이다. 성인이 남면(南面)하여 천하의 말을 들어 밝은 곳을 향해 다스림은 여기에서 취한 것이다. 곤은 땅이니, 만물이 모두 길러짐을 이루므로 곤에 일을 맡긴다 한 것이다. 태는 바로 가을이니, 만물이 기뻐하는 바이므로 태에 기뻐한다 하였다. 건에 싸운다는 것은 건은 서북(西北)의 괘이니, 음양이 서로 부딪힘을 말한 것이다. 감은 물이니 바로 북방의 괘로서 수고로운 괘이니 만물이 돌아가므로 감에서 수고롭다고 한 것이다. 간은 동북(東北)의 괘이니, 만물이 마침을 이루고 시작을 이루는 것이므로 간에 이른다고 한 것이다." 하였다.

(2) 문왕팔괘운행지도(文王八卦運行之圖)

此文王八卦運行之序也. 始震, 次巽次離次坤次兌次乾次坎, 終艮. 前一節, 以帝之主宰乎萬物而言也. 後一節, 以萬物隨帝而出入者言也. 上文曰出曰齊曰相見曰致役曰說言曰戰曰勞曰成言, 固皆言帝之功用. 然帝之功用, 非萬物無以見. 故下文又以萬物言之也.

　이것은 문왕팔괘가 운행하는 순서이다. 처음에 진부터 그다음으로 손, 리, 곤, 태, 건, 감이 오고, 간에서 마친다. 앞의 1절은 상제가 만물을 주재하는 것으로 말한 것이다. 뒤의 1절은 만물이 상제를 따라서 출입하는 것으로 말했다. 위 문장의 출(出, 나옴), 제(齊, 가지런함), 상견(相見, 서로 봄), 치역(致役, 일을 맡김), 열언(說言, 기뻐함), 전(戰, 싸움), 노(勞, 수고로움), 성언(成言, 이룸) 등으로 말한 것은 진실로 모두 상제의 공용을 말한 것이다. 그러나 상제의 공용은 만물이 아니면 볼

卦位, 乃文王所定, 所謂後天之學也.)"

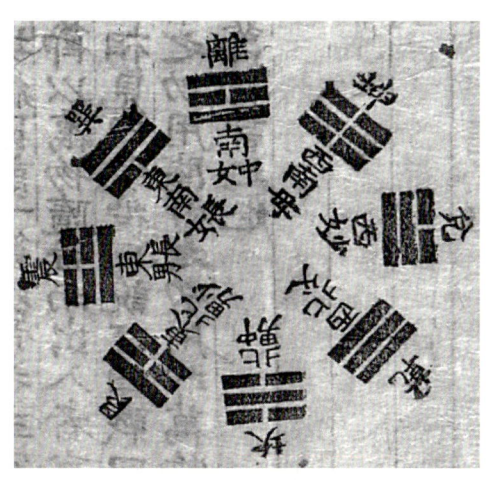

수 있는 것이 없다. 그러므로 아래 문장에서 또한 만물로 말한 것이다.

(3) 팔괘 운행의 순서: 팔괘통육십사괘운행지도(八卦統六十四卦運行之圖)

八卦流行之序, 始震終艮, 故六十四卦流行之序, 亦始震終艮. 自乾至比屬震, 皆取出乎震之義也. 小畜至豫屬巽, 皆取齊乎巽之義也. 隨至復屬離, 皆取相見乎離之義也. 無妄至恒屬坤, 皆取致役乎坤之義也. 遯至解屬兌, 皆取說言乎兌之義也. 損至井屬乾, 皆取戰乎乾之義也. 革至旅屬坎, 皆取勞乎坎之義也. 巽至未濟屬艮, 皆取成言乎艮之義也.

팔괘가 유행하는 순서는 진에서 시작해서 간에서 마치기 때문에 육십사괘의 순서도 또한 진에서 시작해서 간에서 마친다. 건(乾,☰)에서 비(比,☷)까지 진에 속한 것은 모두 '상제가 진에서 나옴'의 뜻을 취한 것이다. 소축(小畜,☰)에서 예(豫,☷)까지 손에 속한 것은 모두 '손에 가지런함'의 뜻을 취한 것이다. 수(隨,☱)에서 복(復,☷)까지 리에 속한 것은 모두 '리에서 서로 만나봄'의 뜻을 취한 것이다. 무망(無妄,☰)에서 항(恒,☳)까지 곤에 속한 것은 모두 '곤에 일을 맡김'의 뜻을 취한 것이다. 둔(遯,☰)에서 해(解,☳)까지 태에 속한 것은 모두 '태에 기뻐함'

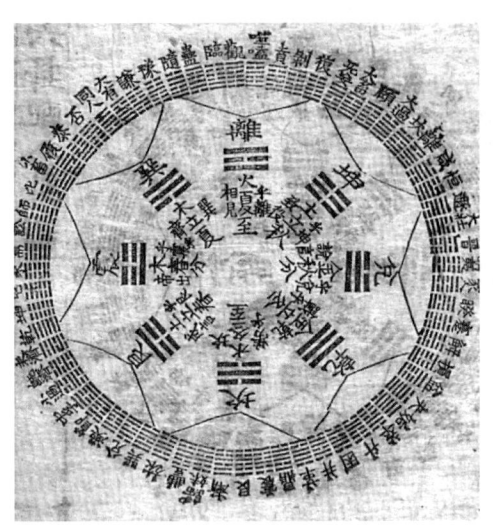

의 뜻을 취한 것이다. 손(損,䷨)에서 정(鼎,䷱)까지 건에 속한 것은 모두 '건에 싸움'의 뜻을 취한 것이다. 혁(革,䷰)에서 려(旅,䷷)까지 감에 속한 것은 모두 '감에서 수고로움'의 뜻을 취한 것이다. 손(巽,䷸)에서 미제(未濟,䷿)까지 간에 속한 것은 모두 '간에 이룸'의 뜻을 취한 것이다.

(4) 육십사괘를 팔궁에 분속함: 삼십육괘배팔괘도(三十六卦配八卦圖)

　六十四卦分屬八宮, 而八宮所取其義, 甚廣. 於離言德, 於兌言時, 於坎言行, 皆互文以相見而方位, 則偏言之. 六十四卦之義, 亦依此而推之耳.

　육십사괘를 팔궁(八宮)에 분속했으며 팔궁이 취한 뜻이 매우 광범위하다. 리(離)에서 덕을 말하고 태(兌)에서 때를 말하고 감(坎)에서 행(行)을 말하니, 문장이 서로 통하고 방위를 갖추어 말했다. 육십사괘의 뜻 또한 이것에 따라 헤아릴 따름이다.

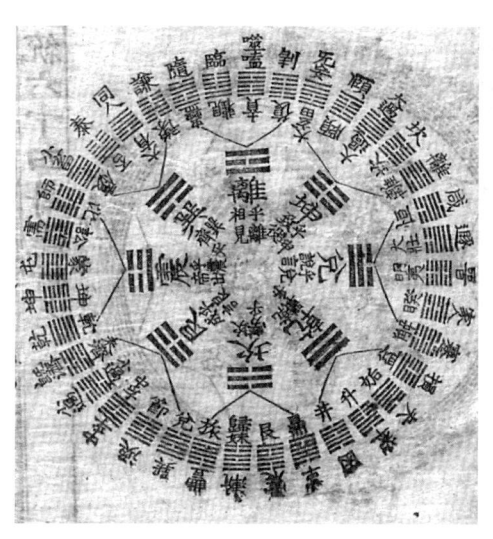

(5) '천지가 생겨난 이후에 만물이 생겨남'에 대하여

有天地然後, 萬物生, 故首乾坤. 屯者萬物之始生, 而物生必蒙, 故屯蒙次之. 需訟, 萬物之有養, 而有爭也. 師比, 萬物之有衆, 而有比也. 有養, 則有爭, 有衆, 則有比, 物生之所然也. 又需訟, 在天之水也. 師比, 在地之水也. 萬物之盈天地間者, 皆生於水, 而又得水以養也. 故需訟師比, 又次之, 皆萬物出乎震之義也. 蓋乾者天也, 天道發育, 始於震方, 而天之主宰曰帝, 首乾於震卽帝之出也, 而坤, 則乾之配也. 自屯至比, 則乾之發生萬物, 而萬物隨帝而出也. 此, 則所謂出乎震也.

천지가 있은 뒤에 만물이 생겨나므로 건과 곤이 앞에 있다. 준(屯)은 만물이 처음 생겨남이며, 만물이 처음 생겨남에는 반드시 어두우니 준(屯)과 몽(蒙)이 그다음에 있다. 수(需)와 송(訟)은 만물이 길러지게 되면 다툼이 있기 때문이다. 사(師)와 비(比)는 만물이 모이게 되면 친함이 있기 때문이다. 기름이 있으니 다툼이 있고, 모임이 있으니 친함이 있는 것이 만물이 생겨날 때 다 그런 것이다.[36] 또한 천수송(天水訟)과 수천수(水天需)는 천(天)에 있는 수(水)이고, 지수사(地水師)와 수지비(水地比)는 지(地)에 있는 수(水)이다. 만물이 천지 사이에 가득 찬 것은 모두 물에서 생겨나고, 또한 물을 얻어 길러진다. 그래서 수와 송, 사와 비가 또 그다음에 있게 된 것이다. 모두 만물이 진(震)에서 나온다는 뜻이다. 생

---

[36] 한원진은 「서괘전(序卦傳)」의 전반부에 등장하는 6개의 괘 즉, 준(屯)과 몽(蒙), 수(需)와 송(訟), 사(師)와 비(比)에 대해 설명하고 있다. 「서괘전」의 문장을 그대로 옮겨온 것이 아니라, 스스로 깨달은 내용을 서술하고 있다는 점이 흥미롭다. 6개의 괘가 나오는 「서괘전」의 문장은 다음과 같다. 『주역』「서괘전」. "하늘과 땅(천지)이 있은 뒤에 만물이 생기니, 하늘과 땅(건곤) 사이에 가득한 것이 오직 만물이다. 그러므로 준괘로 받았으니, 준은 가득함이며, 준은 물건이 처음 생기는 것이다. 물건이 생기면 반드시 어리므로 몽괘로 받았으니, 몽은 물건의 어린 것이다. 물건이 어리면 기르지 않을 수 없기 때문에 수괘로 받았으니, 수는 음식의 도이다. 음식은 반드시 다툼이 있기 때문에 송괘로 받았고, 다툼은 반드시 무리로 일어나기 때문에 사괘로 받았으며, 사는 무리이니 무리는 반드시 친함이 있기 때문에 비괘로 받았다.(有天地然後, 萬物生焉, 盈天地之間者, 唯萬物. 故受之以屯, 屯者, 盈也, 屯者, 物之始生也. 物生必蒙, 故受之以蒙, 蒙者, 蒙也, 物之穉也. 物穉不可不養也, 故受之以需, 需者, 飮食之道也. 飮食必有訟, 故受之以訟, 訟必有衆起, 故受之以師, 師者, 衆也, 衆必有所比, 故受之以比.)" 「서괘전」은 64괘 전체가 하나로 연결되어 있는 듯한 독특한 성격을 가진 문헌이다. 건곤으로부터 시작하여 「상편」을 이루는 30개의 괘가 연결되고, 이후 「하편」의 34개 괘가 필연적 관계가 있는 듯이 연결되어 있다. 간혹 괘와 괘 사이를 연결하는 필연적 언사들에 의혹이 있지만, 비교적 괘의 특성을 잘 짚어내어 서로 연결 짓고 있다. 그러나 『주역』의 역사에서 「서괘전」은 그 중요성이 무시되어 주석 작업도 다른 「십익」에 비해 소략한 편이다. 예컨대, "「서괘전」이 밝히는 것은 역의 깊은 뜻이 아니다."(韓康伯, 『周易注』) "문자만 보고 의미를 만들어냈다.(望文生義)"(孔穎達, 『周易注疏』) "「서괘전」과 「잡괘전」은 잡스럽고 순수하지 못하다.(雜駁)"(歐陽修, 『易童子問』) "견강부회하여 이치를 상실한 것이 많다."(王夫之, 『周易外傳』) "「서괘」는 성인의 글이 아니다."(程可久, 『周易古占法』) "「서괘전」의 문장들 상호 간에는 불일치와 모순성이 있다."(李鏡池, 『周易探原』) 등이다. 그러나 「서괘전」의 가치를 긍정하는 논의도 적지 않았다. "「서괘」는 의심할 것이 없으니, 「서괘」는 성인의 깊은 뜻이 아니라고 말할 수 없다."(張載, 『易說』) "「서괘전」은 역의 깊은 뜻이 아니라고 한 것은 도에 부합하지 않는다."(程頤, 「上下篇義」) "「서괘」가 역의 정수가 아니더라도 역의 깊은 뜻이 아니라고 무조건 배척하는 것은 잘못이다."(주자, 「序卦明義」) 현대 학자들도 이러한 관점에 동의하고 있다. "「서괘전」은 일견 천박해 보이지만, 돌이켜 생각해 보면 깊은 진리가 거기에 있음을 볼 수 있다."(田口福司郎, 『周易の起源』) "괘상에 대하여 새롭게 해석하고 … 새로운 이해에 따라 괘상을 새로이 배열하고 설명을 붙인 것이 「서괘전」이다."(李申, 『中國古代哲學和自然科學』)

각건대 건은 하늘이니 천도(天道)의 발육은 진방에서 시작하고, 하늘의 주재를 제(帝)라고 하니 진에 건이 앞서는 것은 곧 상제의 나옴이다. 그리고 곤은 건의 짝이다. 준(屯)부터 비(比)까지는 건이 만물을 발육하고 만물이 상제를 따라 나온 것이다. 이것이 곧 이른바 '상제가 진에서 나온다'는 것이다.

(6) 몽괘, 비괘

有天地而萬物生, 物生則蒙, 蒙則不可不養. 養則必有爭, 爭則必有衆起. 衆必有所比. 比之爲卦, 九五一陽居上之中, 上下五陰比而從之, 以一人而撫萬邦, 以四海而仰一人之象. 盖天地旣闢, 民物始生, 生而蒙, 蒙而養, 養而爭, 洪荒之世, 其勢然者也. 旣有爭亂, 則衆必聽其治於一人. 此君長之所以立也. 書曰, 惟天生民有欲, 無主乃亂, 惟天生聰明, 時乂者, 正謂此爾. 此又帝出之義也.

천지가 있고 만물이 생겨나니 만물이 생겨나면 어둡고 어두우면 기르지 않을 수 없다. 기르면 반드시 다툼이 있으니 다투면 반드시 무리가 일어남이 있다. 무리는 반드시 친한 바가 있다. 비괘(比卦)는 구오(九五)의 일양(一陽)이 상괘(上卦)의 가운데에 거처하고 상하의 5음이 친밀하게 그를 따르니, 한 사람이 만국을 어루만지고 사해가 한 사람을 우러러보는 상이다.[37] 생각건대 천지가 이미 개벽하고 사람과 사물이 처음 생겨날 때 생겨나서 어둡고, 어두우니 기르고, 기르고 다툼은 저 미개했던 홍황(鴻荒)의 세상[38]으로부터 그 기세가 그러한 것이다. 이미

---

[37] 『주역본의』「비괘 단사」. "비는 친하여 돕는 것이다. 구오는 굳센 양으로 상괘의 가운데에 거처하여 그 바름을 얻었고, 상하의 다섯 음이 친밀하게 그를 따른다. 한 사람이 만방(만국)을 어루만지고 사해가 한 사람을 우러러보는 상이다.(比親輔也. 九五以陽剛, 居上之中而得其正, 上下五陰, 比而從之, 以一人而撫萬邦, 以四海而仰一人之象.)"

[38] 『맹자집주』「滕文公上」 4장. "천하가 아직도 평화롭게 다스려지지 못했다는 것은 혼돈스럽고 미개한 세대에 사람들을 해치는 것이 많았는데, 성인이 차례로 나와서 점차 제거하고 다스렸으나 이때에 이르러서도 아직 다 평치되지 못한 것이다. … 금수가 도망하여 숨은 뒤에야 우임금이 치수(治水)하는 일을 시행할 수 있었다.(天下猶未平者, 洪荒之世, 生民之害多矣. 聖人迭興, 漸次除治, 至此尚未盡平也. … 禽獸逃匿, 然後禹得施治水之功.)"

다툼이 있으면 무리는 반드시 한 사람에게 다스림을 청해야 한다. 그래서 임금의 지위가 생겨나게 되었다. 『서경』에서 "하늘이 내신 백성들이 욕심이 있으니, 군주가 없으면 마침내 혼란하게 됩니다. 하늘이 총명한 사람을 내시는 것은 쟁란(爭亂)을 다스리려고 하신 것입니다."[39]라고 한 것이 바로 이를 말한 것이다. 이 역시도 '상제가 진에서 나온다'의 뜻이다.

(7) 소축괘, 리괘, 태괘, 비괘, 동인괘, 대유괘, 겸괘, 예괘

萬物旣生, 必有所畜, 物畜然後, 有禮. 履者, 禮也, 所謂天高地下, 萬物散殊, 而禮制行者也. 泰者, 天地之交通也. 萬物幷育而不相害也. 否者, 天地之定位也. 萬物, 各正其性命也. 同人者, 萬物之類聚而羣分也. 大有者, 萬物之富有而昭著也. 謙者, 平而不與爭也. 豫者, 和而安其所也. 皆萬物齊乎巽之義也.

만물이 이미 생겨나면 반드시 축적됨이 있으니 만물이 축적된 뒤에 예의가 있다. 리(履)는 예(禮)다. 이른바 하늘은 높고 땅은 아래에 있으니 만물이 흩어져 다양하게 되어 예의와 제도가 행해지는 것이다. 태(泰)는 천지의 교통이다. 만물이 함께 길러짐에 서로 해를 끼치지 않는다.[40] 비(否)는 천지의 정해진 지위이다. 만

---

[39] 『서경』「仲虺之誥」. "중훼가 이에 고(誥)를 지어 말하였다. "아! 하늘이 내신 백성들이 욕심이 있으니, 군주가 없으면 마침내 혼란하게 됩니다. 하늘이 총명한 사람을 내시는 것은 쟁란을 다스리려고 하신 것입니다. 유하의 덕이 어두워 백성들이 도탄에 빠지거늘 하늘이 마침내 왕에게 용맹과 지혜를 내려주시어 만방을 표정(表正)하고 우왕이 옛날에 행하셨던 것을 잇게 하시니, 그 올바른 법도를 따라서 천명을 순순히 받들어 행하셔야 할 것입니다."(仲虺乃作誥曰. 呼. 惟天生民有欲, 無主乃亂. 惟天生聰明, 時乂. 有夏昏德, 民墜塗炭, 天乃錫王勇智, 表正萬邦, 纘禹舊服, 茲率厥典, 奉若天命)."

[40] 『중용장구』30장. "공자는 요임금과 순임금을 조종(祖宗)으로 삼아 전술(傳述)하시고, 문왕과 무왕을 본받아서 지키셨으며, 위로는 천시(天時)를 따르시고, 아래로는 수토(水土)의 이치를 좇았다. 비유하면 하늘과 땅이 실어주지 않음이 없고, 덮어서 감싸주지 않음이 없는 것과 같으며, 비유하면 사시(四時)가 번갈아 운행함과 같고, 해와 달이 교대로 밝아지는 것과 같다. 만물이 그 사이에서 함께 길러져 서로 해치지 않고, 도(道)가 그 사이에서 함께 행해져 서로 위배되지 않는다. 작은 덕은 냇물의 흐름과 같고 큰 덕은 조화를 돈후하게 하니, 이것이

물이 각기 그 성명(性命)을 바르게 함이다. 동인(同人)은 만물이 부류로 모이고 무리로 나누어짐이다.⁴¹ 대유(大有)는 만물의 부(富)를 가지고 밝게 빛남이다. 겸(謙)은 공평하여 서로 다투지 않음이다. 예(豫)는 화합하여 그 거처함에 편안함이다. 모두 '만물이 손에서 가지런함'의 뜻이다.⁴²

(8) 수괘, 고괘, 임괘, 관괘, 서합괘, 비괘, 박괘, 복괘

隨蠱, 萬物之相隨而有事也. 臨觀, 萬物之旣大而可觀也. 噬嗑賁, 萬物之合而飾也. 剝復, 萬物之往而復也. 皆萬物相見乎離之義也.

수(隨)와 고(蠱)는 만물이 서로 따라서 섬김이 있음이다. 임(臨)과 관(觀)은 만물이 이미 커서 볼 만한 것이다. 서합(噬嗑)과 비(賁)는 만물이 합해서 장식함이다. 박(剝)과 복(復)은 만물이 가서 다시 오는 것이다.⁴³ 모두 '만물이 리에서 서로

천지가 위대한 까닭이다.(仲尼祖述堯舜, 憲章文武, 上律天時, 下襲水土, 辟如天地之無不持載, 無不覆幬, 辟如四時之錯行, 如日月之代明, 萬物, 並育而不相害, 道, 並行而不相悖, 小德川流, 大德敦化, 此天地之所以爲大也.)"

41 『주역』「계사전상」 1장. "방향은 부류로 모이고 사물은 무리로 나누어지니 길과 흉이 생기고, 하늘에 있어서는 상(象)이 이루어지고 땅에 있어서는 형체가 이루어지니 변과 화가 나타난다.(方以類聚, 物以群分, 吉凶生矣, 在天成象, 在地成形, 變化見矣.)"

42 「서괘전」의 순서에 따라 여덟 개의 괘를 서술하고 있으나, 「서괘전」의 문장과 같지 않으며 『중용』과 같은 글을 가지고 논의를 펼치고 있다. 이는 앞서 하락(河洛)의 수와 괘상(卦象) 등의 상수역학을 논의하다가 여기서는 의리역학의 측면을 부각하고 있는 모습이다. 『주역』「서괘전」. "비(比)는 친함이니 친하면 반드시 쌓임이 있기 때문에 소축괘로 받았으며, 물건이 쌓인 뒤에 예(禮)가 있기 때문에 리괘로 받았고, 예를 행하여 태평한 뒤에 편안하므로 태괘로 받았고, 태는 통함이니 물건은 끝내 통할 수 없기 때문에 비괘로 받았고, 물건은 끝내 막힐 수 없기 때문에 동인괘로 받았고, 사람과 함께 하는 자는 물건이 반드시 돌아오기 때문에 대유괘로 받았고, 큰 것을 소유한 자는 가득 차게 할 수 없기 때문에 겸괘로 받았고, 큰 것을 소유하고도 겸손하면 반드시 즐거울 것이기 때문에 예괘로 받았다.(比者比也, 比必有所畜, 故受之以小畜, 物畜然後有禮, 故受之以履, 履而泰然後安, 故受之以泰, 泰者通也, 物不可以終通, 故受之以否, 物不可以終否, 故受之以同人, 與人同者, 物必歸焉, 故受之以大有, 有大者, 不可以盈, 故受之以謙, 有大而能謙 必豫 故受之以豫.)"

43 「서괘전」의 이어지는 여덟 개의 괘를 논의하고 있으나, 「서괘전」의 문장을 간략히 요약하고

만나봄'의 뜻이다.

(9) 수괘의 의미는 성인이 때의 마땅함을 따름이고

隨者, 聖人, 隨時之宜也. 蠱者, 聖人, 治事之壞也. 臨觀者, 聖人之臨下而觀示也. 噬嗑賁者, 聖人之合萬物而致飾也. 剝復者, 聖人之與時消息也. 此又聖人南面, 而聽天下之義也.

수(隨)는 성인이 때의 마땅함을 따름이다. 고(蠱)는 성인이 일의 무너짐을 다스리는 것이다. 임(臨)과 관(觀)은 성인이 아래에 임해서 보여주는 것이다. 서합(噬嗑)과 비(賁)는 성인이 만물에 합해서 장식을 하는 것이다. 박(剝)과 복(復)은 성인이 때와 함께 꺼지고 자라나는 것이다. 이것은 또한 성인이 남면(南面)[44]하여 천하를 다스림의 뜻이다.

(10) 무망괘, 대축, 이괘, 대과괘, 함괘, 항괘

無妄者, 誠也. 地道誠而已矣. 大畜者, 地道畜物也. 頤者, 地道養物也. 大過

새로운 의미를 가미하고 있다. 『주역』「서괘전」. "즐거우면 반드시 따름이 있기 때문에 수괘로 받았고, 기쁨으로 사람을 따르는 자는 반드시 일이 있기 때문에 고괘로 받았고, 고는 일이니 일이 있은 뒤에 커질 수 있기 때문에 임괘로 받았고, 임은 큼이니 물건은 크게 된 다음에 볼 만하기 때문에 관괘로 받았고, 볼 만한 뒤에 합함이 있기 때문에 서합으로 받았고, 합(嗑)은 합함이니 사물은 구차하게 합할 수 없기 때문에 비괘로 받았고, 비(賁)는 꾸밈이니 꾸밈을 이룬 뒤에 형통하면 다하기 때문에 박괘로 받았고, 박(剝)은 깎는 것인데 물건은 끝내 다할 수 없으니, 깎은 것이 위에서 다하면 아래로 돌아오기 때문에 복괘로 받았다.(豫必有隨, 故受之以隨, 以喜隨人者, 必有事, 故受之以蠱, 蠱者事也, 有事而後可大, 故受之以臨, 臨者大也, 物大然後可觀, 故受之以觀, 可觀而後, 有所合, 故受之以噬嗑, 嗑者合也, 物不可以苟合而已, 故受之以賁, 賁者飾也, 致飾然後, 亨則盡矣, 故受之以剝, 剝者剝也, 物不可以終盡, 剝, 窮上反下, 故受之以復.)"

44 『주역』「설괘전」 5장. "리괘는 밝음으로 만물이 모두 서로 보기 때문이니 남방의 괘이다. 성인이 남면하여 천하의 말을 들어 밝은 곳을 향해 다스림은 여기에서 취하였다.(離也者, 明也, 萬物皆相見, 南方之卦也. 聖人南面, 而聽天下嚮明而治, 蓋取諸此也.)"

者, 陽居中而過盛也. 畜養萬物, 則必有大過者矣. 非地道之大過, 何以畜養萬物哉. 過則必有所陷, 陷則必有所麗, 麗則必有所感, 有感有應, 感應不已, 則其道恒久矣. 誠者, 地道之本也. 畜養者, 地道之功用也. 大過者, 地道之大也. 有陷有麗者, 地道之所容也. 感者, 虛而有受, 地道之量也. 恒者, 久而不變, 地道之常也. 皆萬物, 致養乎坤之義也.

무망(無妄)은 성실함이니 땅의 도(地道)는 성실일 뿐이다. 대축(大畜)은 땅의 도가 사물을 축적하는 것이다. 이(頤)는 땅의 도가 사물을 기르는 것이다. 대과(大過)는 양이 가운데 거처하여 과함이 성대한 것이다. 만물을 축적하고 기르면 반드시 크게 지나침이 있는 것이다. 땅의 도가 큰 지나침이 아니라면 무엇으로 만물을 축적하고 기를 수 있는가? 지나치면 반드시 빠지게 되고 빠지면 반드시 걸리며 걸리면 반드시 느끼는 바가 있고 느낌이 있으면 응함이 있어서 느끼고 응함이 멈추지 않으면 그 도는 오래도록 지속된다. 성실(誠)은 땅의 도의 근본이다. 축적하고 기름은 땅의 도의 공용이다. 대과는 땅의 도의 큼이다. 빠짐이 있고 걸림이 있는 것은 땅의 도의 포용하는 바이다. 느낌은 비어 있는 데서 받음이 있는 것이니 땅의 도의 헤아림이다. 항(恒)은 오래되어 변하지 않음이니 땅의 도의 항상됨이다.[45] 모두 만물이 '곤에 일을 맡김'의 뜻이다.

---

[45] 「서괘전」 가운데 6괘에 대해 서술하고 있다. 『주역』 「서괘전」. "회복하면 망령되지 않기 때문에 무망괘로 받았고, 망령됨이 없은 뒤에 쌓을 수 있기 때문에 대축괘로 받았고, 물건이 쌓인 뒤에 기를 수 있기 때문에 이괘(頤卦)로 받았고, 이(頤)는 기름이니 기르지 않으면 움직일 수 없기 때문에 대과괘로 받았고, 사물은 끝내 지나칠 수 없기 때문에 감괘로 받았고, 감(坎)은 빠짐이다. 빠지면 반드시 걸리기 때문에 리괘(離卦)로 받았으니, 리(離)는 걸림이다. … 항은 오래함이다.(復則不妄矣, 故受之以无妄, 有无妄然後可畜, 故受之以大畜, 物畜然後可養, 故受之以頤, 頤者養也, 不養則不可動, 故受之以大過, 物不可以終過, 故受之以坎, 坎者陷也, 陷必有所麗, 故受之以離, 離者麗也 … 恒者久也)."

(11) 둔괘, 대장괘, 진괘, 명이괘, 가인괘, 규괘, 건괘, 해괘

遯者, 退也. 萬物至秋而退也. 大壯者, 萬物至秋而壯固也. 晉者, 進也. 萬物至秋而進於用也. 明夷者, 傷也. 萬物至秋而衰傷也. 家人者, 萬物至秋而收藏也. 睽者, 萬物旣遂, 睽異而不同也. 蹇者, 萬物遇蹇, 撓落而歸根也. 解者, 萬物成實, 則根蔕脫落, 可復種而生也. 皆萬物至秋, 而說於成之義也.

둔(遯)은 물러남이다. 만물은 가을에 이르러 물러난다. 대장(大壯)은 만물이 가을에 이르러 장대하고 견고함이다. 진(晉)은 나아감이다. 만물은 가을에 이르러 쓰임에 나아간다. 명이(明夷)는 상함이다. 만물은 가을에 이르러 쇠퇴하고 상한다. 가인(家人)은 만물이 가을에 이르러 거두고 저장함이다. 규(睽)는 만물이 이미 완수하여 이상한 것을 엿보았으나 함께하지 않음이다. 건(蹇)은 만물이 어려움을 만나 흔들려 떨어져 뿌리로 돌아가는 것이다. 해(解)는 만물이 열매를 이루면 뿌리와 꼭지가 떨어져 다시 종자를 맺어 낳을 수 있음이다.[46] 모두 만물이 가을에 이르러 '성취에 기뻐하는' 뜻이다.

(12) 손괘, 익괘, 쾌괘, 구괘, 췌괘, 승괘, 곤괘

損則益之, 益則決之, 決則遇之. 四卦之義, 正相反而相因, 皆陰陽交戰相薄

---

[46] 「서괘전」 가운데 8괘에 대해 서술하고 있다. 『주역』「서괘전」. "사물은 한 곳에 오랫동안 머물 수 없기 때문에 둔괘로 받았고, 둔(遯)은 물러감이다. 사물은 끝내 물러갈 수만은 없기 때문에 대장괘로 받았고, 물건은 끝내 장성할 수만은 없기 때문에 진괘로 받았고, 진(晉)은 나아감이다. 나아가면 반드시 상(傷)하는 것이 있기 때문에 명이괘로 받았고, 이(夷)는 상함이다. 밖에서 상한 자는 반드시 집으로 돌아오기 때문에 가인괘로 받았고, 집안의 도가 궁하면 반드시 어그러지기 때문에 규괘로 받았고, 규(睽)는 어그러짐이다. 어그러지면 반드시 어려움이 있기 때문에 건괘로 받았고, 건(蹇)은 어려움이다. 사물은 끝내 어려울 수 없기 때문에 해괘로 받았다.(物不可以久居其所, 故受之以遯, 遯者退也, 物不可以終退, 故受之以大壯, 物不可以終壯, 故受之以晉, 晉者進也. 進必有所傷, 故受之以明夷, 夷者傷也, 傷於外者, 必反其家, 故受之以家人, 家道窮必乖, 故受之以睽, 睽者乖也, 乖必有難, 故受之以蹇, 蹇者難也, 物不可以終難, 故受之以解.)"

之義也. 遇則萃, 萃則升, 升則困, 困則反下, 萃而升, 困而下, 亦相反而相因,
亦皆交戰相薄之義也. 皆戰乎乾之義也.

 덜면(損) 보태주고(益) 보태주면 결단하고(決=夬) 결단하면 만난다. 네 괘의 뜻이 진정으로 서로 반대되나 서로 연유가 있으니 모두 음양이 서로 싸우고 서로 부딪치는 뜻이다. 만나면(姤) 모이고(萃) 모이면 오르고(升) 오르면 어렵고(困) 어려우면 반대로 내려오고 모여서 오르고 어려워서 아래로 내려오니 역시 서로 반대되나 서로 연유가 있다.[47] 역시 모두 서로 싸우고 서로 부딪치는 뜻이다. 모두 '건에 싸움'의 뜻이다.

(13) 혁괘, 정괘, 진괘, 간괘, 점괘, 귀매괘, 풍괘, 려괘

革者, 萬物至冬而盡革也. 鼎者, 萬物旣革而定命也. 震艮, 萬物自動而止也. 漸歸妹, 萬物以漸而歸也. 豊旅, 萬物旣積而復出也. 皆萬物歸乎坎之義也. 革者, 金革則反流爲水, 而水生於金也. 鼎者, 水之凝聚也. 凝聚, 則震動, 動則必止, 止則流必以漸, 其流以漸則必有所歸, 有所歸則必滿盈而豊大, 大則必有所出, 而爲旅矣. 此又取水歸之義也.

 혁(革)은 만물이 동지에 이르러 새로 고치는 것이다. 정(鼎)은 만물이 이미 다 갈아 명을 정함이다. 진(震)과 간(艮)은 만물이 스스로 움직여 그침이다. 점(漸)

---

47 「서괘전」 가운데 7괘에 대해 서술하고 있다. 『주역』 「서괘전」. "해(解)는 느슨해짐이니, 느슨해지면 반드시 잃는 것이 있기 때문에 손괘로 받았고, 덜기를 그치지 않으면 반드시 더하기 때문에 익괘로 받았고, 더하기를 그치지 않으면 반드시 터지기 때문에 쾌괘로 받았고, 쾌(夬)는 터짐이니, 터지면 반드시 만나는 것이 있기 때문에 구괘로 받았고, 구(姤)는 만남이니, 물건이 서로 만난 뒤에 모이기 때문에 췌괘로 받았고, 췌(萃)는 모임이니, 모여서 올라감을 오른다고 하기 때문에 승괘로 받았고, 오르기를 그치지 않으면 반드시 곤란하기 때문에 곤괘로 받았고, 위에서 곤란한 자는 반드시 아래로 돌아온다.(解者緩也, 緩必有所失, 故受之以損, 損而不已必益, 故受之以益, 益而不已必決, 故受之以夬, 夬者決也, 決必有所遇, 故受之以姤, 姤者遇也, 物相遇而後聚, 故受之以萃, 萃者聚也, 聚而上者謂之升, 故受之以升, 升而不已必困, 故受之以困, 困乎上者必反下.)"

과 귀매(歸妹)는 만물이 점점 돌아감이다. 풍(豊)과 려(旅)는 만물이 이미 축적되어 다시 나옴이다. 모두 만물이 '감(坎, 물)에 돌아감'의 뜻이다. 혁은 쇠와 가죽이니 거꾸로 흘러 물이 되고 물은 쇠에서 생겨난다. 정은 물이 뭉쳐서 모임이다. 뭉쳐 모이면 흔들리니 흔들리면 반드시 멈추고 멈추면 흐름은 반드시 점차 나아가니 그 흐름이 점차 나아가면 반드시 돌아갈 바가 있다. 돌아갈 바가 있으면 반드시 가득 차고 풍요롭고 성대해진다. 성대하면 반드시 나아가는 바가 있어 나그네가 된다.[48] 이것도 '물의 돌아감을 취한' 뜻이다.

(14) 손괘, 태괘, 환괘, 절괘, 중부괘, 소과괘

巽者, 入也. 兌者, 說也. 渙者, 散也. 節者, 收也. 入而說, 散而收, 皆成終之義也. 中孚者, 中虛而受物也. 小過者, 陰過而陽在內也. 既濟者, 物之有濟也. 未濟者, 物之不可窮也. 中虛受物, 而陽氣在內, 物有所濟, 而不可終窮者, 皆成始之義也. 皆成言乎艮之義也.

손(巽)은 들어감이다. 태(兌)는 즐거움이다. 환(渙)은 흩어짐이다. 절(節)은 거둠이다. 들어가 즐거우며 흩어져 보임은 모두 마침을 이루는 뜻이다. 중부(中孚)는 가운데가 비어서 만물을 받아들인다. 소과(小過)는 음이 지나쳐 양이 안에 있

---

[48] 「서괘전」 가운데 8괘에 대해 서술하고 있다. 『주역』 「서괘전」. "우물의 도는 고치지 않을 수 없기 때문에 혁괘로 받았고, 물건을 고치는 것은 솥만 한 것이 없기 때문에 정괘(鼎卦)로 받았고, 그릇을 주관하는 자는 맏아들만 한 자가 없기 때문에 진괘(震卦)로 받았고, 진(震)은 움직임이니 물건은 끝내 움직일 수만은 없어 멈추기 때문에 간괘로 받았고, 간(艮)은 멈춤이니 물건은 끝내 멈출 수만은 없기 때문에 점괘로 받았고, 점(漸)은 나아감이니 나아가면 반드시 돌아오는 것이 있기 때문에 귀매괘로 받았고, 돌아갈 곳을 얻은 자는 반드시 커지기 때문에 풍괘로 받았고, 풍(豊)은 큼이니 큼을 궁극히 하는 자는 반드시 그 거처를 잃을 것이기 때문에 려괘로 받았다.(井道不可不革, 故受之以革, 革物者莫若鼎, 故受之以鼎, 主器者莫若長子, 故受之以震, 震者動也, 物不可以終動, 止之, 故受之以艮, 艮者止也, 物不可以終止, 故受之以漸, 漸者進也, 進必有所歸, 故受之以歸妹, 得其所歸者必大, 故受之以豊, 豊者大也, 窮大者必失其居, 故受之以旅.)"

음이다. 기제(旣濟)는 만물의 구제함이 있음이다. 미제(未濟)는 만물이 다 끝날 수 없다는 것이다. 가운데가 비어 만물을 받아들이고 양기(陽氣)가 안에 있고 만물이 구제됨이 있어 다 끝날 수 없는 것은 모두 시작을 이룬 뜻이다.[49] 모두 '간(艮)에 이룸'의 뜻이다.

(15) 총론

文王八卦生出之序, 主於卦畫奇偶父母男女之對待也. 其運行之序, 主於男女生育四時五行之流行也. 生出者, 爲體, 運行者, 爲用. 體方而用圓, 體靜而用動, 體有常而用主變, 故對待流行, 各爲一義, 而位置倫序, 自不得不異矣. 若欲以運行之序, 準之於生出之序, 則可見其局而不通矣.

문왕팔괘의 생출 순서는 괘획, 기우(奇偶), 부모, 남녀의 대대 관계에 주안점을 둔 것이다. 그 운행의 순서는 남녀, 생육, 사시, 오행의 유행에 주안점을 둔 것이다. 생출은 본체가 되고 운행은 작용이 된다. 본체는 네모나고 작용은 원(圓)이며 본체는 고요하고 작용은 움직이며 본체는 항상됨이 있고 작용은 변화를 주로 한다. 그래서 대대와 유행은 각각 하나의 뜻이 되나 지위와 질서 있는 차례는 저절로 다르지 않을 수 없다. 만일 운행의 순서를 생출의 순서로 기준을 삼으려 한다면 국한되어서 통하지 않음을 볼 수 있다.

---

49 「서괘전」 가운데 6괘에 대해 서술하고 있다. 『주역』「서괘전」. "나그네로 다녀 용납될 곳이 없기 때문에 손괘로 받았고, 손(巽)은 들어감이니 들어간 뒤에 기뻐하므로 태괘로 받았고, 태(兌)는 기뻐함이니 기뻐한 뒤에 흩어지기 때문에 환괘로 받았고, 환(渙)은 떠남이니 물건은 끝내 떠날 수만은 없기 때문에 절괘로 받았고, 절도가 있으면 믿기 때문에 중부괘로 받았고, 믿음이 있는 자는 반드시 행하기 때문에 소과괘로 받았고, 남보다 지나침이 있는 자는 반드시 구제하기 때문에 기제괘로 받았고, 물건은 다 끝날 수 없기 때문에 미제괘로 받아 마쳤다.(旅而无所容, 故受之以巽, 巽者入也, 入而後說之, 故受之以兌, 兌者說也, 說而後散之, 故受之以渙, 渙者離也, 物不可以終離, 故受之以節, 節而信之, 故受之以中孚, 有其信者, 必行之, 故受之以小過, 有過物者必濟, 故受之以旣濟, 物不可窮也, 故受之以未濟, 終焉.)"

(16) 혹문(或問)

(16-1) 팔괘의 위치

或曰. 六十四卦之序, 配乎八卦之位者, 何以知其必然也.

어떤 사람이 물었다. 육십사괘의 순서가 팔괘의 위치와 짝이 되는 그 필연성은 어떻게 알 수 있습니까?

曰. 此以先天推之, 則可知其然矣. 先天六十四卦之圖, 只就其八卦之位, 乾南坤北離東坎西者, 而廣之耳. 圖雖有大小, 其布置之法, 運行之勢, 未有所變也. 然則後天六十四卦之序, 亦只就其八卦之位, 離南坎北震東兌西者, 而配之者, 亦可見矣.

말씀드립니다. 이것은 선천으로 미루어 헤아리면 그 이유를 알 수 있습니다. 선천 육십사괘의 그림은 다만 그 팔괘의 위치인 '건남, 곤북, 리동, 감서'에 나아가서 그것을 확대한 것일 뿐입니다. 그림이 비록 크고 작은 차이가 있지만 그 분포와 배치의 방법이나 운행의 기세는 변한 적이 없습니다. 그러므로 후천 육십사괘의 순서도 역시 그 팔괘의 위치인 '리남, 감북, 진동, 태서'에 나아가서 그것과 짝이 되는 것을 알 수 있습니다.

蓋先天, 主乎卦畫之對待, 故只可見其陰陽奇偶往來消息之變, 燦然相對者, 而不可求其卦義【屯者生, 蒙者穉之類】之用也. 後天, 主乎卦義之流行, 故亦只見其四時五行生長收藏之序, 秩然相比者, 而不可按以卦畫【陽畫奇, 陰畫偶】之體也. 此其一體一用, 不可相無, 而必其幷立, 然後易道乃可盡也.

생각건대 선천은 괘획의 대대에 주안점을 두고 있기 때문에 다만 그 음양, 기우, 왕래, 소식의 변화가 찬연히 상대하는 것을 볼 수 있을 뿐 그 괘의 뜻【준은 생겨남이고 몽은 어리다는 것과 같은 종류들】의 작용을 구할 수는 없습니다. 후천은 괘의 뜻의 유행에 주안점을 두고 있기 때문에 그 사시, 오행, 생장과 수장의 질서가 정연하게 서로 이웃하고 있는 것을 볼 수 있을 뿐 괘획【양획은 홀수이고 음획은 짝수이다】의 실체를 살펴볼 수는 없습니다. 이래서 그 하나는 본체이고 하나는 작용인 것이 서로 없을 수 없으니 반드시 병립한 뒤에야 역의 도가 곧 다할 수 있습니다."

(16-2) 팔궁의 유행

或曰. 六十四卦之序, 旣因八宮流行之運, 則宜若不復取於卦畫, 而其序乃以卦畫之正對反對爲次者, 何也.

어떤 사람이 물었다. 육십사괘의 순서가 이미 팔궁이 유행하는 운행에 연유하므로 괘획에서 다시 취하지 않은 것 같은데 그 순서가 괘획의 정대(正對, 괘를 이루는 음양의 획이 서로 바뀌는 것)와 반대(反對, 괘가 거꾸로 된 전도 형태)를 가지고서 차례로 만든 것은 왜입니까?"

曰. 正對者, 兩卦分立, 而相配爲體也. 反對者, 二卦本一, 而互藏其用也. 正對比次者, 以其配體之不可偏廢也. 反對比次者, 明其藏用之反復爲一也.

말씀드립니다. 정대는 두 괘를 나누어서 서로 짝을 만들어 실체가 된 것입니다. 반대는 두 괘가 본래 하나이지만 서로 그 쓰임을 감춘 것입니다. 정대비차(正對比次, 괘를 이루는 음양의 획이 서로 반대가 된 것들이 이웃 괘가 되어 차례를 이룬 것)는 그 짝이 되는 실체의 한 가지만을 버릴 수 없기 때문입니다. 반대비차(反對比次, 괘가 거꾸로 된 전도 형태들이 이웃 괘가 되어 차례를 이룬 것)는 그 감춤과 쓰임이 반복되는 것이 하나라는 점을 밝힌 것입니다.[50]

---

[50] 역에는 삼역(三易)이 있으니, 변역(變易), 교역(交易), 반역(反易)이다. 변역은 괘를 이루는 음양의 획이 서로 바뀌는 것이다. 건(乾, ☰)의 양획이 모두 음획으로 바뀌면 곤(坤, ☷)이 된다. 교역은 상괘(上卦)와 하괘(下卦)가 서로 자리를 바꾸는 것이다. 지천태(地天泰, ䷊)의 상괘(上卦)인 곤지(坤地, ☷)가 아래로 가고 하괘인 건천(乾天, ☰)이 위로 가면, 천지비(天

試略言之, 乾爲萬物之始, 而得坤與配, 然後方成天地之體, 故坤次之. 天地旣立, 萬物生焉, 故屯次之, 而屯反爲蒙, 則蒙亦屯之生也. 物生必有養, 故需次之, 而需反爲訟, 則訟亦需之養也. 物旣生養, 其類必衆, 故師次之, 而師反爲比, 則比亦師之衆也. 皆萬物出乎震之事也.

　간략하게 말하면, 건(乾, ☰)은 만물의 시작이며 곤(坤, ☷)을 짝으로 얻은 뒤에야 천지의 실체를 이룰 수 있기 때문에 곤이 그다음 차례입니다. 천지가 이미 서면 만물이 생겨나기 때문에 준(屯, ䷂)이 그다음 차례이며 준의 반대는 몽(蒙, ䷃)이니 몽 또한 준을 생겨나게 해주는 괘입니다. 만물이 생겨나면 반드시 길러줌이 있으므로 수(需, ䷄)가 그다음 차례가 되며 수는 반역하면 송(訟, ䷅)이 되니, 송 또한 수의 길러줌입니다. 만물이 이미 생겨나고 길러주면 그 부류들은 반드시 무리가 되므로 사(師, ䷆)가 그다음 차례이며 사는 반역하면 비(比, ䷇)가 되니 비 또한 사의 무리입니다. 모두 '만물이 진(震)에서 나오는' 일입니다.

物衆則必有所畜, 故小畜次之, 畜然後可齊, 故小畜爲巽宮之首, 小畜之反爲履, 則履亦畜也. 物旣畜則安, 故泰次之, 而泰之反爲否, 則否亦泰也. 安則同, 故同人次之, 而同人之反爲大有, 則大有亦同人也. 同則平, 故謙次之, 而謙之反爲豫, 則豫亦謙也. 皆齊乎巽之事也.

　사물이 무리를 지으면 반드시 축적됨이 있으므로 소축(小畜, ䷈)이 그다음 차례가 됩니다. 축적된 후에 가지런해질 수 있으므로 소축은 손궁(巽宮)의 머리가 되며 소축의 반역은 리(履, ䷉)이니 리 또한 축적됨입니다. 만물이 이미 축적되면

地否, ䷋)가 된다. 마지막으로 반역이 있는데, 이것은 괘가 전도된 형태이다. 산수몽(山水蒙, ䷄)을 거꾸로 세우면 수뢰준(水雷屯, ䷂)이 된다. 한원진은 이를 정대(正對)와 반대(反對)로 설명하고 있다. 정대는 '변역'이고 반대는 '반역'에 해당한다. 그러나 한원진의 정대와 반대는 「시괘전」에서 보듯 현행의 64괘가 배열된 순서를 설명하기 위한 목적을 가지고 있어서, 삼역과 완전히 같은 개념이 아니다.

편안하므로 태(泰,䷊)가 그다음 차례이며 태의 반역은 비(否,䷋)이니 비 또한 편안함입니다. 편안하면 같아지므로 동인(同人,䷌)이 그다음 차례가 되며 동인이 반역하면 대유(大有,䷍)가 되니 대유 또한 동인입니다. 같으면 공평하므로 겸(謙,䷎)이 그다음 차례가 되며 겸의 반역은 예(豫,䷏)가 되니 예 또한 겸입니다. 모두 '손에서 가지런해지는' 일입니다.

物旣平, 則有所隨, 故隨次之, 而有所隨, 而後可見, 故隨爲離宮之首, 隨者動而說也. 臨者, 二陽進臨乎四陰也. 噬嗑者, 雷電合而章也. 剝者, 一陽止於上, 而爲五陰所瞻仰也. 蠱反爲隨, 觀反爲臨, 賁反爲噬嗑, 復反爲剝, 皆相見乎離之事也. 自坤以下所屬諸卦, 皆然.

만물이 이미 공평해지면 따르는 바가 있으므로 수(隨,䷐)가 그다음 차례가 되며 따르는 바가 있는 뒤에야 볼 수 있으므로 수가 이궁(離宮)의 머리가 되니 수는 움직여 기쁜 것입니다. 임(臨,䷒)은 두 양이 네 음에 나아가 임한 것입니다. 서합(噬嗑,䷔)은 천둥과 번개가 합해서 빛나는 것입니다. 박(剝,䷖)은 일양이 위에서 머물러 다섯 음이 우러러보는 것입니다. 고(蠱,䷑)는 반역해서 수(隨,䷐)가 되고 관(觀,䷓)은 반역해서 임(臨,䷒)이 되며 비(賁,䷕)는 반역해서 서합(噬嗑,䷔)이 되고 복(復,䷗)은 반역해서 박(剝,䷖)이 되니, 모두 '리(離)에서 서로 보는' 일입니다. 곤 이하에 소속된 여러 괘는 다 그렇습니다.

盖六十四卦反而約之, 則只是三十六卦也. 邵子詩曰三十六宮都是春, 此以三十六卦包盡六十四卦之義而言也. 知此, 則可知其正對反對之相爲比次者, 實亦因乎八宮流行之運矣.

생각건대 육십사괘의 반역을 요약하면 삼십육괘일 뿐입니다.[51] 소강절 선생의

---

[51] 『주역본의』「서괘전」. "물었다. 『주역』은 상경(上經)에 30괘, 하경(下經)에 34괘로 많고 적

시가 있습니다. '삼십육궁이 모두 봄이라.' 이것은 삼십육괘가 육십사괘를 다 포함한다는 뜻으로 말한 것입니다. 이를 알면 그 정대와 반대가 서로 비차(이웃하는 차례로 이어져 늘어섬)가 되니 실로 팔궁이 유행하는 운행에서 연유한 것임을 알 수 있습니다.

(16-3) 곤 한 궁의 가운데

或曰. 咸恒居坤宮之末, 而又爲下篇之首, 上下篇之分, 又在坤一宮之中, 何也.

어떤 사람이 물었다. "함(咸)과 항(恒)이 곤궁(坤宮)의 끝에 있으며 또 「하편」의 머리가 되니, 「상편」과 「하편」의 나뉨이 또한 곤 한 궁의 가운데에 있는 것은 어째서입니까?"

曰. 今以六十四卦分配八宮, 故咸恒屬坤宮之末. 若以不易反易之卦三十六分配, 則坎離乾兌各得四卦, 震兌坤艮各得五卦, 咸恒於是屬兌宮之初, 爲下篇之首, 而自震至坤爲上篇, 自兌至艮爲下篇. 上下篇之分, 均得十八卦矣.

말씀드립니다. "지금 육십사괘를 팔궁에 분배했기 때문에 함과 항은 곤궁의 끝

음이 같지 않은 것은 어째서인가? 대답했다. 괘에는 음양이 바뀌는 정대괘와 거꾸로 된 반대괘가 있다. 건(乾)·곤(坤), 감(坎)·리(離), 이(頤)·대과(大過), 중부(中孚)·소과(小過) 8괘는 정대괘이다. 정대괘는 변하지 않으므로 뒤집어 보아도 8괘가 되는 데 그친다. 그 나머지 56괘는 반대괘이다. 반대괘는 모두 변하므로 뒤집어서 보면 모두 28괘이다. 정대괘와 반대괘를 합쳐서 보면 모두 36괘이다. 상경에서 변하지 않는 괘는 모두 6괘이니, 건·곤·감·리·이·대과 괘들이다. 준(屯)·몽(蒙)괘에서 이하 24괘를 반대괘로 보면 12괘가 되며, 12괘에 6괘를 더하면 18괘가 된다. 하경에서 변하지 않는 괘는 모두 2괘인데 중부·소과 괘이다. 함(咸)·항(恒)괘에서 이하 32괘를 반대괘로 보면 16괘가 되며, 16괘에 2괘를 더하면 18괘가 된다. 그 많고 적은 수는 일찍이 균등하지 않음이 없다.(問. 易上經三十卦, 下經三十四卦, 多寡不均, 何也. 曰. 卦有正對, 反對. 乾坤坎離頤大過中孚小過, 八卦正對也. 正對不變, 故反覆觀之止成八卦. 其餘五十六卦, 反對也. 反對者皆變, 故反覆觀之共二十八卦. 以正對卦合反對卦觀之, 總而爲三十六卦. 其在上經不變卦凡六, 乾坤坎離頤大過是也. 自屯蒙而下二十四卦, 反之則爲十二, 以十二而加六則十八也. 其在下經不變卦凡二, 中孚小過是也. 自咸恒而下三十二卦, 反之則爲十六, 以十六而加二亦十八也. 其多寡之數, 則未嘗不均也.)"

에 속합니다. 만일 불역과 반역의 36가지 괘를 분배한다면, 감·리·건·태는 각각 네 괘를 얻고, 진·태·곤·간은 각각 다섯 괘를 얻으며 함과 항이 이에 태궁의 처음에 속하여 「하편」의 머리가 되며, 진부터 곤까지가 「상편」이고 태부터 간까지가 「하편」이 됩니다. 「상편」과 「하편」의 나뉨은 18괘를 골고루 얻습니다.

盖八宮之中, 震爲萬物之生, 兌爲萬物之成, 坤爲萬物之養, 艮爲萬物之成終成始. 惟此四卦爲重, 故皆得五卦, 而咸之在兌宮者, 又爲感遇結聚而爲斂退收藏之始矣. 其六十四卦之分配, 咸恒之屬坤者, 乃坤之氣, 溢而流於兌, 兌之氣, 縮而入於坤, 二宮之氣, 交互貫穿, 而上下篇之義, 又見其相爲終始, 非復截然不相入者矣.

생각건대 팔궁 가운데 진은 만물의 생겨남이고 태는 만물의 이룸이며 곤은 만물의 기름이고 간은 만물의 끝과 시작을 이룸입니다. 오직 이 네 괘가 중요하기 때문에 모두 다섯 괘를 얻으며, 함이 태궁에 있는 것은 또한 느껴 만나서 합해 모이고 거두어들이고 물러나 감춤의 시작이 됩니다. 육십사괘의 분배에서 함과 항이 곤에 속하는 것은 곧 곤의 기운이 넘쳐서 태로 흘러가고, 태의 기운은 움츠러들어서 곤으로 들어가서 두 궁의 기운이 서로 관통하니, 「상편」과 「하편」의 뜻은 또한 서로가 시작과 끝이 되는 것이지 딱 자르듯이 서로가 들어가지 않는 것이 아님을 볼 수 있습니다."

(16-4) 삼색(三索)에 대하여

或曰. 或有爲後天之說者, 以三索爲主, 而不獨乾坤生六子, 六子又各三索以生乾坤以下諸卦, 而六十四卦之序, 謂亦因此而排定其義, 如何.

어떤 사람이 물었다. 후천의 설을 말하는 사람들은 삼색(세 번 구함)을 위주로 하여 건곤만 육자(六子, 세 아들과 세 딸)를 낳는 것이 아니고 육자 또한 각각 삼색하여 건곤 이하의 여러 괘를 낳으며, 육십사괘의 순서가 또한 이것에 연유해서 그 의미를 배정한다고 말하는데, 어떻습니까?"

曰. 此正徒見其象而未識其意耳. 易雖有先後天之不同, 其有生出之體, 運行之用, 則同耳. 先天, 先有一畫, 以至三畫, 而以乾兌離震巽坎艮坤爲生出之序, 以乾南坤北離東坎西爲運行之位. 後天, 先有乾坤, 以生六子, 而以乾坤震巽坎離艮兌爲生出之序, 以震東兌西離南坎北爲運行之位. 二者固皆不同矣, 而其一天之中生出運行各自有序, 則同矣.

말씀드립니다. 이것은 단지 그 상(象)만 보고 그 뜻을 아직 모르는 것일 뿐입니다. 역이 비록 선천과 후천에 같지 않음이 있지만, 그 생출의 본체와 운행의 작용이 있는 것은 같을 뿐입니다. 선천은 먼저 일획이 있고 삼획에 이르러서 건·태·리·진·손·감·간·곤을 생출의 순서로 삼고, 건남(乾南)·곤북(坤北)·이동(離東)·감서(坎西)를 운행의 위치로 삼습니다. 후천은 먼저 건곤이 있고 육자를 낳아서 건·곤·진·손·감·리·간·태를 생출의 순서로 삼고, 진동(震東)·태서(兌西)·이남(離南)·감북(坎北)을 운행의 위치로 삼습니다. 둘은 진정 모두 같지 않습니다. 그러나 동일한 하늘 속에서 생출과 운행은 각각 절로 순서가 있음은 같습니다.

今以八卦皆各三索而以生八卦, 則八卦互爲先後, 而其生出之序, 終未有自然不易之定分矣. 此其誤一也. 且以乾坤而生六子可也, 而以六子而反生父母, 則其於倫理悖亂, 亦甚矣. 此其誤二也. 況生之序行之序, 本各不同, 自河圖五行而已然矣. 故先天生出運行之序, 旣不盡同, 而後天生出運行之序不同, 又懸矣. 今欲以六十四卦運行之序, 强附於三索生出之義, 則則其髣髴偶合者, 亦未見其有矣. 何處見其自然排比, 不費智力之妙哉.

지금 팔괘가 각각 삼색하여 팔괘를 생하면, 팔괘가 서로 선후가 되어 그 생출의 순서는 결국 자연스럽게 변하지 않는 정해진 구분이 있지 못합니다. 이것이 첫 번째 오류입니다. 게다가 건곤이 육자를 낳는 것은 그럴 수 있지만, 육자가 거꾸로 부모를 낳는다면 그 패륜 또한 심할 것입니다. 이것이 두 번째 오류입니다. 하물며 생출의 순서와 운행의 순서가 본래 각각 같지 않으니 「하도」의 오행으로부터 이미 그렇습니다. 그래서 선천의 출생과 운행의 순서는 이미 다 같지 않으며, 후천의 생출과 운행의 순서가 같지 않은 것도 또한 현격합니다. 지금 육십사괘의 운행 순서를 가지고 삼색 출생의 의미에 견강부회한다면, 우연히 합치한 것도 이런 것이 있는 줄을 모를 것입니다. 그러니 어디에서 자연스럽게 순서에 따라 나열되어서 (견강부회하느라 생긴) 지력의 오묘함을 낭비하지 않아도 된다는 것을 알겠습니까!

盖後天八卦之序, 實由於乾坤相求以生六子, 則其以三索爲主, 固未始不可, 而持此一說, 欲盖衆理, 至以爲六子亦各三索以生諸卦, 而六十四卦之序, 亦由此而排定, 則直不成說話矣. 雖强以謂井井不紊, 其孰與之哉.

생각건대 후천팔괘의 순서는 실로 건곤이 서로 구해서 육자를 낳은 것에 연유하는 것이니 그 삼색을 위주로 하는 것은 사실 처음은 불가한 것은 아니나 이 한 설을 가지고 뭇 이치를 덮고, 육자가 또한 각각 삼색하여 여러 괘들을 낳고 육십사괘의 순서도 또한 이로부터 배정된다고 생각하는 데 이른다면 말이 되지 않을 것입니다. 비록 억지로 조리가 분명하여 헝클어지지 않는다고 하지만 누가 여기에 동참하겠습니까?

(16-5) 후천의 팔괘

或曰. 或者又以後天八卦各遇八卦爲六十四卦者, 以乾坎艮震巽離坤兌爲序, 其說亦如何.

어떤 사람이 물었다. 어떤 사람들은 후천팔괘가 각각 팔괘를 만나서 육십사괘가 된다고 생각하여, 건·감·간·진·손·리·곤·태를 순서로 삼는데 그 설은 또한 어떻습니까?

曰. 此又不識名義大體顯然可見者矣. 首乾坤, 次震巽, 次坎離, 次艮兌者, 生出之序也. 始震, 次巽, 次離, 次坤, 次兌, 次乾, 次坎, 次艮者, 運行之序也. 八卦各遇八卦者, 若主生出, 則當以首乾坤終艮兌者爲序. 若主運行, 則當以始震終艮者爲序. 今以乾坎艮震巽離坤兌爲序者, 此爲生出之序耶, 爲運行之序耶. 此盖元不識後天生出運行之序, 而徒見其先天之卦, 以乾爲首, 又見其後天之卦, 坎次於乾, 遂以乾坎爲序, 殊不知後天之乾退在西北者, 全不用事, 其義只爲陰陽交戰相薄之義, 而不可復爲萬化之首者矣.

말씀드립니다. 명칭이 갖는 의미의 대체가 분명하여 알 수 있는데도 알지 못해서입니다. 건곤을 머리로 하고 그다음에 감리가 오며 그다음으로 간태(艮兌)가 오는 것은 생출의 순서입니다. 진에서 시작하여 그다음에 손이 오고, 그다음에 리가 오며, 그다음으로 곤·태·건·감·간의 순서로 오는 것은 운행의 순서입니다. 팔괘가 각각 팔괘를 만나는 것은 만일 생출을 주로 하면 마땅히 건곤을 머리로 하고 간태를 끝으로 하여 순서를 삼아야 합니다. 만일 운행을 주로 하면 진에서 시작하여 간에서 마치는 것으로 순서를 삼아야 합니다. 지금 건·감·간·진·손·리·곤·태를 순서로 삼는 것은 생출의 순서인가요 운행의 순서인가요? 이것은 원래 후천의 생출과 운행의 순서를 몰라서 단지 선천의 괘를 보고서 건을 머리로 하고, 또 후천의 괘를 보아 감을 건 다음에 두어서 마침내 건감(乾坎)을 순서로 삼는 것이니, 특히나 후천의 건이 서북방으로 물러선 것을 모르는 것이니, (그렇게 되면 건이) 전혀 작용하지 않아서 그 의미는 단지 음양이 서로 싸우고 맞서는 뜻이 될 뿐이니 다시 수많은 변화의 머리가 될 수 없는 것입니다.

或者之說, 其疎謬可笑如此, 又何可與議於羲文之精蘊也哉. 故其他所引參同納甲世應八宮十二辟卦等義, 以傅其說者類, 皆郢書燕說耳. 以是自贊其有功於文王, 擬之於伏羲之朱邵者, 可謂愚且妄矣. 子亦有疑惑於彼說者, 誤耳, 誤耳.

혹자의 설이 허술하고 잘못되어 가소로운 것이 이와 같으니 또한 어찌 더불어 복희와 문왕의 정수와 온축을 논의할 수 있겠습니까? 그러므로 그밖에 끌어댄 참동계(參同契, 연단술을 주역과 결합), 납갑(納甲, 육십갑자와 괘를 연결함), 세응(世應, 육십사괘에 육십갑자를 붙여서 점을 침), 팔궁(八宮, 육십사괘를 팔괘에 따라 분류함), 십이벽괘(十二辟卦, 괘기설에 따라 열두 달과 상응하는 12괘의 특별함 강조) 등의 논의로 그 설을 넓히는 것과 같은 종류이니, 모두 영서연설(郢書燕說, 억지로 끌어다 붙여 교묘하게 해석하는 것)[52]일 뿐입니다. 이로써 문왕에 공이 있다고 스스로 찬미하고, 복희씨 다음의 주자와 소자에 비기는 것은 어리석고 제정신이 아닌 것이라 할 수 있습니다. 그대 또한 저 설에 의혹이 있으니 참으로 잘못된 것이 틀림없을 것입니다.

(17) 팔괘의 의미

(17-1) 진괘에 속하는 팔괘

序卦傳, 有天地然後, 萬物生焉. 盈天地之間者, 惟萬物, 故受之以屯. 屯者, 盈也. 屯者, 物之始生也. 物生必蒙, 故受之以蒙. 蒙者, 蒙也. 物之穉也, 物穉不可不養也, 故受之以需. 需者, 飮食之道也. 飮食必有訟, 故受之以訟. 訟必有衆起, 故受之以師. 師者, 衆也. 衆必有所比, 故受之以比. 比者, 比也.

---

[52] 한원진은 송대 소강절이 창시하고 주자가 계승한 선천역학과 같은 상수역학을 긍정적으로 인정한 것과 달리 송대 이전의 상수역학 특히 한대(漢代) 역학에 대해서는 비판적 견해를 가지고 있었다. '영서연설'은 『한비자』「외저설(外儲說)」에서 나온 말로서, 글의 뜻을 왜곡한다는 의미지만 결과적으로는 긍정적인 결말로 끝난 고사이다. 그러나 이후에는 글의 뜻을 왜곡한다는 의미만 널리 회자되어 부정적으로 사용되고 있다. 대강의 줄거리는 다음과 같다. 초(楚)나라 영(郢)에 사는 사람이 연(燕)나라 상국(相國)에게 밤에 편지를 쓸 적에, 불이 밝지 않자 시자(侍者)에게 "촛불을 들어라"라고 명령하면서 자기도 모르게 '거촉(擧燭)'이라는 두 글자를 편지 속에 잘못 적어 넣었다. 그런데 연나라 상국이 그 편지를 받고서 '거촉은 밝음을 숭상하는 것인데, 밝음을 숭상하려면 현인을 발탁하여 등용해야 한다(擧燭者, 尙明也, 尙明也者, 擧賢而任之.)'고 생각하고 왕에게 건의하여 나라가 잘 다스려졌다는 고사이다.

「서괘전」에 "하늘과 땅(천지)이 있은 뒤에 만물이 생기니, 하늘과 땅(건곤) 사이에 가득한 것이 오직 만물이다. 그러므로 준괘로 받았으니, 준은 가득함이며 준은 물건이 처음 생기는 것이다. 물건이 생기면 반드시 어리므로 몽괘로 받았으니, 몽은 어림이니 물건의 어린 것이다. 물건이 어리면 기르지 않을 수 없기 때문에 수괘로 받았으니, 수는 음식의 도이다. 음식은 반드시 다툼이 있기 때문에 송괘로 받았고, 다툼은 반드시 무리로 일어나기 때문에 사괘로 받았으며, 사는 무리이니 무리는 반드시 친함이 있기 때문에 비괘로 받았다. 비는 친함이다." 하였다.

右八卦屬震, 皆出乎震之事也. 義見上. 不易者二, 反易者三, 得三十六卦之五.
위 여덟 괘는 진(震)에 속하니 모두 '상제가 진에서 나옴'의 일이다. 의미는 위에 보인다. 불역이 둘, 반역이 셋이니 36괘 가운데 5괘를 차지한다.

(17-2) 손괘에 속하는 팔괘

比必有所畜, 故受之以小畜. 物畜然後, 有禮, 故受之以履. 履然後安, 故受之以泰. 泰者, 通也. 物不可以終通, 故受之以否. 物不可以終否, 故受之以同人. 物通而不復否, 則過而不節矣. 否而不復同, 則乖而不和矣. 皆非所以齊者也. 與人同者, 物必歸焉, 故受之以大有. 有大者, 不可以盈, 故受之以謙, 有大而能謙, 必豫, 故受之以豫.

친하면 반드시 쌓임이 있기 때문에 소축괘로 받았으며, 물건이 쌓인 뒤에 예(禮)가 있기 때문에 리괘(履卦)로 받았고, 예를 행하여 태평한 뒤에 편안하므로 태괘로 받았고, 태는 통함이니 물건은 끝내 통할 수 없기 때문에 비괘(否卦)로 받았고, 물건은 끝내 막힐 수 없기 때문에 동인괘로 받았고, 사람과 함께하는 자는 물건이 반드시 돌아오기 때문에 대유괘로 받았고, 큰 것을 소유한 자는 가득 차게 할 수 없기 때문에 겸괘로 받았고, 큰 것을 소유하고도 겸손하면 반드시 즐거울 것이기 때문에 예괘로 받았다.

右八卦屬巽, 皆齊乎巽之事也. 義見上. 皆反易之卦, 得三十六卦之四.

위 여덟 괘는 손(巽)에 속하니 모두 '손에 가지런함'의 일이다. 의미는 위에 보인다. 모두 반역의 괘로 36괘 가운데 4괘를 차지한다.

(17-3) 리괘에 속하는 팔괘

豫必有隨, 故受之以隨. 以喜隨人者, 必有事, 故受之以蠱. 蠱者, 事也. 有事而後, 可大, 故受之以臨. 臨者, 大也. 物大然後, 可觀, 故受之以觀. 可觀而後, 有所合, 故受之以噬嗑. 嗑者, 合也. 物不可以苟合而已, 故受之以賁. 賁者, 飾也. 致飾然後, 亨則盡矣, 故受之以剝. 剝者, 剝也. 物不可以終盡剝, 窮上反下, 故受之以復.

즐거우면 반드시 따름이 있기 때문에 수괘로 받았고, 기쁨으로 사람을 따르는 자는 반드시 일이 있기 때문에 고괘로 받았고, 고는 일이니 일이 있는 뒤에 커질 수 있기 때문에 임괘로 받았고, 임은 큼이니, 물건은 크게 된 다음에 볼 만하기 때문에 관괘로 받았고, 볼 만한 뒤에 합함이 있기 때문에 서합으로 받았고, 합(嗑)은 합함이니, 사물은 구차하게 합할 수 없기 때문에 비괘로 받았고, 비(賁)는 꾸밈이니, 꾸밈을 이룬 뒤에 형통하면 다하기 때문에 박괘로 받았고, 박(剝)은 깎는 것이다. 물건은 끝내 다할 수 없으니 깎은 것이 위에서 다하면 아래로 돌아오기 때문에 복괘로 받았다.

右八卦屬離, 皆相見乎離之事也. 義見上. 皆反易之卦, 得三十六卦之四.

위 여덟 괘는 리(離)에 속하니 모두 '리에서 서로 만나봄'의 일이다. 의미는 위에 보인다. 모두 반역의 괘로 36괘 가운데 4괘를 차지한다.

(17-4) 곤괘에 속하는 여섯 괘

復則不妄矣, 故受之以无妄. 有无妄然後, 可畜, 故受之以大畜. 物畜然後,可養, 故受之以頤. 頤者, 養也. 不養, 則不可動, 故受之以大過. 物不可以終過, 故受之以坎. 坎者, 陷也. 陷必有所麗, 故受之以離, 離者, 麗也.

회복하면 망령되지 않기 때문에 무망괘로 받았고, 망령됨이 없는 뒤에 쌓을 수 있기 때문에 대축괘로 받았고, 물건이 쌓인 뒤에 기를 수 있기 때문에 이괘로 받았고, 이(頤)는 기름이니, 기르지 않으면 움직일 수 없기 때문에 대과괘로 받았고, 사물은 끝내 지나칠 수 없기 때문에 감괘로 받았고, 감(坎)은 빠짐이다. 빠지면 반드시 걸리기 때문에 리괘(離卦)로 받았으니, 리(離)는 걸림이다.

右六卦屬坤, 皆致役乎坤之事也. 義見上. 不易者四, 反易者一, 得三十六卦之五.

위 여섯 괘는 곤에 속하니 '곤에 일을 맡김'의 일이다. 의미는 위에 보인다. 불역이 넷, 반역이 하나로 36괘 가운데 5괘를 차지한다.

(17-5) 태괘에 속하는 10개의 괘

有天地然後, 有萬物, 有萬物然後, 有男女, 有男女然後, 有夫婦, 有夫婦然後, 有父子, 有父子然後, 有君臣, 有君臣然後, 有上下, 有上下然後, 禮義有所錯. 夫婦之道, 不可以不久也, 故受之以恒. 恒者, 久也. 人之所說, 莫若夫婦, 夫婦之所說, 又莫若有恒, 物不可以久居其所, 故受之以遯. 遯者, 退也. 物不可以終遯, 故受之以大壯. 物不可以終壯, 故受之以晉. 晉者, 進也. 進必有所傷, 故受之以明夷. 夷者, 傷也. 傷於外者, 必反其家, 故受之以家人. 家道窮必乖, 故受之以睽. 睽者, 乖也. 乖必有難, 故受之以蹇. 蹇者, 難也. 物不可以終難, 故受之以解. 解者, 緩也. 遯而壯, 且進傷而反其家, 乖難而得解, 皆可說也.

천지가 있은 뒤에 만물이 있고 만물이 있은 뒤에 남녀가 있으며, 남녀가 있은 뒤에 부부가 있고 부부가 있은 뒤에 부자가 있으며, 부자가 있은 뒤에 군신이 있고 군신이 있은 뒤에 상하가 있으며, 상하가 있은 뒤에 예의를 둘 곳이 있게 된다.

부부의 도는 오래가지 않으면 안 되니 항으로 받는다. 항은 오래감이다. '사람들이 기뻐하는 것은 부부만 한 것이 없으며 부부가 기뻐하는 것은 항상됨만 한 것이 없으나'[53] 사물은 한곳에 오랫동안 머물 수 없기 때문에 둔괘로 받았고, 둔(遯)은 물러감이다. 사물은 끝내 물러갈 수만은 없기 때문에 대장괘로 받았고, 물건은 끝내 장성할 수만은 없기 때문에 진괘로 받았고, 진(晉)은 나아감이다. 나아가면 반드시 상(傷)하는 것이 있기 때문에 명이괘로 받았고, 이(夷)는 상함이다. 밖에서 상한 자는 반드시 집으로 돌아오기 때문에 가인괘로 받았고, 집안의 도가 궁하면 반드시 어그러지기 때문에 규괘로 받았고, 규(睽)는 어그러짐이다. 어그러지면 반드시 어려움이 있기 때문에 건괘로 받았고, 건(蹇)은 어려움이다. 사물은 끝내 어려울 수 없기 때문에 해괘로 받았다. 해(解)는 느슨해짐이다. '물러나도 장대하고, 나아가 상해도 집으로 돌아오고, 어그러져 어려워도 풀릴 수 있으니, 모두 즐거울 만하다.[54]

右十卦屬兌, 皆說言乎兌之事也. 義見上, 皆反易之卦, 得三十六卦之五.
위 열 괘는 태에 속하니 모두 '태에 기뻐함'의 일이다. 의미는 위에 보인다. 모두 반역의 괘로 36괘 가운데 5괘를 차지한다.

(17-6) 건괘에 속하는 팔괘

緩必有所失, 故受之以損. 損而不已, 必益, 故受之以益. 益而不已, 必決, 故受之以夬. 夬者, 決也. 決必有所遇, 故受之以姤. 姤者, 遇也. 物相遇而後聚, 故受之以萃. 萃者, 聚也. 聚而上者, 謂之升, 故受之以升. 升而不已, 必困, 故受之以困. 困乎上者, 必反下, 故受之以井.

---

53 이 구절은 「시괘전」에 없으며 한원진이 삽입한 것이다.
54 이 구절은 「시괘전」에 없으며 한원진이 삽입한 것이다.

느슨해지면 반드시 잃는 것이 있기 때문에 손괘로 받았고, 덜기를 그치지 않으면 반드시 더하기 때문에 익괘(益卦)로 받았고, 더하기를 그치지 않으면 반드시 터지기 때문에 쾌괘로 받았고, 쾌(夬)는 터짐이니 터지면 반드시 만나는 것이 있기 때문에 구괘로 받았고, 구(姤)는 만남이니 물건이 서로 만난 뒤에 모이기 때문에 췌괘로 받았고, 췌(萃)는 모임이니, 모여서 올라감을 오른다고 하기 때문에 승괘로 받았고, 오르기를 그치지 않으면 반드시 곤란하기 때문에 곤괘로 받았고, 위에서 곤란한 자는 반드시 아래로 돌아오니 정으로 받았다.

右八卦屬乾, 皆戰乎乾之事也. 義見上. 皆反易之卦, 得三十六卦之四.
위 여덟 괘는 건에 속하니 '건에 싸움'의 일에 속한다. 의미는 위에 보인다. 모두 반역의 괘로 36괘 가운데 4괘를 차지한다.

(17-7) 감괘에 속하는 팔괘

井道不可不革, 故受之以革. 革物者, 莫若鼎, 故受之以鼎. 主器者, 莫若長子, 故受之以震. 震者, 動也. 鼎以受物, 長子主器, 亦物有所歸之義也. 物不可以終動, 止之, 故受之以艮. 艮者, 止也. 物不可以終止, 故受之以漸. 漸者, 進也. 進必有所歸, 故受之以歸妹. 得其所歸者, 必大, 故受之以豐. 豐者, 大也. 窮大者, 必失其居, 故受之以旅.

우물의 도는 고치지 않을 수 없기 때문에 혁괘로 받았고, 물건을 고치는 것은 솥만 한 것이 없기 때문에 정괘(鼎卦)로 받았고, 그릇을 주관하는 자는 맏아들만 한 자가 없기 때문에 진괘로 받았고, 진(震)은 움직임이다. '귀한 솥(鼎)에는 물건을 담고 맏아들은 제기를 주관하는 것도 사물에는 돌아갈 곳이 있다는 뜻이다.[55] 물건은 끝내 움직일 수만은 없어 멈추기 때문에 간괘로 받았고, 간(艮)은 멈춤이

---

[55] 이 구절은 「시괘전」에 없으며 한원진이 삽입한 것이다.

니 물건은 끝내 멈출 수만은 없기 때문에 점괘로 받았고, 점(漸)은 나아감이니 나아가면 반드시 돌아오는 것이 있기 때문에 귀매괘로 받았고, 돌아갈 곳을 얻은 자는 반드시 커지기 때문에 풍괘로 받았고, 풍(豊)은 큼이니, 큰 것을 끝까지 추구하는 자는 반드시 그 거처를 잃을 것이기 때문에 여(旅)괘로 받았다.

右八卦屬坎, 皆勞乎坎之事也. 義見上. 勞者勤勞勞來之謂也. 皆反易之卦, 得三十六卦之四.

위 여덟 괘는 감에 속하니 모두 '감에서 수고로움'의 일이다. 뜻은 위에 보인다. 수고로움은 '열심히 일하고 오는 사람의 노고를 위로함'[56]에 담긴 뜻을 말한다. 모두 반역의 괘로 36괘 가운데 4개의 괘를 차지한다.

(17-8) 간괘에 속하는 팔괘

旅而無所容, 故受之以巽. 巽者, 入也. 入而後說之, 故受之以兌. 兌者, 說也. 說而後散之, 故受之以渙. 渙者, 離也. 物不可以終離, 故受之以節. 節而信之, 故受之以中孚. 有其信者必行之, 故受之以小過. 有過物者必濟, 故受之以旣濟. 物不可窮也, 故受之以未濟終焉.

나그네로 다녀 용납될 곳이 없기 때문에 손괘로 받았고, 손(巽)은 들어감이니, 들어간 뒤에 기뻐하므로 태괘로 받았고, 태(兌)는 기뻐함이니 기뻐한 뒤에 흩어지기 때문에 환괘로 받았고, 환(渙)은 떠남이니, 물건은 끝내 떠날 수만은 없기 때문에 절괘로 받았고, 절도가 있으면 믿기 때문에 중부괘로 받았고, 믿음이 있는 자는 반드시 행하기 때문에 소과괘로 받았고, 남보다 지나침이 있는 자는 반

---

56 『맹자』「滕文公上」 4장. "방훈이 말씀하기를 '위로하고 오게 하며, 바로잡아주고 펴주며, 도와주고 도와주어 스스로 본성을 얻게 하고, 또 따라서 진작하고 은혜를 베풀어준다.' 하셨으니, 성인이 백성을 걱정함이 이와 같으시니, 어느 겨를에 밭을 갈겠는가?(放勳曰, 勞之來之, 匡之直之, 輔之翼之, 使自得之, 又從而振德之, 聖人之憂民如此, 而暇耕乎.)"

드시 구제하기 때문에 기제괘로 받았고, 물건은 다 끝날 수 없기 때문에 미제괘로 받고서 마쳤다.

 右八卦屬艮, 皆成言乎艮之事也. 義見上. 不易者二. 反易者三. 得三十六卦之五. 盖六十四卦之序, 因八卦流行之序而相次者, 其義本具於序卦之中如此云.

 위 여덟 괘는 간(艮)에 속하니 모두 '간에 이룸'의 일이다. 의미는 위에 보인다. 불역이 둘, 반역이 셋으로 36괘 가운데 5괘를 차지한다. 생각건대 64괘의 순서는 8괘의 유행의 순서에서 연유하여 차례 지어진 것이니 그 의미는 본래 「서괘전」 속에 이처럼 갖추어져 있었다.

경의기문록 권제6
부록

1. 理氣性情圖說 이기성정도설

2. 孟子養氣章說 맹자양기장설

3. 孟子生之謂性章說 맹자생지위성장설

4. 通書說 통서설

5. 朱子太極說解 주자태극설해

1. 理氣性情圖說
이기성정도설[1]

1) 理氣源流圖 이기원류도

動靜無端, 陰陽無始, 理氣只是一箇流行也. 就流行中, 截自一陰一陽初生處以爲始, 而此陰此陽未生之前, 其理已具, 是則所謂理氣之源頭也. 自源頭而觀, 則理氣有先後, 而理爲氣本, 自流行而觀, 則理氣無先後, 而理乘氣機. 朱子曰, 坤復之間是無極, 又曰, 陰陽若論流行底, 則只是一箇. 合二說而推之, 則所謂源頭者, 只是在流行中, 而理氣實非有先後之可見者矣.

동정은 단서(처음)가 없고 음양은 시작이 없으니,[2] 이기는 다만 하나의 유행(流行)일 뿐이다. 유행 가운데 나아가 하나의 음과 하나의 양이 처음 생긴 곳으로부터 잘라내어 시작으로 삼으나, 이 음과 이 양이 아직 생기기 전에 그 리(理)가 이미 갖추어져 있으니, 이것이 곧 '이기의 원두(源頭: 근원)'라고 이르는 것이다. 원

---

[1] 한원진의 「이기성정도」는 이기론부터 심성론과 공부론에 이르기까지 논리적인 순서로 배열되었다. 「이기원류도(理氣源流圖)」와 「이기동정도(理氣動靜圖)」는 이기론에, 「일원분수도(一原分殊圖)」 네 개는 심성론의 중요한 이론적 기초에, 「심통성정도(心統性情圖)」부터 「인심도심도(人心道心圖)」까지 10개는 심성론에, 「위학지방도(爲學之方圖)」는 수양론에 해당된다. 한편 「오성묘합도(五性妙合圖)」, 「중용천명도(中庸天命圖)」, 「인심도심도」, 「위학지방도」는 실천 역행과 관련한 수양론 측면에서 중요하게 다뤄질 수 있다. 이하 그림에 대한 설명은 유영희의 「도설을 통해 본 한원진의 성삼층설」(한국사상사연구회, 『圖說로 보는 한국 유학』, 예문서원, 2000), 이창일의 「南塘 韓元震의 『經義記聞錄』 성립 과정과 심성론 圖說의 특징」(『한국철학논집』 제35집, 2012) 및 이상곤의 『한원진』(성균관대학교 출판부, 2009)을 참조.

[2] 『程氏經說』 권1 「易說」 繫辭. "도는 한 번 음이 되고 한 번 양이 되는 것인데, 동정은 단서가 없고, 음양은 시작이 없으니, 도를 아는 자가 아니면 누가 그것을 알겠는가?(道者, 一陰一陽也, 動靜無端, 陰陽無始, 非知道者, 孰能識之.)"

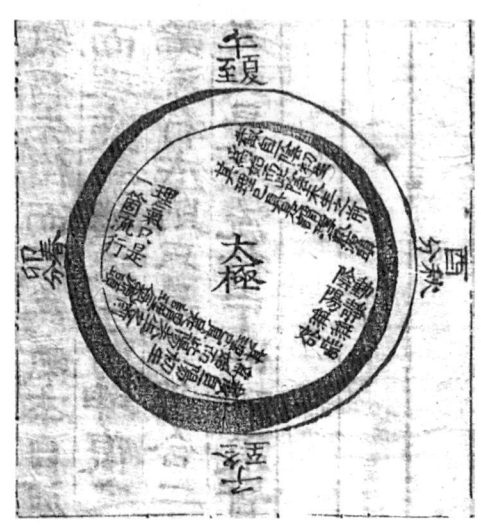

두로부터 보면 이기는 선후가 있고 리가 기의 근본이 되며, 유행으로부터 보면 이기는 선후가 없고 리가 기의 기틀을 탄다. 주자께서 "곤괘와 복괘의 사이가 무극(無極)이다."³라고 하시고, 또 "음양을 만약 유행의 측면에서 논한다면 하나일 뿐이다."⁴라고 하셨다. 두 개의 설을 합쳐서 미루어 헤아려 보면 '원두'라고 이르는 것은 다만 유행 가운데 있을 뿐이고 이기가 실제로 선후가 있어 볼 수 있는 것이 아니다.

3 『太極解義』「太極圖說解」. "물었다. "소 선생(소옹)은 무극 이전을 말하였는데 무극에 어떻게 이전이라고 말할 수 있습니까?" 대답하였다. "소자는 도(선천도)에서 순환의 뜻을 설명하였다. 구괘에서 곤괘까지는 음이 양을 포함하고, 복괘에서 건괘까지는 양이 음을 나누고 있으니, 복괘와 곤괘 사이가 바로 무극이고, 곤괘로부터 반대로 구괘까지가 무극 이전이다."(問, 邵先生說無極之前, 無極如何說前. 曰, 邵子就圖上說循環之意. 自姤至坤, 是陰含陽, 自復至乾, 是陽分陰, 復坤之間乃無極, 自坤反姤是無極之前.)"

4 『태극해의』「태극도설해」. "음양을 만약 유행의 측면에서 논한다면 다만 하나일 뿐이지만 대치의 측면에서 논한다면 둘이다.(陰陽若論流行底, 則只是一箇, 對峙底, 則兩箇.)"

2) 理氣動靜圖 이기동정도

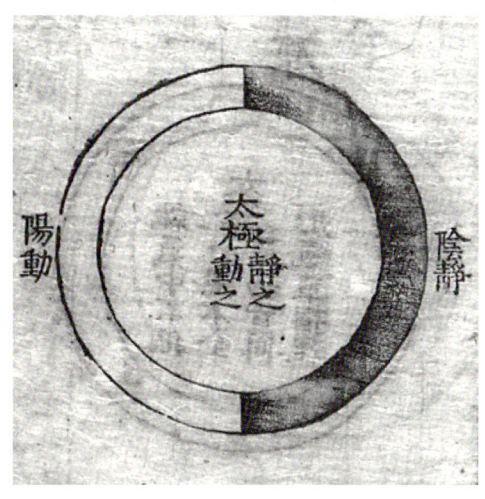

陰陽氣也, 太極所乘之理也. 動靜者機也, 動之靜之者理也. 故自其動靜者而言, 則謂之氣有動靜, 而理無動靜, 可也. 自其動之靜之者而言, 則謂之理有動靜, 故氣有動靜, 亦可也. 朱子曰, 動靜非太極, 又曰, 理有動靜, 故氣有動靜. 合二說而推之, 則可見此理雖不自會動靜, 而亦能主其動靜矣.

음양은 기이고, 태극은 [그 기를] 타는 바의 리이다. 동(動)하고 정(靜)하는 것은 기틀(機)이고,[5] 동하게 하고 정하게 하는 것은 리이다.[6] 그러므로 그 동하고 정

---

[5] 『태극해의』「태극도설해」. "대개 태극이란 것은 본연의 묘(妙)이고, 동하고 정하는 것은 [태극이] 타는 바의 기틀이다.(蓋太極者, 本然之妙也, 動靜者, 所乘之機也.)"

[6] 『宋子大全』권135 「一陰一陽之謂道【癸酉科義】」. "일찍이 듣건대, 주자의 말씀에 "태극이 동해서 양이 되고, 정해서 음이 되는데, 태극이란 것은 본연의 묘이고, 동하고 정하는 것은 [태극이] 타는 바의 기틀이다."라고 하셨다. 묘란 것은 리이고, 기틀이란 것은 기이니, 기가 아니면 리가 의지할 곳이 없고, 리가 아니면 기가 뿌리로 삼을 곳이 없다. 그러므로 한 번 동하고 한 번 정하는 것은 기이고, 동하고 정하게 하는 것은 리이다. 한 번 음이 되고 한 번 양이 되는 것은 기이고, 음이 되게 하고 양이 되게 하는 것은 리이다.(嘗聞周子之言曰, 太極動而生陽, 靜而生陰, 太極者, 本然之妙也, 動靜者, 所乘之機也. 妙者理也, 機者氣也, 非氣則理無所

하는 것으로부터 말하면 '기에는 동정이 있으나 리에는 동정이 없다'고 이르는 것이 옳고, 그 동하게 하고 정하게 하는 것으로부터 말하면 '리에 동정이 있으므로 기에 동정이 있다'고 이르는 것 또한 옳다. 주자께서 "동정은 태극이 아니다."[7]라고 하시고, 또 "리에 동정이 있으므로 기에 동정이 있다."[8]라고 하셨다. 두 개의 설을 합쳐서 미루어 헤아려 보면, 이 리가 비록 스스로 동하고 정하지는 못하더라도 또한 그 동정을 주관할 수 있음을 알 수 있다.

3) 一原分殊圖 일원분수도

犯形氣, 單指其理, 則渾然全體無所偏倚, 故尊以稱之曰太極. 夫子所謂易有太極, 一陰一陽之謂道, 周子所謂無極而太極, 程子所謂沖漠無眹, 萬象森然已具, 張子所謂萬物之一原, 是也.

기 가운데 나아가 형기를 범하지 않고 그 리 하나만 가리키면(單指), 혼연한 전체로서 치우치거나 기울어진 바가 없으므로 높여서 일컫기를 '태극'이라고 하는 것이다. 공자께서 "역(易)에는 태극이 있다."[9] "한 번 음이 되고 한 번 양이 됨을

依著, 而非理則氣無所根柢. 故一動一靜者氣也, 而動之靜之者理也, 一陰一陽者氣也, 而使陰使陽者理也.)"

7 『朱子語類』권94 「周子之書」 태극도. "태극은 방소도 없고 형체도 없고 안치할 만한 위치도 없다. 미발했을 때로 말한다면 미발이 도리어 정일 뿐이고, 동정과 음양은 모두 형이하일 뿐이다. 그러나 동하는 것도 태극이 동하는 것이고 정하는 것도 태극이 정하는 것이나 동정은 태극이 아닐 뿐이다.(太極無方所, 無形體, 無地位可頓放. 若以未發時言之, 未發却只是靜, 動靜陰陽, 皆只是形而下者. 然動亦太極之動, 靜亦太極之靜, 但動靜非太極耳.)"

8 『朱子大全』권56 「答鄭子上」. "리에 동정이 있으므로 기에 동정이 있다. 만약 리에 동정이 없다면 기가 무엇으로 말미암아 동정이 있겠는가?(理有動靜, 故氣有動靜. 若理無動靜, 氣何自而有動靜.)"

9 『周易』「繫辭上」 제11장. "그러므로 역에는 태극이 있으니, 태극이 양의를 낳고 양의가 사상을 낳고 사상이 팔괘를 낳으니, 팔괘가 길흉을 정하고 길흉이 큰 사업을 낳는다.(是故易有太極, 是生兩儀, 兩儀生四象, 四象生八卦, 八卦定吉凶, 吉凶生大業.)"

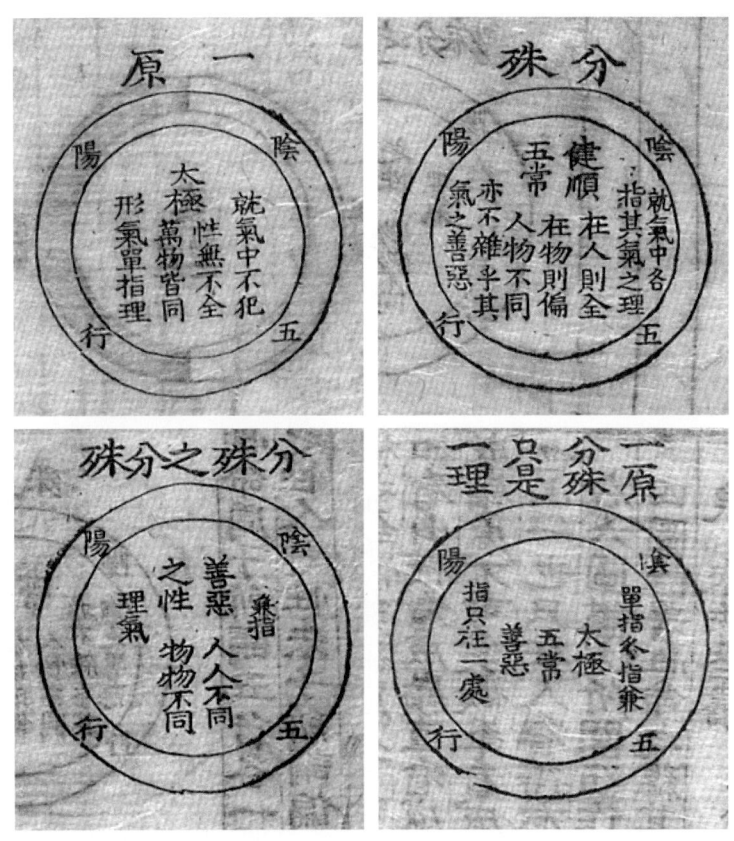

도라고 이른다."¹⁰라고 이르신 것, 주자(周子)께서 "무극이면서 태극이다."¹¹라고 이르신 것, 정자께서 "텅 비고 고요하여 아무런 조짐이 없지만 온갖 형상이 무성

10　『주역』「계사상」제5장. "한 번 음이 되고 한 번 양이 됨을 도라고 이른다. 그것을 이어가는 것이 선이고 그것을 갖추어 놓은 것이 성이다.(一陰一陽之謂道, 繼之者善也, 成之者性也.)"

11　『태극도설』.

하게 이미 갖추어져 있다."¹²라고 이르신 것, 장자께서 "만물의 일원(一原)"¹³이라고 이르신 것이 이것이다.

就氣中各指其氣之理, 則理已偏於一德, 而不得爲全體, 故分而目之曰健順五常, 亦不雜乎其氣之善惡而言, 故其本善之體自若也. 夫子所謂成之者性, 各正其性命, 周子所謂五行各一其性, 孟子所謂犬之性牛之性人之性, 朱子所謂偏全之理, 是也.

기 가운데 나아가 그 기의 리를 각기 가리키면(各指), 리가 이미 하나의 덕에 치우쳐서 전체가 될 수 없으므로 나누어 지목하여 '건(健)·순(順)과 오상(五常)'이라고 하는 것이나, 또한 그 기의 선악에 섞이지 않고 말하였으므로 그 본래 선한 체(體)는 그대로이다. 공자께서 "그것을 이루는 것이 성(性)이다."¹⁴ "각기 그 성명(性命)을 바르게 한다."¹⁵라고 이르신 것, 주자께서 "오행이 각기 그 성을 하나씩 가진다."¹⁶라고 이르신 것, 맹자께서 "개의 성, 소의 성, 사람의 성"¹⁷이라고

---

12 『二程遺書』 권15 「伊川先生語」 1. "텅 비고 고요하여 아무런 조짐이 없지만 온갖 형상이 무성하게 이미 갖추어져 있으니, 아직 응하지 않았을 때가 먼저가 아니고 이미 응한 때가 뒤가 아니다. 이는 100척의 나무가 근본으로부터 지엽에 이르기까지 모두 일관된 것과 같다.(沖漠無朕, 萬象森然已具, 未應不是先, 已應不是後. 如百尺之木, 自根本至枝葉, 皆是一貫.)"

13 『張子全書』 권2 「正蒙」 誠明篇. "성은 만물의 일원으로 자신이 사사로이 가질 수 있는 것이 아니지만, 오직 대인만이 그 도를 다할 수가 있다. 이 때문에 서면 반드시 함께 서고, 알면 반드시 두루 알고, 사랑하면 반드시 아울러 사랑하고, 이루면 홀로 이루지 않는다.(性者, 萬物之一源, 非有我之得私也, 惟大人爲能盡其道. 是故立必俱立, 知必周知, 愛必兼愛, 成不獨成.)"

14 『주역』 「계사상」 제5장. 각주 10번 참고.

15 『태극해의』 「태극도설해」. "태극의 동(動)함은 성(誠)이 통한 것이다. 그것을 이어가는 것이 선이니, 만물이 이를 바탕으로 처음 시작된다. 태극의 정(靜)함은 성(誠)이 회복된 것이다. 그것을 갖추어 놓은 것이 성(性)이니, 만물이 각기 그 성명을 바르게 한다.(其動也, 誠之通也. 繼之者善, 萬物之所資以始也. 其靜也, 誠之復也. 成之者性, 萬物各正其性命也.)"

16 『태극도설』. "오행이 생겨날 때 각각 그 성을 하나씩 가진다.(五行之生也, 各一其性.)"

17 『맹자집주』 「告子上」 제3장 제3절. "그렇다면 개의 성이 소의 성과 같으며, 소의 성이 사람의 성과 같은가?(然則犬之性, 猶牛之性, 牛之性, 猶人之性與.)"

이르신 것, 주자께서 "치우침과 온전함의 리"[18]라고 이르신 것이 이것이다.

兼指理氣, 則氣有善惡, 理亦有善惡, 故據氣稱之曰善惡之性. 夫子所謂性相近, 周子所謂剛柔善惡中, 程張所謂氣質之性, 是也.

이기를 겸하여 가리키면(兼指), 기에 선악이 있고 리 또한 선악이 있으므로 기에 의거하여 '선악의 성'이라고 일컫는다. 공자께서 "성은 서로 가깝다."[19]라고 이르신 것, 주자께서 "강유(剛柔)와 선악(善惡)과 중(中)이다."[20]라고 이르신 것, 정자와 장자께서 "기질의 성"[21]이라고 이르신 것이 이것이다.

單指各指兼指只在一處. 理在氣中, 只有一體, 而單指則皆全, 各指則有偏全, 兼指則有善惡. 朱子論性, 所謂同中識其所異, 異中見其所同者, 是也.

단지, 각지, 겸지라 하나, 가리키는 곳은 다만 한 곳일 뿐이다. 리가 기 속에 있을 때는 다만 하나의 체가 있을 뿐이나, 하나만 가리키면 모두 온전하고, 각기 가리키면 치우침과 온전함이 있으며, 겸하여 가리키면 선악이 있다. 주자께서 성을

---

18 『주자대전』 권46 「答黃商伯」. "만물의 동일한 근원을 논하면 리는 같지만 기는 다르다. 만물의 서로 다른 형체를 살펴보면 기는 오히려 서로 가깝지만 리는 결코 같지 않다. 기가 다른 것은 순수함과 잡박함의 같지 않음이 있기 때문이고, 리가 다른 것은 치우침과 온전함에 혹시라도 다름이 있기 때문이다.(論萬物之一原, 則理同而氣異. 觀萬物之異體, 則氣猶相近而理絶不同也. 氣之異者, 粹駁之不齊, 理之異者, 偏全之或異.)"

19 『논어집주』「陽貨」 제2장. "공자께서 말씀하셨다. "성은 서로 가까우나 습관에 따라 서로 멀어지게 된다.(子曰, 性相近也, 習相遠也.)"

20 『通書』「師」. "성이란 것은 강유와 선악과 중일 뿐이다(性者, 剛柔善惡中而已矣)."

21 『논어집주』「양화」 제2장의 주. "정자께서 말씀하셨다. "이는 기질의 성을 말한 것이지, 본연의 성을 말한 것이 아니다. 만약 본연을 말한다면 성은 곧 리이고, 리는 선하지 않음이 없으니, 맹자께서 말씀하신 성선이 바로 이것이다. 어찌 서로 비슷하다고 할 것이 있겠는가?"(程子曰, 此言氣質之性, 非言性之本也. 若言其本, 則性卽是理, 理無不善, 孟子之言性善, 是也. 何相近之有哉.)" 『장자전서』 권2 「정몽」 성명편. "형체를 지니게 되면 그 뒤로 기질의 성이 있게 된다.(形而後有氣質之性.)"

논하시면서 "같은 가운데서 그 다른 바를 알아야 하고, 다른 가운데서 그 같은 바를 보아야 한다."[22]라고 이르신 것이 이것이다.

    性在氣中, 一而已矣, 就此一箇地頭, 或不犯形氣, 單指其理, 或各指其氣之理, 而亦不雜乎其氣之善惡, 或兼指其氣之善惡而言, 故其性有一原分殊之不同. 單指處未嘗非健順五常之理, 各指處未嘗非太極之理, 兼指處亦未嘗非健順五常太極之理. 然單指處不可喚做健順五常之殊, 各指處不可喚做太極之全體, 兼指處不可喚做太極五常本然之德. 譬如看山, 橫看成嶺, 直看成峯, 而山未嘗有二也, 然看成嶺處不可喚做峯, 看成峯處不可喚做嶺也. 理一也, 山一也, 只在人看得有別耳.

    성(性)이 기 속에 있을 때는 하나일 뿐이나, 이 하나의 지점에 나아가 형기를 범하지 않고 그 리를 단지하기도 하고, 그 기의 리를 각지하되 또한 그 기의 선악에 섞이지 않기도 하며, 그 기의 선악을 겸지하여 말하기도 한다. 그러므로 성에 일원(一原: 하나의 근원)과 분수(分殊: 나누어져 달라짐)의 같지 않음이 있는 것이다. 단지한 곳이 일찍이 건·순과 오상의 리가 아닌 적이 없고, 각지한 곳이 일찍이 태극의 리가 아닌 적이 없으며, 겸지한 곳 또한 일찍이 건·순과 오상과 태극의 리가 아닌 적이 없다. 그러나 단지한 곳에서 건·순과 오상이 다르다고 말할 수 없고, 각지한 곳에서 태극의 전체라고 말할 수 없으며, 겸지한 곳에서 태극과 오상의 본연의 덕이라고 말할 수 없다. 비유하자면 산을 볼 때 가로로 보면 고개가 되고 세로로 보면 봉우리가 되지만 산이 일찍이 두 개가 있은 적이 없으니, 고

---

[22] 『주자대전』 권61 「答嚴時亨」. "정 선생께서 틈새의 햇빛을 논한 곳이 가장 친절하다. 다시 자세하게 음미하여 같은 가운데서 그 다른 바를 알아야 하고, 다른 가운데서 그 같은 바를 보아야 한다. 그런 뒤에 성현의 말씀을 반복해서 완전하게 이해한다면 전혀 막힘이 없을 것이다.(程先生有一處有隙中日光之論, 最爲親切. 更須詳味, 於同中識其所異, 異中見其所同. 然後聖賢之言通貫反覆, 都不相礙.)"

개로 보인 곳에서 봉우리라고 말할 수 없고 봉우리로 보인 곳에서 고개라고 말할 수 없는 것과 같다. 리가 하나이고 산이 하나지만 사람이 보는 것에 따라 다를 뿐이다.

右六圖謹述所聞而作. 前二圖推明理氣之源, 後四圖詳著性命之蘊. 其說備於記聞錄太極說中矣.[23] 乙未季冬書.

앞의 여섯 그림은 들은 바를 삼가 그대로 서술하여 만든 것이다. [그 가운데] 앞의 두 그림은 이기의 근원을 미루어 헤아려 밝혔고,[24] 뒤의 네 그림은 성명의 심오한 곳을 상세하게 드러냈다.[25] 그 설은 『기문록』의 태극설 가운데 갖추어져 있다.[26] 을미년(1715, 숙종 41, 34세) 계동(季冬: 음력 12월)에 쓰다.

23 "'記聞錄' 세 글자는 아마도 잘못 들어간 것 같다.(記聞錄三字疑衍)"라는 두주가 있다. 두주에 따르면 "그 설은 태극설 가운데 갖추어져 있다."가 된다.

24 「이기원류도」와 「이기동정도」는 성리학의 이기론에 대한 그림이다. 한원진은 리와 기의 선후를 논할 때, 원두와 유행의 관점을 제시한다. 도설에 따르면, 리·기는 쉼 없이 유행하여 시작과 끝이 없으나 리가 기의 근본이며, 리가 스스로 움직이는 것은 아니지만 기를 움직이게 하는 원인으로 작용한다는 것을 나타낸다. 도설의 중심 내용은 주기론적 관점을 명확히 제시하고 있다.

25 「일원분수도」는 리와 기의 관계를 단지, 각지, 겸지의 관점에서 분석한 그림이다. 「일원」과 「분수」는 하나의 근원에서 만물의 다양함에 이르는 내용을 그림으로 표현한 것이다. 「일원」은 단지의 관점에서 리(理) 하나만을 가리키는데, 이것은 기질 중에 있는 리만을 가리키는 초형기(超形氣)의 성과 관련되어 있다. 「분수」는 각지의 관점에서 기의 리를 가리킨다. 「분수지분수」는 현실의 선악에 대한 문제를 제기하기 위해 선악이 갈리는 과정을 표현한 것으로, 겸지의 관점에서 말한 것이다. 「일원분수지시일리」는 천리의 본체나 천명의 성이나 기질의 선악이 각각 실체를 가지고 있지 않고, 한 몸에 갖추어져 있으나 가리키는 것이 다를 뿐임을 표현한 것이다. 즉 본연지성과 기질지성이 하나의 성이라는 것이다. 「일원분수도」의 네 그림은 한원진의 성삼층설(性三層說)과 관련지어 설명할 수 있다. 「일원」은 형기를 초월해서 리만 지목하여 순선함을 나타내는 일원의 본연지성을, 「분수」는 종의 차이를 배려한 본연지성을, 「분수지분수」는 각 종의 안에서 생기는 개체의 차이를 선악의 나뉨으로 그 원인을 기질에 의한 것으로(기질지성), 「일원분수지시일리」는 본연지성과 기질지성이 하나의 성임을 말한 것이다.

26 『경의기문록』 권제3-1-2)-(2), (4); 권제3-1-4)-(6); 권제3-1-6)-(4), (5).

4) 心統性情圖 심통성정도[27]

【乙酉臘月作】

【1705년(숙종 31, 24세) 음력 12월 지음】

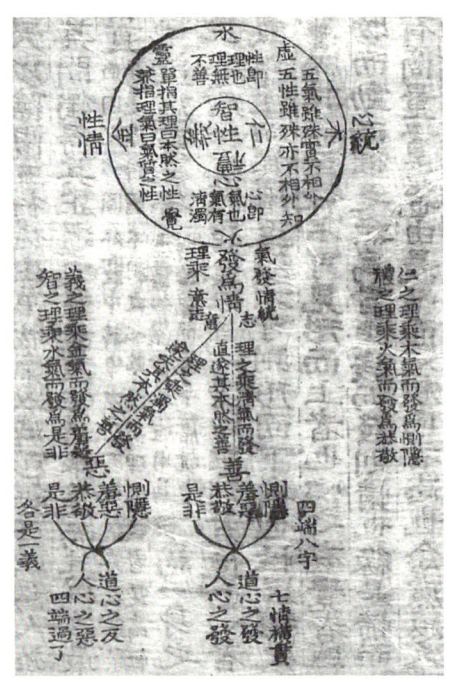

27　「심통성정도」에는 '심통성정(心統性情)'과 함께 '정통지의(情統志意)' 개념이 있다. '정통지의'는 「시동지설(示同志說)」(『南塘集』 권29 잡저)에도 보인다. 심(心)은 한 몸의 주재이고, 성(性)은 온갖 선이 모여 준칙이 되며, 정(情)은 사물에 반응하여 발현되고, 의(意)는 계산하고 헤아리는 것이고, 지(志)는 나아갈 방향을 정하는 것이다. 여기에서 마음이 처음 발현된 것이 정이고, 정으로 말미암아 선악을 알고 선을 행하고 악을 제거하고자 하는 것이 의이며, 이런 마음 상태를 계속 지향하려는 것이 지이다. 즉 의와 지는 정의 발현으로 말미암은 마음의 양태이다. 그러므로 정은 의와 지를 포괄하는 개념이 되며, 한원진은 이를 '정통지의'라고 한 것이다. 다만 정과 지·의는 서로 발용하는 관계가 아니라 마음의 최초 발현태인 심이, 마음이 또다시 발동하여 나타난 양태인 지·의를 포괄하는 상위개념으로 본 것이다. 주희의 심통성정이 도덕 기능과 인식 기능을 합쳐서 이해한 것이라면, 한원진은 심통성정에서 인식 기능을, 정통지의에서 도덕 기능을 보다 구체화했다고 볼 수 있다. 이상곤, 『한원진』(성균관대학교 출판부, 2009), 203~208쪽 참조.

(1) 天以陰陽五行化生萬物, 氣以成形, 理亦賦焉. 人於其間, 獨得其正通之氣, 故其心爲最靈, 而其性爲最貴.【血肉之心, 圓外竅中. 其中方寸, 五行精英之氣聚焉, 是謂神明不測之心, 五行之理乘載者, 是爲性也.】蓋虛靈知覺【虛靈知覺, 皆兼體用. 其說詳於記聞錄中庸說中.】爲一身之主宰者, 心也, 萬善具足爲一身之準則者, 性也. 心者, 氣之聚, 而其用至變不可測, 形而下者也, 性者, 理之會, 而其體至微不可見, 形而上者也. 心之有覺者, 感物而動, 而性之無爲者, 乘機而發, 則情也, 緣是情而有商量者, 意也, 由是情而定趨向者, 志也. 念慮思又皆意之屬也.

하늘이 음양과 오행으로 만물을 변화시켜 생성함에 기로써 형체를 이루고 리 또한 [여기에] 부여했다.[28] 사람이 그 사이에서 홀로 바르고 통하는 기를 얻었으므로 그 심(心)이 가장 신령스럽고 그 성이 가장 귀하다.[29]【피와 살로 이루어진 심은 밖이 둥글고 가운데가 뚫려 있다. 그 가운데 사방 한 치에 오행의 가장 뛰어난 기가 모여 있으니, 이를 '신령하고 밝아 헤아릴 수 없는 심'[30]이라 이르고, 오행의 리가 올라탄 것이 성이 된다.】대개 허령·지각하여[31]【허령·지각은 모두 체·용을

---

28 『中庸章句』 제1장 제1절의 주.

29 『大學或問』. "저 천하여 물이 된 것은 이미 치우치고 막힌 형기에 구속되어 본체의 온전함을 확충할 수 없고, 오직 태어나면서부터 바르고 통하는 기를 얻은 사람만이 그 성이 가장 귀하게 되기 때문에 방촌의 사이가 허령하고 통철하여 모든 리가 다 갖추어져 있는 것이다.(彼賤而爲物者, 旣梏於形氣之偏塞而無以充其本體之全矣, 唯人之生乃得其氣之正且通者而其性爲最貴, 故其方寸之間, 虛靈洞徹, 萬理咸備.)"

30 『주자어류』 권5 「性理」 2. "물었다. "인심은 형이상입니까 형이하입니까." 대답하셨다. "이를테면 폐간이나 오장의 심은 실제로 하나의 물이 있는 것이지만, 지금 학자들이 논하는 잡으면 보존되고 놓으면 잃어버리는 심으로 말하면 본래 신령하고 밝아 헤아릴 수 없다. 그러므로 오장의 심에 병이 들면 약을 써서 보양할 수 있지만, 이 심은 창포나 복령으로 보양할 수 있는 것이 아니다."(問, 人心形而上下如何. 曰, 如肺肝五臟之心, 却是實有一物, 若今學者所論操舍存亡之心, 則自是神明不測, 故五臟之心受病, 則可用藥補之, 這箇心, 則非菖蒲茯苓所可補也.)"

31 『중용장구』 「중용장구서」. "일찍이 논하건대, 심의 허령·지각은 하나일 뿐이다.(蓋嘗論之, 心之虛靈知覺, 一而已矣.)"

겸하고 있다. 그 설은 『기문록』의 『중용』에 대한 설 가운데 상세하게 기록되어 있다.[32] 한 몸의 주재가 되는 것은 심이고,[33] 온갖 선이 모두 갖추어져 한 몸의 준칙이 되는 것은 성이다. 심이란 것은 기가 모인 것으로 그 용이 지극하게 변화하여 헤아릴 수 없으니 형이하의 것이고, 성이란 것은 리가 모인 것으로 그 체가 지극히 은미하여 볼 수 없으니 형이상의 것이다.[34] 심에 있는 지각(覺)이 물(物)에 감응하여 움직이고 성의 무위(無爲)함이 [그] 기틀을 타고 발하면 [그것이] 정(情)이다. 이 정으로 말미암아 [계산하고] 헤아리는 것은 의(意)이고,[35] 이 정으로 말미암아 나아갈 방향을 정하는 것은 지(志)이다. 염(念)·려(慮)·사(思) 또한 모두 의의 부류이다.[36]

性之目有五, 曰仁義禮智信. 仁義禮智各是一德, 而天下之理皆管於是, 信則

---

32 『경의기문록』 권제2-1-2)-(2).

33 『주자어류』 권98 「張子之書」 1. "심은 신명의 집으로 한 몸의 주재가 된다.(心, 是神明之舍, 爲一身之主宰.)"

34 『맹자집주』 「고자상」 제3장 章下註. "내가 살펴보건대 성이란 것은 사람이 하늘에서 얻은 바의 리이고, 생이란 것은 사람이 하늘에서 얻은 바의 기이니, 성은 형이상의 것이고, 기는 형이하의 것이다.(愚按, 性者, 人之所得於天之理也, 生者, 人之所得於天之氣也, 性, 形而上者也, 氣, 形而下者也.)"

35 『栗谷全書』 권12 「答安應休」. "동이 미세할 때 벌써 선악의 기미가 있으니 바로 정이다. 의는 정으로 말미암아 비교하고 따지는 것이다. 정은 자유롭게 갑자기 발동될 수 없지만 의는 이 정으로 말미암아 [계산하고] 헤아려 운용하는 것이다. 이 때문에 주자가 "의는 이 정이 있음으로 말미암아 그 뒤에 작용하는 것이다."라고 한 것이다.(動之微也, 已有善惡幾, 乃情也. 意者, 緣情計較者也. 情則不得自由驀地發動, 意則緣是情而商量運用. 故朱子曰, 意緣有是情而後用.)"

36 『退溪集』 권29 「答金而精」. "염·려·사·지·의의 구별은 성리대전 중 여러 학자의 설에서 자세히 말하였으니, 잠심(潛心)하여 음미하기를 오래 하면 자연히 알 수 있게 될 것이다. 그중에서 간추려 말하면, 진안경(진순)이 "사려나 염려 등은 모두 의에 속한다."(『北溪字義』 卷上 「意」)라고 하였으니, 이 말이 통할 수 있겠다.(念慮思志意之辨, 性理大全諸儒說中詳之, 惟在沈潛玩味, 久自見得, 就其中而約言之, 陳安卿曰, 思慮念慮之類, 皆意之屬, 此說通矣.)"

只是仁義禮智之實有者, 而四德之外, 更別無信矣. 情之目有四, 曰惻隱羞惡恭敬是非. 惻隱者是仁之發, 羞惡者是義之發, 恭敬者是禮之發, 是非者是智之發, 信之用只是惻隱羞惡恭敬是非之誠實者, 而四端之外, 更別無信之用矣. 四端衍之爲七情, 七情約之爲四端, 同實而異名者也.【朱子曰, 七情橫貫過了四端, 又曰, 四端八字各是一義, 四端如四時, 八字如八節, 又曰, 人之所以爲心, 不外是四者.】

성(性)의 항목에 다섯 가지가 있으니, '인·의·예·지·신'이라고 한다.[37] 인·의·예·지는 각기 하나의 덕이지만 천하의 리가 모두 여기에 총괄되어 있고, 신은 다만 인·의·예·지가 실제로 가지고 있는 것이니, 네 가지 덕(四德)의 바깥에 다시 별도의 신은 없다. 정(情)의 항목에 네 가지가 있으니, '측은·수오·공경·시비'라고 한다. 측은(불쌍히 여김)은 인의 발현이고, 수오(부끄러워하고 미워함)는 의의 발현이며, 공경(공손함)은 예의 발현이고, 시비(옳고 그름을 가림)는 지의 발현이며,[38] 신(信)의 용(用)은 다만 측은·수오·공경·시비를 성실히 하는 것이니,[39] 네 가지 단서(四端)의 바깥에 다시 별도의 신의 용은 없다. 사단을 넓히면 칠정이 되

---

[37] 『퇴계집』 속집 권8 「天命圖說」. "그 성의 항목에 다섯 가지가 있으니 '인·의·예·지·신'이라고 한다.(其性之目有五, 曰仁義禮智信.)" 『율곡전서』 권14 「人心道心圖說」. "성의 항목에 다섯 가지가 있으니, '인·의·예·지·신'이라고 한다. 정의 항목에 일곱 가지가 있으니, '희·노·애·구·애·오·욕'이라고 한다.(性之目有五, 曰仁義禮智信. 情之目有七, 曰喜怒哀懼愛惡欲.)"

[38] 『맹자집주』 「公孫丑上」 제6장 제5절. "불쌍히 여기는 마음은 인의 단서이고, 부끄러워하고 미워하는 마음은 의의 단서이며, 사양하고 양보하는 마음은 예의 단서이고, 옳고 그름을 가리는 마음은 지의 단서이다.(惻隱之心, 仁之端也, 羞惡之心, 義之端也, 辭讓之心, 禮之端也, 是非之心, 知之端也.)"

[39] 『論語或問』. "[사람은] 오행의 기를 품부받아 태어난다. 그러므로 심이 미발의 상태에서는 인·의·예·지·신의 성을 갖추어 그것을 체로 삼고, 이발의 상태에서는 측은·수오·공경·시비·성실의 정이 있어서 그것을 용으로 삼는 것이다.(稟五行之氣以生. 故其爲心也未發, 則具仁義禮智信之性以爲之體, 已發則有惻隱羞惡恭敬是非誠實之情以爲之用.)"

고, 칠정을 요약하면 사단이 되니, 실상(내용)은 같으나 이름이 다른 것이다.[40]【주자께서 "칠정은 횡으로 사단을 꿰뚫고 있다."[41]라고 하시고, 또 "사단과 여덟 글자(측은·수오·공경·시비)는 각기 하나의 뜻이니, 사단은 네 계절(四時)과 같고, 여덟 글자는 여덟 절기(八節)와 같다."[42]라고 하시고, 또 "사람이 마음(心)으로 삼는 바가 이 네 가지를 벗어나지 않는다."[43]라고 하셨다.】

人心, 四七之爲食色而發者也, 道心, 四七之爲道義而發者也. 人心道心兼意

---

[40] 『兩先生四七理氣往復書』「高峯答退溪論四端七情書」. "그러나 '칠정'이라 이르는 것이 비록 기와 관계가 되는 것 같지만 리 또한 그 속에 있습니다. 그 발하여 절도에 맞는 것은 곧 천명의 성이자 본연의 체로서 맹자께서 '사단'이라고 이르신 것과 실상(내용)은 같으나 이름이 다른 것입니다. 발하여 절도에 맞지 않는 것은 기품과 물욕의 작용으로서 다시 성의 본연이 아닙니다.(然而所謂七情者, 雖若涉乎氣者, 而理亦自在其中. 其發而中節者, 乃天命之性, 本然之體, 而與孟子所謂四端者, 同實異名者也. 至於發不中節, 則乃氣稟物欲之所爲, 而非復性之本然也.)"

[41] 『주자어류』 권87「예」 4. "물었다. "희·노·애·구·애·오·욕이 칠정인데 논해 보면 또한 성에서 발하는 것입니다. 오는 수오에서 나오고, 희·노·애·욕은 모두 측은에서 나온 것입니까?" 대답하였다. "애와 구는 어디에서 발하였겠는가? 보자면 이것도 측은에서 발한 것이다. 대개 구도 매우 두려워하는 것이다. 다만 칠정은 사단에 나누어 배치될 수 없으며, 칠정은 본래 사단을 횡으로 꿰뚫고 있다."(問, 喜怒哀懼愛惡欲是七情, 論來亦自性發, 只是惡自羞惡發出, 如喜怒愛欲, 恰自惻隱上發. 曰, 哀懼是那箇發, 看來也只是從惻隱發, 蓋懼亦是怵惕之甚者, 但七情不可分配四端, 七情自於四端橫貫過了.)"

[42] 『주자어류』 권53「맹자」 3. "사단은 아직 다하지 않았으므로 다만 '단서'라고 이르는 것이다. 그러나 사단의 여덟 글자는 글자마다 하나의 뜻이 있다. 측은 슬퍼하며 마음을 일으키는 것이고, 은은 슬퍼한 뒤에 은밀히 아픈 것으로 측보다 슬픔이 깊은 것이다. 수는 자기의 잘못을 부끄러워하는 것이고, 오는 남의 악을 미워하는 것이며, 사는 자기의 것을 사양하는 것이고, 양은 타인에게 주는 것이며, 시와 비는 본래 두 가지 뜻이 분명하다. 다만 인이 총괄하는 이름이다. 만약 인·의를 말하면 음·양과 같고, 사단을 말하면 네 계절과 같으며, 만약 사단의 여덟 글자를 나눈다면 여덟 절기와 같다.(四端未是盡, 所以只謂之端. 然四端八箇字, 每字是一意. 惻是惻然有此念起, 隱是惻然之後隱痛, 比惻是深. 羞者, 羞己之非, 惡者, 惡人之惡, 辭者, 辭己之物, 讓者, 讓與他人, 是非自是兩樣分明. 但仁是總名. 若說仁義, 便如陰陽, 若說四端, 便如四時, 若分四端八字, 便如八節.)"

[43] 『맹자집주』「공손추상」 제6장 제4절의 주.

志, 四端七情不兼意志爲言, 而非四七則意志亦無所緣矣.【四七之情包人心道心, 人心道心不能包四七之情, 四七之發有不屬人心而惡者故也.】意志緣於情, 情又原於性, 而未發心之體, 已發心之用, 則此心之所以該誠神備寂感貫有無通內外而無不包也.

　인심은 사단과 칠정이 식(食)·색(色)을 위하여 발한 것이고,[44] 도심은 사단과 칠정이 도(道)·의(義)를 위하여 발한 것이다.[45] 인심과 도심은 의(意)와 지(志)를 겸하여 말한 것이고, 사단과 칠정은 의와 지를 겸하지 않고 말한 것이나, 사단과 칠정이 아니면 의와 지 또한 말미암을 바가 없다.【사단과 칠정은 인심과 도심을 포괄하나 인심과 도심은 사단과 칠정을 포괄할 수 없으니, 사단과 칠정이 발할 때 인심에 속하지 않고도 악한 것이 있기 때문이다.】 의와 지는 정에 말미암고, 정은 또 성에서 근원하며, 미발은 심의 체이고, 이발은 심의 용이니, 이 심이 성(誠)·신(神)을 포괄하고 적(寂)·감(感)을 갖추며 유·무를 꿰뚫고 안·밖을 통하여 포괄하지 않음이 없는 것이다.

---

[44] 『송자대전』 권90 「答李汝九【庚戌二月十日】」. "이 마음이 식·색을 위하여 발하였다면 이는 인심이고, 다시 그 발한 것을 [계산하고] 헤아려 도리에 합당하게 하는 것은 도심이다. 식·색을 위하여 발하는 것도 이 마음이고, 그 발한 것을 [계산하고] 헤아리는 것도 이 마음이니, 어떻게 두 가지 마음이라고 할 수 있겠는가?(此心爲食色而發, 則是爲人心, 而又商量其所發, 使合於道理者, 則是爲道心. 其爲食色而發者, 此心也, 商量其所發者, 亦此心也, 何可謂兩樣心也.)"

[45] 『율곡전서』 권14 「인심도심도설【壬午○奉敎製進】」. "정이 발할 때 도·의를 위하여 발한 것이 있으니, 어버이에게 효도하고자 하고 임금에게 충성하고자 하는 것과 어린애가 우물에 빠지는 것을 볼 때 측은하게 여기는 것, 의가 아닌 것을 볼 때 수오하는 것, 종묘를 지나갈 때 공경하는 것이 이것이니 이것을 도심이라 한다. 구·체를 위하여 발한 것이 있으니, 배고플 때 먹으려 하고 추울 때 입으려 하고 힘들 때 쉬고자 하고 정력이 왕성하면 여자를 생각하는 것이 이것이니, 이것을 인심이라 한다.(情之發也, 有爲道義而發者, 如欲孝其親, 欲忠其君, 見孺子入井而惻隱, 見非義而羞惡, 過宗廟而恭敬之類, 是也, 此則謂之道心. 有爲口體而發者, 如飢欲食, 寒欲衣, 勞欲休, 精盛思室之類, 是也, 此則謂之人心.)"

(2) 五行之氣在人心者, 溫厚者是木之氣, 而其理則仁也, 宣著者是火之氣, 而其理則禮也, 嚴肅者是金之氣, 而其理則義也, 虛明者是水之氣, 而其理則智也, 完具者是土之氣, 而其理則信也. 然氣之溫厚者不外於嚴肅, 嚴肅者不外於溫厚, 五者只是一氣, 而不相外焉. 故理之仁者不外於義, 義者不外於仁, 五者只是一理, 而不相外焉. 自氣而言, 則有昏明贏乏之不同, 自理而言則無昏明贏乏之不同, 故氣雖不齊, 而理則皆善, 單指理則爲本然之性, 兼指氣則爲氣質之性, 而性無二體矣.

오행의 기가 인심에 있는 것 가운데 온후한 것은 목(木)의 기이고 그 리는 인이며, 밝게 드러난 것은 화(火)의 기이고 그 리는 예이며, 엄숙한 것은 금(金)의 기이고 그 리는 의이며, 비어 있고 밝은 것은 수(水)의 기이고 그 리는 지이며, 완전하게 갖추어진 것은 토(土)의 기이고 그 리는 신이다. 그러나 기의 온후한 것은 엄숙한 것에서 벗어나지 않고, 엄숙한 것은 온후한 것에서 벗어나지 않으니, 다섯 가지는 다만 하나의 기로서 서로 벗어나지 않는다. 그러므로 리 가운데 인이란 것은 의에서 벗어나지 않고, 의란 것은 인에서 벗어나지 않으니, 다섯 가지는 다만 하나의 리로서 서로 벗어나지 않는다. 기의 측면에서 말하면 어두움과 밝음, 남음과 모자람의 같지 않음이 있으나, 리의 측면에서 말하면 어두움과 밝음, 남음과 모자람의 같지 않음이 없으므로, 기는 비록 고르지 않을지라도 리는 모두 선하다. 리를 단지하면 본연의 성이 되고, 기를 겸지하면 기질의 성이 되나, 성에 두 가지 체는 없다.

(3) 未發之前, 氣雖有淸濁粹駁之不齊, 事物未至, 思慮未萌, 故氣不用事, 而澹然虛明而已. 卽此澹然虛明之中, 而天命全體無所掩蔽無所偏倚, 而亭亭當當卓然中立, 則所謂中也. 若於此而兼指淸濁粹駁之氣, 則爲氣質之性, 而不可謂中也. 然中者是性之本體, 而不中者非性之本體, 則雖有兼氣而言, 以見理氣不離之妙, 亦不害於性之本體單指而爲中者矣.

미발 이전에 기는 비록 맑음과 흐림, 순수함과 잡박함의 고르지 않음이 있으나, 사물이 아직 이르지 않아 사려가 아직 싹트지 않았으므로 기가 작용하지 않아 깨끗하게 비어 있고 밝을 뿐이다. 이 깨끗하게 비어 있고 밝은 가운데 나아가 천명의 전체가 가려져 숨겨지는 바가 없고 치우치거나 기우는 바가 없어서 정정당당하게 우뚝하게 중립(中立)하면, [이것이] '중(中)'이라 이르는 바이다. 만약 여기에서 맑음과 흐림, 순수함과 잡박함의 기를 겸지하면 기질의 성이 되어서 '중'이라 이를 수 없다. 그러나 중(中)이란 것은 성의 본체이고, 부중(不中)이란 것은 성의 본체가 아니니, 비록 기를 겸해서 말하여 리·기가 [서로] 떨어지지 않는 오묘함을 나타낼지라도, 또한 성의 본체를 단지하여 중이라 하는 것에 해가 되지 않는다.

(4) 朱子曰, 心之本體未嘗不善, 又却不可說惡不是心, 若不是心, 甚麽做出來【朱子說止此.】旣謂善, 而又謂有惡者, 何也. 心者, 氣之聚, 而體本虛也. 虛故不昧, 氣故不齊. 自其體本虛而不昧者言, 則謂之善, 自其氣之聚而不齊者言, 則謂之有善惡. 然則旣謂善而又謂有善惡者, 言各有所指, 而不相妨也. 性在氣中者, 卽其未發, 虛明而中, 則謂之大本之性, 兼其氣稟不齊而言, 則謂之氣質之性.

주자께서 "심의 본체는 일찍이 선하지 않은 적이 없으나, 그렇다고 해서 악이 심이 아니라고 말할 수도 없다. 만약 심이 아니라면 어떻게 나오겠는가."[46]라고 하셨다.【주자의 말씀은 여기에서 끝난다.】이미 '선'이라 일렀는데 또 '악이 있다'

---

46 『주자어류』 권5, 「성리」 2. "심은 움직이는 물사이므로 자연히 선악이 있다. 이를테면 측은지심은 선이고, 어린아이가 우물에 빠지려는 것을 보고도 측은한 마음이 없다면 이는 악이다. 선에서 벗어나면 곧 악인 것이다. 심의 본체는 일찍이 선하지 않은 적이 없으나 그렇다고 해서 악이 모두 심이 아니라고 말할 수도 없다. 만약 심이 아니라면 어떻게 나오겠는가?(心是動底物事, 自然有善惡. 且如惻隱是善也, 見孺子入井而無惻隱之心, 便是惡矣. 離著善, 便是惡. 然心之本體未嘗不善, 又却不可說惡全不是心, 若不是心, 是甚麼做出來.)"

고 이른 것은 무엇 때문인가. 심이란 기가 모인 것으로 체는 본래 비어 있다. 비어 있으므로 어둡지 않고, 기이므로 고르지 않다. 그 체가 본래 비어 있어 어둡지 않은 측면에서 말하면 '선'이라 이르고, 그 기가 모여서 고르지 않은 측면에서 말하면 '선악이 있다'고 이른다. 그렇다면 이미 '선'이라 이르고 또 '선악이 있다'고 이르는 것은 말이 각기 가리키는 바가 있어서 서로 방해가 되지 않는다. 성이 기 속에 있는 것은 곧 그 미발로서 비어 있고 밝으며 중(中)하니 '대본지성'이라 이르고, 그 기품의 고르지 않음을 겸하여 말하면 '기질의 성'이라 이른다.

(5) 已發之時, 氣始用事, 故理之乘淸氣而發者, 不爲氣掩, 直遂其本然之性, 而爲達道, 理之乘濁氣而發者, 爲氣所掩, 遂失其本然之性, 而不得爲達道. 情之善惡, 氣之所使, 而非理之有善惡也. 然理弱氣强, 故理之善者, 旣爲氣之惡者所掩, 則亦隨其氣而爲惡矣, 不可謂氣雖惡而理獨自善也. 蓋心則氣也. 纔涉氣, 便不齊, 故未發也善惡未形, 而粹駁則在矣, 已發也粹駁用事, 而善惡斯分矣. 然指其粹駁謂之善惡亦得, 故曰氣質之性有善有惡.

이발의 때에 기가 비로소 작용하므로, 리가 맑은 기를 타고 발하는 것은 기에 가려지지 않고 곧바로 그 본연의 성을 이루어 공통된 도가 되고, 리가 흐린 기를 타고 발하는 것은 기에 가려져 마침내 그 본연의 성을 잃어서 공통된 도가 될 수 없다. 정(情)의 선악은 기가 [그렇게] 만든 것이지 리에 선악이 있어 그런 것은 아니다. 그러나 리는 약하고 기는 강하므로 리의 선한 것이 이미 기의 악한 것에 가려지면 또한 그 기를 따라 악이 되므로 '기는 비록 악하나 리는 홀로 스스로 선하다'고 할 수는 없다. 대개 심은 기이다. 기에 관계하자마자 바로 고르지 않으므로, 미발일 때에는 선악이 아직 드러나지 않지만 순수함과 잡박함이 있고, 이발일 때에는 순수함과 잡박함이 작용하여 선악이 여기에서 나누어진다. 그러나 그 순수함과 잡박함을 가리켜 '선악'이라 이르는 것 또한 괜찮으므로 "기질의 성은 선도 있고 악도 있다"고 하는 것이다.

(6) 氣之溫厚者, 發而爲惻隱, 而惻隱之失爲姑息. 宣著者, 發而爲恭敬, 而恭敬之失爲諂諛. 嚴肅者, 發而爲羞惡, 而羞惡之失爲殘暴. 虛明者, 發而爲是非, 而是非之失爲詐妄. 此惻隱羞惡恭敬是非之有善惡者也. 故朱子曰, 惻隱羞惡, 也有中節不中節. 蓋孟子道其善, 而朱子道其全也.

기 가운데 온후한 것이 발하여 측은이 되나, 측은의 잘못은 고식(姑息)이 되고, 밝게 드러난 것이 발하여 공경이 되나, 공경의 잘못은 아첨이 되며, 엄숙한 것이 발하여 수오가 되나, 수오의 잘못은 잔인함과 포악함이 되고, 비어 있고 밝은 것이 발하여 시비가 되나, 시비의 잘못은 속임수와 거짓이 되니, 이것이 [바로] 측은·수오·공경·시비에 선악이 있다는 것이다. 그러므로 주자께서 "측은과 수오는 절도에 맞는 것도 있고 절도에 맞지 않는 것도 있다."[47]라고 하신 것이다. 대개 맹자께서 그 선한 면을 말씀하셨으나, 주자께서 그 전체를 말씀하셨다.

(7) 心性之妙, 難知, 亦難言也. 有一譬諭可見其萬一也. 心如一箇蠙珠, 心之有五行之氣, 卽珠之備有五色也. 五氣雖殊, 未嘗相離, 而不能對峙各立, 如珠之五色雖殊, 未嘗相外, 而不能逐色各有田地也. 五氣雖不對峙各立, 而亦不相混, 木自木, 火自火, 金自金, 水自水, 如珠之五色雖非各有田地, 而亦不相混, 青自青, 白自白, 紅自紅, 黑自黑也. 木氣發而爲惻隱, 金氣發而爲羞惡, 如珠之逐色去照物也. 木氣發, 而金水火之氣未嘗留在中間不動, 金氣發, 而木火水之氣未嘗留在中間不動, 如珠之一色方照, 而諸色未嘗畫在一邊也.

심성(心性)의 오묘함은 알기 어렵고 말하기 또한 어려우나, 하나의 비유를 들어 그 만분의 일이나마 볼 수 있다. 심이 하나의 진주와 같다면, 심에 오행의 기가

---

47 『주자어류』 권53, 「맹자」 3. "측은과 수오는 절도에 맞는 것도 있고 절도에 맞지 않는 것도 있으니, 만약 측은히 여겨서는 안 될 때 측은해하고 수오해서는 안 될 때 수오한다면 이는 곧 절도에 맞지 않는 것이다.(惻隱羞惡, 也有中節不中節, 若不當惻隱而惻隱, 不當羞惡而羞惡, 便是不中節.)"

있는 것은 곧 진주에 다섯 가지 색이 갖춰져 있는 것과 같다. 다섯 가지 기가 비록 다르나 일찍이 서로 떨어진 적이 없어서 대치하여 각기 설 수 없는 것은, 진주의 다섯 가지 색이 비록 다르나 일찍이 서로 벗어난 적이 없어서 색마다 각기 영역을 가질 수 없는 것과 같다. 다섯 가지 기가 비록 대치하여 각기 서 있지 않으나 또한 서로 섞이지도 않아서 목(木)은 목대로, 화(火)는 화대로, 금(金)은 금대로, 수(水)는 수대로인 것은, 진주의 다섯 가지 색이 비록 각기 영역을 가지고 있지 않으나 또한 서로 섞이지도 않아서 청색은 청색대로, 백색은 백색대로, 홍색은 홍색대로, 흑색은 흑색대로인 것과 같다. 목기(木氣)가 발하여 측은이 되고, 금기(金氣)가 발하여 수오가 되는 것은, 진주가 색마다 물(物)을 비추는 것과 같다. 목기가 발할 때 금·수·화의 기가 일찍이 중간에 머물러 있으면서 움직이지 않은 적이 없고, 금기가 발할 때 목·화·수의 기가 일찍이 중간에 머물러 있으면서 움직이지 않은 적이 없는 것은, 진주의 한 가지 색이 [물을] 비출 때 [다른] 여러 가지 색이 한쪽에 국한되지 않은 것과 같다.

人之稟氣全, 而其性亦全, 如珠之五色全備也, 禽獸之稟氣偏, 而其性亦偏, 如珠之或只有靑色, 或只有白色, 而五色不能全也. 人之稟氣, 得木氣重者, 惻隱之心常多, 而羞惡恭敬是非之心, 爲其所塞不發, 得金氣重者, 羞惡之心常多, 而惻隱恭敬是非之心, 爲其所塞不發, 如珠之五色, 或有靑色多者, 或有白色多者, 色之多者, 常發於外, 而諸色之不勝者, 每爲其所掩也. 聖人之陰陽合德五性全備, 如珠之五色停均, 而無相勝相奪者也.

사람이 품부받은 기가 온전하고 그 성 또한 온전한 것은, 진주의 다섯 가지 색이 온전히 갖추어진 것과 같고, 금수의 품부받은 기가 치우쳐 있고 그 성 또한 치우쳐 있는 것은, 진주가 혹은 청색만 있고 혹은 백색만 있어서 다섯 가지 색이 온전할 수 없는 것과 같다. 사람이 기를 품부받을 때 목기를 많이 얻은 사람은 측은지심은 항상 많으나 수오지심·공경지심·시비지심은 그것에 막혀서 발하지 못하고, 금기를 많이 얻은 사람은 수오지심은 항상 많으나 측은지심·공경지심·시비지심은 그것에 막혀서 발하지 못하는 것은, 진주의 다섯 가지 색 가운데 혹은 청색이 많은 것이 있고 혹은 백색이 많은 것이 있어서 색이 많은 것은 항상 밖으로 발하나 [다른] 여러 가지 색이 [그보다] 적은 것은 늘 그것에 가려지는 것과 같다. 성인께서 음양의 덕과 합치하고 다섯 가지 성을 온전하게 갖추고 있는 것은, 진주의 다섯 가지 색이 고르게 있어서 서로 이기거나 서로 빼앗는 것이 없는 것과 같다.

蓋心屬火, 故能光明照燭, 而亦聚五行之精英, 故能變化無窮, 而不滯於一方, 謂一心之中, 五行之氣對峙各立, 固不可也, 而謂全無其別, 亦不可也. 唯在人默識而見其情**48**也. 性之無形, 尤難看, 若卽氣看理, 則於此譬亦可約綽認取, 而氣有贏乏, 理無勝負者, 有非物譬所可見, 須神會, 得之於言說之外, 可也.

대개 심은 화(火)에 속하므로 빛나고 밝아서 환하게 비출 수 있고, 또한 오행의 정수가 모였으므로 변화가 끝이 없어서 한쪽에 정체되지 않는다.**49** 그러므로 '하나의 심 가운데 오행의 기가 대치하여 각기 서 있다'고 이르는 것은 참으로 옳지 않고, '전혀 그 구별이 없다'고 이르는 것 또한 옳지 않다. 오직 사람이 가만히 마음속으로 알아 그 정황(상태)을 보는 데 달려 있을 뿐이다. 성은 형체가 없어서

---

48 "'情' 아래에 한 판본에는 '狀'자가 있다.(情下一本有狀字)'라는 두주가 있다.

49 『大學章句大全』 경1장의 소주. "[주자께서 대답하셨다.] "… 심은 화에 속하는데, 그것은 빛나고 밝게 발동하는 물건이기 때문에 허다한 도리를 갖출 수 있다."(曰, … 心屬火, 緣他是箇光明發動底物, 所以具得許多道理.)" 『農巖集』 권19 「答道以」. "일찍이 생각건대 심은 다른 것이 아니라 기일 뿐인데, 큰 의미로 말하면 오행의 정수를 모은 것이고 작은 의미로 말하면 화에 속한다. 화에 속하므로 빛나고 밝으며 어둡지 않아서 만물을 환하게 비추는 것이고, 오행의 정수가 모였으므로 변화가 끝이 없어 한쪽에 정체되지 않으니, 심이 허령한 까닭은 그 이치가 이와 같은 것이다.(蓋嘗思之, 心者, 無他, 氣而已矣, 專言則聚五行之精英, 偏言則屬乎火, 屬乎火, 故能光明不昧而照燭萬物, 聚五行之精英, 故能變化無窮, 不滯於一方, 心之所以虛靈, 其理只如此而已.)"

더욱 보기 어렵지만 만약 기에 나아가 리를 본다면 이 비유를 통해 또한 대략 알게 될 것이나, 기는 남거나 모자란 것이 있고 리는 이기거나 지는 것이 없다[50]는 것은 물(物)로 비유하여 볼 수 있는 것이 아니니, 모름지기 마음속으로 이해하여 말(言說) 바깥의 의미를 터득해야 할 것이다.

(8) 性之有仁義禮智, 猶燈火之有熱者明者中黑者炎上者也.【合心性而譬之, 則心卽燈火也, 性卽燈火之理也.】仁義禮智不能相離, 而仁徹底是仁, 義徹底是義, 不是半邊是仁, 半邊非仁, 半邊是義, 半邊非義也, 如火之熱明中黑炎上者不能相離, 而熱徹底是熱, 明徹底是明, 非半邊是熱, 半邊非熱, 半邊是明, 半邊非明也. 然仁是一界子, 義是一界子, 禮智又各是一界子, 而仁發爲惻隱, 義發爲羞惡, 禮智發爲恭敬是非, 如火之熱是一般, 明是一般, 中黑炎上者又各是一般, 而熱者蒸之, 明者照之, 中黑炎上者又各自中黑炎上也.

성(情)에 인·의·예·지가 있는 것은 등불에 열, [밝은] 빛, 중흑(中黑: 가운데 어두운 부분), [타오르는] 불꽃이 있는 것과 같다.[51]【심·성을 합쳐서 비유하면, 심

50　『性理大全』권31 「性理」 3. "[면재 황씨가] 말하였다. "성은 참으로 기질이 섞여 있다. 그러나 미발의 때에는 이 마음이 맑아 물욕이 생겨나지 않으니, 기가 비록 치우치더라도 리는 스스로 바르고, 기가 비록 어둡더라도 리는 스스로 밝고, 기가 비록 남거나 모자란 것이 있더라도 리는 이기거나 지는 것이 없다. 물에 감응하여 동(動)하게 되었을 때, 혹 기가 동하면 리가 따르고 혹 리가 동하면 기가 옆에 낀다."(曰, 性固為氣質所雜矣, 然方其未發也, 此心湛然, 物欲不生, 則氣雖偏而理自正, 氣雖昏而理自明, 氣雖有贏乏, 而理則無勝負, 及其感物而動, 則或氣動而理隨之, 或理動而氣挾之.)"

51　『寒水齋集』권12 「答韓德昭」. "영숙(한홍조)이 또 말하기를 "마음 가운데는 사덕이 혼연히 갖추어 있으나 그 발할 때 미쳐서는 감촉하는 것에 따라 드러난다. 아비에 감촉하면 애(愛)가 발하고 어른에 감촉하면 경(敬)이 발하는 것이 비교하자면 하나의 등을 방 안에 걸어 놓았으나 그 등불이 밝을 때 미쳐서 문을 열어 놓는 데 따라 밝아진다. 동쪽 문을 열어 놓으면 밝음이 동쪽에 드러나고 서쪽 문을 열어 놓으면 밝음이 서쪽에 드러나는 것과 같다."라고 하였다. 원진이 자세히 살펴보건대 등불의 비유는 다만 일리를 비유할 수 있는 설일 뿐 사덕을 증명할 수 있는 설은 아니다. 성이 등불이라면 성에 인·의·예·지가 있는 것은 등불에 빛, 열, 중흑, 불꽃이 있는 것과 같고, 인이 반드시 애(愛)하고 의가 반드시 오(惡)하고 예가 반드시 공(恭)

은 등불이고, 성은 등불의 리이다.】인·의·예·지는 서로 떨어질 수 없으나, 인은 철저하게 인이고 의는 철저하게 의여서, 반쪽은 인인데 반쪽은 인이 아니고 반쪽은 의인데 반쪽은 의가 아닌 경우가 없는 것은, 불의 열·빛·중흑·불꽃이 서로 떨어질 수 없으나, 열은 철저하게 열이고 빛은 철저하게 빛이어서, 반쪽은 열인데 반쪽은 열이 아니고 반쪽은 빛인데 반쪽은 빛이 아닌 경우가 없는 것과 같다. 그러나 인이 하나의 영역이고 의가 하나의 영역이며 예·지가 또 각기 하나의 영역이어서, 인이 발하면 측은이 되고 의가 발하면 수오가 되며 예·지가 발하면 공경·시비가 된다. 이것은 불의 열이 한 가지이고 빛이 한 가지이며 중흑과 불꽃이 또 각기 한 가지여서, 열은 불사르고 빛은 비추며 중흑과 불꽃도 각기 중흑과 불꽃이 되는 것과 같다.

仁義禮智之發, 又各自具四者之用, 以仁言之, 則仁之發出底是仁之仁, 行之有節文底是仁之禮, 處得合當底是仁之義, 知而不去底是仁之智, 如火之熱者其始熱是一般, 其極熱是一般, 到得火衰熱氣漸緩是一般, 到得火滅熱氣全息是一般, 而熱之中又有是四箇般樣也. 大抵四者之性, 旣非相離, 而各爲一物, 又非相混, 而都是一物, 故逐件看之, 燦然各有界分, 而合而看之, 渾然只是一物事. 於此看得分明, 方可以知性也【燈火之譬, 又在記聞錄太極說中, 合而觀之, 其義方盡】

하고 지가 반드시 지(知)한 것은 불의 빛은 반드시 비추고 열은 반드시 태우고 중흑은 반드시 중흑이고 불꽃은 반드시 불꽃인 것과 같으며, 인 밖에 의가 없고 예 밖에 지가 없어 하나는 발하고 셋은 그 속에 그냥 머물러 있지 않는 것은 불의 빛, 열, 중흑, 불꽃이 서로 떨어질 수 없는 것과 같다.(永叔又曰, 方寸之中四德渾具, 及其發時, 隨感而見, 感於父則愛發, 感於長則敬發, 譬之一燈掛在房中, 及其明時, 隨開而明, 開於東則明見於東, 開於西則明見於西. 元震按燈火之譬, 只可譬一理之說, 而非所以證四德之說也, 性如燈火, 性之有仁義禮智, 如燈火之有明者熱者中黑者炎上者也, 仁之必愛義之必惡禮之必恭智之必知, 如火之明必照熱必煏中黑者必中黑炎上者必炎上也, 仁外無義禮外無智, 而一者發, 三者未嘗留在其中, 如火之明者熱者中黑者炎上者之不可以相離也.)"

인·의·예·지가 발하는 것은 또 제각기 네 가지의 용을 갖추고 있어서, 인으로 말하면 인이 발하여 나오는 것은 인의 인이고, 행함에 절문(節文)이 있는 것은 인의 예이며, 처함에 꼭 알맞음을 얻는 것은 인의 의이고, 알아서 가지 않는 것은 인의 지인 것은, 불의 열이 처음 뜨거워지기 시작하는 것이 한 가지이고, 몹시 뜨거워지는 것이 한 가지이며, 불이 약해져서 열기가 점차 누그러지는 것이 한 가지이고, 불이 꺼져서 열기가 완전히 사라지는 것이 한 가지여서 열 속에 또 네 가지 양상이 있는 것과 같다. 대체로 네 가지 성이 이미 서로 떨어져 있는 것이 아니나 각기 하나의 물(物)이 되고, 또 서로 섞여 있는 것이 아니나 모두 하나의 물이므로, 하나씩 보면 분명히 각기 경계가 있고, 합쳐서 보면 혼연히 다만 하나의 물사(物事)이다. 이에 대해 분명하게 보아야 비로소 성을 알 수 있다.【등불의 비유는 『기문록』태극설 중에도 있으니,[52] 그것과 합쳐서 살펴보면 그 뜻이 비로소 완전해질 것이다.】

(9) 先天太極圖, 其圈於外者, 氣也, 其中間虛白處, 理也. 然其實非以理別爲一物而在氣中, 如雞子之包黃也, 要作圖子不得不爾也. 覽者或誤認此, 眞以爲理之在氣中者, 別爲一物, 而與氣相對, 及其發用亦各自主張出來也. 殊不知氣之寓於天地之間與方寸之內者, 徹內外, 徹上下, 都是氣也, 而無些子·中間空闕處可以別容得理也, 理之在氣中者, 亦徹內外, 徹上下, 而無不在也, 非別爲一物, 而在氣中也. 透見得此, 可無二岐之疑矣.

「선천태극도」에서 그 바깥의 원은 기이고, 그 가운데 비어 있으면서 하얀 곳은 리이다. 그러나 사실 리를 별도로 하나의 물(物)로 삼아서 기 속에 둔 것은, 달걀 흰자가 노른자를 감싸고 있는 것과는 같지 않으나 그림을 그리려다 보니 그렇게 하지 않을 수 없기 때문이다. [그런데 그림을] 본 사람들이 행여 이것을 잘못 이

---

52 경의기문록 권제3-1-8)-(4).

해하여, 진실로 리가 기 속에 있는 것은 별도로 하나의 물이 되어 기와 서로 대비되고, 그 발용(發用)에 이르러서 또한 제각기 주장하여 나온다고 여긴다. [이는] 기가 하늘과 땅 사이와 [사방 한 치] 마음 안에 머물러 있는 것은 안으로도 밖으로도 위로도 아래로도 모두 기여서, 조금이라도 중간에 빈 곳이 있어 별도로 리를 수용할 수 있는 것이 아니므로, 리가 기 속에 있는 것은 또한 안으로도 밖으로도 위로도 아래로도 있지 않은 곳이 없어서, 별도로 하나의 물이 되어 기 속에 있는 것이 아니라는 것을 전혀 알지 못하는 것이다. 이것을 완전히 이해해야 [리·기를] 둘로 가르는 의혹이 없게 될 것이다.

5) 性情橫看圖 성정횡간도

【戊子十月作, 下二圖同】
【1708년(숙종 34, 27세) 10월 지음, 아래 두 그림도 같다】

就性情橫看, 則人之稟是性於天者, 愛恭宜別之理, 渾然齊具, 無有先後, 惻隱恭敬羞惡是非之端, 隨事迭應, 無有次第. 或問分爲五之序, 朱子曰, 渾然不可分, 又曰, 仁義禮智發時, 無次第者, 是也.

성정을 가로로 보면, 사람이 하늘에서 이 성을 품부받은 것은 애(愛: 사랑)·공(恭: 공경)·의(宜: 마땅함)·별(別: 분별)의 리가 혼연히 고르게 갖추어져 있고 선후가 있지 않으며, 측은·공경·수오·시비의 단서가 일에 따라 번갈아 응하여 차례가 있지 않다. 누군가 나누어져 다섯 가지가 되는 순서를 묻자, 주자께서 "혼연하여 나눌 수 없다."[53]라고 하시고, 또 "인·의·예·지가 발할 때 차례가 없다."[54]라고 하신 것이 이것이다.

53 『주자어류』 권6 「性理」 3. "물었다. "이미 하나의 리인데, 또 오상이라고 말한 것은 무슨 까닭입니까?" 대답하셨다. "하나의 리라고 말하는 것도 괜찮고, 다섯 가지 리라고 말하는 것도 괜찮다. 하나로 포괄하면 하나가 되고 나누면 다섯이 된다." 나눠져 다섯이 되는 순서를 물었다. 대답하셨다. "혼연하여 나눌 수 없다."(問, 旣是一理, 又謂五常, 何也. 曰, 謂之一理亦可, 五理亦可. 以一包之則一, 分之則五. 問分爲五之序. 曰, 渾然不可分.)"

54 『주자어류』 권6 「성리」 3. "물었다. "원·형·이·정에는 차례가 있지만 인·의·예·지는 발현으로 인하여 감응하니 차례가 없습니까?" 대답하셨다. "발할 때는 차례가 없으나 나타날 때는 차례가 있다."(問, 元亨利貞有次第, 仁義禮智因發而感, 則無次第. 曰, 發時無次第, 生時有次第.)"

6) 性情豎看圖 성정수간도

就性情豎看, 則人之稟是理於天者, 莫非渾然全體也. 渾然全體是仁, 纔渾然便有條理, 燦然於其中是禮, 纔燦然便有嚴肅, 整齊底意是義, 纔肅然便有炯然, 含藏底意是智, 纔含藏又復渾然. 一理中含此四箇意思, 而略似有先後, 又似有循環底意. 其接於事物也 發之者仁, 行之者禮, 裁之者義, 藏之者智, 而仁復發之. 一事中四者之用都具, 而略似有先後, 又似有循環底意. 朱子曰, 仁義禮智生時, 有次第, 又曰, 這物事分不得, 流出來是仁, 仁打一動, 義禮智便隨在這裏者, 是也.

성정을 세로로 보면, 사람이 하늘에서 이 리를 품부받은 것은 혼연한 전체가 아닌 것이 없다. 혼연한 전체는 인인데 혼연하자마자 조리(條理)가 있으며, 그 가운데에서 찬연(燦然: 밝게 빛남)한 것이 예인데 찬연하자마자 엄숙함이 있으며,

정제(整齊: 가지런함)의 뜻이 의인데 숙연(肅然: 엄숙함)하자마자 형연(炯然: 밝게 빛남)함이 있으며, 함장(含藏: 간직함)의 뜻이 지인데[55] 함장하자마자 또다시 혼연해진다. 하나의 리 가운데 이 네 가지 의미를 포함하고 있으면서 대략 선후가 있는 것 같고, 또 순환의 뜻이 있는 것 같다. 그것이 사물과 접함에 발하는 것은 인이고, 행하는 것은 예이며, 재단하는 것은 의이고, 간직하는 것은 지이며, 인이 다시 발한다. 하나의 일 가운데 네 가지의 용이 모두 갖추어져 있으면서 대략 선후가 있는 것 같고, 또 순환의 뜻이 있는 것 같다. 주자께서 "인·의·예·지가 나타날 때 차례가 있다."[56]라고 하시고, 또 "이러한 물사(物事)는 나눌 수 없고, [여기에서] 흘러나온 것이 인이며, 인이 한 번 움직이면 의·예·지가 곧 이 안에서 따른다."[57]라고 하신 것이 이것이다.

橫看竪看互相經緯, 而通看則橫看四德, 卽是竪看四德也. 或曰, 橫看竪看經緯之說, 未諭其意, 曰, 性無形象, 實非有可指可分之物也, 然無形之中, 萬象實具, 故分其綱而目之, 曰仁義禮智, 此亦不得已之說也, 豈眞有四塊物事, 磊碗其間, 而可撮可摩也哉. 橫看竪看云者, 亦要縱橫推見, 以盡其妙耳. 豈眞有八

---

55 『주자대전』 권45 「答廖子晦」. "지(智)는 간직함과 분별을 주로 하므로 지각은 있으나 운용은 없다.(智主含藏分別, 有知覺無運用.)"

56 『주자어류』 권6 「성리」 3. 각주 54번 참고.

57 『주자어류』 권116 「朱子」 13. "또 한 자리에 열 집의 부자가 있으면 부모는 각기 자기 자식을 사랑하고 자식은 각기 자기 부모에게 효도하여도 사람들이 불쾌하게 여기지 않으니 본래 이와 같은 것이다. 그 자애와 효도가 바로 인이고, 각기 자신의 부모를 부모로 모시고 각기 자신의 자식을 자식으로 대하는 것이 바로 의이다. 이러한 물사는 나눌 수 없고, [여기에서] 흘러나온 것이 인이며, 인이 한 번 움직이면 의·예·지가 곧 이 안에서 따른다. 인을 사용하지 않을 때, 의는 발하지 않고 후면에 머물러 있다가 잠깐 사이에 방출하여 나온다. 실제는 하나의 도리일 뿐인데, 경계를 나누어 논함으로써 수많은 분별이 있게 된다.(且如一堂有十房父子, 到得父各慈其子, 子各孝其父, 而人不嫌者, 自是合如此也. 其慈, 其孝, 這便是仁, 各親其親, 各子其子, 這便是義. 這箇物事分不得, 流出來便是仁, 仁打一動, 義禮智便隨在這裏了. 不是要仁使時, 義卻留在後面, 少間放出來. 其實只是一箇道理, 論著界分, 便有許多分別.)"

塊物事, 重併積疊, 而交股枕臂也哉. 蓋橫看, 則愛恭宜別之理, 各爲一事, 而一事之中, 渾然燦然肅然炯然者, 不離焉, 則所謂橫看者爲經, 而豎看者爲緯也. 豎看, 則渾然燦然肅然炯然者, 各爲一事, 而一事之中, 愛恭宜別之理, 皆具焉, 則所謂豎看者爲經, 而橫看者爲緯也. 又通而看之, 則渾然者是愛之理, 燦然者是敬之理, 肅然者是宜之理, 炯然者是別之理, 而橫看豎看只是一事也. 此意至精至微, 若分若合, 惟在人默而識之耳. 或曰, 肅然之爲宜, 炯然之能別, 固無可疑, 渾然之爲愛, 燦然之爲敬, 獨奈何, 曰, 愛有周遍廣大之意, 其非渾然者耶, 敬有整齊光明之意, 其非燦然者耶.

횡간(橫看: 가로로 보는 것)과 수간(豎看: 세로로 보는 것)은 서로 날줄과 씨줄이 되나, 통괄해서 보면 가로로 본 네 가지 덕이 곧 세로로 본 네 가지 덕이다. 누군가 "횡간과 수간이 날줄과 씨줄이 된다는 설의 뜻을 아직 이해하지 못했다."라고 하여, "성은 형상이 없으니 진실로 가리키거나 나눌 수 있는 물(物)이 있는 것이 아니다. 그러나 형상이 없는 가운데 온갖 형상이 실제로 갖추어져 있으므로 그 골자를 나누어 지목해서 '인·의·예·지'라 하였으나, 이것 또한 부득이하게 한 설명이다. 어찌 정말로 네 덩어리의 물사가 그 사이에 쌓여 있어서 잡을 수 있고 만질 수 있는 것이겠는가. '가로로 본다', '세로로 본다'고 이른 것 또한 종횡으로 미루어 헤아려 보고서 그 오묘함을 다하는 것일 뿐이다. 어찌 정말로 여덟 덩어리의 물사가 나란히 겹쳐 있고 거듭 쌓여 있어서 [서로] 다리를 교차하고 팔을 베는 것이겠는가. 대개 가로로 보면 애·공·의·별의 리가 각기 하나의 일이 되나, 하나의 일 가운데 혼연한 것과 찬연한 것과 숙연한 것과 형연한 것이 [서로] 떨어지지 않으니, '가로로 보는 것은 날줄이 되고, 세로로 보는 것은 씨줄이 된다'고 이른 것이다. 세로로 보면 혼연한 것과 찬연한 것과 숙연한 것과 형연한 것이 각기 하나의 일이 되나, 하나의 일 가운데 애·공·의·별의 리가 모두 갖추어져 있으니, '세로로 보는 것은 날줄이 되고, 가로로 보는 것은 씨줄이 된다'고 이른 것이다. 또 통괄해서 보면, 혼연한 것은 애의 리이고, 찬연한 것은 경(敬: 공경)의 리이며, 숙연한 것은 의의 리이고, 형연한 것은 별의 리이니, 가로로 보는 것과 세로로 보는 것은 다만 하나의 일일 뿐이다. 이 뜻이 지극히 정밀하고 지극히 은미하니, 나누는 것이든 합치는 것이든 오직 사람이 묵묵히 마음속으로 [깊이] 아는 데 달려 있을 뿐이다."라고 답해 주었다. 누군가 "숙연함이 의가 되는 것과 형연함이 분별할 수 있는 것은 참으로 의심할 만한 것이 없으나, 혼연함이 애가 되는 것과 찬연함이 경이 되는 것은 유독 어찌 그러한지 잘 모르겠다."라고 하여, "애는 두루 [고르게] 미치며 넓고 크다는 뜻이 있으니, 그것이 혼연한 것이 아니겠는가. 경은 [단정하고] 가지런하며 밝게 빛난다는 뜻이 있으니, 그것이 찬연한 것이 아니겠는가."라고 답해 주었다.

7) 性情總會圖 성정총회도

此圖之意, 備於朱子答陳器之書中矣. 智之用包一心者, 固當以知覺言. 然是非一端, 亦可以包之, 好惡統四端, 而是非一事, 又自具好惡兩面故也.

이 그림의 뜻은 주자께서 진기지(陳器之)[58]에게 답한 편지[59] 안에 [잘] 갖춰져

---

58 진식(陳埴), 남송의 학자.
59 『주자대전』 권58 「答陳器之【問玉山講義】」. "성은 태극의 혼연한 체이기에 본래 어떤 명칭으로 말할 수는 없지만 그 가운데 모든 리를 갖추고 있고, 그 리의 큰 강령이 네 가지가 있어 그것을 '인·의·예·지'라고 명명한 것입니다. 공자의 문하에서 이것을 다 말한 적이 없다가 맹자에 와서야 비로소 다 말했습니다. 대개 공자께서 살아 계시던 때에는 성선의 이치가 본래 밝아서 비록 그 조목을 상세하게 드러내지 않아도 성선에 대한 설이 저절로 갖추어졌지만, 맹자의 시대에는 이단이 벌떼처럼 일어나 종종 성을 선하지 못하다고 주장했기 때문입니다. 맹자께서는 그 이치가 밝혀지지 못할까 두려워하여 그것을 밝힐 생각을 하시면서 만약에 '혼연한 전체'라고만 하면 마치 눈금 없는 저울이나 마디 없는 자와 같아서 끝내는 세상 사람들을 이해시킬 수 없을까 염려하셨습니다. 이에 구별하여 말하면서 네 개로 나눈 결과 사단의 설이 확립되었던 것입니다.(性是太極渾然之體, 本不可以名字言. 但其中含具萬理, 而綱理之大者有四, 故命之曰仁義禮智. 孔門未嘗備言, 至孟子而始備言之者. 蓋孔子時性善之理素明, 雖不詳著其條而說自具, 至孟子時, 異端蜂起, 往往以性爲不善. 孟子懼是理之不明而思有以明之, 苟但曰渾然全體, 則恐其如無星之秤, 無寸之尺, 終不足以曉天下. 於是別而言之, 界爲四破, 而四端之說於是而立.)" "사단이 아직 발하지 않았을 때에는 비록 고요하여 움직

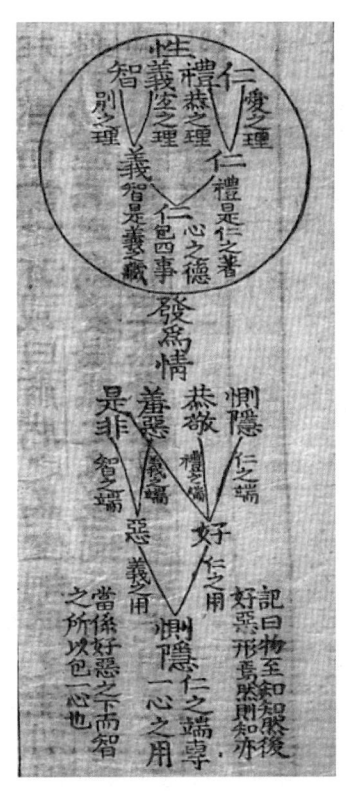

이지 않아도 그 속에 저절로 조리가 있고 짜임새가 있는 것이지 아무것도 없는 모호한 것이 아닙니다. 이 때문에 밖에서 접촉하기만 하면 안에서 곧 응하는 것입니다. 이를테면 어린아이가 우물에 빠지려는 상황이 느껴지면 인의 리가 곧 응하여 측은한 마음이 드러나고, 사당에 들리거나 조정에 들리는 일을 만나게 되면 예의 리가 곧 응하여 공경하는 마음이 드러납니다. 대개 그 안에 온갖 리가 혼연히 갖추어져 있어 저마다 분명하므로 밖에서 맞닥뜨리는 일에 느끼는 대로 응하는 것이니, 그 결과 사단이 발하면서 모양새가 각각 같지 않은 것입니다. 이 때문에 맹자께서 넷으로 분류하여 학자들에게 보여주어 혼연한 전체 가운데 이렇게 분명한 조목이 있다는 것을 알게 하신 것이니, 성이 선하다는 것을 알 수 있습니다. 그러나 사단이 아직 발하지 않았을 때에는 '혼연한 전체'라 이르는 바가 말할 만한 소리나 냄새도 없고 볼 만한 형상도 없는데, 어떻게 이처럼 분명한 조목이 있다는 것을 알 수 있겠습니까. 대개 이 리를 징험할 수 있는 것은 바로 그것이 자연스럽게 발현한 곳에 나아가 징험할 수 있는 것입니다. 모든 물은 반드시 근거가 있게 마련인데, 성의 리는 비록 형체가 없지만 단서가 발하는 것을 가장 잘 징험할 수 있는 것입니다. 그러므로 그 측은으로 말미암아 반드시 인이 있음을 아는 것이고, 그 수오로 말미암아 반드시 의가 있음을 아는 것이며, 그 공경으로 말미암아 예가 있음을 아는 것이고, 그 시비로 말미암아 지가 있음을 아는 것이니, 만약 본래 이 리가 안에 없다면 어떻게 이 단서가 밖에 있겠습니까. 밖에 이 단서가 있기 때문에 반드시 그 안에 부정할 수 없는 이 리가 있음을 아는 것입니다. 그래서 맹자께서는 "그 정으로 말하면 선하다고 할 수 있으니, [이것이] 바로 '선'이라 이르는 것이다."(『맹자집주』「고자상」제6장 제5절)라고 말씀하셨으니, 맹자께서 성선이라고 말씀하신 것도 그 정을 거슬러 올라가서 역으로 알아차린 것일 뿐입니다.(蓋四端之未發也, 雖寂然不動, 而其中自有條理, 自有間架, 不是儱侗, 都無一物. 所以外邊纔感, 中間便應. 如赤子入井之事感, 則仁之理便應, 而惻隱之心於是乎形, 如過廟過朝之事感, 則禮之理便應, 而恭敬之心於是乎形. 蓋由其中間衆理渾具, 各各分明, 故外邊所遇隨感而應, 所以四端之發各有面貌之不同. 是以孟子析而爲四, 以示學者, 使知渾然全體之中而粲然有條若此, 則性之善可知矣. 然四端之未發也, 所謂渾然全體, 無馨臭之可言, 無形象之可見, 何以知其粲然有條如此. 蓋是理之可驗, 乃依然就他發處驗得. 凡物必有本根, 性之理雖無形, 而端之之發最可驗. 故由其惻隱所以知其有仁, 由其羞惡所以知其有義, 由其恭敬所以知其有禮, 由其是非所以知其有智, 使其本無是理於內, 則何以有是端於外, 由其有是端於外, 所以必知有是理於內而不可誣也. 故孟子言'乃若其情, 則可以爲善矣, 乃所謂善也', 是則孟子之言性善, 蓋亦遡其情而逆知之耳)." "인·의·예·지에 대해 그 경계선을 분명하게 알고 나서는, 네 가지 가운데 인·의가 대립되는 관건임을 알아야 합니다. 대개 인은 인이지만 예는 인이 드러난 것이며, 의는 의이지만 지는 의가 감추어진 것입니다. 이는 봄·여름·가을·겨울이 비록 네 계절이기는 하지만 봄과 여름은 양에 속하고, 가을과 겨울은 음에 속한 것과 같습니다. 그러므로 "하늘의 도를 세워 '음과 양'이라 하고, 땅의 도를 세워 '유와 강'이라 하며, 사람의 도를 세워 '인과 의'라 한다."(『태극도설』)라고 했으니, 여기에서 천지의 도가 둘이 아니면 설 수 없다는 것을 알 수 있습니다. 그러므로 단서는 비록 넷이 있지만 세우는 것은 둘일 뿐입니다.(仁義禮智旣知得界限分曉, 又須知四者之中仁義是箇對立底關鍵. 蓋仁, 仁也, 而禮則仁之著, 義, 義也, 而智則義之藏, 猶春夏秋冬雖爲四時, 然春夏皆陽之屬也, 秋冬皆陰之屬也. 故曰, 立天之道, 曰陰與陽, 立地之道, 曰柔與剛, 立人之道, 曰仁與義, 是知天地之道不兩則不能立. 故端雖有四而立之者則兩耳.)" "인·의가 비록 대립해서 둘이라지만 인은 실제로 이 넷을 관통하고 있습니다. 대개 부분적으로 말하면 하나의 일이고 전체적으로 말하면 네 가지를 포함하고 있기 때문입니다. 그러므로 인은 인의 본체에 해당하고, 예는 인의 절문에 해당하며, 의는 인의 단제적인 측면이고, 지는 인의 분별의 측면입니다. 이것은 봄·여름·가을·겨울이 같지 않지만 다 봄에서 나온 것과 같아서, 봄은 봄의 생겨남이고, 여름은 봄의 자람이고, 가을은 봄의 완성이고, 겨울은 봄이 감추어진 것과 같습니다. 넷에서 둘이 되고 둘에서 하나가 되는데 이것을 통솔하는 것들에는 우두머리가 있고 한데 모인 것들에는 으뜸이 있는 것과 같습니다. 그러므로 "오행은 음양과 하나이며, 음양은 태극과 하나이다."(『태극도설』)라고 한 것이니, 천지의 이치는 본래 그런 것입니다.(仁義雖對立而成兩, 然仁實貫通乎四者之中. 蓋偏言則一事, 專言則包四者, 故仁者, 仁之本體, 禮者, 仁之節文, 義者, 仁之斷制, 智者, 仁之分別. 猶春夏秋冬雖不同, 而同出乎春. 春則春之生也, 夏則春之長也, 秋則春之成也, 冬則春之藏也. 自四而兩, 自兩而一, 則統之有宗, 會之有元矣. 故曰五行一陰陽, 陰陽一太極, 是天地之理固然也.)" "인이 사단을 포괄하고 있고 지가 사단의 끝에 위치한 것은 겨울은 감춤으로 만물을 시작하고 만물을 끝내기 때문입니다. 이 때문에 지에는 감춘다는 뜻도 들어 있고 시작하고 끝낸다는 뜻도 들어 있으니, 측은·수오·공경 이 세 있다. 지(智)의 용이 하나의 마음(一心)을 포괄한다는 것은 참으로 마땅히 지각으로 말해야 한다. 그러나 시비라는 하나의 단서 또한 [그것을] 포괄할 수 있으니, 호(好)·오(惡)가 네 가지 단서를 통괄하지만 시비라는 하나의 일이 또 저절로 호·오 두 측면을 갖추고 있기 때문이다.

8) 五性互主圖 오성호주도

【乙未季冬作】

【1715년(숙종 41, 34세) 음력 12월 지음】

仁之訓曰, 愛之理, 心之德, 義之訓曰, 宜之理, 心之制, 禮之訓曰, 敬之理, 心之矩.【論語或問曰, 禮爲心之規矩.】智之訓曰, 別之理, 心之通【通書, 通曰智.】信之訓曰, 實之理, 心之無妄. 上一句皆見其各爲一事之德, 下一句皆見其互爲一心之主. 蓋五行一原, 故五行各具五行之理, 其在人者又如此. 然就五者, 而言其尤著者, 則心是一箇生生底, 而仁是生之理, 心是一箇通明底, 而智

가지는 다 인위적으로 할 수 있는 일이 있지만 지는 인위적으로 할 수 있는 일이 없고, 다만 옳은지 그른지만 판단할 뿐이므로 '감춘다'고 이른 것입니다. 또 측은·수오·공경은 다 한 측면의 도리이지만 시비는 양면성을 가지고 있는데, 이미 옳은지 분별하고 또 그른지 분별하니, 그것이 바로 만물을 끝내고 시작한다는 상징입니다. 그러므로 인이 사단의 으뜸이 되지만 지가 처음과 끝을 이룰 수 있는 것이니, 이는 바로 원기가 비록 사덕의 우두머리이지만 원(元)은 원(元)에서 생겨나지 않고 정(貞)에서 생겨나는 것과 같습니다. 대개 천지의 변화는 모이지 않으면 발산하지 못하는 것이 이치가 본래 그러하기 때문입니다. 인과 지가 교제하는 지점이 바로 모든 변화의 축입니다. 이 이치는 끝없이 순환하며 빈틈이 없이 꼭 맞으니, 정자께서 '동정은 단서(처음)가 없고 음양은 시작이 없다.'(『정씨경설』)라고 이르신 것이 이것입니다.(仁包四端, 而智居四端之末者, 蓋冬者藏也, 所以始萬物而終萬物者也. 智有藏之義焉, 有終始之義焉, 則惻隱羞惡恭敬是三者皆有可爲之事, 而智則無事可爲, 但分別其爲是爲非爾, 是以謂之藏也. 又惻隱羞惡恭敬皆是一面底道理, 而是非則有兩面, 旣別其所是, 又則其所非, 是終始萬物之象. 故仁爲四端之首, 而智則能始animate, 能成終, 猶元氣雖四德之長, 然元不生於元而生於貞. 蓋由天地之化, 不翕聚則不能發散, 理固然也. 仁智交際之間, 乃萬化之機軸. 此理循環不窮, 吻合無間, 程子所謂動靜無端, 陰陽無始者, 此也.)"

是通之理. 五者又皆眞實無妄底, 而信是無妄之體, 則仁智信之爲一心之主者, 又見其爲大也. 或問於朱子曰, 性之四端, 迭爲賓主, 然仁智其總統也, 恭而無禮則勞, 是以禮爲主也, 君子義以爲質, 是以義爲主也. 蓋四德未嘗相離, 遇事則迭見層出, 要在人默而識之, 曰, 說得是. 五性互主之義, 此問答備矣.

인에 대한 해석에서 "사랑의 이치이고, 마음의 덕이다."[60]라고 하였고, 의에 대한 해석에서 "마땅함의 이치이고,[61] 마음의 제재이다."[62]라고 하였으며, 예에 대한

---

60 『논어집주』「學而」제2장 제2절의 주. "인이란 것은 사랑의 이치이고 마음의 덕이다.(仁者, 愛之理, 心之德也.)"

61 『논어혹문』. "금신을 의라고 하니 이는 마땅함의 이치로서 그것이 발하면 수오가 된다.(金神曰義, 則宜之理也, 而其發爲羞惡.)"

62 『맹자집주』「梁惠王上」제1장 제3절의 주. "의란 것은 마음의 제재이고 일의 마땅함이다.(義

해석에서 "공경의 이치이고,[63] 마음의 법도이다."라고 하였고,【『논어혹문』에서 "예는 마음의 법도가 된다."[64]라고 하였다.】 지에 대한 해석에서 "분별의 이치이고,[65] 마음의 통함이다."라고 하였으며,【『통서』에서 "통함을 '지'라고 한다."[66]라고 하였다.】 신에 대한 해석에서 "진실함의 이치이고,[67] 마음에 거짓이 없음이다.[68]"라고 하였다. 앞의 한 구절은 모두 각기 하나의 일의 덕이 된다는 것을 나타냈고, 뒤의 한 구절은 모두 서로 하나의 마음의 주(主)가 된다는 것을 나타냈다. 대개 오행은 하나의 근원(一原)을 가지므로 오행은 각기 오행의 리를 갖추고 있으니,[69] 그것은 사람에게 있어서도 이와 같다. 그러나 다섯 가지에 나아가 그 가운데 더욱 드러나는 것을 말한다면, 마음(心)은 하나의 낳고 낳는 것이고, 인은 낳게 하는 이치이며, 마음은 하나의 통하고 밝은 것이고, 지는 통하게 하는 이치이다. 다

者, 心之制, 事之宜也.)"

[63] 『논어혹문』. "화신을 예라고 하니 이는 공경의 이치로서 그것이 발하면 공경이 된다.(火神曰禮, 則敬之理也, 而其發爲恭敬.)"

[64] 『논어혹문』. "대개 예란 마음의 법도로 그 쓰임이 있지 않은 바가 없다. 몸으로 말하면 보고 듣고 말하고 움직이는 네 가지가 충분히 그것을 포괄한다.(蓋禮爲心之規矩, 而其用無所不在, 以身而言, 則視聽言動四者, 足以該之矣.)"

[65] 『논어혹문』. "수신을 지라고 하니 이는 분별의 이치로서 그것이 발하면 시비가 된다.(水神曰智, 則別之理也, 而其發爲是非.)"

[66] 『통서』「誠幾德」. "덕은 애(사랑함)를 '인'이라고 하고, 의(마땅함·옳음)를 '의'라고 하며, 리(조리에 맞음)를 '예'라고 하고, 통함(사물의 이치를 꿰뚫어 아는 것)을 '지'라고 하며, 지킴(확고하게 지키는 것)을 '신'이라고 한다.(德, 愛曰仁, 宜曰義, 理曰禮, 通曰智, 守曰信.)"

[67] 『논어혹문』. "토신을 신이라고 하니 이는 진실로 있는 이치로 그것이 발하면 충신이 된다.(土神曰信, 則實有之理也, 而其發爲忠信.)"

[68] 『주자대전』 권74 「玉山講義」. "다섯 가지 가운데 '신'이란 것은 진실하고 거짓이 없는 도리이다. 인·의·예·지와 같은 것은 모두 진실하고 거짓이 없는 것이다.(五者之中, 所謂信者, 是簡眞實無妄底道理, 如仁義禮智皆眞實而無妄者也.)"

[69] 『주자어류』 권1 「理氣」 上. "금·목·수·화·토는 비록 '오행이 각기 그 성을 하나씩 가진다'고 하나, 하나의 물이 또 각기 오행의 리를 갖추고 있다는 것을 알지 못해서는 안 된다. 소강절 선생께서 자세하게 논의하고 있다.(金木水火土, 雖曰五行各一其性, 然一物又各具五行之理, 不可不知. 康節卻細推出來.)"

섯 가지는 또 모두 진실하고 거짓이 없는 것이고, 신은 거짓 없음의 체이니, 인·지·신이 하나의 마음의 주가 된다는 것은 또 그 가운데 큰 것을 나타낸 것이다. 누군가 주자에게 "성의 네 가지 단서가 번갈아 가며 손님과 주인이 되나, 인과 지는 총괄하여 통솔하는 것입니다. 공손하되 예가 없으면 수고로우니, 이 때문에 예를 위주로 하는 것이며, 군자는 의를 바탕으로 삼으니, 이 때문에 의를 위주로 하는 것입니다. 대개 네 가지 덕이 일찍이 서로 떨어진 적이 없으나, 일을 만나면 번갈아 가며 나타나고 겹겹이 나오니, 요컨대 사람이 묵묵히 마음속으로 [깊이] 아는 데 달려 있는 것입니까?"라고 묻자, [주자께서] "그 말이 옳다."라고 하셨다.[70] 다섯 가지 성이 서로 주가 된다는 뜻이 이 질문과 대답에 [잘] 갖추어져 있다.

9) 五性推本圖 오성추본도

【戊子十月作】
【1708년(숙종 34, 27세) 10월 지음】

朱子曰, 五行各一其性, 則爲仁義禮智信之理, 五行各專其一, 人則兼備此性, 而無不善.【圖之最上第一層之意也.】 又曰, 五行之序, 木爲之始, 水爲之終, 而土爲之中, 以河圖洛書之數言之, 則水一木三而土五, 皆陽之生數, 而不可易者也. 故得以更迭爲主, 而爲五行之綱, 以德言之, 則木爲發生之性, 水爲貞靜之體, 而土又包育之母也. 故木之包五行也, 以其流行貫徹而無不在也, 水之包五行也, 以其歸根反本而藏於此也. 若夫土, 則水火之所寄, 金木之所資, 居中而應四方, 一體而載萬類者也. 故孔子贊乾之四德, 而以貞元擧其終始, 孟子論人之四端, 而不敢以信者列序於其間, 蓋以爲無適而非此也.【圖之第二層之意也.】
주자께서 "오행이 각기 그 성을 하나씩 가지니 인·의·예·지·신의 리가 된다.

---

70 『주자어류』 권6 「성리」 3.

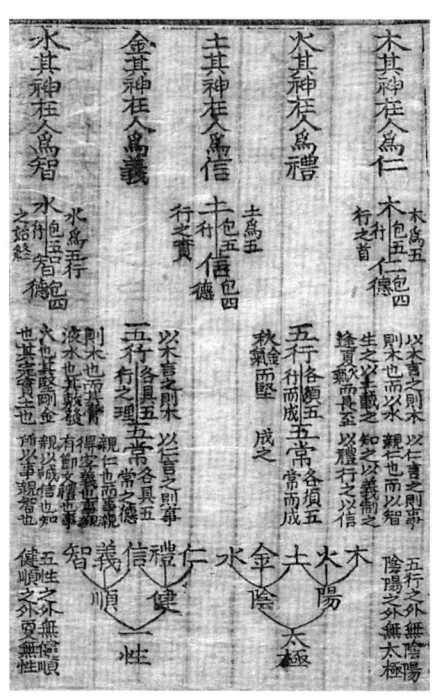

오행은 각기 그 하나만을 차지하나 사람은 이 성을 아울러 갖추고 있어 선하지 않음이 없다."[71]라고 하셨고,【그림의 가장 윗부분 첫 번째 층에 대한 뜻이다.】또 "오행의 순서는 목이 시작이 되고, 수가 끝이 되며, 토가 가운데가 된다. 하도와 낙서의 수(數)로 말하면, 수는 1이고, 목은 3이며, 토는 5이니, 모두 양의 생수(生數)로 바뀔 수 없는 것이다. 그러므로 서로 번갈아 가며 주가 되어 오행의 벼리가

---

71 『주자대전』 권58 「答黃道夫」. "오행은 수·화·목·금·토를 이르는 것일 뿐이다. 각기 그 성을 하나씩 가지니 인·의·예·지·신의 리가 되며, 오행은 각기 그 하나만을 차지하나 사람은 이 성을 아울러 갖추고 있어 선하지 않음이 없다. 그 느끼고 움직일 때 절도에 맞는 것은 선이 되지만, 절도에 맞지 않으면 선하지 않음이 된다.(五行謂水火木金土耳. 各一其性, 則爲仁義禮智信之理, 而五行各專其一, 人則兼備此性, 而無不善. 及其感動, 則中節者爲善, 不中節者爲不善也.)"

될 수 있다. 덕으로 말하면, 목은 발생(發生)의 성이 되고, 수는 정정(貞靜)의 체가 되며, 토는 또 포육(包育)의 모체가 된다. 그러므로 목이 오행을 포괄할 때 그것이 유행하고 꿰뚫어서 [어디든] 있지 않음이 없고, 수가 오행을 포괄할 때 그것이 뿌리로 돌아가고 근본으로 되돌아가 여기에 간직된다. 저 토와 같은 것은 수·화가 머무는 바이자 금·목이 바탕으로 삼는 바로서 가운데에 자리 잡고서 사방에 응하니, 하나의 체로 온갖 종류를 싣고 있는 것이다. 그러므로 공자께서 건(乾)의 네 가지 덕을 기리면서 정(貞)·원(元)을 그 끝과 처음으로 들었고,[72] 맹자께서 사람의 네 가지 단서를 논하면서 감히 신이란 것을 그 사이에 배열하지 않았으니, 대개 어디를 가든 이것이 아님이 없다고 여기셨기 때문이다."[73]라고 하셨다.【그림의 두 번째 층에 대한 뜻이다.】

張子曰, 木金者, 土之華實, 其性有水火之雜, 故木之爲物, 水漬則生, 火然而不離, 蓋得土之浮華於水火之交也. 金之爲物, 則得火之精於土之燥, 得水之精於土之濡, 故水火相待, 而不相害, 鑠之反流而不耗, 蓋得土之精實於水火之際也. 土也者, 物之所以成始而成終也, 地之質也, 化之終也, 水火之所以升降, 物兼體而不遺者也. 朱子曰, 仁是生底意, 通貫周流於四者之中, 須得辭遜斷制是非三者, 方成得仁之事【圖之第三層右一圖之意.】朱子曰, 金木水火土, 雖曰五行各一其性, 然一物又各具五行之理【圖之第三層左一圖之意.】周子曰, 五行一陰陽, 陰陽一太極. 朱子曰, 五行乃五常, 健順乃陰陽. 又曰, 健順之體, 卽性也, 合而言之, 則曰健順, 分而言之, 則曰仁義禮智, 仁禮健, 而義智順也【圖之最下第四層之意也.】聖賢論性, 皆本於五行, 知五行, 則可以知五性矣.

장자께서 "목·금이란 것은 토의 꽃과 열매이며, 그 성에 수·화가 섞여 있다.

---

72 『주역』「건괘」. "건(乾)은 원(元)하고 형(亨)하고 이(利)하고 정(貞)하다.(乾, 元亨利貞.)"
73 『주자대전』 권72 「聲律辨」.

그러므로 목의 물(物) 됨됨이는 물(水)이 적시면 살아나서 불(火)이 태워도 떨어지지 않으니, 대개 수·화가 만나는 데서 토의 부화(浮華: 겉으로 드러난 꽃)를 얻게 된다. 금의 물 됨됨이는 토의 건조함에서 화의 정(精: 정기)을 얻고 토의 습함에서 수의 정(精)을 얻으므로, 수·화가 서로를 필요로 하여 서로 해치지 않고, 녹이면 반대로 흘러가되 없어지지 않으니, 대개 수·화의 사이에서 토의 정실(精實: 속이 꽉 찬 열매)을 얻게 된다. 토라는 것은 물이 처음을 이루고 끝을 이루는 근거이며, 땅의 바탕이고, 화(化: 조화)의 끝이며, 수·화가 오르내리는 근거로서 물이 함께 체로 삼아 빠뜨리지 못하는 것이다."[74]라고 하셨다. 주자(朱子)께서 "인은 생(生)의 뜻으로 네 가지 가운데 관통되고 두루 흐르지만, 모름지기 사손(辭遜: 사양과 겸손, 예)·단제(斷制: 결단과 절제, 의)·시비(是非, 지) 세 가지를 얻어야 비로소 인의 일을 이룰 수 있다."[75]라고 하셨다.【그림의 세 번째 층 오른쪽 그림에 대한 뜻이다.】 주자께서 "금·목·수·화·토는 비록 '오행이 각기 그 성을 하나씩 가진다'고 하나, 하나의 물이 또 각기 오행의 리를 갖추고 있다."[76]라고 하셨다.【그림의 세 번째 층 왼쪽 그림에 대한 뜻이다.】 주자(周子)께서 "오행은 음양과 하나이며, 음양은 태극과 하나이다."[77]라고 하셨고, 주자(朱子)께서 "오행은 바로 오상이며, 건순은 바로 음양이다."[78]라고 하셨으며, 또 "건·순의 체가 곧 성이다. 합쳐서

---

74 『장자전서』 권2 「정몽」 太和篇.

75 『近思錄集解』 권1 「道體」. "주자께서 말씀하셨다. "인의 한 가지 일이 네 가지를 포함하니, 한 가지 일을 떼어 놓고 별도로 네 가지를 겸한 인을 구해서는 안 된다." 또 말씀하셨다. "인은 생(生)의 뜻으로 네 가지 가운데 관통되고 두루 흐르지만 모름지기 사손·단제·시비 세 가지를 얻어야 비로소 인의 일을 이룰 수 있다."(朱子曰, 仁之一事所以包四者, 不可離其一事而別求兼四者之仁. 又曰, 仁是生底意思, 通貫周流於四者之中, 須得辭遜斷制是非三者, 方成得仁之事.)"

76 『주자어류』 권1 「이기」 상.

77 『태극도설』. "오행은 음양과 하나이며, 음양은 태극과 하나이며, 태극은 본래 무극이다.(五行一陰陽也, 陰陽一太極也, 太極本無極也.)"

78 『中庸章句大全』 제1장 제1절의 소주. "물었다. "오상의 덕에 어찌하여 다시 건·순 두 글자를

말하면 '건·순'이라 하고, 나누어서 말하면 '인·의·예·지'라고 하니, 인과 예는 건이고, 의와 지는 순이다."[79]라고 하셨다.【그림의 가장 아랫부분 네 번째 층에 대한 뜻이다.】성현께서 성을 논하신 것이 모두 오행에 근본을 두고 있으니, 오행을 알면 다섯 가지 성을 알 수 있다.

10) 心性妙合圖 심성묘합도[80]

右圖, 以古篆心字, 分配性情, 以明人心無二岐之義. 其上外面圓畫以象心包是性, 裏面縱畫以象性具心中【雙畫對立, 嫌於二性, 故合爲一性字. 然仁包禮, 義包智, 在性中爲大界限, 以二畫分配仁義, 則又無毫分之差矣.】其下合心畫性畫, 而拖出一畫者, 以象心性俱發而爲情, 又自情畫拖長者, 以象緣情而爲意. 四端七情人心道心俱繫于情下者, 以明四七之非二情, 而人道之無二發也. 性情意各著其位, 而心則不別著其位者, 以明性情意無非此心也. 於是卽圖而考之, 則未發也, 心包是性, 已發也, 心性俱動, 而理氣無離合之時. 情原於性, 意因於情, 而三者之脈絡相貫, 性在內, 情見於外, 意又在情下, 而三者之區域不亂, 三者之位又只在一心字上, 則心之無所不統也. 理氣混合之妙, 性情體用之辨, 此圖庶乎可見矣. 栗谷先生曰, 心性情意, 只是一路, 而各有境界, 其先獲之語乎.

더했습니까?" 대답하셨다. "오행은 바로 오상이며, 건순은 바로 음양 두 글자이니, 이미 음양이 있으면 반드시 이 두 글자를 첨가해야만 비로소 분명해진다."(問, 五常之德, 何故添却健順二字. 曰, 五行乃五常也, 健順乃陰陽二字, 旣有陰陽須添此二字始得.)"

79 『중용장구대전』제1장 제1절의 소주.
80 「심성묘합도」는 심(心)·성(性)·정(情)·의(意)의 관계를 보여준다. 이 그림은 철저하게 주기론적 관점을 갖는다. 한원진에게 심은 기, 성은 리이다. 심의 기가 사물에 감응하여 움직일 때 성의 리가 그것을 타고 나오는 것이 곧 정이다. 그림은 미발의 때에 심이 성을 포함하고, 이발의 때에 심과 성이 함께 움직이는 것을 표현하였다. 성·정·의의 각 영역이 있으며, 이것은 심 하나의 발현이라는 것을 보여준다.

앞의 그림은 옛날 전서(篆書)의 심(心)자에 성·정을 나누어 배치하여 사람의 마음(心)은 두 갈래가 없다는 뜻을 밝혔다. 그 위의 바깥쪽 면의 둥근 획은 심이 이 성을 포함하는 것을 상징하고, 안쪽 면의 세로 획은 성이 심 가운데 갖추어져 있는 것을 상징한다.【두 획이 대립해 있으면 두 개의 성으로 의심받으므로 하나의 성(性)자로 합쳤다. 그러나 인이 예를 포괄하고 의가 지를 포괄하니, 성 가운데에 큰 경계를 만들어서 두 획으로 인·의를 나누어 배치하면 또 털끝만큼의 어긋남도 없게 된다.】그 아래에 심(心)획과 성(性)획을 합쳐서 하나의 획으로 끄집어낸 것은 심·성이 함께 발하여 정이 됨을 상징하고, 또 정(情)획으로부터 길게 끌어낸 것은 정으로 말미암아 의가 됨을 상징한다. 사단·칠정과 인심·도심을 함께 정 아래에 붙인 것은 사단과 칠정이 두 가지 정이 아니고 인심과 도심이 두 가지로 발한 것이 아님을 밝힌 것이다. 성·정·의는 각기 그 자리를 가지고 있으나 심이 별도로 그 자리를 가지고 있지 않은 것은 성·정·의가 이 심이 아닌 것이 없음을 밝힌 것이다. 이에 그림을 살펴보면, 미발의 때에는 심이 이 성을 포함하고,

이발의 때에는 심·성이 함께 움직여 리·기가 [서로] 떨어지거나 합쳐지는 때가 없다. 정은 성에서 근원하고 의는 정에서 말미암아 세 가지 맥락이 서로 [하나로] 이어져 있으며, 성은 안에 있고 정은 밖으로 드러나며 의는 또 정 아래에 있어서 세 가지 영역이 어지럽지 않고, 세 가지 위치가 또 다만 하나의 심(心)자 위에 있으니, 심이 통괄하지 않는 바가 없다. 리·기가 한데 합쳐져 있는 오묘함과 성·정을 체·용으로 분별한 것을 이 그림에서 볼 수 있을 것이다. 율곡 선생께서 "심·성·정·의는 다만 하나의 길이지만 각기 영역(경계)이 있다."[81]라고 하셨으니, 앞서서 터득한 말씀이라 하겠다.

---

81 『율곡전서』 권14 「雜記」. "자고(子固, 윤근수)가 나에게 들러 이야기할 때 조용히 심·성·정이 언급되었다. 내가 "공은 이 세 글자에 대해 다 이해하는가?" 하니, 자고가 "못합니다. 성이 발하여 정이 되고 심이 발하여 의가 된다는 것은 더욱 이해하지 못합니다." 하여, 내가 "공이 이에 대하여 깨닫기 어려워한다면 심·성·정에 대해 아는 것이 있는 것이다. 선유의 이 말은 따로 생각이 있어서 그렇게 말한 것이고 직접 심·성을 논한 것이 아닌데 지금 학자들은 이 말을 잘못 알고 심과 성을 나누어 두 개의 작용이 있고 정과 의를 나누어 두 가지가 있는 줄 생각하니, 내가 가장 딱하게 생각하는 바이다. 이제 공이 여기에 의심을 가지니 참으로 아는 바가 있는 것 같다. 성은 바로 심의 리요 정은 바로 심의 동이니, 정이 동(動)한 후에 정으로 말미암아 계교하는 것이 의가 된다. 만일 심과 성이 둘이라면 도와 기(器)가 서로 떠날 수도 있을 것이며, 정과 의가 둘이라면 사람의 마음에도 두 가지 근원이 있는 것이니, 어찌 크게 잘못된 이론이 아니겠는가. 반드시 성·심·정·의는 하나의 길이지만 각기 영역(경계)이 있다는 것을 안 뒤에야 어긋남이 없다 할 것이다. 어째서 한 길이라 하는가. 심이 아직 발하지 않았을 때는 성이요, 이미 발하면 정이요, 정이 발한 후에 헤아리는 것이 의가 되니 이것이 한 길인데 어째서 각기 영역이 있다고 하는가. 심이 고요하여 움직이지 않을 때는 성의 영역이요, 심이 감촉하여 통할 때는 정의 영역이요, 느끼는 바에 따라 이리저리 생각을 찾아내고 헤아리는 것은 의의 영역이 되므로, 다만 일심으로 각기 여러 가지 영역이 있는 것이다." 하였다.(子固歷見余談話, 從容語及心性情. 余曰, 公於此三字, 將一一理會否. 子固曰, 未也, 性發爲情, 心發爲意云者, 殊未曉得. 余曰, 公於此難曉, 則庶幾有見於心性情矣, 先儒此說, 意有所在, 非直論心性, 而今之學者, 爲此說所誤, 分心性爲有二用, 分情意爲有二岐, 余甚苦之. 今公自謂於此有疑, 則庶幾有眞知矣, 性是心之理也, 情是心之動也, 情動後緣情計較者爲意. 若心性分二, 則道器可相離也, 情意分二, 則人心有二本矣, 豈不大差乎. 須知性心情意只是一路, 而各有境界, 然後可謂不差矣. 何謂一路, 心之未發爲性, 已發爲情, 發後商量爲意, 此一路也, 何謂各有境界. 心之寂然不動時, 是性境界, 感而遂通時, 是情境界, 因所感而紬繹商量, 爲意境界, 只是一心, 各有境界.)"

11) 心性二岐圖 심성이기도

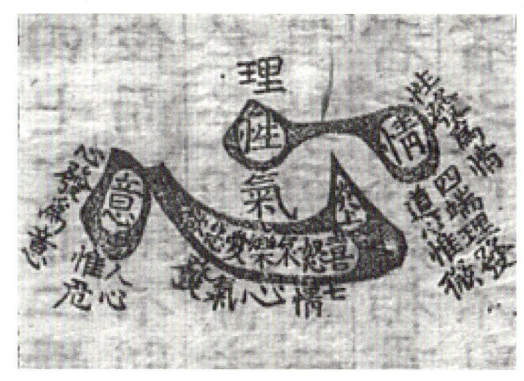

右權陽村心性情圖. 心性二岐之差, 此圖首實自盡, 不待更辨矣. 後來爲說, 雖漸密曲爲彌縫, 然其實相本色, 則宛然無改於此圖之指. 實見旣差, 儘非辨說所可文也, 故仍其圖, 而改其名曰心性二岐, 以附于前圖之下, 使覽者知所擇焉.

오른쪽은 권양촌(權陽村)[82]의 「심성정도(心性情圖)」이다.[83] 심과 성을 두 갈래로 보는 잘못을 이 그림이 먼저 실제 스스로 다하였으므로 다시 논변할 것이 없다. 이후의 설들이 비록 점차 세밀해지고 자세해져서 [그 잘못된 부분을] 임시방편으로 보완하였으나 그 실상과 본색은 이 그림의 뜻을 전혀 고친 것이 없다. 실제 견해가 이미 어긋나서 조금이라도 변설로 꾸밀 수 있는 바가 아니므로, 그림은 그대로 두되 이름을 고쳐서 '심성이기(心性二岐)'라고 하여 앞 그림의 아래에 붙여놓고 보는 사람에게 선택할 바를 알게 하였다.

---

82 권근(權近, 1352~1409).
83 『입학도설(入學圖說)』의 「천인심성합일지도(天人心性合一之圖)」에서 가운데 심(心)자 부분만 따로 빼서 가져온 것이다. 한원진은 심과 성을 각각의 영역으로 나누어 놓은 것을 비판하기 위해 이 그림을 가져왔다.

12) 中庸天命圖 중용천명도

【癸巳四月作】

【1713년(숙종 39, 32세) 4월 지음】

中庸章句或問, 其說備矣. 按繼善者, 命之方行, 而無所偏倚, 理之通也, 萬物之一原也. 成性者, 命之已立, 而隨物定體, 氣之局也, 萬物之各正也. 理通處看氣之運, 則命亦有偏全, 氣局處看理之體, 則性未嘗不全. 自天賦之而謂之命, 自物受之而謂之性, 命性之所以有別也, 所賦所受, 只是一理, 則命性之所以爲一物也.

『중용장구』와 『중용혹문』에 그 설이 갖추어져 있다.[84] 살펴보건대, 계선(繼善:

---

[84] 『중용장구』 제1장 제1절. "하늘이 명한 것을 '성'이라 이르고, 성을 따르는 것을 '도'라고 이르며, 도를 품절한 것을 '교'라고 이른다.(天命之謂性, 率性之謂道, 修道之謂敎)"『중용장구』 제1장 제4절. "기뻐하고 노하고 슬퍼하고 즐거워하는 정이 발하지 않은 때를 중이라 이르고, 발하여 모두 절도에 맞는 것을 화라 이르니, 중은 천하의 큰 근본이요 화는 천하의 공통된 도이다.(喜怒哀樂之未發, 謂之中, 發而皆中節, 謂之和, 中也者, 天下之大本也, 和也者, 天下之達道也.)"『중용장구』 제1장 제4절의 주. "희·노·애·락은 정이고 이것이 발하지 않은 것은 성이니, 편벽되고 치우친 바가 없으므로 중이라 이르고, 발함에 모두 절도에 맞는 것은 정의 올바름이니 어그러지는 바가 없으므로 화라 이른다.(喜怒哀樂情也, 其未發則性也, 無所偏倚故謂之中, 發皆中節, 情之正也, 無所乖戾故謂之和.)"『중용장구』 제1장 제5절. "중과 화를 지극하게 하면 천지가 제자리를 찾고 만물이 잘 길러진다.(致中和, 天地位焉, 萬物育焉.)"『중용장구』 제1장 장하주. "자사께서 전수받은 바의 뜻을 기술하여 글을 지으셔서 맨 먼저 도의 본원이 하늘에서 나와 바꿀 수 없음과 그 실체가 자기 몸에 갖추어져 떠날 수 없음을 밝히셨고, 다음에 존양·성찰의 요점을 말씀하셨고, 맨 끝에 성신의 공화의 지극함을 말씀하셨으니, 배우는 자들이 이에 대하여 자기 몸에 돌이켜 찾아서 스스로 터득하여 외유의 사사로움을 버리고 본연의 선을 충만하게 하고자 하신 것이니, 양씨가 '한 편의 체요'라고 이른 것이 이것이다.(子思述所傳之意以立言, 首明道之本原出於天而不可易, 其實體備於己而不可離, 次言存養省察之要, 終言聖神功化之極, 蓋欲學者於此, 反求諸身而自得之, 以去夫外誘之私而充其本然之善, 楊氏所謂一篇之體要, 是也.)"『중용혹문』. "대개 하늘이 명한 성이란 모든 리가 갖추어져 있으며, 희·노·애·락은 각기 마땅한 바가 있으니, 바야흐로 아직 발하지 않았을 때에는 혼연히 그 가운데 있어 치우치거나 기울어진 바가 없으므로 '중'이라 이르고, 발하여 모두 그 마땅함을 얻어 어그러진 바가 없으므로 '화'라 이른다. '중'이라 이르는 것은 성의 덕과 도의 체를 나타낸 것이니, 그것은 천지 만물의 리가 갖추어지지 않은 바가 없으므로

'천하의 큰 근본'이라 하고, '화'라 이르는 것은 정의 정(正)과 도의 용을 나타낸 것이니, 그것은 옛날과 지금의 사람과 물이 모두 말미암은 바이므로 '천하의 공통된 도'라 한다. 대개 하늘이 명한 성은 순수하고 지극히 선하여 사람의 마음에 갖추어져 있는 것은 그 체·용의 온전함이 본디 모두 이와 같기에 성인과 어리석은 자라도 더함과 덜함에 차이가 있을 수 없다. 그러나 고요하더라도 그것을 보존할 줄 모르면 천리에 어두워서 큰 근본이 확립되지 못하는 바가 있게 되고, 움직일 때 그것을 절제할 줄 모르면 인욕이 함부로 부려져서 공통된 도가 행해지지 못하는 바가 있게 된다. 오직 군자는 그 보지 못하고 듣지 못하는 이전부터 경계하고 삼가며 두려워하는 것을 더욱 엄히 하고 더욱 공경히 하여 한 터럭이라도 치우치거나 기울어진 바가 없어 지킴에 항상 잃지 않는 데 이르게 되면, 그 중을 다하여 큰 근본의 성립이 날로 더욱 견고하게 될 것이다. 더욱이 은미하고 그윽한 즈음에 그 선·악의 기미를 삼가고 더욱 정밀하게 하여 한 터럭이라도 어긋나거나 잘못된 바가 없어 행함에 항상 어긋남이 없는 데 이르게 되면, 그 화를 다하여 공통된 도의 행함이 날로 더욱 광범하게 될 것이다. 치(致)란 것은 '힘을 써서 미루어 다하여 그 지극함을 극진하게 하는 것'을 이르니, 다하여 그 지극함을 극진하게 해서 고요하여 한순간이라도 중(中)하지 않는 바가 없는 데 이르게 되면 내 마음이 바르게 되고 천지의 마음 또한 바르게 된다. 그러므로 음양과 동정이 각기 그 자리에 머물게 되고, 하늘과 땅이 이에 제자리를 얻게 된다. 움직일 때 하나의 일이라도 화(和)하지 않는 바가 없으면 나의 기가 순하게 되고 천지의 기 또한 순하게 된다. 그러므로 가득 차서 틈이 없으며 기쁨

'일음일양지도'를 이어가는 선)이란 것은 명(命)이 바야흐로 유행하여 치우치거나 기울어진 바가 없는 것이니 리가 통한 것이고 만물의 일원이며, 성성(成性: 일음일양지도를 갖추어 놓은 성)이란 것은 명이 이미 세워져서 물(物)에 따라 체가 정해진 것이니 기가 국한된 것이고 만물이 각기 [그 성명을] 바르게 한 것이다.[85] 리가 통한 측면에서 기의 운행을 보면 명 또한 치우침과 온전함이 있으며, 기가 국한된 측면에서 리의 체를 보면 성이 [일찍이] 온전하지 않은 적이 없다. 하늘이 부여한 측면에서는 '명(命)'이라 이르고, 물이 받은 측면에서는 '성(性)'이라 이르니, [이것이] 명과 성에 구별이 있는 이유이며, 부여한 바와 받은 바가 다만 하나의 리이니, [이것이] 명과 성이 하나의 물이 되는 이유이다.

未發之前, 氣不用事, 而理無偏倚者, 天命之體所以立也. 已發之際, 氣始用事, 而理乘其機者, 天命之用所以行也. 氣順其理, 而理無不中者, 天命之流行, 而無所壅閼也. 氣汨其理, 而理有不中者, 天命之壅閼, 而不能流行也. 靜而大本立, 動而達道行, 而其效極於天地位萬物育, 天命之立也. 靜而大本不立, 動而達道不行, 而其害至於天地不位萬物不育, 天命之不立也. 靜存動察去私充

이 서로 통하여 만물이 이에 [잘] 길러지게 된다.(蓋天命之性, 萬理具焉, 喜怒哀樂, 各有攸當, 方其未發, 渾然在中, 無所偏倚, 故謂之中, 及其發, 而皆得其當, 無所乖戾, 故謂之和. 謂之中者, 所以狀性之德道之體也. 以其天地萬物之理, 無所不該, 故曰天下之大本. 謂之和者, 所以著情之正道之用也. 以其古今人物之所共由, 故曰天下之達道. 蓋天命之性, 純粹至善 而具於人心者, 其體用之全, 本皆如此, 不以聖愚而有加損也. 然靜而不知所以存之, 則天理昧而大本有所不立矣. 動而不知所以節之, 則人欲肆而達道有所不行矣. 惟君子自其不睹不聞之前, 而所以戒謹恐懼者, 愈嚴愈敬, 以至於無一毫之偏倚, 而守之常不失焉, 則爲有以致其中, 而大本之立, 日以益固矣. 尤於隱微幽獨之際, 而所以謹其善惡之幾者, 愈精愈密, 以至於無一毫之差謬, 而行之每不違焉, 則爲有以致其和, 而達道之行日以益廣矣. 致者, 用力推致而極其至之謂, 致焉而極其至, 至於靜而無一息之不中, 則吾心正而天地之心亦正. 故陰陽動靜各止其所, 而天地於此乎位矣. 動而無一事之不和, 則吾氣順而天地之氣亦順. 故充塞無間, 驩欣交通, 而萬物於此乎育矣.)"

85 『주역』「계사상」제5장. 각주 10번 참고.

善, 以立大本行達道者, 修道之敎, 而命之所以立也.

미발 이전에 기가 작용하지 않아서 리가 치우치거나 기울어짐이 없는 것은 천명의 체가 세워진 것이고, 이발의 때에 기가 비로소 작용하여 리가 그 기틀을 타는 것은 천명의 용이 유행하는 것이다. 기가 그 리에 순응하여 리가 중도(中道)에 맞지 않음이 없는 것은 천명이 유행하여 막히는 바가 없는 것이고, 기가 그 리를 어지럽혀서 리가 중도에 맞지 않음이 있는 것은 천명이 막혀서 유행할 수 없는 것이다. 정(靜)할 때 큰 근본이 서고 동(動)할 때 공통된 도가 행해져서 그 효과가 하늘과 땅이 제자리에 있고 만물이 잘 길러지는 데에 이르면 [이것은] 천명이 세워진 것이며, 정할 때 큰 근본이 서지 않고 동할 때 공통된 도가 행해지지 않아서 그 해로움이 하늘과 땅이 제자리에 있지 못하고 만물이 잘 길러지지 못하는 데에 이르면 [이것은] 천명이 세워지지 않은 것이다. 정할 때 [마음의 체를] 보존하고 동할 때 [마음의 용을] 살펴서 사사로움을 제거하고 선을 확충하여 큰 근본을 세우고 공통된 도를 행하는 것은 수도지교(修道之敎: 도를 품절한 교)이며 명이 세워진 것이다.

故程子曰, 此理天命也, 順而循之, 則道也, 循此而修之, 則敎也, 自天命以至於敎, 我無加損焉. 朱子曰, 修道之敎, 雖以人事言, 然其所以修之者, 莫非天命之本然. 然則此圖所蘊, 自天命以至於位育, 莫非天命之實體也. 以天命置之圈上者, 特以著夫本原之所在耳, 豈眞以天命別爲一事, 而置之中和位育之外哉. 覽者其詳之【以繼善爲一原者, 只是就繼善成性上分別, 論一原分殊故也.[86] 若自一陰一陽之道說來, 則道爲一原, 而繼善成性, 又爲分殊矣.】

---

86 “위의 一原 아래 다른 판본에는 成性爲各正 다섯 글자가 있다.(上一原下, 一有成性爲各正五字)”라는 두주가 있다. 두주에 따르면 “계선을 일원으로 삼고 성성을 각기 바르게 함으로 삼은 것은”이 된다.

그러므로 정자께서 "이 리는 천명이니, [그대로] 따라서(순응하여) 좇으면 도이고, 이것을 좇아 닦으면 교이다. 천명에서부터 교에 이르기까지 내가 더하거나 덜어낸 바가 없다."[87]라고 하셨고, 주자께서 "수도지교는 비록 인사(人事)로 말한 것이나, 그 품절한 것은 천명의 본연이 아님이 없다."[88]라고 하셨다. 그렇다면 이 그림에 온축된 바는 천명에서부터 [하늘과 땅이] 제자리에 있고 [만물이 잘] 길러지는 데에 이르기까지 천명의 실체가 아님이 없다. 천명을 원 [바깥] 위에 배치한 것은 다만 저 본원이 있는 곳을 드러낸 것일 뿐이니, 어찌 정말로 천명을 별도로 하나의 일로 삼아서 중화(中和)·위육(位育: 하늘과 땅이 제자리에 있고 만물이 잘 길러짐)의 바깥에 배치한 것이겠는가. 보는 사람들이 상세하게 살펴보아야 한다.【계선을 일원으로 삼은 것은 계선과 성성의 측면에 나아가 분별하여 일원과 분수를 논했기 때문이다. 만약 일음일양지도로부터 말한다면 도가 일원이 되고, 계선과 성성이 분수가 될 것이다.】

13) 人心道心圖 인심도심도[89]

【己丑二月作】

【1709년(숙종 35, 28세) 2월 지음】

中庸序文其說備矣. 人心道心之無理氣二途之發, 記聞錄中庸說中又詳矣.

---

87 『이정유서』 권1 「二先生語」 1.
88 『근사록집해』 권1 「도체」.
89 '기발이승일도'의 관점에서 인심과 도심은 기발과 이발로 나뉠 수 없다. 기(氣)인 심(心)이 실제 상황에서 발현될 때 형기(形氣)의 사(私)에 관여되었는지, 성명(性命)의 도의(道義)에서 연유되었는지에 따라 인심이 되고 도심이 된다. 따라서 한원진은 인심과 도심을 기발과 이발로 나누는 것은 주희의 본뜻이 아니라고 하였다. 한원진에 따르면, 인심과 도심의 발현을 나눈 경향은 주희의 문인인 채침(蔡沈)과 황간(黃幹)에게서 비롯되었고, 동양 허씨와 운봉 호씨(호병문)에게 이어졌다. 한원진의 비판은 그 원인의 직접적인 제공자인 동양 허씨에게 집중되었다.

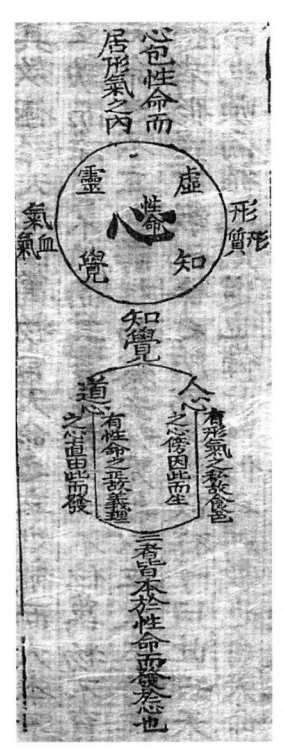

蓋形氣者, 耳目口體之形也, 性命者, 仁義禮智之理也, 心者, 居乎形氣之內, 包性命而發知覺者也. 知覺之發也, 食色之心傍因耳目口體之形而生者, 人心也, 義理之心, 直由仁義禮智之性而發者, 道心也. 二者皆本於性命而發於心, 豈有理之發氣之發之不同哉. 朱子之指, 蓋恐如是云.

『중용장구』의 서문에 그 설이 갖춰져 있다. 인심과 도심이 리와 기의 두 갈래로 발현함이 없다는 것은 『기문록』의 『중용』에 대한 설 가운데 또 상세히 나와 있다.[90] 대개 형기란 것은 귀·눈·입·몸의 형체이고, 성명이란 것은 인·의·예·지의 리이며, 심이란 것은 형기의 안에 자리 잡고 있으면서 성명을 포괄하고 지

---

90 『경의기문록』권제2-1-2)-(3).

각을 발현하는 것이다. 지각이 발현할 때 식색의 마음이 옆길로 귀·눈·입·몸의 형체로 말미암아 생긴 것이 인심이고, 의리의 마음이 곧바로 인·의·예·지의 성으로 말미암아 발현한 것이 도심이다. 두 가지는 모두 성명에 근본을 두고 심에서 발현하니, 어찌 리의 발현과 기의 발현이라는 [서로] 같지 않음이 있겠는가. 주자의 뜻은 대개 이와 같을 것이다.

14) 爲學之方圖 위학지방도[91]

栗谷先生嘗作爲學之圖, 今載續集中者, 是也. 第其名位布置之際, 工夫節目之間, 頗有可疑. 僭不自揆, 妄爲此圖, 非敢正其失也, 蓋欲加詳其節目, 以爲駑下之質, 持循警省之資云, 乙酉臘月書.

율곡 선생께서 일찍이 「위학지도(爲學之圖)」[92]를 지었으니, 지금 속집 안에 실려 있는 것이 이것이다. 다만 명위(名位)의 배치와 공부의 절목 사이에 조금 의심할 만한 것이 있다. 외람되게도 스스로 헤아려보지 않고 망령되이 이 그림을 만

---

[91] 「위학지방도」는 경(敬)을 일심(一心)의 주재로 보고, 존양성찰(存養省察)과 치지역행(致知力行)의 수양 방법을 표현했다. 한원진은 공부 방법으로 궁리(窮理)와 존양(存養)과 역행(力行)을 제시하고 있다. 궁리는 당면하는 사태에 나아가 그 이치를 끝까지 탐구하여 도달하는 것으로, 그림에서 '치지'(격물치지)에 해당한다. 존양은 성찰과 함께 사유되는데, 마음을 동정(動靜)의 때로 구분하여 성찰을 동시(動時)의 공부로, 존양을 정시(靜時)의 공부로 배치할 수 있다. 마음이 사물에 감응하여 발동할 즈음에 선악의 기미를 주의 깊게 살피는 노력이 성찰이라면, 마음이 사태에 대처하거나 사물과 접촉하기 이전에도 도의의 마음을 보존하려고 노력하는 것이 존양이기 때문이다. 역행은 '힘써 행한다'는 일반적 의미로 사용하는 실천적 의미를 지닌다. 역행의 주요 관심은 현실의 인간 삶의 관계(禮)에서 도의적 실천을 지극하게 하는 것이다. 그런 의미에서 한원진은 역행이라는 인륜의 실천에 의한 기질의 변화를 통하여 성선(性善)의 실현을 강조한다. 이상곤(2009) 참조.

[92] 「위학지방도」를 가리킨다. 성혼(成渾)이 초학자를 위해 주희(朱熹)의 글 가운데 위학에 절실하게 필요한 거경(居敬)과 궁리(窮理)에 관한 것을 초록하여 「위학지방」을 만들었고, 이이가 「위학지방」에 의거하여 「위학지방도」를 완성하였다고 한다.

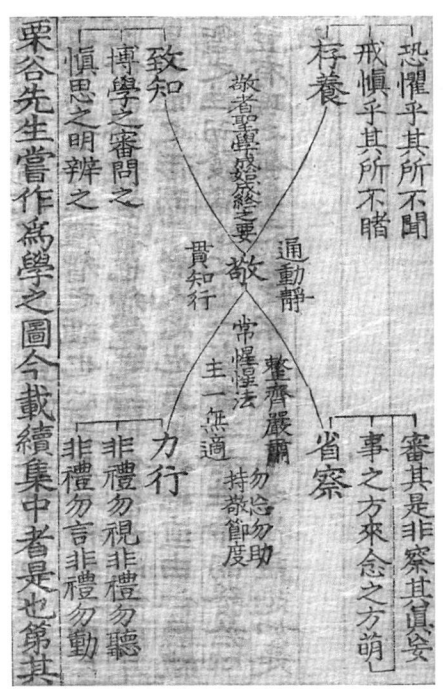

들었으나, 감히 그 잘못을 바로잡으려는 것이 아니라 대개 그 절목을 더욱 상세하게 하여 노둔한 내가 참고할 바탕으로 삼아 경계하고 살피는 자료로 지니고 따르려는 것이다. 을유년(1705, 숙종 31, 24세) 납월(臘月: 음력 12월)에 쓰다.

後得尤庵先生答直齋李公書讀之, 深以栗谷圖爲未安, 而且以爲非先生所作. 仍改作一圖以示之, 其圖大槪與愚圖不異云.

뒤에 우암 선생께서 직재 이공[93]에게 답한 편지[94]를 얻어 읽어보니, 율곡 선생의

---

93 이기홍(李箕洪, 1641~1708).
94 『송자대전』권91 「답이여구【丁巳正月二十九日】」. "구도(舊圖)에는 함양과 천리가 없고 다만 지경에 정의관, 일사려, 장정제숙, 불기불만의 네 조목만 있었네. 이 조목들은 모두 함양 공부인데 아마도 지경으로 총합해서는 안 될 듯하네. 대체로 지경 공부는 동·정에 전일하고 시종에

그림을 매우 온당치 않다고 여기셨고, 또 율곡 선생께서 지은 바가 아니라고 여기셨다. 이에 하나의 그림을 고쳐 지어서 보이셨는데, 그 그림은 대체로 나의 그림과 다르지 않다고 하겠다.

右十一圖, 乙酉以後所作, 皆所以發明舊聞之指也. 合而取之, 略加刪訂, 以附前六圖之後云, 乙未季冬書.

앞의 11개 그림은 을유년(1705) 이후에 지은 것으로, 모두 예전에 들은 뜻을 드러내어 밝힌 것이다. 합쳐서 취하여 약간 삭제하고 바로잡아서 앞의 6개 그림 뒤에 붙였다. 을미년(1715, 숙종 41, 34세) 계동(季冬: 음력 12월)에 쓰다.

관철해야 하며 치우치게 한 조목으로 만들어 강학·성찰과 같은 등위로 나열해서는 안 되네. 그리고 천리는 진실로 큰 절목으로서 없앨 수 없는 것인데 이 도표에는 없으니 의심스러운 일이네. 또 체인체험은 분명히 성찰하는 공부인데도 강학에 소속시키고 폐흥존망은 실상 강학할 때 공을 들여야 하는 곳인데도 지금 성찰에 소속시켰으니 또한 의심이 없지 않네. 대체로 강학과 성찰 공부는 본디 서로 관련지어진 것이 있네. 그러나 이 두 가지를 이미 상대하여 머리 제목으로 만들었다면 그 조목에서는 각기 관련지어지는 것끼리 상종시켜야 옳을 것이네. 나의 소견으로 보건대 이 옛날 도표는 소탈하여 정밀하지 못한 병통이 있음을 면치 못한 것이었네. 이 때문에 나대로 율곡 선생께서 만든 것이 아닐 것이라고 의심하였는데, 여러 벗들은 고집하여 율곡 선생이 아니면 절대로 능히 이렇게 만들지 못했을 것이라고 하니 나도 감히 확실히 말할 수가 없어 식견이 뛰어난 사람에게 질정받고 싶었지만 그렇게 하지도 못하였네. 그래서 시험 삼아 신도 하나를 만들어 그 동이와 득실의 단서를 질정하려 하네. 또 일찍이 박화숙(朴和叔, 박세채)이 보여준 구도에는 거꾸로 쓴 조목도 있었는데 자네가 보여준 도표에는 없으니 그것 또한 괴이한 일로 생각하여 고쳤는가?(舊圖, 無涵養踐履, 只於持敬有正衣冠一思慮莊整肅肅不欺不慢四條. 此皆涵養之工, 而恐不可以持敬總之. 蓋持敬工夫, 一動靜貫始終, 不可偏爲一事, 與講學省察等列也. 且踐履, 實是大節目之不可廢者, 而此圖無之, 可疑. 且體認體驗, 明是省察之功, 而屬之於講學, 廢興存亡, 實講學時用工處, 而今屬之於省察, 亦不能無疑矣. 蓋講學省察之功, 固有相涉入者矣. 然此二者, 旣相對爲提頭, 則其條目各自以類相從可也. 以愚觀之, 則此舊圖, 未免有疏脫不精之病. 故竊疑其非出於栗谷先生, 而諸友固執以爲非栗谷先生, 則決不能作此, 愚亦不敢質言, 欲取正於堂上人而不可得耳. 試爲新圖一件, 以質其同異得失之端焉. 且曾見朴和叔所示舊圖, 則有倒寫條目, 而此則無之, 豈亦以爲怪事而改之耶.)"

2. 孟子養氣章說
맹자양기장설

(1) 第一節, 不動心三字, 爲一篇題目.

제1절.[95] '부동심(不動心)' 세 글자가 한 편의 제목이 된다.

(2) 第二節, 出告子與己對說, 言不動心有精麤得失之異.

제2절.[96] 고자를 제시하여 맹자 자신과 대비하여 이야기한 것으로, 부동심에 정밀한 것과 거친 것, 얻은 것과 잃은 것의 다름이 있음을 말하였다.[97]

(3) 第三節, 言不動心之有道, 蓋言不動心雖有精麤得失之不同, 要皆心有所主而後能也.

제3절.[98] 부동심에 방법(道)이 있음을 말하였으니, 대개 부동심에 정밀한 것과 거친 것, 얻은 것과 잃은 것의 다름이 있으나 요점은 모두 마음을 위주로 하는 바

---

[95] 『맹자집주』「공손추상」제2장 제1절. "공손추가 물었다. "부자께서 제나라 경상의 지위에 올라 도를 행하게 되신다면 비록 이로 말미암아 패자와 왕자가 되더라도 이상할 것이 없겠습니다. 이와 같다면 마음이 움직이겠습니까, 그렇지 않겠습니까?" 맹자께서 말씀하셨다. "아니다. 나는 40세에 부동심하였노라."(公孫丑問曰, 夫子加齊之卿相, 得行道焉, 雖由此霸王, 不異矣. 如此則動心, 否乎. 孟子曰, 否, 我四十不動心.)"

[96] 『맹자집주』「공손추상」제2장 제2절. "[공손추가] 말했다. "이와 같다면 부자께서는 맹분보다 크게 뛰어나십니다." [맹자께서] 말씀하셨다. "이것은 어렵지 않으니, 고자도 나보다 먼저 마음이 움직이지 않았다."(曰, 若是則夫子過孟賁, 遠矣. 曰, 是不難, 告子先我不動心.)"

[97] 『맹자집주』「공손추상」제2장 제2절의 주. "맹자께서 "고자는 도를 알지 못하는데도 나보다 먼저 부동심하였으니, 이것은 어려울 것이 못 된다."라고 말씀하신 것이다.(孟子言告子未爲知道, 乃能先我不動心, 則此未足爲難也.)"

[98] 『맹자집주』「공손추상」제2장 제3절. "[공손추가] 말했다. "부동심에 방법이 있습니까." [맹자께서] 말씀하셨다. "있다."(曰, 不動心, 有道乎. 曰, 有.)"

가 있고 난 뒤에 가능함을 말하였다.⁹⁹

(4) 第四節, 北宮黝以必勝爲主, 而不動心.
제4절.¹⁰⁰ 북궁유는 반드시 이기는 것을 위주로 하여 부동심하였다.¹⁰¹

(5) 第五節, 孟施舍以無懼爲主, 而不動心. 所守皆血氣之勇, 告子之不動心, 蓋此類也.
제5절.¹⁰² 맹시사는 두려움이 없는 것을 위주로 하여 부동심하였다.¹⁰³ 지키는 바가 모두 혈기의 용맹함이니, 고자의 부동심은 대개 이러한 부류이다.

---

99 『맹자집주』「공손추상」 제2장 제3절의 주. "정자께서 말씀하셨다. "마음에 위주로 하는 바가 있으면 움직이지 않을 수 있다."(程子曰, 心有主, 則能不動矣.)"

100 『맹자집주』「공손추상」 제2장 제4절. "북궁유가 용(勇)을 기른 것은 피부가 찔려도 움츠리지 않으며 눈동자가 찔려도 피하지 않아서, 생각하기를 털끝만큼이라도 남에게 모욕을 당하면 마치 시조에서 종아리를 맞는 것처럼 여겨, 갈관박(가난하고 천한 사람)에게도 [모욕을] 받지 않고, 만승의 군주에게도 받지 않아, 만승의 군주를 찌르는 것을 마치 갈부(미천한 사람)를 찔러 죽이는 것처럼 생각하여 두려워하는 제후가 없어서 험담하는 소리가 이르면 반드시 보복하였다.(北宮黝之養勇也, 不膚撓, 不目逃, 思以一毫挫於人, 若撻之於市朝, 不受於褐寬博, 亦不受於萬乘之君, 視刺萬乘之君, 若刺褐夫, 無嚴諸侯, 惡聲至, 必反之.)"

101 『맹자집주』「공손추상」 제2장 제4절의 주. "북궁유는 아마도 자객의 부류이니, 반드시 이기는 것을 위주로 하여 마음이 움직이지 않은 자일 것이다.(黝, 蓋刺客之流, 以必勝爲主而不動心者也.)"

102 『맹자집주』「공손추상」 제2장 제5절. "맹시사가 용(勇)을 기른 것은 "이기지 못함을 보되 이기는 것과 같이 여기니, 적을 헤아린 뒤에 전진하며 승리를 생각한 뒤에 교전한다면 이것은 적의 삼군을 두려워하는 것이다. 내 어찌 필승할 수 있겠는가. 두려움이 없을 뿐이다." 하였다.(孟施舍之所養勇也, 曰, 視不勝, 猶勝也, 量敵而後進, 慮勝而後會, 是, 畏三軍者也, 舍豈能爲必勝哉, 能無懼而已矣.)"

103 『맹자집주』「공손추상」 제2장 제5절의 주. "맹시사는 아마도 힘써 싸우는 용사이니, 두려움이 없는 것을 위주로 하여 마음이 움직이지 않은 자일 것이다.(舍, 蓋力戰之士, 以無懼爲主而不動心者也.)"

(6) 第六節, 言黝舍之不動心, 蓋皆麤底, 而於其中又有精麤之不同也.

제6절.¹⁰⁴ 북궁유와 맹시사의 부동심은 대개 모두 거친 것이지만 그 가운데도 정밀한 것과 거친 것의 다름이 있음을 말하였다.¹⁰⁵

(7) 第七節, 曾子以自反常直爲主, 而不動心. 所守乃義理之勇, 孟子之不動心, 蓋原於此矣.

제7절.¹⁰⁶ 증자는 스스로 돌이켜 항상 정직한 것을 위주로 하여 부동심하였다. 지키는 바가 바로 의리의 용맹함이니,¹⁰⁷ 맹자의 부동심은 대개 여기에 근원한다.

(8) 第八節, 黝舍之不同, 在於敵人守己, 舍與曾子之不同, 在於守氣循理. 守己約於敵人, 循理又約於守氣也.

제8절.¹⁰⁸ 북궁유와 맹시사의 다름은 다른 사람을 대적함과 자기를 지킴에 있

---

104 『맹자집주』「공손추상」제2장 제6절. "맹시사는 증자와 유사하고 북궁유는 자하와 유사하니, 이 두 사람의 용(勇)은 누가 나은지 알지 못하겠으나 맹시사는 지킴이 요점이 되었다.(孟施舍, 似曾子, 北宮黝, 似子夏, 夫二子之勇, 未知其孰賢, 然而孟施舍, 守約也.)"

105 『맹자집주』「공손추상」제2장 제6절의 주. "두 사람의 용(勇)을 논한다면 누가 나은지 알지 못하겠으나 그 지키는 바를 논한다면 맹시사가 북궁유에 비해 요점을 얻었음을 말씀하신 것이다.(言論二子之勇, 則未知誰勝, 論其所守, 則舍比於黝, 爲得其要也.)"

106 『맹자집주』「공손추상」제2장 제7절. "옛적에 증자가 자양에게 이르시기를 "그대는 용(勇)을 좋아하는가? 내 일찍이 대용(大勇)을 부자에게 들었으니, '스스로 돌이켜서 정직하지 못하면 비록 갈관박이라도 두려워하지 않겠는가. [그러나] 스스로 돌이켜서 정직하다면 비록 천만 명이 있더라도 가서 대적할 수 있다.' 하셨다."(昔者, 曾子謂子襄曰, 子好勇乎. 吾嘗聞大勇於夫子矣, 自反而不縮, 雖褐寬博, 吾不惴焉, 自反而縮, 雖千萬人, 吾往矣.)"

107 『맹자집주』「공손추상」제2장 제7절의 주. "이것은 증자의 용(勇)을 말씀하신 것이다.(此言曾子之勇也.)"

108 『맹자집주』「공손추상」제2장 제8절. "맹시사의 지킴은 기이니, 또 증자의 지킴이 요약함만 못하다.(孟施舍之守, 氣, 又不如曾子之守約也.)"

고,¹⁰⁹ 맹시사와 증자의 같지 않음은 기를 지킴과 리를 따름에 있다.¹¹⁰ 자기를 지킴이 다른 사람을 대적함보다 요점을 얻은 것이고, 리를 따름이 또 기를 지킴보다 요점을 얻은 것이다.

(9) 第九節. 上旣以黝舍曾子對言, 則告子孟子不動心之不同, 卽此可知, 而丑不達故又問, 而孟子答之, 只言告子之病, 而不言自己之事, 蓋旣論告子之病, 則卽此而反之, 可知孟子之不動心故也. 不得於言, 勿求於心, 不能知言也, 不得於心, 勿求於氣, 不能養氣也. 孟子之反乎是者, 豈不爲知言養氣乎. 不得於言, 勿求於心, 直以不可斷之, 故更無餘言. 不得於心, 勿求於氣, 雖曰可矣, 而實不得爲至可, 故復言持志又須養氣, 以釋上言可也之爲未盡也.

제9절.¹¹¹ 위에서 이미 북궁유·맹시사·증자를 대비하여 말하였으니, 고자와 맹자의 부동심이 같지 않음을 여기에 나아가 알 수 있다. 그러나 공손추가 깨닫지 못하여 또 물었는데, 맹자께서 답하여 고자의 병통만 말씀하시고 자기의 일을

---

109 『맹자집주』「공손추상」제2장 제6절의 주. "북궁유는 다른 사람에게 대적하기를 힘쓰고 맹시사는 자기를 지키기를 오로지 하였다.(黝, 務敵人, 舍, 專守己.)"

110 『맹자집주』「공손추상」제2장 제8절의 주. "맹시사가 비록 증자와 유사하나 그가 지킨 것은 바로 한 몸의 기이니, 또 증자가 자기 몸에 돌이켜 리를 따라서 지킨 바가 그 요점을 얻음만 못함을 말씀하신 것이다.(言孟施舍雖似曾子, 然其所守, 乃一身之氣, 又不如曾子之反身循理, 所守尤得其要也.)"

111 『맹자집주』「공손추상」제2장 제9절. "[공손추가] 말했다. "감히 묻겠습니다. 부자의 부동심과 고자의 부동심을 얻어들을 수 있겠습니까?" [맹자께서 말씀하셨다.] "고자가 말하기를 '말에서 얻지 (이해하지) 못하거든 마음에서 [알려고] 구하지 말며, 마음에서 [편안함을] 얻지 못하거든 기에서 [도움을] 구하지 말라.' 하였으니, 마음에서 얻지 못하거든 기에서 구하지 말라는 것은 가하지만, 말에서 얻지 못하거든 마음에서 구하지 말라는 것은 불가하다. 의지는 기의 장수요 기는 몸에 꽉 차 있는 것이니, 의지가 최고이고 기가 그다음이다. 그러므로 말하기를 '그 의지를 잘 잡아 지키고 그 기를 포악하게 (무리하게) 하지 말라'고 한 것이다."(曰, 敢問夫子之不動心, 與告子之不動心, 可得聞與. 告子曰, 不得於言, 勿求於心, 不得於心, 勿求於氣, 不得於心, 勿求於氣, 可, 不得於言, 勿求於心, 不可. 夫志, 氣之帥也, 氣, 體之充也, 夫志至焉, 氣次焉. 故曰, 持其志, 無暴其氣.)"

말씀하지 않으셨으니, 대개 이미 고자의 병통을 논하였다면 여기에 나아가 돌이켜 보아 맹자의 부동심을 알 수 있기 때문이다. 말에서 얻지(이해하지) 못했는데 마음에서 [알려고] 구하지 않으면 말을 알지 못하고, 마음에서 [편안함을] 얻지 못했는데 기에서 [도움을] 구하지 않으면 기를 기르지 못한다. 맹자께서 이와 반대로 하신 것이 어찌 말을 아는 것(知言)과 기를 기르는 것(養氣)이 되지 않겠는가. '말에서 얻지 못하거든 마음에서 구하지 말라'에 대해서는 곧장 '옳지 않다'고 단정하였으므로[112] 더 말할 것이 없다. '마음에서 얻지 못하거든 기에서 구하지 말라'에 대해서는 비록 '옳다'고 하였으나 실제로는 지극히 옳은 것이 될 수 없으므로 다시 '뜻을 잘 지키고 또 모름지기 기를 [잘] 길러야 함'을 말하여 위에서 '옳다'고 말한 것이 아직 충분하지 못함을 해석한 것이다.[113]

---

[112] 『맹자집주』「공손추상」제2장 제9절의 주. "이 한 절은 공손추의 물음에 맹자께서 고자의 말을 외우시고, 또 자신의 뜻으로 결단하여 말씀하신 것이다. 고자가 이르기를 "말에 있어 통달하지 못하는 바가 있으면 마땅히 그 말을 버려둘 것이요 굳이 그 이치를 마음속에 돌이켜 찾을 것이 없으며, 마음에 불안한 바가 있으면 마땅히 힘써 그 마음을 제재할 것이요 굳이 다시 기에서 도움을 구할 것이 없다." 하였으니, 이 때문에 그 마음을 굳게 지켜서 움직이지 않기를 속히 한 것이다. 맹자께서 이미 그의 말을 외우시고 단정하시기를 "마음에서 [편안함을] 얻지 못하거든 기에서 [도움을] 구하지 말라.'고 한 것은 근본을 급하게 여기고 지엽을 느슨하게 한 것이니 그래도 가하지만 '말에서 얻지(이해하지) 못하거든 마음에서 [알려고] 구하지 말라.'고 한 것은 이미 밖에서 잃고 안마저 버렸으니 그 불가함이 틀림없다." 하신 것이다.(此一節, 公孫丑之問, 孟子誦告子之言, 又斷以己意而告之也. 告子謂於言有所不達, 則當舍置其言, 而不必反求其理於心, 於心有所不安, 則當力制其心, 而不必更求其助於氣, 此所以固守其心而不動之速也, 孟子旣誦其言, 而斷之曰, 彼謂不得於心而勿求諸心者, 急於本而緩其末, 猶之可也, 謂不得於言而不求諸心, 則旣失於外而遂遺其內, 其不可也必矣.)"

[113] 『맹자집주』「공손추상」제2장 제9절의 주. "그러나 무릇 가(可)하다는 말은 겨우 가해서 미진한 바가 있다는 말이다. 만일 그 지극함을 논한다면 의지는 진실로 마음의 가는 바여서 기의 장수가 된다. 그러나 기 또한 사람의 몸에 꽉 차 있어서 의지의 졸도(卒徒)가 되는 것이다. 그러므로 의지는 진실로 지극함이 되고 기는 곧 그다음이 되니, 사람이 진실로 마땅히 그 의지를 공경히 지켜야 하나 또한 그 기를 기르는 것을 다하지 않으면 안 되는 것이다.(然凡曰可者, 亦僅可而有所未盡之辭耳. 若論其極, 則志固心之所之, 而爲氣之將帥, 然氣亦人之所以充滿於身, 而爲志之卒徒者也. 故志固爲至極, 而氣卽次之, 人固當敬守其志, 然亦不可不致養其氣.)"

(10) 第十節, 言氣壹動志, 以明志之不可徒恃, 而氣之不可不養也.

제10절.¹¹⁴ 기가 한결같으면 뜻을 움직이게 함을 말하여 뜻만 믿어서는 안 되고 기를 길러야 함을 밝혔다.¹¹⁵

(11) 第十一節, 上旣言告子之不能知言養氣, 則孟子之反是, 而能知言養氣可知也, 而丑不達故又問, 而孟子答之, 先言知言, 後言養氣, 先知後行也.

제11절.¹¹⁶ 위에서 이미 고자가 말을 알지 못하고 기를 기르지 못하였음을 말하였으니, 맹자께서는 이와 반대로 말을 알고 기를 길렀음을 알 수 있다. 그러나 공손추가 깨닫지 못하여 또 물었는데, 맹자께서 답하시기를 먼저 지언(知言)을 말씀하시고 뒤에 양기(養氣)를 말씀하셨으니, 아는 것(知)을 우선으로 하고 실천(行)을 뒤로 돌린 것이다.

(12) 第十二節, 孟子先言知言, 而丑却先問養氣, 留知言在後問者, 溯流而及源也.

---

114 『맹자집주』「공손추상」제2장 제10절. "[공손추가 말했다.] '이미 의지가 최고이고 기가 그 다음이다.'라고 하시고, 또 '그 의지를 잘 잡아 지키고도 그 기를 포악하게 하지 말라.'라고 하심은 무슨 말씀입니까?" [맹자께서] 말씀하셨다. "의지가 한결같으면 기를 움직이고 기가 한결같으면 의지를 움직이니, 지금 넘어지고 달리는 것은 바로 기이지만 도리어 그 마음을 움직인다."(旣曰, 志至焉, 氣次焉, 又曰, 持其志, 無暴其氣者, 何也. 曰, 志壹則動氣, 氣壹則動志也, 今夫蹶者趨者, 是氣也而反動其心.)

115 『맹자집주』「공손추상」제2장 제10절의 주. "맹자께서 말씀하시기를 "의지가 향하는 바가 전일하면 기가 진실로 그 뜻을 따른다. 그러나 기가 있는 바가 전일하면 의지가 도리어 동요되니, 마치 사람이 넘어지고 달려가면 기가 오로지 여기에 있어 도리어 그 마음을 동요시키는 것과 같은 것이다. 이 때문에 이미 그 의지를 잡아 지키고도 또 반드시 그 기를 포악하게 하지 말아야 하는 것이다." 하셨다.(孟子言志之所向專一, 則氣固從之. 然氣之所在專一, 則志亦反爲之動, 如人顚躓趨走, 則氣專在是而反動其心焉. 所以旣持其志, 而又必無暴其氣也.)

116 『맹자집주』「공손추상」제2장 제11절. "[공손추가 말했다.] 감히 묻겠습니다. 부자께서는 어느 것이 뛰어나십니까." [맹자께서] 말씀하셨다. "나는 말을 알며, 나는 나의 호연지기를 잘 기르노라."(敢問夫子, 惡乎長. 曰, 我知言, 我善養吾浩然之氣.)

제12절.[117] 맹자께서 먼저 지언을 말씀하셨으나, 공손추가 도리어 먼저 양기를 묻고 지언을 뒤의 질문으로 남겨둔 것은[118] 지류를 거슬러 올라가 근원에 이른 것이다.

(13) 第十三節, 至大至剛, 言氣之體.
제13절.[119] '지극히 크고 지극히 강함'은 기의 체를 말한 것이다.[120]

(14) 第十四節, 配義與道, 言氣之用.
제14절.[121] '의와 도에 짝함'은 기의 용(用)을 말한 것이다.

(15) 第十五節, 集義所生, 是言養氣之道.
제15절.[122] '의를 모아서 생겨나는 바'는 기를 기르는 도를 말한 것이다.

---

117 『맹자집주』「공손추상」 제2장 제12절. "[공손추가 말했다.] 감히 묻겠습니다. 무엇을 호연지기라 합니까?" [맹자께서] 말씀하셨다. "말하기 어렵다."(敢問, 何謂浩然之氣. 曰, 難言也.)"
118 『맹자집주』「공손추상」 제2장 제12절의 주. "맹자께서 먼저 지언을 말씀하셨는데, 공손추가 먼저 양기를 물은 것은 윗글에서 막 지(志)와 기를 논한 것을 이어서 말했기 때문이다.(孟子先言知言, 而丑先問養氣者, 承上文方論志氣而言也.)"
119 『맹자집주』「공손추상」 제2장 제13절. "그 기(氣) 됨이 지극히 크고 지극히 강하니, 정직함으로 기르고 해침이 없으면 [이 호연지기가] 천지 사이에 꽉 차게 된다.(其爲氣也, 至大至剛, 以直養而無害, 則塞于天地之間.)"
120 『맹자집주』「공손추상」 제2장 제13절의 주. "'지극히 크다'는 것은 애당초 한량이 없는 것이요, '지극히 강하다'는 것은 굽히고 흔들릴 수 없는 것이다. 이는 천지의 바른 기를 사람이 얻어서 태어난 것이니, 그 체단(체재 또는 특성)이 본래 이와 같다. 오직 스스로 돌이켜 보아 정직하면 기르는 바를 얻고, 또 작위하여 이것을 해침이 없으면 그 본체가 이지러지지 않아서 충만하여 간격이 없을 것이다.(大, 初無限量, 至剛, 不可屈撓, 蓋天地之正氣而人得以生者, 其體段本如是也. 惟其自反而縮, 則得其所養, 而又無所作爲以害之, 則其本體不虧, 而充塞無間矣.)"
121 『맹자집주』「공손추상」 제2장 제14절. "그 기(氣) 됨이 의와 도에 배합되니, 이것[호연지기]이 없으면 [몸이] 굶주리게 된다.(其爲氣也, 配義與道, 無是, 餒也.)"
122 『맹자집주』「공손추상」 제2장 제15절. "이 호연지기는 의를 축적해서 생겨나는 것이다. 의로움으로 하루아침에 갑자기 엄습하여 취해지는 것이 아니니, 행하고서 마음에 부족하게 여기

(16) 第十六節, 勿忘勿助, 是言集義之節度. 至大至剛一節, 雖言氣之體, 實包下文三節之意. 配義與道, 而無所餒乏者, 塞乎天地之用也, 集義以生, 而勿忘勿助者, 直養無害之事也. 直養無害, 卽曾子之自反而縮也, 塞乎天地, 卽曾子之千萬人吾往者也.

제16절.**123** '[마음에] 잊지도 말고 [억지로] 조장하지도 말라'는 것은 의를 모으는(제15절) 절도(節度: 알맞은 법도)를 말한 것이다.**124** '지극히 크고 지극히 강하다' 한 절(제13절)은 기의 체를 말한 것이지만, 실제로는 아랫글 세 절(제14~16절)의 뜻을 포괄하고 있다. 의와 도에 짝하여(제14절) 굶주리거나 결핍된**125**(제14, 15절) 바가 없는 것은 하늘과 땅 사이에 가득 찬(제13절) 용이고, 의를 모아 생겨나서

는 바가 있으면 [몸이] 굶주리게 된다. 그러므로 '고자는 일찍이 의를 알지 못했다'고 말한 것이니, 이는 의를 밖이라고 하기 때문이다.(是集義所生者, 非義襲而取之也, 行有不慊於心, 則餒矣. 我故曰, 告子未嘗知義, 以其外之也.)"

123 『맹자집주』「공손추상」제2장 제16절. "반드시 [호연지기를] 기르는 데 종사하되 효과를 미리 기대하지 말고 [마음에] 잊지도 말고 [억지로] 조장하지도 말아서 송나라 사람과 같이 하지 말지어다. 송나라 사람 중에 벼 싹이 자라지 않는 것을 안타깝게 여겨 뽑아놓은 자가 있었다. 그는 아무것도 모르고 돌아와서 집안사람들에게 말하기를 '오늘 [내가 매우] 피곤하다. 내가 벼 싹이 자라도록 도왔다.' 하므로 그 아들이 달려가서 보았더니, 벼 싹이 말라 있었다. 천하에 벼 싹이 자라도록 억지로 조장하지 않는 자가 적으니, 유익함이 없다 해서 버려두는 자는 [비유하면] 벼 싹을 김매지 않는 자요, 억지로 조장하는 자는 [비유하면] 벼 싹을 뽑아놓는 자이니, 이는 비단 유익함이 없을 뿐만 아니라 도리어 해치는 것이다.(必有事焉而勿正, 心勿忘, 勿助長也, 無若宋人然. 宋人有閔其苗之不長而揠之者, 芒芒然歸. 謂其人曰, 今日病矣, 予助苗長矣, 其子趨而往視之, 苗則槁矣. 天下之不助苗長者寡矣, 以爲無益而舍之者, 不耘苗者也, 助之長者, 揠苗者也, 非徒無益, 而又害之.)"

124 『맹자집주』「공손추상」제2장 제16절의 주. "이것은 호연지기를 기르는 자가 반드시 의로운 일을 많이 축적함으로써 일을 삼고 미리 효과를 기대하지 말아야 하며, 혹시라도 충만되지 못하면 다만 마땅히 종사함이 있음을 잊지 말 것이요 억지로 작위하여 자라도록 돕지 말아야 함을 말씀한 것이니, 이것이 바로 의로운 일을 많이 축적하여 호연지기를 기르는 절도이다.(此言養氣者必以集義爲事, 而勿預期其效, 其或未充, 則但當勿忘其所有事, 而不可作爲以助其長, 乃集義養氣之節度也.)"

125 『맹자집주』「공손추상」제2장 제14절의 주. "뇌(餒)는 굶주리고 결핍되어 기가 몸에 충만하지 못한 것이다.(餒, 飢乏而氣不充體也.)"

(제15절) 잊지도 않고 조장하지도 않는(제16절) 것은 정직함으로 [잘] 길러 해침이 없는(제13절) 일이다. '정직함으로 길러 해침이 없음'은 곧 증자의 '스스로 돌이켜서 정직함'이며, '하늘과 땅 사이에 가득 참'은 곧 증자의 '천만 명이 있어도 내가 가서 대적할 수 있다'는 것이다.[126]

(17) 第十七節, 至此又釋知言, 則孟子之所以不動心者, 其義盡矣, 更無可言, 其下却說孔子之聖, 以明不動心之極功. 丑之稱孔子以說辭德行之兼, 孟子之稱孔子又以仁智之盡. 說辭與智, 卽所謂知言之至也, 德行與仁, 卽所謂養氣之至也. 知言養氣之至, 則從心所欲不踰矩, 而不動不須言矣.

제17절.[127] 여기에 이르러 또 지언을 해석하였으니, 맹자께서 부동심하신 것에 대해 그 뜻을 다하여 더 말할 것이 없는데, 그 아래에 도리어 공자의 성스러움(성인다움)을 말하여 부동심의 지극한 결과를 밝혔다. 공손추가 공자를 설사(說辭: 언사)와 덕행을 겸비하셨다고 칭송하였고,[128] 맹자께서 공자를 또 인(仁)과 지(智)를 다하셨다고 칭송하셨다.[129] 설사와 지는 곧 '지언의 지극함'이라 이르는 바

---

126 『맹자집주』「공손추상」제2장 제7절. 각주 106번 참고.
127 『맹자집주』「공손추상」제2장 제17절. "[공손추가 말했다.] "무엇을 지언이라 합니까?" [맹자께서] 말씀하셨다. "편벽된 말에 그 가린 바를 알며, 방탕한 말에 빠져 있는 바를 알며, 간사[부정]한 말에 괴리된 바를 알며, 도피하는 말에 [논리가] 궁함을 알 수 있으니, 마음에서 생겨나 정사에 해를 끼치며 정사에 발로되어 일에 해를 끼치니, 성인이 다시 나오셔도 반드시 내 말을 따르실 것이다."(何謂知言. 曰, 詖辭知其所蔽, 淫辭知其所陷, 邪辭知其所離, 遁辭知其所窮, 生於其心, 害於其政, 發於其政, 害於其事, 聖人復起, 必從吾言矣.)"
128 『맹자집주』「공손추상」제2장 제18절. "[공손추가 말했다.] "재아와 자공은 설사를 잘 했고, 염우·민자·안연은 덕행을 잘 말했는데, 공자께서는 이것을 겸하셨으나 말씀하시기를 '나는 사명에는 능하지 못하다.' 하셨으니, 그렇다면 부자께서는 이미 성인이십니다."(宰我子貢, 善爲說辭, 冉牛閔子顏淵, 善言德行, 孔子兼之, 曰, 我於辭命則不能也, 然則夫子旣聖矣乎.)"
129 『맹자집주』「공손추상」제2장 제19절. "[맹자께서] 말씀하셨다. "아, 이것이 웬 말이냐. 옛적에 자공이 공자께 묻기를 '부자께서는 성인이십니다.' 하자, 공자께서 '성인은 내 능하지 못하지만 나는 배우기를 싫어하지 않고 가르치기를 게을리하지 않노라.' 하시니, 자공이 말하기를 '배우기를 싫어하지 않음은 지(智)요 가르치기를 게을리하지 않음은 인(仁)이니, 인 하고 또

이고, 덕행과 인은 곧 '양기의 지극함'이라 이르는 바이다. 지언과 양기가 지극하면 마음이 하고자 하는 바를 좇아도 법도를 넘지 않으니,[130] [마음이] 움직이지 않음은 말할 필요가 없다.

(18) 此章始闢告子之學, 明趣舍也, 中言知言養氣, 學問之工也, 終言孔子之聖, 大一統之義也.

이 장의 처음에는 고자의 학문을 배척하여 나아갈 바와 물러날 바를 밝혔고, 중간에는 지언과 양기를 말하여 학문의 공부를 밝혔으며, 마지막에는 공자의 성스러움을 말하여 '대일통(大一統: 크게 하나로 통괄함)'의 뜻을 밝혔다.

(19) 或言, 浩然之氣, 賢者獨得, 而愚不肖不與, 或言, 知至意誠後, 方有浩然之氣, 而不可謂生下來便稟得此氣, 二說者, 皆不察乎孟朱二夫子之意也. 孟子曰, 我善養吾浩然之氣, 謂其浩然之氣人皆有之, 而我獨能善養, 所以能四十而不動心也, 蓋言己之善養, 以曉人同有此氣者不可不養也. 若是他人之所無, 而孟子獨得之, 則孟子必不肯言之. 自古聖賢何嘗自誇其氣稟之異衆乎. 集註又曰, 天地之正氣, 人得之以生, 此人字亦可只作賢人看乎. 集註又曰, 氣者, 卽所謂體之充也, 本自浩然, 失養故餒, 唯孟子善養之, 以復其初. 若此氣生下來不能稟得, 而必待知至意誠後得之, 則安得言本自浩然, 安得言善養復初乎. 唯其本有是氣, 故有失有復也. 初無是氣, 則失者果何物, 而復者又何物耶.

지 하시니 부자께서는 이미 성인이십니다.' 하였다. 성인은 공자께서도 자처하지 않으셨으니, 이것이 웬 말이냐."(曰, 惡, 是何言也. 昔者, 子貢問於孔子曰, 夫子聖矣乎, 孔子曰, 聖則吾不能, 我學不厭而教不倦也, 子貢曰, 學不厭, 智也, 教不倦, 仁也, 仁且智, 夫子旣聖矣. 夫聖, 孔子不居, 是何言也.)

130 『논어집주』 「爲政」 제4장 제6절. "일흔 살에 마음에 하고자 하는 바를 따라도 법도를 넘지 않았다.(七十而從心所欲不踰矩.)"

누군가는 "호연지기는 현자만 홀로 얻고 어리석고 못난 사람은 얻지 못한다"고 말하고, 누군가는 "앎(知)이 지극해지고 뜻(意)이 성실해진 뒤에야 비로소 호연지기가 있게 되는 것이지, '태어나면서부터 바로 이러한 기를 품부받게 된다'고 이를 수 없다"고 말했다. 두 가지 설 모두 맹자와 주자 두 선생의 뜻을 [잘] 살피지 못한 것이다. 맹자께서 "나는 나의 호연지기를 잘 기른다."[131]라고 하셨는데, [이는] '그 호연지기는 사람들이 모두 얻지만, 나만 홀로 잘 기를 수 있어서 40세에 부동심할 수 있었다'고 이른 것이니, 대개 자기가 잘 기른 것을 말하여 사람들이 이러한 기를 얻은 것을 [잘] 기르지 않아서는 안 된다는 것을 깨우쳐(알려) 주신 것이다. 만약 다른 사람에게는 없고 맹자만 홀로 얻은 것이라면 맹자께서 반드시 그렇게 말하려고 하지 않았을 것이다. 예로부터 성현께서 [일찍이] 그 기품이 뭇사람들과 다름을 스스로 자랑한 적이 있었는가. 『맹자집주』에서 또 "천지의 바른 기를 사람이 얻어서 태어난다."[132]라고 하였는데, 여기의 인(人)자 또한 다만 현인(賢人)으로 볼 수 있겠는가. 『맹자집주』에서 또 "기란 것은 '몸에 가득 차 있다'고 하였으니, 본래 스스로 넓고 크지만(浩然) 기르지 않았기 때문에 굶주리게 된다. 오직 맹자는 [그것을] 잘 길러서 그 처음(처음 상태)을 회복하셨다."[133]라고

---

131 『맹자집주』 「공손추상」 제2장 제11절. 각주 116번 참고.
132 『맹자집주』 「공손추상」 제2장 제13절의 주. 각주 120번 참고.
133 『맹자집주』 「공손추상」 제2장 제11절의 주. "공손추가 다시 "맹자의 부동심이 고자와 다름이 이와 같은 것은 어느 것이 뛰어난 점이 있어서 그렇습니까?" 하고 묻자, 맹자께서 또 그 이유를 상세히 말씀해 주신 것이다. '지언'은 마음을 다하여 성을 알아서 모든 천하의 말에 그 이치를 궁구하고 지극히 하여 그 시비와 득실의 소이연을 알지 못함이 없는 것이다. '호연'은 성대하게 유행하는 모양이다. '기'는 곧 '몸에 가득 차 있는 것이다.'라고 하였으니, 본래 스스로 넓고 크지만 기르지 않았기 때문에 굶주리게(부족하게) 된다. 오직 맹자만이 [그것을] 잘 길러서 그 처음을 회복하셨다. 말을 알면 도의에 밝아서 천하의 일에 의심스러운 바가 없고, 기를 기르면 도의에 배합되어서 천하의 일에 두려운 바가 없다. 이 때문에 큰 책임을 담당하여도 부동심하는 것이다. 고자의 학문은 이와 정반대였으니, 그의 부동심은 거의 무지몽매하여 깨달음이 없고 고집스러워서 돌아보지 않았을 뿐이다.(公孫丑復問, 孟子之不動心, 所以異於 告子如此者, 有何所長而能然, 而孟子又詳告之以其故也. 知言者, 盡心知性, 於凡天下之

하였다. 만약 이러한 기를 태어나면서부터 품부받지 못하고 반드시 앎이 지극해지고 뜻이 성실해지기를 기다린 뒤에야 얻게 된다면, 어찌 '본래 스스로 넓고 크다'고 말할 수 있으며, 어찌 '잘 길러서 처음을 회복한다'고 말할 수 있겠는가. 오직 본래 이러한 기가 있었으므로 잃음도 있고 회복함도 있는 것이다. 처음부터 이러한 기가 없었다면 잃은 것은 과연 무엇이며, 회복한 것은 또 무엇인가.

蓋浩然者, 天地之正氣, 盛大而流行者也. 得是以生則爲人, 不得是以生則爲禽獸. 唯其於正者之中, 不能無淸濁粹駁之異, 故盛大流行之體, 人無不得, 而淸濁粹駁之稟, 人各不同, 得其淸粹者, 爲聖爲賢, 故所爲常慊於心, 而不失其盛大流行之體. 得其濁駁者, 爲愚爲不肖, 故所爲常多可媿, 而遂失其盛大流行之體. 苟能善養, 則亦可以復其初矣. 譬如水之流行一也, 而淸濁不同, 故淸者無所壅閼, 而無時不流行, 濁者有所壅閼, 而或不能流行矣. 然澄其濁, 而決其壅, 則其流行者, 又未嘗不如初矣.

대개 '호연'이란 것은 천지의 바른 기가 성대하게 유행하는 것이다. 이를 얻어서 태어나면 사람이 되고, 이를 얻지 못하고 태어나면 금수가 된다. 다만 그 바른 것 가운데 맑음과 흐림, 순수함과 잡박함의 다름이 있으므로, 성대하게 유행하는 체(體)를 사람이 얻지 못함은 없으나, 맑음과 흐림, 순수함과 잡박함의 타고남은 사람이 각기 달라서, 맑고 순수한 것을 얻은 자는 성인이 되고 현자가 되므로, 하는 바가 항상 마음에 흡족하여 그 성대하게 유행하는 체를 잃지 않는다. 흐리고 잡박한 것을 얻은 자는 어리석은 사람이 되고 못난 사람이 되므로, 하는 바가 항상 대부분 부끄러워할 만하여 마침내 그 성대하게 유행하는 체를 잃게 된다. 진

言, 無不有以究極其理, 而識其是非得失之所以然也. 浩然, 盛大流行之貌, 氣, 卽所謂體之充者, 本自浩然, 失養故餒. 惟孟子爲善養之, 以復其初矣. 蓋惟知言, 則有以明夫道義, 而於天下之事, 無所疑, 養氣, 則有以配夫道義, 而於天下之事, 無所懼. 此其所以當大任而不動心也. 告子之學, 與此正相反, 其不動心, 殆亦冥然無覺, 悍然不顧而已爾.)"

실로 잘 기를 수 있다면 또한 그 처음을 회복할 수 있다. 비유하자면 물의 유행은 동일하나 맑음과 흐림은 같지 않으므로, 맑은 것은 막히는 바가 없어 어느 때고 유행하지 않음이 없고, 흐린 것은 막히는 바가 있어 혹은 유행할 수 없는 것과 같다. 그러나 그 흐린 것을 맑게 하고 그 막힌 것을 틔우면 그 유행하는 것이 또 [일찍이] 처음과 같지 않은 적이 없다.

3. 孟子生之謂性章說
맹자생지위성장설

(1) 道性善章註曰, 孟子之言性善, 始見於此, 而詳具告子之篇, 此章註曰, 告子論性, 前後四章, 語雖不同, 然其大指不外乎此. 然則七篇之內, 論性善莫詳於告子問答, 而告子之論性大指, 又不外於此章, 則孟子之發明性善以曉之者, 宜亦莫切於此章所答也.

'도성선(道性善)'[134] 장의 주에서 "맹자께서 성선을 말씀하신 것이 여기에서 처음 나왔고, 고자(告子) 편에 자세하게 갖추어져 있다."[135]라고 하였고, 이 장의 주에서 "고자가 성(性)을 논한 앞뒤 네 장의 말이 비록 같지는 않으나[136] 그 큰 뜻은

---

[134] 『맹자집주』「滕文公上」제1장 제2절. "맹자께서 성의 선함을 말씀하셨는데 말씀마다 반드시 요순을 칭하였다.(孟子道性善, 言必稱堯舜.)"

[135] 『맹자집주』「등문공상」제1장 장하주. "내가 살펴보건대, 맹자께서 성선을 말씀하신 것이 여기에 처음 나왔고, 고자 편에 자세하게 갖추어져 있다. 그러나 묵묵히 알고 사방으로 통달한다면 『맹자』 7편 가운데 이 이치가 아닌 것이 없다. 이전 성인들이 미처 발명하지 못한 것을 확충하여 성인의 문하에 공(功)이 있으니, 정자의 말씀이 참으로 옳다.(愚按, 孟子之言性善, 始見於此, 而詳具於告子之篇. 然默識而旁通之, 則七篇之中, 無非此理, 其所以擴前聖之未發而有功於聖人之門, 程子之言, 信矣.)"

[136] 『맹자집주』「고자상」제1장 제1절. "고자가 말했다. "성은 기류(땅버들)와 같고 의는 땅버들로 만든 그릇과 같으니, 사람의 본성을 가지고 인·의를 행함은 기류를 가지고 그릇을 만드는 것과 같다."(告子曰, 性, 猶杞柳也, 義, 猶桮棬也, 以人性爲仁義, 猶以杞柳爲桮棬.)" 『맹자집주』「고자상」제2장 제1절. "고자가 말했다. "성은 여울물과 같다. 이것을 동방으로 터놓으면 동쪽으로 흐르고 서방으로 터놓으면 서쪽으로 흐르니, 인성이 선과 불선에 구분이 없음은 마치 물이 동·서에 분별이 없는 것과 같다."(告子曰, 性, 猶湍水也, 決諸東方則東流, 決諸西方則西流, 人性之無分於善不善也, 猶水之無分於東西也.)" 『맹자집주』「고자상」제3장 제1절. "고자가 말했다. "생을 성이라 한다."(告子曰, 生之謂性.)" 『맹자집주』「고자상」제4장 제1절. "고자가 말했다. "식과 색이 성이니, 인은 내면에 있는 것이지 외면에 있는 것이 아니요, 의는 외면에 있는 것이라 내면에 있는 것이 아니다."(告子曰, 食色, 性也, 仁, 內也, 非外也, 義, 外也, 非內也.)"

여기에서 벗어나지 않는다."¹³⁷라고 하였다. 그렇다면 일곱 편 안에서 성선을 논한 것이 고자와의 문답보다 자세한 것이 없고, 고자가 성을 논한 큰 뜻이 또 이 장에서 벗어나지 않으니, 맹자께서 성선을 드러내어 밝혀서 깨우쳐주신 것이 마땅히 또한 이 장에서 답한 것보다 절실한 것이 없다.

(2) 性善章註曰, 性者, 人所稟於天以生之理也, 杞柳章註曰, 性者, 人生所稟之天理也, 湍水章註曰, 性則天理, 未有不善者也, 此章註曰, 性者, 人之所得於天之理也. 四章之內, 訓釋性字, 無一字不同, 則或者謂此章之言性, 獨非性善, 而異於他章者, 果何據乎.

'성선' 장의 주에서 "성이란 것은 사람이 하늘에서 품부받아 태어나는 바의 리이다."¹³⁸라고 하였고, '기류(杞柳)' 장의 주에서 "성이란 것은 사람이 태어나면서 품부받은 바의 천리이다."¹³⁹라고 하였으며, '단수(湍水)' 장의 주에서 "성은 곧 천

---

137 『맹자집주』「고자상」제3장 제1절의 주. "생은 사람과 물이 지각하고 운동하는 것을 가리켜 말한 것이다. 고자가 성을 논한 앞뒤 네 장의 말이 비록 같지는 않으나 그 큰 뜻은 여기에서 벗어나지 않으니, 근세에 불가의 이른바 '작용하는 것이 성이다.'라는 것과 대략 비슷하다.(生, 指人物之所以知覺運動者而言. 告子論性, 前後四章, 語雖不同, 然其大指不外乎此, 與近世佛氏所謂作用是性者, 略相似.)"

138 『맹자집주』「등문공상」제1장 제2절의 주. "성이란 것은 사람이 하늘에서 품부받아 태어나는 바의 리이니, 혼연히 지극히 선하여 일찍이 악함이 있지 않다. 중인(일반인)과 요순이 처음에는 조금도 다름이 없었으나 다만 중인들은 사욕에 빠져 이것을 잃었고 요순은 사욕의 가림이 없어 능히 그 본성을 채웠을 뿐이다. 그러므로 맹자께서 세자와 더불어 말씀할 적에 매양 성의 선함을 말씀하시되 반드시 요순을 칭하여 실증하신 것이니, 인·의는 밖에서 구함을 기다리지 않고 성인은 배워서 이를 수 있음을 알아서 힘씀에 게으르지 않게 하고자 하신 것이다. 문인들이 그 말씀을 다 기록하지 못하고, 그 대의를 뽑기를 이와 같이 한 것이다.(性者, 人所稟於天以生之理也, 渾然至善, 未嘗有惡. 人與堯舜, 初無少異, 但衆人汨於私欲而失之, 堯舜則無私欲之蔽而能充其性爾, 故孟子與世子言, 每道性善, 而必稱堯舜以實之, 欲其知仁義不假外求, 聖人可學而至, 而不懈於用力也. 門人不能悉記其辭, 而撮其大旨如此.)"

139 『맹자집주』「고자상」제1장 제1절의 주. "성이란 것은 사람이 태어나면서 품부받은 바의 천리이다. '기류'는 거류요 '배권'은 나무를 굽혀 만든 것이니, 치(巵)와 이(匜)의 등속이다. 고자가 "인성은 본래 인·의가 없어서 반드시 교유하기를 기다린 뒤에야 이루어진다."라고 말하였

리이니 선하지 않음이 없다."¹⁴⁰라고 하였고, 이 장의 주에서 "성이란 것은 사람이 하늘에서 얻은 바의 리이다."¹⁴¹라고 하였다. 네 장 안에서 성(性)자를 풀이하고 해석한 것이 한 글자도 같지 않음이 없으니, 누군가 '이 장에서 성을 말한 것은 홀로 성선이 아니어서 다른 장과 다르다'고 이른 것은 과연 무엇에 의거한 것인가.

(3) 此章註曰, 以理言之, 則仁義禮智之稟, 豈物之所得而全哉. 此人之性所以無不善, 而爲萬物之靈. 又曰, 告子不知性之爲理, 而以所謂氣者當之. 以氣言之者, 固爲氣質之性, 以理言之者, 果非本然之性乎. 且朱子旣以無不善釋此章之性, 而或者必以爲氣質善惡之性者, 又何說也.

이 장의 주에서 "리로 말하자면 인의예지를 품부받는 것이 어찌 물(物)이 온전하게 할 수 있는 바이겠는가. 이것이 사람의 성이 선하지 않음이 없어서 만물의 영장이 되는 까닭이다."라고 하였고, 또 "고자는 성이 리가 됨을 알지 못하고 '기(氣)'라 이르는 것으로 거기에 해당시켰다."라고 하였다.¹⁴² 기로 말한 것은 참으

으니, 순자의 성악설과 같다.(性者, 人生所稟之天理也. 杞柳, 柜柳, 桮棬, 屈木所爲, 若卮匜之屬. 告子言人性本無仁義, 必待矯揉而後成, 如荀子性惡之說也).

140 『맹자집주』「고자상」 제2장 제2절의 주. "물은 진실로 동서의 분별이 없지만 어찌 상하의 분별이 없겠는가.'라고 말씀하신 것이다. 성은 곧 천리이니 선하지 않음이 없다.(言水誠不分東西矣, 然豈不分上下乎. 性卽天理, 未有不善者也)."

141 『맹자집주』「고자상」 제3장 장하주. 각주 34번 참고.

142 『맹자집주』「고자상」 제3장 장하주. "사람과 물이 태어날 적에 이 성을 가지고 있지 않은 것이 없고 또한 이 기를 가지고 있지 않은 것이 없다. 그러나 기로 말한다면 지각·운동은 사람과 물이 다르지 않은 듯하나, 리로 말하면 인의예지를 품부받는 것이 어찌 물이 온전하게 할 수 있는 바이겠는가. 이것이 사람의 성이 선하지 않음이 없어서 만물의 영장이 되는 까닭이다. 고자는 성이 리가 됨을 알지 못하고 '기'라 이르는 것으로서 거기에 해당시켰다. 이 때문에 기류·단수의 비유와 성은 식과 색이며 선도 없고 불선도 없다는 등의 말이 종횡으로 어긋나고 어지럽게 잘못된 것인데, 이 장의 오류가 바로 그 뿌리이다. 이렇게 된 까닭은 다만 지각·운동의 움직임은 사람과 물이 똑같다는 것만 알고, 인의예지의 순수한 것은 사람과 물이 다름을 몰랐기 때문이다. 맹자께서 이것으로 꺾으셨으니 그 뜻이 정밀하다.(人物之生, 莫不有是性, 亦莫不有是氣. 然以氣言之, 則知覺運動, 人與物若不異也, 以理言之, 則仁義禮智之稟,

로 기질의 성이 되니, 리로 말한 것은 과연 본연의 성이 아니겠는가. 또 주자께서 이미 '무불선(無不善)'으로 이 장의 성을 해석하셨는데, 누군가 반드시 선악이 있는 기질의 성으로 여긴 것은 도대체 무슨 말인가.

(4) 性善章或問曰, 董子所謂明於天性, 知自貴於物, 然後知仁義者, 謂此也. 此章或問曰, 孟子此章之指, 只恐昧於人性之善耳. 孟子言性善, 則朱子以貴於物者釋之, 孟子言人物之性不同, 則朱子以性善者釋之, 性善之人物不同, 果不明乎.

'성선' 장의 혹문에서 "동자(董子: 동중서)께서 '천성에 밝아 스스로 물(物)보다 귀함을 안 뒤에야 인·의를 안다'[143]고 하신 것이 이것을 이른다."[144]라고 하였다.

豈物之所得而全哉. 此人之性所以無不善而爲萬物之靈也, 告子不知性之爲理, 而以所謂氣者當之, 是以杞柳湍水之喩食色無善無不善之說, 縱橫繆戾, 紛紜舛錯, 而此章之誤乃失其本根. 所以然者, 蓋徒知知覺運動之蠢然者, 人與物同, 而不知仁義禮智之粹然者, 人與物異也. 孟子以是折之, 其義精矣.)

143 『漢書』「열전」董仲舒傳. "하늘이 명령한 것을 '명'이라 이르니, 사람은 하늘에서 명을 받아 진실로 다른 여러 생명보다 뛰어나게 달라서 만물보다 귀하다. 그러므로 '천지가 낸 것 중에 사람이 가장 귀하다.'(『孝經』「聖治章」)라고 하였다. [사람이] 천성에 밝아 스스로 물보다 귀함을 안 뒤에야 인의예지를 알아 편안히 선도(善道)에 처하고 즐겁게 이치에 순해지니 이를 '군자'라 이른다. 그러므로 공자께서 '명을 알지 못하면 군자가 될 수 없다.'(『논어집주』「堯曰」제3장 제1절)라고 하신 것은 이를 두고 이른 것이다.(天令之謂命, 人受命于天, 固超然異于群生, 貴于物也. 故曰, 天地之性人爲貴. 明于天性, 知自貴于物, 然後知仁義禮智, 安處善樂循理, 謂之君子. 故孔子曰, 不知命, 無以爲君子, 此之謂也.)"

144 『孟子或問』권5. "성·명의 리에 대해 만약 그 소이연을 궁구하여 논하자면 참으로 쉽게 말하지 못하는 것이 있으나, 이를테면 그 대체의 이미 그러함에 대해서는 배우는 이들이 당연히 알지 못해서는 안 된다. 대개 반드시 이것을 안 뒤에야 천리와 인욕에 손님(객체)과 주인(주체)의 구분이 있고 선에 나아감과 악을 따름에 순응함과 거스름의 다름이 있음을 알게 될 것이다. 동자께서 '[사람이] 천성에 밝아 스스로 물보다 귀함을 안 뒤에야 인·의를 알 수 있고, 인·의를 안 뒤에야 예절을 중하게 여기고, 예절을 중하게 여긴 뒤에야 선에 처함을 편하게 여기고, 선에 처함을 편하게 여긴 뒤에야 리에 따름을 즐거워하게 된다.'(『한서』「열전」동중서전) 이르신 것과 정자께서 '성이 선함을 알고 충신을 근본으로 삼는다면, 이것이 먼저 그 큰 것을 세우는 것이다.'(『二程外書』권2) 이르신 것이 모두 이것을 말한 것이다.(曰, 性命之理,

이 장의 혹문에서 "『맹자』의 이 장의 뜻은 다만 인성의 선함에 대해 어두운 것을 염려하였을 뿐이다."[145]라고 하였다. 맹자께서 성선을 말씀하신 것[146]에 대해 주자께서 물보다 귀하다는 것으로 해석하셨고, 맹자께서 사람과 물의 성이 같지 않다고 말씀하신 것[147]에 대해 주자께서 성이 선하다는 것으로 해석하셨으니, 성의 선함이 사람과 물에 있어 같지 않음이 분명하지 않겠는가.

(5) 大抵犬牛人性之不同, 實由於形氣之異, 則對太極之理, 無物不全, 無物不同者而言, 亦可謂氣質之性. 然犬與犬同, 牛與牛同, 人與人同, 而同爲可循之性, 則對人人不同, 物物不同之性而言, 豈不爲本然之性乎. 犬率犬之性爲犬之道, 牛率牛之性爲牛之道, 人率人之性爲人之道, 則卽中庸所謂率性之道也. 此性字, 若非可循之性, 則犬牛人此性之外, 又別有何性可循乎. 雖可循矣, 而亦爲氣質之性, 則氣質善惡之性, 果可循乎, 而中庸率性之性, 亦爲氣質, 而非本然耶.

대체로 개와 소와 사람의 성이 같지 않은 것은 실제로 형기의 다름에서 말미암으니, 태극의 리가 어떤 물이든 온전하지 않음이 없고 어떤 물이든 같지 않음이 없는 것에 대비하여 말하면 또한 '기질의 성'이라 이를 수 있다. 그러나 개와 개가 같고, 소와 소가 같으며, 사람과 사람이 같아서 함께 '따를 수 있는 성'이 되니, 사

若究其所以然而論之, 則誠有不易言者, 若其大體之己然, 則學者固不可以不知也. 蓋必知此, 然後知天理人欲有賓主之分, 趨善從惡有順逆之殊, 董子所謂明於天性, 知自貴於物, 然後能知仁義, 知仁義, 然後重禮節, 重禮節, 然後安處善, 安處善, 然後樂循理, 程子所謂知性善, 以忠信爲本, 此先立其大者, 皆謂此也.)"

145 『맹자혹문』권11. "내가 일찍이 이 장의 뜻에 대해 이 선생님(延平 李侗)께 물으니, 선생께서 '『맹자』의 뜻은 다만 인성의 선함에 대해 어두운 것을 염려하였을 뿐이다.'라고 하셨다.(予嘗以此章之旨問於李先生, 先生曰, 孟子之意, 只恐其昧於人性之善耳.)

146 『맹자집주』「등문공상」제1장 제2절. 각주 134번 참고.

147 『맹자집주』「고자상」제3장 제3절. 각주 17번 참고.

람마다 같지 않고 물마다 같지 않은 성에 대비하여 말하면 어찌 본연의 성이 되지 않겠는가. 개가 개의 성을 따르는 것은 개의 도가 되고, 소가 소의 성을 따르는 것은 소의 도가 되며, 사람이 사람의 성을 따르는 것은 사람의 도가 되는 것이 곧 『중용』에서 '솔성지도(率性之道: 성을 따른 도)'라고 말한 것이다. 이 성(性)자가 만약 '따를 수 있는 성'이 아니라면, 개와 소와 사람이 이 성 외에 또 별도로 어떤 성이 있어 따를 수 있겠는가. 비록 따를 수 있을지라도 또한 기질의 성이 된다면, 기질의 선악의 성을 과연 따를 수 있겠으며, 『중용』의 솔성의 성 또한 기질이 되고 본연이 아니라는 것인가.

蓋太極超形氣而稱之, 故無物不全, 無物不同, 性則因氣質而名之, 故雖有人物偏全之不同, 而亦不雜乎各其氣質昏明美惡者而言, 故人與人同, 物與物同, 而同其爲可循之性矣. 同爲可循者, 果非本然之性乎. 或者徒知萬物皆同之理爲本然, 而不知人物各循之性亦皆爲本然, 徒知本然之有全, 而不知有偏全之亦不害爲本然, 惑矣.

대개 태극은 형기를 넘어 일컬은 것이므로 어떤 물이든 온전하지 않음이 없고 어떤 물이든 같지 않음이 없으나, 성은 기질에서 말미암아 이름 지어진 것이므로 비록 사람과 물에 치우침과 온전함의 같지 않음이 있을지라도, 또한 각기 가지고 있는 기질의 어둠과 밝음, 아름다움과 추함에 섞이지 않은 것을 말하므로, 사람과 사람이 같고 물과 물이 같아서 함께 '따를 수 있는 성'이 되는 것이다. 함께 따를 수 있게 된 것이 과연 본연의 성이 아니겠는가. 누군가는 다만 만물에게 모두 같은 리가 본연이 된다는 것만 알고, 사람과 물이 각기 따르는 성 또한 모두 본연이 된다는 것을 알지 못하며, 다만 본연에 온전함이 있다는 것만 알고, 치우침과 온전함이 있는 것 또한 본연이 되는 데 해가 되지 않음을 알지 못하니, [이는] 미혹된 것이다.

夫所謂本然者, 謂其本如此也. 鷄司晨, 犬司盜, 牛耕, 馬馳, 皆其性本如此, 則所謂本然者也. 若其鷄之不能司晨, 犬之不能司盜, 牛不能耕, 馬不能馳者, 乃其失其本然, 而由於氣質之不齊者也. 若以鷄司晨, 犬司盜, 牛耕, 馬馳, 謂非本然之性, 則是物獨不有本性也, 雖曰, 物有與人一同之性, 是其本然, 而物終不能行人之道, 則是物之有本性, 終不能發用矣. 性而不能發用, 則何貴乎其性也. 天之賦性, 獨於物而不能發用者, 又何也.

무릇 '본연'이라고 이른 것은 '그것이 본래 이와 같다'는 것을 이른다. 닭이 새벽을 맡고(알리고), 개가 도둑을 맡으며(쫓으며), 소가 밭을 갈고, 말이 내달리는 것은 모두 그 성이 본래 이와 같으니, '본연'이라고 이른 것이다. 닭이 새벽을 맡지 못하고, 개가 도둑을 맡지 못하며, 소가 밭을 갈지 못하고, 말이 내달리지 못하는 것은 바로 그 본연을 잃고 기질의 고르지 않음에서 말미암은 것이다. 만약 닭이 새벽을 맡고, 개가 도둑을 맡으며, 소가 밭을 갈고, 말이 내달리는 것을 '본연의 성이 아니다'라고 이른다면, 이는 물만 유독 본성이 있지 않은 것이니, 비록 "물은 사람과 동일한 성을 가지고 있으니, 이것이 그 본연이다."라고 할지라도 물은 끝내 사람의 도를 행할 수 없으니, 이는 물이 본성을 가지고 있으나 끝내 발용할 수 없는 것이다. 성이면서 발용할 수 없다면 어찌 그 성을 귀하게 여기겠는가. 하늘이 품부한 성이 유독 물에 있어서만 발용할 수 없는 것은 도대체 무엇 때문인가.

集註無不善三字, 最宜詳玩. 鷄司晨, 犬司盜, 牛耕, 馬馳, 固皆其本性之善者也, 但不能如人性之全而無不能, 故於人特曰無不善. 於善字上, 見其物之本性亦善, 於無不字上, 見其人性之全而非如物之偏也. 蓋無不善一句, 承上文仁義禮智之裏物不能全而言, 故所謂善者, 指仁義禮智, 而物之得其偏者, 亦在其中, 所謂無不者, 指物之所不能全而人獨全也. 故人物本性之不同, 只爭其偏全, 不當爭其善不善也. 讀者不察此意, 欲於犬牛人三性字上分別其善惡, 而於物之性偏者, 幷與其善者而奪之, 則又不免於誤矣【語類中庸首章端蒙錄, 萬物

稟受, 莫非至善者.】

『맹자집주』의 무불선(無不善)¹⁴⁸ 세 글자를 가장 상세하게 살펴보아야 한다. 닭이 새벽을 맡고, 개가 도둑을 맡으며, 소가 밭을 갈고, 말이 내달리는 것은 본래 모두 그 본성의 선한 것이지만, 다만 사람의 성이 온전하여 하지 못하는 것이 없는 것과 같을 수 없으므로 사람에 대해서만 특별히 "선하지 않음이 없다."라고 한 것이다. 선(善)자에서 그 물의 본성 또한 선하다는 것을 보아야 하고, 무불(無不)자에서 그 사람의 성이 온전하여 물이 치우친 것과 같지 않다는 것을 보아야 한다. 대개 '무불선' 한 구절은 위의 글 '인의예지의 품부받음을 물은 온전히 할 수 없다.'¹⁴⁹를 이어서 말하였으므로, '선(善)'이라 이른 것은 인의예지를 가리키나 물이 그 치우친 것을 얻은 것 또한 그 가운데에 있으며, '무불'이라 이른 것은 물은 온전히 할 수 없고 사람이 홀로 온전히 할 수 있다는 것을 가리킨다. 그러므로 사람과 물의 본성이 같지 않다는 것에 대해서는 다만 그 치우침과 온전함만을 따져야지 그 선함과 선하지 않음을 따져서는 안 된다. 독자들이 이 뜻을 살피지 않고서 개와 소와 사람의 세 성(性)자에서 그 선악을 분별하고, 물의 성이 치우친 것에서 아울러 그 선한 것까지 빼앗으려 한다면 오류를 면하지 못할 것이다.【어류의 『중용』 수장(首章)에 대한 단몽(端蒙)¹⁵⁰의 기록에서 '만물이 품부받아 지극히 선하지 않음이 없는 것'¹⁵¹이라고 하였다.】

148 『맹자집주』「고자상」 제3장 장하주. 각주 142번 참고.
149 『맹자집주』「고자상」 제3장 장하주. 각주 142번 참고.
150 정단몽(程端蒙, 1143~1191).
151 『주자어류』 권62, 「중용」 1. "만물이 품부받아 지극히 선하지 않음이 없는 것이 성이다. 성을 따라 행함에 각각 그 분수를 얻은 것이 도이다.(萬物稟受, 莫非至善者. 性. 率性而行, 各得其分者, 道)."

4. 通書說
통서설

(1) 首章, 誠
첫 장의 성(誠)

通書言誠字, 有以天道言者, 此章誠字, 是也, 有以人心言者, 下章誠字, 是也. 非謂有二誠也, 但有在天在人之分也. 此書皆言一分爲二, 二分爲五, 五分爲萬, 或言一在二中, 誠之源, 誠斯立, 是也, 或言一在二上, 誠無爲, 幾善惡, 是也. 要當觀其所言之如何耳.

『통서』에서 성(誠)자를 말할 때 천도로서 말한 것이 있으니 이 장의 '성'자[152]가 그것이며, 인심으로서 말한 것이 있으니 아래 장의 '성'자[153]가 그것이다. [그러나] '두 가지 성이 있다'고 이르는 것이 아니며, 다만 하늘에 있을 때와 사람에게 있을 때의 구분이 있을 뿐이다. 이 책은 모두 하나가 나뉘어 둘이 되고, 둘이 나뉘어 다섯이 되고, 다섯이 나뉘어 만(萬)이 됨을 말하면서 혹은 하나가 둘 가운데 있음을 말하니, '성의 근원'과 '성이 여기에서 성립됨'[154]이 그것이며, 혹은 하나가

---

[152] 『통서』「誠上」. "성이란 것은 성인의 근본이다.(誠者, 聖人之本)." "위대하도다, 건원이여! 만물이 [그것에] 바탕하여 시작된다'는 것은 성의 근원이다.(大哉乾元, 萬物資始, 誠之源也.)" "'건도가 변화하여 각기 성·명을 바르게 한다'고 하였으니, 성(誠)이 여기에서 성립된다.(乾道變化, 各正性命, 誠斯立焉.)" "원·형은 성이 통한 것이고, 이·정은 성이 회복된 것이다.(元亨, 誠之通, 利貞, 誠之復.)"

[153] 『통서』「誠下」. "성(聖)은 성(誠)일 뿐이다.(聖, 誠而已矣.)" "성은 오상의 근본이고, 백행의 근원이다.(誠, 五常之本, 百行之原也.)" "오상과 백행은 성이 아니면 그릇되어 사특하고 어둡고 막히게 된다.(五常百行, 非誠, 非也, 邪暗塞也.)" "그러므로 성(誠)하면 일삼을 것이 없게 된다.(故誠則無事矣.)"

[154] 『통서』「성상」. 각주 153번 참고.

둘 위에 있음을 말하니, '성은 작위하는 것이 없음'과 '기미에서 선악이 나누어짐'[155]이 그것이다. 요컨대 마땅히 그 말한 바가 어떠한지를 살펴보아야 할 뿐이다.

(2) 第二章註, 靜而不正故邪
제2장의 주, "고요하지만 바르지 않으므로 사특하게 된다."[156]

此靜字, 姑以未與物接者而言, 雖未與物接, 昏昧雜擾則邪矣. 若其至靜者, 則未發而中矣, 豈復有邪也. 中庸或問曰, 靜而天理昧, 與此靜字同, 章句曰, 至靜之中, 無所偏倚, 此則未發而中也, 加一至字, 則意自別矣.

이 정(靜)자는 다만 아직 물(物)과 접하지 않은 것으로서 말한 것이나, 비록 아직 물과 접하지 않았을지라도 어둡고 어리석으며 어지럽고 시끄럽다면 사특한 것이다. 만약 지극히 고요한 것이라면 아직 발하지 않아서 중(中)한 것이니, 어찌 다시 사특함이 있겠는가.『중용혹문』에서 "고요하지만(靜) 천리에 어둡다."[157]라고 하였는데, 이 정(靜)자와 같으며,『중용장구』에서 "지극히 고요한 가운데 치우치거나 기울어진 바가 없다."[158]라고 하였는데, 이것은 아직 발하지 않아서 중(中)

---

155 『통서』「성기덕」.
156 『통서』「성하」'五常百行, 非誠, 非也, 邪暗塞也.'의 주. "성이 아니면 오상과 백행은 모두 그 실제가 없게 되니, [『중용』에서 말하는] '정성스럽지 않으면 사물이 이루어지지 않는다.'는 것이다. 고요하지만 바르지 않으므로 사특하게 되고, 움직이되 밝지 못하고 통달하지 못하기 때문에 어둡고 또 막히게 된다.(非誠, 則五常百行, 皆無其實, 所謂不誠無物者也, 靜而不正, 故邪, 動而不明不達, 故暗且塞.)"
157 『중용혹문』. "고요하더라도 그것을 보존할 줄 모르면 천리에 어두워서 큰 근본이 확립되지 못하는 바가 있게 되고, 움직일 때 그것을 절제할 줄 모르면 인욕이 함부로 부려져서 공통된 도가 행해지지 못하는 바가 있게 된다.(靜而不知所以存之, 則天理昧而大本有所不立, 動而不知所以節之, 則人欲肆而達道有所不行.)"
158 『중용장구』제1장 제5절의 주. "계구로부터 요약하여 지극히 정(靜)한 가운데에 편벽되고 치우친 바가 없어서 그 지킴을 잃지 않는 데 이르면 그 중을 지극히 하여 천지가 제자리를 편안히 할 것이다.(自戒懼而約之, 以至於至靜之中無所偏倚而其守不失, 則極其中而天地位矣.)"

한 것이니, 하나의 지(至)자를 더하면 뜻이 저절로 구별된다.

(3) 第三章, 愛曰仁, 宜曰義

제3장의 "애(愛)를 인(仁)이라고 하고, 의(宜)를 의(義)라고 한다."[159]

韓子博愛之謂仁, 行而宜之之謂義, 程子非之, 則周子此言之不同於韓子者, 又何義也. 此當就曰字之謂字上看得出. 就曰字上看, 則是卽愛宜上見得仁義之德也, 就之謂字上看, 則是直指愛宜以爲仁義之性也. 蓋仁義性也, 愛宜情也. 仁義之德固著於愛宜, 而其性情之分則不可混也. 故周子因用以名其體, 則可, 而韓子認用爲其體, 則不可也.

한자(韓子)[160]의 "널리 사랑하는 것을 '인'이라 이르고, 행하여 마땅하게 하는 것을 '의'라 이른다."[161]에 대해 정자께서 옳지 않다고 하셨는데,[162] 주자의 이 말씀

---

159 『통서』 「성기덕」. 각주 66번 참고.

160 한유(韓愈, 768~824).

161 『昌黎先生集』 권11 「原道」. "널리 사랑하는 것을 '인'이라 이르고, 행하여 마땅하게 하는 것을 '의'라 이르며, 이에서 말미암아 가는 것을 '도'라 이르고, 자기에게 충족하여 밖을 기다림이 없는 것을 '덕'이라 이른다.(博愛之謂仁, 行而宜之之謂義, 由是而之焉之謂道, 足乎己無待於外之謂德.)"

162 『이정유서』 권18 「이천선생어」 4. "인에 대해 묻자 "이는 제공들이 스스로 생각함에 달려 있으니, 성현이 인을 말씀하신 곳을 같은 종류끼리 모아 살펴보아서 체인해야 할 것이다. 맹자께서 '측은지심이 인이다.'라고 하셨는데, 후인들은 마침내 사랑(愛)을 인이라 하였다. 사랑은 본래 정이고 인은 본래 성이니, 어찌 오로지 사랑을 인이라고 할 수 있겠는가. 맹자께서 측은지심은 인의 단서라고 말씀하셨으니, 이미 '인의 단서'라고 하였다면 측은지심을 곧바로 '인'이라 이를 수 없는 것이다. 퇴지(退之, 한유)가 널리 사랑하는 것을 '인'이라 이른다고 말하였는데 잘못된 것이다. 인(仁)한 사람은 진실로 널리 사랑하지만, 널리 사랑하는 것을 인이라고 한다면 옳지 않다."라고 하셨다.(問仁. 曰, 此在諸公自思之, 將聖賢所言仁處, 類聚觀之, 體認出來. 孟子曰, 惻隱之心, 仁也, 後人, 遂以愛爲仁. 愛自是情, 仁自是性, 豈可專以愛爲仁. 孟子言, 惻隱之心, 仁之端也, 旣曰仁之端, 則不可便謂之仁. 退之言, 博愛之謂仁, 非也. 仁者固博愛, 然便以博愛爲仁則不可.)"

이 한자와 같지 않은 것은 또한 무슨 뜻인가. 이것은 마땅히 왈(曰)자와 지위(之謂)자 위에 나아가 보아야 분간해낼 수 있다. 왈(曰)자 위에 나아가 보면, 이는 애·의 위에 나아가 인·의의 덕을 본 것이며, 지위(之謂)자 위에 나아가 보면, 이는 애·의를 곧장 가리켜 인·의의 성으로 삼은 것이다. 대개 인·의는 성이고 애·의는 정이다. 인·의의 덕은 본래 애·의에서 드러나지만, 그 성·정의 구분에 있어서 뒤섞어서는 안 된다. 그러므로 주자께서 용으로 말미암아 그 체를 일컬은 것은 옳지만, 한자께서 용을 그 체로 인식한 것은 옳지 않다.

(4) 註, 性者, 獨得於天
(제3장) 주, "성(性)이란 것은 홀로 하늘에서 얻은 것이다."**163**

此性字, 以氣質言, 旣曰獨得, 則非通言之性也. 然於本性之外, 實無分毫所加, 蓋獨得雖由於氣質, 其所得之性, 則却與衆人所同得者, 無異矣.
이 성(性)자는 기질로서 말한 것인데, 이미 '홀로 얻었다.'라고 하였으니, 일반적으로 말하는 성은 아니다. 그러나 본성의 바깥에 진실로 아주 조금도 더한 바가 없으니, 대개 홀로 얻은 것이 비록 기질로 말미암은 것일지라도, 그 얻은 성은 도리어 뭇사람이 함께 얻은 것과 다름이 없다.

---

163 『통서』「성기덕」 '性焉安焉之謂聖'의 주. "성(性)이란 것은 홀로 하늘에서 얻은 것이고, 안(安)이란 것은 본래 자기에게 온전한 것이며, 성(聖)이란 것은 크면서 변화하는 것을 일컫는다. 이것은 배우고 묻고 억지로 힘쓰기를 기다리지 않아도 성(誠)이 서지 않음이 없고, 기미가 밝지 않음이 없으며, 덕이 갖추어지지 않음이 없다.(性者, 獨得於天, 安者, 本全於己, 聖者, 大而化之之稱. 此不待學問勉强, 而誠無不立, 幾無不明, 德無不備者也.)"

5. 朱子太極說解
주자태극설[164]해

(1) 動靜無端, 陰陽無始, 天道也, 始於陽, 成於陰, 本於靜, 流於動者, 人道也. 然陽復本於陰, 靜復根於動, 其動靜亦無端, 其陰陽亦無始, 則人蓋未始離乎天, 而天亦未始離乎人也.

"동정은 단서(처음)가 없고 음양은 시작이 없음은[165] 천도이며, 양에서 시작하여 음에서 이루어지고 정에서 근본하여 동으로 흐르는 것은 인도이다. 그러나 양은 다시 음에서 근본하고 정은 다시 동에서 근본하여 그 동정 또한 처음이 없고 그 음양 또한 시작이 없으니, 사람은 대개 처음부터 하늘로부터 떨어진 적이 없으며 하늘 또한 처음부터 사람에게서 떨어진 적이 없다."

此言動靜對待, 而互爲其根也. 始於陽, 繼之者善, 萬物資始也. 成於陰, 成之者性, 萬物各正也. 本於靜, 天命之性具於靜, 而性無不善也, 流於動, 吉凶悔吝生於動, 而情易流於惡也.

이것은 동·정이 상반되면서도 서로 의존하여 서로 그 뿌리가 됨을 말한 것이다. '양에서 시작한다'는 것은 '그것을 이어가는 것이 선'이라는 것이고 '만물이 [그것에] 바탕하여 시작된다'는 것이다. '음에서 이루어진다'는 것은 '그것을 이루는 것이 성'이라는 것이고 '만물이 각기 [그 성·명을] 바르게 한다'는 것이다.[166]

---

164 『주자대전』 권67, 「太極說」.
165 『정씨경설』 권1 「역설」 계사. 각주 2번 참고.
166 『주역』 「계사상」 제5장. 각주 10번 참고. 『주역』 「건괘」. "단(象)에서 말하였다. '"위대하도다, 건원이여! 만물이 [그것에] 바탕하여 시작되니, 이에 하늘의 일을 통괄하게 되었도다."(象曰, 大哉乾元, 萬物資始, 乃統天)." 『태극해의』 「태극도설해」. 각주 15번 참고.

'정에 근본한다'는 것은 '천명지성이 정(靜)에서 갖추어져서 성에 선하지 않음이 없다'는 것이며, '동으로 흐른다'는 것은 '길흉회린(吉凶悔吝: 길함과 흉함, 후회와 부끄러움)이 동(動)에서 생겨서[167] 정(情)이 쉽게 악으로 흐른다'는 것이다.

(2) 元亨, 誠之通, 動也. 利貞, 誠之復, 靜也. 元者, 動之端也, 本乎靜, 貞者, 靜之質也, 著乎動. 一動一靜, 循環無窮, 而貞也者, 萬物之所成終而成始者也. 故人雖不能不動, 而立人極者, 必主乎靜. 唯主乎靜, 則其著乎動也, 無不中節, 而不失其本然之靜矣.

"원·형은 성(誠)이 통한 것이니 동이고, 이·정은 성이 회복된 것이니 정이다.[168] 원이란 것은 동의 단서이지만 정에서 근본하며, 정(貞)이란 것은 정의 바탕이지만 동에서 드러난다. 한 번 동하고 한 번 정하여 끝없이 순환하니, 정(貞)이라는 것은 만물의 끝을 이루면서도 처음을 이루는 것이다. 그러므로 사람은 비록 동하지 않을 수 없으나, 인극(人極: 사람으로서 지켜야 할 도리)을 세우는 것은 반드시 정을 위주로 한다. 오직 정을 위주로 하면 그 동에서 드러나는 것 또한 절도에 맞지 않음이 없어서 그 본연의 정을 잃지 않는다."

此言靜之主乎動也. 蓋以貞之終始萬物者而言, 則動亦靜也, 而靜爲動之主也. 이것은 정이 동의 위주가 됨을 말한 것이다. 대개 정(貞)이 만물을 끝맺고 시작하는 것으로 말하면 동이 또한 정이니 정이 동의 주(主)가 된다.

(3) 靜者, 性之所以立也, 動者, 命之所以行也. 然其實則靜亦動之息爾. 故一動一靜, 皆命之行, 而行乎動靜者, 乃性之眞也. 故曰天命之謂性.

---

167 『주역』「繫辭下」제1장. "길흉회린은 동(動)에서 생기는 것이다.(吉凶悔吝者, 生乎動者也.)"
168 『통서』「성상」. 각주 153번 참고. 『태극해의』「태극도설해」. 각주 15번 참고.

"정이란 것은 성이 세워지는 까닭이며, 동이란 것은 명이 행해지는 까닭이다. 그러나 그 실제는 정 또한 동이 쉬는 것일 뿐이다. 그러므로 한 번 동하고 한 번 정함은 모두 명의 유행이며, 동·정에서 유행하는 것이 바로 성의 진(眞: 참모습)이다. 그러므로 "하늘이 명한 것을 '성'이라 이른다."[169]라고 한 것이다."

此言動之主乎靜也. 蓋以命之流行不已者而言, 則靜亦動也, 而動爲靜之主矣.
이것은 동이 정의 주(主)가 됨을 말한 것이다. 대개 명이 유행하여 그치지 않는 것으로 말하면 정이 또한 동이니 동이 정의 주(主)가 된다.

(4) 情之未發者, 性也, 是乃所謂中也, 天下之大本也. 性之已發者, 情也, 其皆中節, 則所謂和也, 天下之達道也, 皆天理之自然也. 妙性情之德者, 心也, 所以致中和立大本而行達道者也, 天理之主宰也.
"정이 아직 발하지 않은 것이 성이니, 이것이 바로 '중(中)'이라 이르는 바이고 천하의 큰 근본이다. 성이 이미 발한 것이 정이니, 그것이 모두 절도에 맞으면 '화(和)'라 이르는 바이고 천하의 공통된 도이니, 모두 천리의 자연이다.[170] 성·정의 덕을 오묘하게 주관하는 것이 심인데, [그것은] 중·화를 지극히 하고[171] 큰 근본을 세우며[172] 공통된 도를 행하는[173] 것이니, 천리의 주재이다."

169 『중용장구』 제1장 제1절. 각주 84번 참고.
170 『중용장구』 제1장 제4절. 각주 84번 참고.
171 『중용장구』 제1장 제5절. 각주 84번 참고.
172 『중용장구』 제32장 제1절. "오직 천하에 지극히 성실한 분이어야 천하의 큰 도리를 경륜하며 천하의 큰 근본을 세우며 천지의 화육을 알 수 있으니, 어찌 의지할 것이 있겠는가?(唯天下至誠, 爲能經綸天下之大經, 立天下之大本, 知天地之化育, 夫焉有所倚.)"
173 『중용장구』 제20장 제7절. "천하의 공통된 도가 다섯 가지인데 이것을 행하는 것은 셋이니, 군신 사이와 부자 사이와 부부 사이와 형제 사이와 붕우 사이의 사귐 다섯 가지는 천하의 공

此言心之主乎性情也. 中也和也大本也達道也者, 性情也, 而天理之實體也. 致之立之行之者, 心也, 天理之所統會也.

이것은 심이 성·정을 주재함을 말한 것이다. 중과 화와 대본과 달도라는 것은 성·정이며, 천리의 실체이다. [중·화를] 지극히 하고 [큰 근본을] 세우고 [공통된 도를] 행하는 것은 심이며, 천리가 통괄적으로 모인 것이다.

(5) 靜而無不該者, 性之所以爲中也, 寂然不動者也, 動而無不中者, 情之發而得其正也, 感而遂通者也. 靜而常覺, 動而常止者, 心之妙也, 寂而感, 感而寂者也.

"정(靜)하여 갖추지 않음이 없는 것은 성이 중(中)이 되는 까닭이니 고요하여 움직이지 않는 것이며, 동(動)하여 [절도에] 들어맞지 않음이 없는 것은 정이 발하여 그 바름을 얻은 것이니 감응하여 마침내 통하는 것이다.[174] 정하지만 항상 깨어 있고 동하지만 항상 그쳐 있는 것은 심의 오묘함이니, 고요하면서 감응하고 감응하면서 고요한 것이다."

此言心之通貫乎動靜, 而動與靜又相涵也. 靜而常覺, 覺者, 靜中之動也, 動而常止, 止者, 動中之靜也.

이것은 심이 동·정을 꿰뚫어 통하며 동과 정이 또 서로 포용함을 말한 것이다. '정(靜)하지만 항상 깨어 있다'는 것에서 '깨어 있다(覺)'란 것은 정한 가운데 동한

통된 도이고, 지(智)·인(仁)·용(勇) 세 가지는 천하의 공통된 덕이니, 이것을 행하는 것은 하나(誠)이다.(天下之達道五, 所以行之者三, 曰君臣也, 父子也, 夫婦也, 昆弟也, 朋友之交也, 五者, 天下之達道也, 知仁勇三者, 天下之達德也, 所以行之者, 一也.)"

174 『주역』「계사상」제10장. "역(易)은 생각이 없고 행함이 없어 고요히 움직이지 않다가 감촉하여 마침내 천하의 일에 통하니, 천하의 지극히 신묘한 자가 아니면 그 누가 이에 참여할 수 있겠는가?(易无思也, 无爲也, 寂然不動, 感而遂通天下之故. 非天下之至神, 其孰能與於此 八.)"

것이며, '동하지만 항상 그쳐 있다'는 것에서 '그쳐 있다(止)'란 것은 동한 가운데 정한 것이다.

通看全說之文義, 則每一段皆始分而終合之. 第一段始分天道人道, 而終合天人而言之, 第二第三段始皆分動靜, 而終皆以動靜一義合言之, 第四第五段始皆分性情, 而終皆以心合言之.

태극설 전체의 뜻을 통괄적으로 보면, 하나의 단락마다 모두 처음에는 나누었다가 끝에 가서는 합치고 있다. 첫 번째 단락은 처음에는 천도와 인도를 나누었다가 끝에 가서는 천(天)과 인(人)을 합쳐서 말하고, 두 번째 단락과 세 번째 단락은 처음에는 모두 동·정을 나누었다가 끝에 가서는 모두 동·정이 하나의 뜻이라고 합쳐서 말하며, 네 번째 단락과 다섯 번째 단락은 처음에는 모두 성과 정을 나누었다가 끝에 가서는 모두 심으로 합쳐서 말하고 있다.

經義記聞錄 跋
경의기문록 발

　右記聞錄, 成於乙未冬, 後二年丁酉秋, 奉呈于先生, 請其斥正, 冀以備皐比講說之定論, 而免起後人傳訛之惑. 先生受而置之几案者久, 略加評訂以示小子, 且敎曰, 有功於余, 請賜小敍以識卷首, 則亦旣許之矣, 未及下筆, 而先生遽棄後學. 嗚呼. 痛哉. 仍竊惟念是錄, 旣皆得之於講問請益推演發明者, 而又經先生親賜勘訂, 則存之以爲後學求道之資, 亦庶幾乎其可矣.

　앞의 『기문록』은 을미년(1715, 숙종 41, 34세) 겨울에 완성되었고, 2년 뒤인 정유년(1717) 가을에 선생님(권상하)께 삼가 받들어 올려서 잘못된 것을 고쳐 바로잡아 주시기를 청하여, 스승님[1]께서 강의하여 설명하신 바의 정론(定論)을 갖추어서 뒷사람들이 사실과 다르게 잘못 전하는 미혹을 일으키는 것을 면하게 하고자 하였다. 선생님께서 그것을 받아서 책상에 두신 것이 오래되어서야 대략 품평과 수정을 가하셔서 나에게 보여주셨고, 또 가르침을 베푸시어 "나에게 공헌함이 있다." 하셨기에 책머리에 짧은 서문을 써주시기를 청하였더니 또한 허락하셨는데, 붓을 드시기도 전에 선생님께서 갑자기 후학을 버리고 세상을 떠나셨다.[2] 아! 애통하도다! 이에 가만히 생각건대, 이 기록은 이미 모두 따져서 묻고 더 미루어 자세히 드러내어 밝혀주시기를 청한 데서 얻어진 것이고, 또 이미 선생님께서 직접 교감하여 바로잡아 주셨으니, 보존하여 후학들이 도를 구하는 바탕으로 삼아도 그런대로 괜찮을 듯하다.

1　고비(皐比)는 원래 호피(虎皮: 호랑이 가죽)를 뜻하는 말로 스승이 호피로 만든 방석에서 강의한 데서 스승을 의미하게 되었다.

2　1721년(경종 1) 가을에 생을 마감하였다.

易學答問, 作於丁亥冬, 理氣性情圖說, 乙酉至乙未, 屢年所作也. 蓋皆平日函丈間所嘗講明者, 而孟子養氣論性二章說, 又是承命起藁者也, 幷與原錄, 一時奉呈, 俱蒙印可. 庸學小註諸儒說辨一卷, 成之在後, 未及奉質, 然其指要無出於原錄, 而又多有與原錄互相發者, 故幷以附見於原錄之下.

「역학답문(易學答問)」[3]은 정해년(1707, 숙종 33, 26세) 겨울에 지어졌고, 「이기성정도설(理氣性情圖說)」[4]은 을유년(1705)부터 을미년까지 여러 해에 걸쳐 지어진 것이다. 대개 모두 평소에 스승님[5]과의 사이에서 강론하여 밝힌 것이며, 『맹자』의 양기(養氣)·논성(論性), 두 장의 설[6] 또한 명(命)을 받아 원고를 만든 것으로서 원록(原錄: 원래의 기록)과 함께 같은 때에 삼가 받들어 올려서 모두 인가를 받았다. 「용학소주제유설변(庸學小註諸儒說辨)」[7] 한 권은 뒤에 완성되어서 미처 선생님의 가르침을 받지 못하였으나 그 핵심적인 뜻은 원록에서 벗어나지 않고, 또 원록과 서로서로 드러내어 밝히는 것이 많이 있으므로 원록의 아래에 함께 붙여놓았다.

嗚呼. 小子愚蒙, 往者不能少體先生敎育之意, 猶未免爲鄕人. 櫟木一摧, 卒業無所, 追思痛恨, 無以自解. 獨有奉持緖言, 不私於己, 使先生講學明道之志不廢於世, 則庶其爲報師恩補己過之萬一也哉. 幷識所感, 以告同志. 壬寅仲夏日, 元震謹識.

---

3   『경의기문록』 권제5에 실려 있다.
4   『경의기문록』 권제6에 실려 있다.
5   함장(函丈)은 스승을 달리 이르는 말로 스승과의 관계에서 존경을 표하거나 가까이 모신다는 뜻으로 한 장(丈)의 여지를 둔 데서 유래한다.
6   『경의기문록』 권제6-2(맹자양기장설), 3(맹자생지위성장설).
7   『중용』과 『대학』의 소주에 실린 여러 학자의 설에 대해 변론한 것으로 『경의기문록』 권제1(대학)과 권제2(중용)에 각각 나누어 실려 있다.

아! 내가 너무 어리석어 지난날 선생님께서 가르쳐주신 뜻을 조금도 체득하지 못하여 여전히 촌사람이 되는 것을 면치 못하였다. 선생님께서 돌아가셔서[8] 학업을 마칠 수가 없고, 지나간 일을 돌이켜 생각해보니 원통함을 스스로 풀 길이 없었다. 오직 실마리가 되는 [선생님의] 말씀을 받들어 지켜 나만의 것으로 하지 않아서 선생님께서 학문을 강론하고 도를 밝히신 뜻이 세상에서 폐기되지 않게 한다면, 만분의 일이나마 스승님의 은혜에 보답하고 나의 허물을 보완할 수 있을 것이리라! 느낀 바를 함께 기록하여 동지들에게 알린다. 임인년(1722, 경종 2, 41세) 중하(仲夏: 음력 5월) 어느 날 원진(元震) 삼가 쓰다.

8　양목일최(樑木一摧)의 양목(樑木)은 '대들보로 쓸 만한 큰 재목'의 뜻으로 현인을 비유적으로 이르는 말이다. 대들보로 쓸 만한 큰 재목이 꺾였다는 것은 현인이 세상을 떠났음을 뜻한다.

인물 주석

강규환(姜奎煥, 1697~1731), 조선 후기의 문신이자 학자. 자는 장문(長文), 호는 존재(存齋)·비수재(賁需齋). 1728년(영조 4) 이인좌의 난 때 영남안무사 박사수(朴師洙)의 종사관으로 활약하며 난을 진압하는 데 공을 세웠다. 스승 한원진과 『경의기문록』을 편집하는 과정에서 송시열-권상하-한원진으로 이어지는 호론계 학문을 체득했다.

계력(季歷), 주(周)나라 문왕(文王)의 아버지. 성은 희(姬). 상(商)나라의 제후국이던 주나라의 군주였으므로 공계(公季)나 주공계라고 하며, 뒷날 손자인 무왕(武王)에 의해 왕으로 추존되어 왕계(王季)나 주왕계 등으로도 불린다.

고자(告子), 전국시대 제(齊)나라의 사상가. 성은 고(告), 이름은 불해(不害). 인성(人性)에 관하여 맹자와 논쟁을 벌여, "사람의 본성은 본래 선도 아니고 악도 아니며 다만 교육하기 나름으로, 그 어느 것이 될 수도 있다"고 주장했다. 맹자와의 논의가 수록된 『맹자』「고자 상(上)」이 고자의 존재를 확인할 수 있는 유일한 기록이다.

권근(權近, 1352~1409), 고려 말 조선 초의 문신이자 학자. 초명은 진(晉), 자는 가원(可遠)·사숙(思叔), 호는 양촌(陽村), 시호는 문충(文忠). 1375년 박상충·정도전·정몽주와 함께 친명 정책을 주장하며 원나라 사절의 영접에 반대했다. 1389년 윤승순의 부사로 명나라에 다녀올 때 가져온 예부의 자문(咨文)이 화근이 되어 유배되었으며, 1390년 이초의 옥에 연루되어 청주로 옮겨졌다가 풀려났다. 조선 개국 이후 예문춘추관학사·대사성·중추원사 등을 역임했으며, 1398년 정도전 일파가 숙청되자 정당문학·문하부참찬사를 거쳐 대사헌을 지내고, 사병(私兵)의 폐지를 주장하여 왕권 확립에 공을 세웠다. 1401년 좌명공신 1등으로 길창부원군에 봉해졌으며, 왕명으로 『동국사략(東國史略)』을 편찬하고, 사서오경의 구결(口訣)을 정했다. 『입학도설(入學圖說)』은 후일 이황·장현광 등에게 크게 영향을 끼쳤다. 문집인 『양촌집』 외에 저서로는 『오경천견록(五經淺見錄)』, 『사서오경구결(四書五經口訣)』, 『동현사략(東賢事略)』이 있다.

권상하(權尙夏, 1641~1721), 조선 중기의 학자. 자는 치도(致道), 호는 수암(遂菴)·한수재(寒水齋). 시호는 문순(文純). 스승인 송시열의 유언에 따라 만동묘(萬東廟)를 청주에 세웠고, 숙종의 뜻을 받들어 대보단(大報壇)을 세웠다. 송시열을 계승한 기호학파의 지도자로, 이이가 주장하는 기발이승일도설(氣發理乘一途說)을 지지했다. 저서에 『한수재집』, 『삼서집의(三書輯疑)』 등이 있다.

김이상(金履祥, 1232~1303), 인산 김씨(仁山金氏), 송말 원초의 학자. 절강 난계(蘭溪) 사람. 자는 길보(吉父), 호는 차농(次農), 시호는 문안(文安). 왕백과 하기에게 배웠으며, 원나라가 들어서자 벼슬하지 않고 인산에 은거하여 '인산 선생'이라 불렸다. 주돈이와 정호의 학문을 조종으로 삼아 의리(義理)를 궁구했다. 왕백의 의경정신(疑經精神)을 계승하여 『시경』과 『서경』을 의심했는데, 공자가 3,000편을 300편으로 산정(刪定)했다는 설을 부정했고, 『고문상서(古文尙書)』는 후한 때 유자들이 위작한 것이라 주장했다. 저서에 『상서주(尙書注)』, 『상서표주(尙書表注)』, 『논어맹자집주고증(論語孟子集注考證)』, 『대학장구소의(大學章句疏義)』, 『중용표주(中庸標注)』, 『자치통감전편(資治通鑑前編)』 등이 있다.

김장생(金長生, 1548~1631), 조선 중기의 문신이자 학자. 자는 희원(希元), 호는 사계(沙溪), 시호는 문원(文元). 송익필에게 예학을 배우고, 뒤에 이이에게 성리학을 배웠다. 예학에 정통하여 나라의 전례(典禮)나 행사에 의문이 있으면 모두 그에게 상의했다. 인조가 생부인 정원군을 원종으로 추존할 때도 그에게 의견을 물었는데, 이에 반대하여 의견이 상반되자 굽힘 없이 관직을 사퇴하고 고향으로 내려갔다. 제자로는 아들이자 학문의 정통을 이은 김집과 송시열을 비롯하여 송준길·이유태·강석기·장유·이후원·신민일 등 후일 서인과 노론계를 대표하는 인물들이 거의 망라되어 있다. 저서에 『상례비요(喪禮備要)』, 『가례집람(家禮輯覽)』, 『전례문답(典禮問答)』, 『의례문해(疑禮問解)』, 『근사록석의(近思錄釋疑)』, 『경서변의(經書辨疑)』 등이 있다.

김창협(金昌協, 1651~1708), 조선 후기의 문신이자 학자. 자는 중화(仲和), 호는 농암(農巖)·삼주(三洲), 시호는 문간(文簡). 김상헌의 증손자이고, 영의정을 지낸 김수항의 아들이자 김창집의 아우. 숙종 때 대사성 등의 관직을 지냈으나 기사환국으로 아버지 김수항이 사사(賜死)된 뒤 은거하였으며, 후에 관직도 사양하였다. 학문적으로는 이황과 이이의 설을 절충하였으나 이이보다는 이황에 가까웠으며, 호론을 지지했다. 저서에 『농암집』, 『농암잡지(農巖雜識)』, 『주자대전차의문목(朱子大全箚疑問目)』, 『논어상설(論語詳說)』, 『오자수언(五子粹言)』 등이 있다.

나흠순(羅欽順, 1465~1547), 명나라의 학자. 강서 태화(泰和) 사람. 자는 윤승(允升), 호는 정암(整庵), 시호는 문장(文莊). 1493년 진사가 되어 편수를 지냈으나 유근의 눈 밖에 나 관직에서 물러났다가, 유근이 죄로 몰려 죽은 뒤 복직하여 이부우시랑까지 나갔다. 세종이 즉위하자 이부상서에 발탁되었지만 장총(張璁)·계악(桂萼) 등과 조정에 같이 있는 것을 부끄럽게 여겨 사직하고 귀향했다. 20년 동안 집에 머물면서 성리학에 몰두했다. 저서에 『곤지기(困知記)』, 『속곤지기(續困知記)』, 『정암존고(整庵存稿)』가 있다.

노효손(盧孝孫), 옥계 노씨(玉溪盧氏), 송나라의 학자. '옥계 선생'이라 불렸다. 진사에 급제하여 태학박사 등을 역임했으며, 말년에 관직을 사양하고 학문에 매진했다. 주희의 제자로 주희 사후에 『주자어류(朱子語類)』와 『회암집(晦庵集)』에서 연관된 부분을 모아 100권에 달하는 『사서집의(四書集義)』를 만들었다.

단보(亶父), 주(周)나라 문왕(文王)의 할아버지. 성은 희(姬). 상(商)나라 시대 주족(周族)의 수장으로 고공(古公)이라고 불려, 흔히 이름과 함께 '고공단보'라고 한다. 뒷날 증손자인 주나라 무왕에 의해 태왕(太王)으로 추존되어 '주태왕'이라고도 불린다.

동중서(董仲舒, BC 170?~BC 120?), 전한(前漢)의 유학자. 신도(信都) 광천(廣川) 사람. 『춘추공양전』을 공부했으며, 경제 때 박사가 되었고, 무제 때 현량대책(賢良對策)으로 백가를 몰아내고 유술(儒術)만 존중할 것을 주장했다. 무제가 이를 받아들여 이후 2,000년 동안 유학이 정통 학술로 자리 잡는 계기가 되었다. 일찍이 강도상(江都相)과 교서왕상(膠西王相)을 지냈으며, 병을 이유로 사직한 후에는 학문 연구와 저술만 힘썼다. 항상 장막을 치고 제자를 가르쳤기 때문에 그의 얼굴을 모르는 제자도 있었다. 유학을 중심으로 하면서도 음양오행과 천인감응 같은 신학적 체계도 갖추고 있었다. 저서에 『동자문집(董子文集)』, 『춘추번로(春秋繁露)』 등이 있다.

두보(杜甫, 712~770), 당나라의 시인. 자는 자미(子美), 호는 소릉(少陵). 중국 최고의 시인으로 시성(詩聖)으로 불린다. 이백과 쌍벽을 이루어, 이들을 아울러 '이두(李杜)'라 일컫는다.

문왕(文王), 주(周) 왕조의 기초를 닦은 명군(名君). 이름은 창(昌). 상(商) 왕조 말기에 섬서성 치산에 근거를 두고 있던 주나라 제후국의 군주 계력(계왕)과 상나라에서 시집와서 왕비가 된 태임 사이에서 태어났다. 상나라 서방에서 크게 덕을 베풀고 강국으로 이름을 떨쳤던 부왕 계의 업을 계승하여 인근의 적국들을 격파한 후 위수를 따라 동진하여 호경(鎬京)을 국도(國都)로 삼았다. 상나라의 마지막 천자 주(紂)가 산동 반도의 동이 민족 정벌에 여념이 없는 틈을 타서 황하를 따라서 동으로 내려가 화북 평원 일각으로 진출하였으며, 맹진(孟津)을 제압하여 상나라를 공격할 태세를 정비했다. 만년에는 재상인 여상(呂尙, 태공망)의 도움을 받아 덕치에 힘썼으며, 후에 그 실력을 인정받아 상 왕조로부터 '서백(西伯)'의 칭호를 사용하도록 허락받았다. 상 왕조에는 화평주의적 태도를 취하고, 우(虞)·예(芮) 등 두 나라의 분쟁을 중재하면서 제후들의 신뢰를 얻어 천하 제후의 3분의 2가 그를 따르게 되었다. 사후에 그의 아들 무왕(武王) 발(發)이 즉위하여 상나라를 쓰러뜨리고 주 왕조를 창건했으며, 문왕이라는 시호(諡號)를 추존하였다. 후세에 유가로부터 이상적인 성천자(聖天子)로 숭앙받았는데 문왕과 무왕의 덕을 기리는 다수의 시가 『시경』에 수록되어 있다.

반병(潘柄), 남송의 학자. 복주 회안(懷安) 사람. 자는 겸지(謙之), 호는 과산(瓜山) 선생. 무이(武夷)로 주희를 찾아가 수학했다. 저서에 『주역집의(周易集義)』, 『역해(易解)』, 『상서해(尙書解)』가 있지만 전하지 않는다.

방봉진(方逢辰, 1221~1291), 교봉 방씨(蛟峯方氏), 송말 원초의 학자. 엄주(嚴州) 순안(淳安) 사람. 원래 이름은 몽괴(夢魁), 자는 군석(君錫) 또는 성석(聖錫), 호는 교봉 선생. 방용(方鎔)의 아들. 정권을 쥐고 있던 재상 정청지와 가사도(賈似道)의 잘못을 적극 성토하다가 병을 이유로 사직하고, 송나라가 망한 뒤 교봉(蛟峰)에 은거하여 후진을 양성했다. 사서(四書)를 근본으로 하고 육경(六經)을 율령으로 여겼으며, 주희의 사상을 종주로 하여 주자학의 격물궁리(格物窮理)를 강조하고, 육구연에게서 비롯된 심학파의 이간공부(易簡工夫)를 반대했다. 저서에 『학용주석(學庸注釋)』, 『격물입문(格物入門)』, 『효경해(孝經解)』, 『상서석의(尙書釋疑)』, 『역외전(易外傳)』, 『교봉문집(蛟峰文集)』 등이 있다.

복희(伏戲, 伏犧), 중국 고대 전설상의 제왕. 복희(宓羲, 虙羲), 포희(庖犧, 炮犧) 등으로 쓰기도 한다. 진(陳)에 도읍을 정하고 150년 동안 제왕의 자리에 있었다고 한다. 몸은 뱀과 같고 머리는 사람의 머리를 하고 있으며 해와 달 같은 큰 성덕을 베풀었다고 하여 대호(大昊) 또는 대공(大空)이라고도 한다. 삼황오제 중 최고의 제왕으로 꼽힌다. '복희'라는 이름은 『주역』「계사전」에 나오는, "복희가 팔괘(八卦)를 처음 만들고 그물을 발명하여 어획·수렵의 방법을 가르쳤다"는 기록이 가장 오래된 것이다. 한대(漢代)의 『위서(緯書)』에는 복희의 모친인 화서(華胥)가 뇌택(雷澤)에서 기인(奇人)의 발자국을 밟은 후 수태하여 복희를 낳았다고 하여 오래된 전승에 기인한 설화로 보이며, 후세에 덧붙인 설화가 아닌가

하는 의문도 있다.

사마광(司馬光, 1019~1086), 북송의 정치가이자 역사학자. 섬주(陝州) 하현(夏縣) 사람. 자는 군실(君實), 호는 우부(迂夫) 또는 우수(迂叟), 시호는 문정(文正). 속수(涑水) 선생이라고도 하고, 죽은 뒤 온국공에 봉해져 사마온공(司馬溫公)이라고도 한다. 왕안석이 시행한 신법(新法)에 크게 반대하여 왕안석·여혜경 등과 여러 차례 논쟁을 벌이다가 추밀부사를 사퇴하고 영흥지군으로 나갔다. 1071년 서경어사대에 있다가 물러나 15년간 낙양에 살면서 역사서를 편찬하는 데 전념했다. 철종이 즉위하자 문하시랑으로 기용되고 좌복야에 오르면서 조정을 장악했다. 유지·범순인·범조우·여대방 등을 기용하면서 신법을 철폐하고 옛 제도를 회복시켰다. 재상으로 있은 지 8개월 만에 죽어 태사에 추증되었다. 전국시대부터 진(秦) 2세까지의 역사를 엮어 『통지(通志)』 8권을 편찬했는데, 영종의 명령으로 속찬되었고, 신종이 『자치통감(資治通鑑)』이라 고쳐 불렀다. 그밖에 『속수기문(涑水紀聞)』, 『사마문정공집(司馬文正公集)』, 『계고록(稽古錄)』 등의 저서가 있다.

서기(徐幾), 진재 서씨(進齋徐氏), 남송의 학자. 숭안(崇安, 현재 복건성) 사람. 자는 자여(子與), 호는 진재. 1264년에 적공랑에 천거되고, 건녕부교수 겸 건안서원산장 겸 숭정전설서를 제수받았다. 채연의 문인으로 경사(經史)에 능하였으며, 특히 『주역』에 정통하여 『진재역설(進齋易說)』을 저술했다.

소백온(邵伯溫, 1057~1134), 북송의 학자. 범양(范陽) 사람. 자는 자문(子文). 소옹의 아들. 휘종이 즉위하자 옛 제도를 회복하고 모함이나 비방을 구별할 것, 원우당고(元祐黨錮)를 해제하고 군자와 소인배를 구별할 것, 민력이나 병사를 동원하는 일을 경계할 것 등을 주청해 여론을 크게 흔들었다. 사마광을 사사했고, 정이·정호·여공저 등과 절친했다. 역학에 뛰어났는데, 특히 부친의 상수학을 계승해 발휘한 바가 많았다. 저서에 『역학변혹(易學辨惑)』, 『황극계술(皇極系述)』, 『황극경세서(皇極經世序)』, 『관물내외편해(觀物內外篇解)』, 『하남소씨견문록(河南邵氏見聞錄)』,『하남집(河南集)』 등이 있다.

소옹(邵雍, 1011~1077), 북송의 학자. 자는 요부(堯夫), 호는 안락(安樂) 선생, 시호는 강절(康節). 소강절이라 불릴 때도 많다. 주돈이와 동시대 사람이며, 이지재로부터 도서(圖書)·천문(天文)·역수(易數)를 배웠다. 사마광 등의 구법당(舊法黨)과 친교하면서 시정의 학자로 일생을 마쳤다. 남송의 주희는 주돈이·정호·정이와 함께 소옹을 도학(道學)의 중심인물로 간주했다. 소옹은 도가사상의 영향을 받아 유교의 역철학을 발전시켜 특이한 수리철학을 만들었다. 역이 음과 양의 2원으로 우주의 현상을 설명하는 데 비해, 그는 음(陰)·양(陽)·강(剛)·유(柔)의 4원을 근본으로 하고, 4의 배수로 모든 것을 설명했다. 그의 철학은 독일의 라이프니츠의 2치논리(二値論理)에 힌트를 주었다고 한다. 그는『황극경세서(皇極經世書)』62편을 저작하여 천지간 모든 현상의 전개를 수리로 해석하고 장래를 예시했으며, 또『관물내외편(觀物內外編)』2편에서 허심(虛心)·내성(內省)의 도덕수양법을 설명했다. 자유로운 시체(詩體)의『이천격양집(伊川擊壤集)』,『어초문답(漁樵問答)』등의 저서로 후세에 많은 영향을 끼쳤다.

송시열(宋時烈, 1607~1689), 조선 후기의 문신이자 학자. 자는 영보(英甫), 호는 우암(尤庵)·우재(尤齋)·화양동주(華陽洞主), 시호는 문정(文正). 김장생·김집의 제자이며, 주희와 이이의 학문을 모범으로 삼았다. 효종 대에 청나라에 대한 복수의 당위성을 주장하며 북벌에 동참했고, 현종 대에 화양동을 비롯한 고향에 은거하며 존주대의(尊周大義)의 확립에 힘썼다. 숙종 대 초반에 예송(禮訟)의 책임을 지고 유배 생활을 겪은 뒤, 경신환국 이후 다시 출사하여 조선 중화주의 실현에 앞장섰다. 그러나 원자(元子) 정호(定號)를 반대한 이유로 기사환국 때 사사되었다. 저서에는『송자대전(宋子大全)』,『주자대전차의(朱子大全箚疑)』,『정서분류(程書分類)』,『주자어류소분(朱子語類小分)』,『논맹문의통고(論孟問義通攷)』,『심경석의(心經釋義)』등이 있다.

순(舜), 중국 전설상의 성제(聖帝). 성은 우(虞) 또는 유우(有虞), 이름은 중화(重

華). 유덕한 성인으로 선양(禪讓) 설화의 대표적 인물이며 요·우와 병칭되고 있다. 『사기』에 의하면 전욱의 6세손으로, 아버지 고수는 장님이었다. 순은 계모와 이복동생에 의해 살해당할 뻔한 상황을 여러 차례 슬기롭게 극복하고 효행의 도를 다했다. 당시의 천자 요는 순의 평판을 듣고 자신의 두 딸 아황과 여영을 순에게 출가시켜 그를 등용했다. 요가 죽자 순은 요의 아들 단주를 즉위시키려 했으나 천하의 인심이 순에게 기울었기 때문에 마침내 순이 제위에 올랐다. 요와 마찬가지로 순이 통치하던 치세에도 태평성대를 누렸으며, 치수사업을 성공시켜 홍수의 피해를 막았다. 순은 제위를 아들에게 물려주지 않고 치수사업에 공적이 큰 우(禹)에게 이양했다.

순자(荀子, BC 298?~BC 238?), 전국시대의 사상가. 성은 순(荀), 이름은 황(況), 자(字)는 경(卿). 순경(荀卿)이 아니라 손경(孫卿)으로 쓰이기도 했는데, 순과 손의 옛 소리가 서로 통했기 때문이다. 맹자의 성선설을 비판하여 성악설을 주장했으며, 예를 강조하는 유학사상을 발달시켰다. 『사기』「순경열전」에 따르면, 순자는 조(趙)나라 출신으로 50세 무렵에 제(齊)나라에 유학하여 최장로의 학사(學士)로 세 차례나 좨주를 지냈다. 후에 참소를 받아 제나라를 떠나, 초(楚)나라의 재상 춘신군의 천거로 난릉(산동성)의 수령이 되었다. 춘신군이 암살되자 벼슬자리에서 물러난 순자는 난릉에 머물며 여생을 문인 교육과 저술로 보냈다. 순자는 공자를 추앙하는 유학자로 자처했고, 공자의 제자인 자하의 문인으로 알려져 있다. 그의 사상은 전한 말기에 『손경신서(孫卿新書)』32편으로 정리되었고, 당의 양량(楊倞)이 여기에 주(註)를 붙이고 20권 32편으로 다시 정리하여 『손경자(孫卿子)』라 이름하였다. 오늘날 『손경신서』는 망실되어 전해지지 않으며, 양량의 주석본이 간략히 『순자』라고 불리며 전해지고 있다.

심귀보(沈貴珤), 파양 심씨(番易沈氏), 남송의 학자. 이명은 여려(汝礪), 자는 성숙(誠叔). 동몽정(董夢程)의 수제자로 학자들이 의재(毅齋) 선생이라 불렀다. 사서와 여러 경전을 해설했으며, 저서에 『정몽의해(正蒙疑解)』 등이 있다.

양시(楊時, 1053~1135), 북송 말기의 학자. 검남(劍南) 장락(長樂) 사람. 자는 중립(中立), 호는 구산(龜山). 금나라가 변경을 공격하자 방어할 것을 강하게 주장하고, 삼진(三鎭)을 할양하여 화의하는 것에 반대했다. 채경(蔡京)이 나라를 망치고 백성들에게 해를 끼친다고 비판했으며, 왕안석의 학문을 강하게 배척했다. 정호·정이 형제를 사사하고, 이들의 도학을 전하여 낙학(洛學)의 대종(大宗)이 되었다. 그들 학계에서 주희·장식·여조겸 등 뛰어난 학자가 많이 배출되었다. 저서에는 『구산집(龜山集)』, 『구산어록(龜山語錄)』, 『이정수언(二程粹言)』 등이 있다.

양웅(揚雄, BC 53~AD 18), 전한의 학자. 사천성 성도(成都) 출생. 자는 자운(子雲). 동향 선배인 사마상여의 작품을 통해 배운 문장력을 인정받아 성제 때 궁정 문인이 되었다. 저술에는 성제의 여행을 수행하며 쓴「감천부(甘泉賦)」, 「하동부(河東賦)」,「우렵부(羽獵賦)」,「장양부(長楊賦)」, 시대에 적응하지 못한 자신의 불우함의 원인을 묘사한 「해조(解嘲)」,「해난(解難)」, 학자로서 각 지방의 언어를 집성한 『방언(方言)』, 『주역』에 기본을 둔 철학서『태현경(太玄經)』, 『논어』의 문체를 모방한 수상록『법언(法言)』 등이 있다. 왕망이 정권을 찬탈한 뒤에 새 정권을 찬미하는 문장을 썼고 괴뢰 정권에 협조했기 때문에 송학(宋學) 이후에는 지조 없는 사람으로 비난의 대상이 되기도 했지만, 그의 식견은 한(漢)나라를 대표했다.

예사의(倪士毅, 1303~1348), 신안 예씨(新安倪氏), 원나라의 학자. 휘주 휴녕(休寧) 사람. 자는 중홍(仲弘), 호는 도천(道川), 사시(私諡)는 문정(文靜). 진력에게 수학했다. 집안이 가난해서 학생들을 가르쳐 부모를 봉양했다. 저서에 『중정사서집석(重訂四書輯釋)』 등이 있다.

오익(吳翌, 1129~1177), 송나라의 학자. 건녕(建寧) 건양(建陽) 사람. 자는 회숙(晦叔), 호는 징재(澄齋). 형산에 있는 호굉을 사사했는데, 학문의 요체가 명리(明理)와 수신(修身)에 있다는 말을 듣고 과거 공부를 그만두었다. 호굉이 죽자 장식(張栻)에게 배웠으며, 형산 아래에 집을 짓고 '징재(澄齋)'라 편액 했다. 주희와 교유했으며, 주희가 그의 행장을 지었다.

오역(吳棫, 1100~1154), 신안 오씨(新安吳氏), 송나라의 학자. 건주(建州) 건안(建安) 사람. 서주(舒州) 사람이라고도 한다. 저서에 『시보음(詩補音)』, 『자학보운(字學補韻)』, 『논어지장(論語指掌)』, 『서비전(書裨傳)』, 『운보(韻補)』, 『초사석음(楚辭釋音)』 등이 있다.

오징(吳澄, 1249~1333), 원나라의 학자. 무주(撫州) 숭인(崇仁) 사람. 자는 유청(幼淸) 또는 백청(伯淸), 시호는 문정(文正). 학자들은 초려(草廬) 선생이라 불렀다. 태정제 때 경연강관이 되었고, 『영종실록』을 편찬할 때 총책임을 맡았다. 사방에서 학자들이 찾아와 배웠는데, 천수백 명에 이르렀다. 어려서 요로의 제자인 정약용에게 배웠고, 그 후 정소개를 사사했다. 주희의 사전제자(四傳弟子)로, 이학(理學)을 위주로 하면서 심학(心學)도 아울러 취하여 주육이가(朱陸二家)의 사상을 조화시켰다. 『도통도(道統圖)』를 지어 주자 이후의 도통을 계승한 사람이 자신이라고 주장했다. 허형, 유인과 더불어 원나라의 저명한 학자이다. 저서에 『오경찬언(五經纂言)』, 『의례일경전(儀禮逸經傳)』, 『역찬언(易纂言)』, 『예기찬언(禮記纂言)』, 『오문정집(吳文正集)』 등이 있다.

왕백(王柏, 1197~1274), 남송 말기의 학자. 무주(婺州) 금화(金華) 사람. 자는 회지(會之) 또는 백회(伯會), 호는 노재(魯齋) 또는 장소(長嘯), 시호는 문헌(文憲). 황간의 문인 하기를 좇아 공부했다. 하기·김이상·허겸과 함께 '금화사선생(金華四先生)' 또는 '북산사선생(北山四先生)'으로 일컬어졌다. 『시경』과 『상서(尙書)』에 대해 의문을 제기한 『시의(詩疑)』와 『서의(書疑)』를 지었고, 주희가 주해한 『사서』에 대해서도 의문을 가졌다. 그 외 저서에 『독역기(讀易記)』, 『독서기(讀書記)』, 『시변설(詩辨說)』, 『함고역설(涵古易說)』, 『오경장구(五經章句)』, 『연기도(研幾圖)』, 『주자지요(朱子指要)』, 『천관고(天官考)』, 『지리고(地理考)』 등이 있다.

왕수인(王守仁, 1472~1529), 명나라의 학자. 절강성 여요(餘姚) 출생. 자는 백안(伯安), 호는 양명(陽明), 시호는 문성(文成). 관직에 나간 부친을 따라 북경에서 자랐고, 28세에 진사에 합격했다. 35세에 병부주사로 있을 때 환관 유근의 노여움을 사 귀주(貴州) 용장(龍場)의 역승(驛丞)으로 좌천된 것이 학문적 전기가 되었다. 병약한 몸으로 기후 불순한 만지(蠻地)에서 고통스럽게 생활하던 어느 날 밤 석관(石棺) 속에서 깨친 것이 심즉리(心卽理), 지행합일(知行合一), 만물일체(萬物一體)였다. 37세에 득도 이후 중앙으로 소환되어 순조로운 재출발을 하게 되었다. 주로 강서·안휘·절강, 각 성의 지방관으로 있었는데, 비적(匪賊)의 토벌과 영왕(寧王) 신호(宸濠)의 난을 평정했다. 왕간·전덕홍·왕기가 입문했고, 제자와의 토론을 모은 『전습록(傳習錄)』이 계속 간행되어 『양명문록(陽明文錄)』의 간행을 보게 되었으며, 양명서원이 건립되었다. 56세에 광동·광서의 묘족(苗族)이 일으킨 반란을 진압하고 돌아오는 길에 과로와 고열로 죽었다. 이 반란을 진압하기 위한 출발 전야에 양명학의 진수를 논한 것으로 일컬어지는 유명한 4구결(四句訣)이 있다. "마음의 본체는 본래 선과 악이 없는 것이지만, 선과 악이 나타나는 것은 뜻(意)의 작용 때문이다. 그러므로 이미 나타난 선과 악을 구별하여 아는 것이 양지(良知)이며, 선을 행하고 악을 버려 마음의 본체로 돌아가는 것이 바로 격물이다."

요덕명(廖德明), 남송의 학자. 남검주(南劍州) 순창(順昌) 사람. 자는 자회(子晦), 호는 사계(槎溪). 효종 건도 5년(1169)에 진사가 되었다. 관직에 있을 때는 풍교(風敎)를 일으키고 호족들을 억누르는 데 전념했으며, 권력자들을 탄핵하는 데 주저하지 않았다. 이부좌선낭관을 역임하고 사직한 뒤 여생을 보냈다. 젊어서는 불교에 깊은 관심을 가지다가 양시의 저술을 읽고 깨달은 바 있어 주희에게 나아가 공부했다. 스승의 학문을 묵수하여 당시 학문 흐름에 흔들리지 않았다. 저서에 『춘추회요(春秋會要)』, 『문공어록(文公語錄)』, 『사계집(槎溪集)』 등이 있다.

요로(饒魯, 1193~1264), 쌍봉 요씨(雙峯饒氏), 남송의 학자. 요주(饒州) 여간(餘

干) 사람. 자는 백여(伯興) 또는 중원(仲元), 호는 쌍봉(雙峰), 사시(私諡)는 문원(文元). 황간과 이번을 사사했다. 과거에 떨어지자 경학(經學)에 전념했고, 치지역행(致知力行)을 강조했다. 붕래관(朋來館)과 석동서원(石洞書院)을 세워 후학을 가르쳤다. 주희의 이학(理學)을 계승했는데, 만년에는 주정(主靜)에 치우친 경향을 보였다. 저서에 『오경강의(五經講義)』, 『춘추절전(春秋節傳)』, 『학용찬술(學庸纂述)』, 『학용십이도(庸學十二圖)』, 『논맹기문(論孟紀聞)』, 『태극삼도(太極三圖)』, 『서명도(西銘圖)』, 『근사록주(近思錄注)』 등이 있는데 대부분 전하지 않고, 『백록서원교규(白鹿書院教規)』, 『정동이선생학칙(程董二先生學則)』 등에 일부가 남아 있을 뿐이다. 그 외에 『요쌍봉강의(饒雙峰講義)』가 있다.

요(堯), 중국 전설상의 성천자(聖天子). 순(舜)과 아울러 '요순의 치(治)'라 하여, 중국에서는 가장 이상적인 천자상(天子像)으로 알려져 있다. 성은 도당(陶唐), 이름은 방훈(放勳)이며, 오제(五帝)의 하나인 제곡(帝嚳)의 손자이다. 제위에 오르자 희화(羲和) 등에게 명하여 역법(曆法)을 정하고, 효행으로 이름이 높았던 순을 등용하여 자신의 두 딸을 아내로 삼게 하고 천하의 정치를 섭정하게 했다. 요의 사적은 『상서(尙書)』 「요전(堯典)」, 『사기』 「오제본기(五帝本紀)」에 기록되어 있다.

우(禹), 중국 전설상의 하(夏) 왕조의 시조. 『사기』 「하본기(夏本記)」에 의하면, 전욱의 손자이며, 곤(鯀)의 아들. 요(堯)의 치세에 대홍수가 발생하여 섭정인 순(舜)이 그에게 치수(治水)를 명했다. 13년간 노력한 끝에 사업에 성공하여, 천하를 9주로 나누고 공부(貢賦)를 정했다. 순이 죽자 그가 제위를 계승하여, 나라 이름을 하(夏)로 고치고 안읍(安邑)을 도읍 삼았다. 치세 10년 만에 우가 죽자 그 아들 계(啓)가 천자가 되었으며, 이때부터 천자 자리를 세습화하여 하 왕조가 시작되었다. 그의 전설은 한민족의 홍수 전설과 관련이 있다.

웅화(熊禾, 1253~1312), 물헌 웅씨(勿軒熊氏), 남송의 학자. 건녕(建寧) 건양(建陽) 사람. 초명은 삭(鑠), 자는 거비(去非) 또는 위신(位辛), 호는 물헌(勿軒) 또는 퇴재(退齋). 1274년 진사가 되고, 정주 사호참군에 올랐다. 원나라에 들어서는 벼슬하지 않았다. 주희의 문인 보광에게 수학하면서 염락관민(濂洛關閩)의 학문에 뜻을 두었다. 송나라가 망하자 고향으로 돌아가 무이산에 오봉서당(鰲峰書堂)을 세우고, 강학으로 일생을 마쳤다. 저서에 「역학도전(易學圖傳)」, 「춘추통의(春秋通義)」, 「사서표제(四書標題)」 등이 수록된 『물헌집(勿軒集)』, 『삼례고이(三禮考異)』, 『춘추논고(春秋論考)』, 『시문(詩文)』, 『보유(補遺)』가 있다.

유약(劉爚, 1144~1216), 운장 유씨(雲莊劉氏), 남송의 학자. 건녕(建寧) 건양(建陽) 사람. 자는 회백(晦伯), 호는 운장(雲莊) 선생, 시호는 문간(文簡). 1172년에 진사가 되고, 산음주부에 올랐다가 민현지현으로 옮겼다. 도학(道學)이 금지되자 주희를 좇아 무이산에서 책을 읽었다. 나중에 제거광동상평이 되었다가 국자사업을 지냈다. 승상 사미원에게 위학(僞學)에 대한 조서를 철회할 것을 요청했고, 주희의 『백록동규(白鹿洞規)』를 대학(大學)에 반포하고, 『사서집주(四書集注)』를 간행하라고 요청했다. 변방의 주민들을 소집하여 경전(耕戰)을 결합할 것을 제안하기도 했다. 거듭 승진하여 공부상서를 역임했다. 주희와 여조겸에게 수학했다. 저서에 『예기해(禮記解)』, 『동궁시해(東宮詩解)』, 『경연고사(經筵故事)』, 『강당고사(講堂故事)』, 『사고(史稿)』, 『운장외고(雲莊外稿)』 등이 있다.

유종원(柳宗元, 773~819), 당나라의 문장가이자 사상가. 장안(長安) 출생. 자는 자후(子厚). 유하동(柳河東)·유유주(柳柳州)라고도 부른다. 관직에 있을 때 한유·유우석 등과 친교를 맺었다. 왕숙문의 신정(新政)에 참획(參劃)하였으나 실패하여 변경 지방으로 좌천되었다. 이러한 좌절과 13년간의 변경 생활이 그의 사상과 문학을 더욱 심화시켰다. 고문(古文)의 대가로 한유와 병칭되었으나, 한유가 전통주의인 데 비해, 유종원은 유·도·불을 참작하고 신비주의를 배격한 자유·합리주의의 입장을 취하여 사상적 입장은 서로 대립적이었다. 『천설(天說)』, 『비국어(非國語)』, 『봉건론(封建論)』 등이 그의 대표작으로 꼽힌다. 또 우언(寓言) 형식을 취한 풍자문과 산수(山水)를 묘사한 산문에도 능했다. 산수시를 특히 잘하여 도연명과 비교되었고, 왕유·맹호연 등과 당시(唐詩)의 자연파를 형성하였다. 송별시·우언시에도 뛰어나 우분애원(憂憤哀怨)의 정을 표현하는 수법은 굴원의 영향을 받은 것으로 평가된다. 저서에 시문집『유하동집(柳河東集)』이 있다.

유초(游酢, 1053~1123), 북송의 학자, 건양(建陽) 출신. 자는 정부(定夫)·자통(子通), 호는 치산(廌山)·광평(廣平), 시호는 문숙(文肅). 1083년 진사가 되어 관직을 시작했다. 정호·정이 형제에게 배웠으며, 사량좌, 양시, 여대림과 함께 '정문사선생(程門四先生)'으로 불렸다. 만년에 선학(禪學)에 몰입해 유학과 불교를 절충하여 호굉으로부터 '정자(程子) 문하의 죄인'이라는 혹평을 받기도 했다. 저술로는『역설(易說)』,『중용의(中庸義)』,『논어맹자잡해(論語孟子雜解)』,『시이남의(詩二南義)』등이 있지만 모두 일실되었다. 후세 사람들이 유문(遺文)을 모아서 엮은『유치산집(游廌山集)』이 남아 있다.

육구연(陸九淵, 1139~1192), 남송의 학자, 절강성 출신. 자는 자정(子靜), 호는 존재(存齋)·상산(象山), 시호는 문안(文安). 어려서부터 재능이 뛰어나 관직에 올랐으나 곧 물러나 귀계(貴溪)의 상산(象山)에 강당을 짓고 후학 양성에 전념했다. 당시 유일한 석학이던 주희와 대립하여 중국 전체를 양분하는 학문적 세력을 형성했으나, 양쪽 모두 정호·정이의 학문을 계승했다. 주희가 정이의 학통에 의한 도문학(道問學, 학문 제일)을 보다 존중한 데 반하여, 육구연은 정호의 존덕성(尊德性, 덕성 제일)을 존중했기 때문에 주희는 격물치지의 성즉리설을 제창했고, 육구연은 치지(致知)를 주로 한 심즉리설을 제창했다. 주(朱)·육(陸)의 교유는 1175년 여조겸의 권고로 아호사(鵝湖寺)에서 처음 이루어져 평소의 강학 요점에 대한 논변을 벌였으나 의견의 일치를 보지 못했다. 그러나 두 사람은 서로의 학문을 존중하여 도의적 교유는 변하지 않았다. 육구연의 학문은 그의 제자 양간 등에 의해 강서·절강 각지에서 계승·성행했다. 한때 주자학에 압도되기도 했으나, 명대의 왕수인에 이르러 다시 계승·발전했다. 주요 저서에『상산선생전집』이 있다.

육전(陸佃, 1042~1102), 산음 육씨(山陰陸氏), 북송의 학자. 월주(越州) 산음(山陰) 사람. 자는 농사(農師), 호는 도산(陶山). 진사 출신으로 벼슬은 채주추관(蔡州推官), 국자감직강(國子監直講), 중서사인(中書舍人), 급사중(給事中), 지정주(知鄧州), 지태주(知泰州), 지해주(知海州), 예부시랑(禮部侍郞), 상서우승(尙書右丞), 상서좌승(尙書左丞) 등을 역임했다. 저서로 『도산집(陶山集)』, 『비아(埤雅)』, 『예상(禮象)』, 『춘추후전(春秋後傳)』, 『헐관자주(鶡冠子注)』 등이 있다.

이기홍(李箕洪, 1641~1708), 조선 후기의 학자. 초명은 기주(箕疇), 자는 여구(汝九), 호는 직재(直齋). 이지렴에게 배우고, 이후 송시열 문하에서 배웠다. 효릉 참봉으로 있을 때 송시열이 제주로 귀양가게 되자 동문 40여 명을 거느리고 궐 내에 들어가 변호하다가 부령으로 귀양 갔다. 그곳에서 5년 동안 후진들을 가르쳤다. 후에 장령(掌令)이 되어 임진왜란·병자호란·당쟁 등으로 누적된 사회적·정치적 모순을 지적하고 8조의 소(疏)를 올려 시정책을 건의했다. 그 후 문산에 내려가 한가롭게 살면서 스승 송시열의 무고를 밝히는 데 힘썼다. 조정에서 여러 번 집의로 불렀으나 모두 마다하고 권상하와 더불어 경사(經史)를 강론하고 사문(師門)의 유적을 찾아다니며 소일했다. 저서에 『자성편(自省編)』, 『위학적방(爲學績方)』, 『직재집(直齋集)』 등이 있다.

이동(李侗, 1093~1163), 남송의 학자, 남검주(南劍州) 검포(劍浦) 사람. 자는 원중(願中), 호는 연평(延平), 시호는 문정(文靖). 나종언에게 정자(程子)의 이학(理學)을 배워 이정(二程)의 삼전제자(三傳弟子)가 되었다. 평생 과거를 단념하고 40여 년 동안 산야에 은거하며 제자를 양성했다. 세상에 관심이 없는 듯했지만 상시우국(傷時憂國)하는 마음을 잃지 않았다. 양시·나종언과 함께 '검남삼선생(南劍三先生)'으로 불렸다. 주희와 나박문, 유가 등을 배출하여 이정의 학문이 주희에게 이어지는 교량 역할을 했다. 저서에 주희가 편찬한 『이연평집(李延平集)』이 있다.

이이(李珥, 1536~1584), 조선 중기의 유학자이자 정치가. 자는 숙헌(叔獻), 호는 율곡(栗谷)·석담(石潭), 시호는 문성(文成).『동호문답(東湖問答)』,『성학집요(聖學輯要)』등의 저술을 남겼다. 현실과 원리의 조화와 실공(實功)과 실효(實效)를 강조하는 철학사상을 제시했으며,『동호문답』,『만언봉사(萬言封事)』,「시무육조(時務六條)」등을 통해 조선 사회의 제도 개혁을 주장했다.

이황(李滉, 1501~1570), 조선 중기의 문신이자 유학자. 자는 경호(景浩), 호는 퇴계(退溪)·퇴도(退陶)·도수(陶叟), 시호는 문순(文純). 주자(朱子)의 사상을 깊게 연구하여 조선 성리학의 기초를 형성했으며, 리(理)의 능동성을 강조하는 이기호발설(理氣互發說)을 주장했다. 주리론 전통의 영남학파의 종조로 숭앙된다.『천명도설(天命圖說)』,『성학십도(聖學十圖)』등을 저술했다.

자사(子思, BC 483?~BC 402?), 전국시대의 유학자. 이름은 급(伋). 공자의 손자.『중용』의 저자로 전한다. 일생을 고향인 노(魯)나라에 살면서 증자의 학(學)을 배워 유학의 전승에 힘썼다. 공자-증자-자사-맹자로 이어지는 이 학통은 송학에서 특히 존중된다.『한서(漢書)』「예문지(藝文志)」에 자사학파의 사상을 전하는 책인『자사자(子思子)』의 존재가 기록되어 있지만 현재는 전하지 않으며,『중용』이 이 중 일부라는 설이 있다. 과불급이 없는 중용을 지향하는 실천적인 일상 윤리가 그의 사상의 중심이다.

장식(張栻, 1133~1180), 남송의 학자, 사천성 광한(廣漢) 출신. 자는 경부(敬夫), 호는 남헌(南軒). 스승인 호굉으로부터 학문을 익혔으며 호굉의 학문을 이어받아 호상학파(湖湘學派)를 이끄는 영수가 되었다. 성리학 지식이 깊고 경(敬) 문제에 관해서 주희와 자주 논쟁을 벌여 그의 학문에 영향을 주었다. 주희는 장식의 학문이 높아 도저히 따라갈 수가 없다고 칭송했다. 유가 사상을 바탕으로 인(仁)은 인의예지 사덕(四德)에서 가장 중요한 것이라 했고 맹자의 성선설을 더욱 공고히 하는 이론적 근거를 제시했다. 사람이 태어나면서 가지고 있는 본성은 하늘에 의한 것이며 따라서 본래 선한 것이라고 했다. 명문가 출신으로 주(州)의 지사를 역임하고 이부랑을 지냈다. 저서에『희안록(希顏綠)』,『남헌역설

(南軒易說)』,『수사언인(洙泗言仁)』,『논어설(論語說)』,『맹자설(孟子說)』 등이 있으며, 1184년 주희가 장식의 유고집인『남헌집(南軒集)』을 편찬했다. 장식이 사망한 이후 호상학파는 쇠퇴하기 시작했다.

장유(張維, 1589~1638), 조선 중기의 문신이자 학자. 자는 지국(持國), 호는 계곡(谿谷), 시호는 문충(文忠). 김장생의 문인. 예문관·승문원 등에서 관직 생활을 했으나 북인(北人)의 권력 독점 과정에서 김직재의 옥사 때 축출당했다. 인조반정에 가담해 2등 공신에 녹훈되었고, 청요직(淸要職)이라 불리는 삼사(三司)의 관직을 두루 역임했다. 병자호란 때는 공조판서로 남한산성 파란 길에 임금을 호종했고, 최명길과 더불어 화의(和議)를 주도했다. 양명학을 익혀 기일원론(氣一元論)을 취하였으며, 수양의 방법으로 거경(居敬)이 아니라 정일(精一)을 내세웠다. 문장이 뛰어나 조선 중기의 사대가로 꼽혔다. 저서에『계곡집(谿谷集)』,『계곡만필(谿谷漫筆)』,『음부경주해(陰符經註解)』가 있다.

장재(張載, 1020~1077), 북송 중기의 학자, 장안(長安) 출생. 자는 자후(子厚), 호는 횡거(橫渠). 38세 때 진사에 급제한 뒤 기주(祁州)의 사법참군에서 시작하여, 12~13년간 관직에 있었다. 학자로는『경학이굴(經學理窟)』,『정몽(正蒙)』,『서명(西銘)』 등의 저서로 이름을 떨쳤다. 특히『정몽』에서 기일원(氣一元)의 사상을 전개하여, 우주의 만유(萬有)는 기(氣)의 집산에 따라 생멸·변화하는 것이며 이 기의 본체는 태허(太虛)로, 태허가 곧 기라고 설파했다. 젊어서 범중엄을 만나『중용』을 읽었으며, 다시 불교와 노장에서 깊은 뜻을 찾고자 했다. 그 뒤 정호·정이와 함께『주역』을 논하면서 그 학문의 깊이에 감복하여, 모든 이학(異學)을 버리고『주역』,『중용』에 따라 송나라 유학의 기초를 세웠다.

정단몽(程端蒙, 1143~1191), 남송의 학자, 요주 덕흥(德興) 사람. 파양(鄱陽) 사람이라고도 한다. 자는 정사(正思), 호는 몽재(蒙齋). 처음에는 강개(江介)에게 수학했고, 나중에 주희를 사사했다. 사서(四書) 및 주희의『사서장구집주(四書章句集注)』에 근거하여 명(命)·성(性)·심(心) 등 30개 범주의 성리학 개념을 정리한 『성리자훈(性理字訓)』을 저술했다. 이 책은 진순의 『북계자의(北溪字義)』보다 먼저 지어진 것으로, 후대에 큰 영향을 미쳤다. 그 외에 『학칙(學則)』, 『육몽명훈(毓蒙明訓)』 등의 저서가 있다.

정약용(程若庸), 물재 정씨(勿齋程氏), 휘암 정씨(徽菴程氏), 남송의 학자. 휘주 휴녕(休寧) 사람. 자는 봉원(逢原), 호는 물재(勿齋) 또는 휘암(徽庵). 요로(饒魯)와 심귀요에게 주희의 학문을 배웠다. 안정서원(安定書院)과 임여서원(臨汝書院), 무이서원(武夷書院)의 산장(山長)을 지냈다. 정단몽이 편찬한 『성리자훈(性理字訓)』을 재편집해 『성리자훈강의』를 편찬했다. 그 외에 저술로 『태극홍범도설(太極洪範圖說)』이 있다.

정역동(丁易東), 송말 원초의 학자, 무릉(武陵) 사람. 자는 한신(漢臣). 남송 도종(度宗) 함순(鹹淳) 연간에 진사가 되었고 관직은 조봉대부, 한림원편수를 지냈다. 원나라 때는 벼슬하지 않고 물러나 석단정사(石壇精舍)를 짓고 생도들을 가르쳤다. 대표적인 저술로는 『역상의(易象義)』가 있다.

정이(程頤, 1033~1107), 북송 중기의 학자, 낙양 사람. 자는 정숙(正叔), 호는 이천(伊川), 시호는 정공(正公). 이천백(伊川伯)에 봉해져 이천 선생으로 불린다. 형 정호와 함께 주돈이에게 배웠고, 형과 함께 이정자(二程子)라 불리며 정주학(程朱學)의 창시자로 알려졌다. 학문의 방법으로 경(敬)을 중시하여 거경궁리(居敬窮理)에 힘썼다. 오랫동안 낙양에서 강학했기 때문에 그의 학문을 낙학(洛學)이라 불렀다. 저서에 『역전(易傳)』, 『춘추전(春秋傳)』 등이 있다. 그의 학설은 정호의 학설과 함께 『이정전서(二程全書)』에 수록되었다. 그의 전기는 주희가 지은 『이락연원록(伊落淵源錄)』에 실려 있다.

정호(程顥, 1032~1085), 북송 중기의 학자, 낙양 사람. 자는 백순(伯淳), 호는 명도(明道), 시호는 순(純). 동생 정이와 함께 이정자(二程子)로 알려졌다. 아버지 정향(程珦)이 남안(南安)의 판관이었을 때 이들 형제를 주돈이의 제자로 입문시켰다고 한다. 학문적 태도는 만물일체관에 입각하여 혼일적(渾一的)으로 천지의 생의(生意)를 체험하는 데 있었다. 다양한 자연 현상을 질서 지우는 우주의 근본 원리를 리(理)라 부르고, 사람은 모름지기 리를 직관적으로 파악해 순응해야 한다는 이기일원론, 성즉리설을 주창했는데, 이런 사상은 동생 정이를 거쳐 주희에게 큰 영향을 주어 신유학의 기초가 되었고, 정주학의 중핵을 이루었다. 저서에 『정성서(定性書)』, 『식인편(識仁篇)』 등이 있다. 전기는 주희의 『이락연원록(伊洛淵源錄)』에서, 유저(遺著)는 『이정전서(二程全書)』에서 볼 수 있다.

제몽룡(齊夢龍), 파양 제씨(番陽齊氏), 원나라의 학자. 요주(饒州) 덕흥(德興) 사람. 자는 각옹(覺翁), 호는 절초(節初). 저서에 『주역부설봉변도(周易附說封變圖)』가 있다.

조순손(趙順孫, 1215~1276), 격암 조씨(格庵趙氏), 송나라의 학자, 처주(處州) 진운(縉雲) 사람. 자는 화중(和仲), 호는 격재(格齋) 또는 격암. 주희 및 그의 제자들이 사서(四書)에 대해 토론한 것들을 모아 『사서찬소(四書纂疏)』를 편찬했다. 그 외에 『근사록정의(近思錄精義)』, 『중흥명신언행록(中興名臣言行錄)』, 『격재집(格齋集)』 등의 저서가 있다.

조열지(晁說之, 1059~1129), 북송의 학자, 제주(濟州) 거야(巨野) 사람. 자는 이도(以道) 또는 백이(伯以), 자호는 경우생(景迂生). 조단언의 아들. 사마광에게 『태현경(太玄經)』을 전수받았고, 소옹의 제자 양현보에게 역학을 배웠다. 육경에 불가, 도가, 법가의 학설들이 섞여 있어 순전하지 않다는 견해를 가지고 있었는데, 이에 근거하여 육경을 연구할 때는 회의적 관점을 바탕으로 한 문헌 비평이 필요하다고 주장했다. 만년에는 불교를 믿었다. 시를 잘 지었고, 산수화도 잘 그렸다. 저서에 『시서론(詩序論)』, 『중용전(中庸傳)』, 『유언(儒言)』, 『조씨객어(晁氏客語)』, 『경우생집(景迂生集)』 등이 있다.

주공(周公), 주(周)나라의 정치가. 성은 희(姬), 이름은 단(旦). 숙단(叔旦)이라고도 한다. 주나라 땅에 봉해졌기 때문에 주공, 혹은 주공단(周公旦)으로 일컬어진다. 주 왕조를 세운 문왕(文王)의 아들이자 무왕(武王)의 동생이다. 상족(商

族)을 회유하기 위해 아들 백금을 노(魯)나라에 봉건하는 등 주 왕실의 일족과 공신들을 요지에 배치해 다스리게 하는 대봉건제(大封建制)를 실시하여 주 왕조의 기틀을 공고히 했다. 예악과 법도를 제정하여 주 왕조 특유의 제도문물을 창시했다. 중국 고대의 정치·사상·문화 등 다방면에 공헌하여 유교에서 성인으로 존숭되고 있다. 저서에 『주례(周禮)』가 있다.

주돈이(周敦頤, 1017~1073), 북송의 문학가이자 사상가. 자는 무숙(茂叔), 호는 염계(濂溪). 본래 이름은 돈실(敦實)이었으나 송나라 영종의 초명인 종실(宗實)과 같은 글자를 피하기 위해 돈이(敦頤)로 이름을 바꿨다. 주자(周子)라고도 부르는데, 성리학을 집대성한 주희를 가리키는 주자(朱子)와 혼동되므로 널리 사용되지는 않는다. 죽은 뒤에 신종(神宗)에게 '원(元)'이라는 시호를 받아 '원공(元公)'으로 불리기도 한다. '염계'라는 호는 1072년 강서성의 여산(廬山) 개울가에 집을 짓고 살면서 그 개울을 염계라 하고 스스로를 염계 선생이라고 부른 데서 비롯되었다.

주희(朱熹, 1130~1200), 송나라의 학자, 복건성 우계(尤溪) 출신. 자는 원회(元晦)·중회(仲晦), 호는 회암(晦庵)·회옹(晦翁)·운곡산인(雲谷山人)·창주병수(滄洲病叟)·둔옹(遯翁). 14세에 아버지 주송의 유언에 따라 호헌·유면지·유자휘에게 사사하면서 불교와 노자의 학문에도 흥미를 가졌으나, 24세에 이동을 만나 사숙(私淑)하면서 유학으로 복귀하게 된다. 불교와 도교의 철학에 대항하여 새로운 철학 이론을 제창하면서 거의 1,000년 동안 사상의 주도적 위치를 상실했던 유학의 학문적·사상적 위상을 회복하려는 운동이 일었는데, 주희는 이동의 영향을 받아 그 방면의 일에 전념한다. 19세에 진사시에 급제하여 71세에 생애를 마칠 때까지 여러 관직을 거쳤으나 9년여 정도만 현직에 근무했을 뿐, 학문에 전념했다. 사마광이 편찬한 역사서인 『자치통감(資治通鑑)』이 원칙이 없다고 여겨 그것을 재편집하여 1172년 『자치통감강목(資治通鑑綱目)』을 완성했다. 만년에 정적인 한탁주의 중상모략으로 간행과 유포가 금지되었고, 정치활동을 비롯한 모든 공적인 활동이 금지되었다. 사후에 명예가 회복되어 1209년과 1230년에 시호가 내려졌고, 1241년에 위패가 정식으로 공자 사당에 모셔졌다. 주희의 성리학은 오랫동안 중국을 비롯한 동아시아 지식인 사회를 지배해왔고, 특히 조선의 지식인 사회에 절대적인 영향을 미쳤다. 저서에 『논어요의(論語要義)』, 『논어훈몽구의(論語訓蒙口義)』, 『곤학공문편(困學恐聞編)』, 『정씨유서(程氏遺書)』, 『논맹정의(論孟精義)』, 『팔조명신언행록(八朝名臣言行錄)』, 『서명해의(西銘解義)』, 『태극도설해(太極圖說解)』, 『통서해(通書解)』, 『정씨외서(程氏外書)』, 『이락연원록(伊洛淵源錄)』, 『고금가제례(古今家祭禮)』, 『근사록(近思錄)』, 『사서장구집주(四書章句集注)』, 『주역본의(周易本義)』, 『시집전(詩集傳)』, 『초사집주(楚辭集注)』 등이 있다. 나중에 그의 글은 『주문공문집(朱文公文集)』으로 편집되었고, 제자들과 학문하면서 토론할 때 남긴 말은 『주자어류(朱子語類)』로 편찬되었다.

증자(曾子, BC 506~BC 436), 춘추시대의 유학자, 산동성 출생. 이름은 삼(參, 참이라고 부르기도 함), 자는 자여(子輿). 증점의 아들. 공자의 고제(高弟)로 효심이 두텁고 내성궁행(內省躬行)에 힘썼으며, 노(魯)나라 지방에서 제자들의 교육에 주력했다. 『효경(孝經)』의 작자로 전해지고 있으나 확실한 근거는 없으며, 현재 전하는 『효경』은 진(秦)·한(漢) 시대에 개수한 것이라는 설도 있다. 증자의 사상은 『증자(曾子)』 18편 가운데 10편이 『대대례기(大戴禮記)』에 남아 전하는데, 효(孝)와 신(信)을 도덕 행위의 근본으로 한다. 공자의 도를 계승하였으며, 그의 가르침은 공자의 손자 자사를 거쳐 맹자에게 전해져 유교 사상사에서 중요한 위치를 차지한다. 공자·안자·자사·맹자와 함께 동양 5성으로 꼽는다.

진공석(陳孔碩), 삼산 진씨(三山陳氏), 송나라의 학자, 복건성 후관(侯官) 사람. 자는 부중(膚仲), 호는 북산(北山). 관직으로 비각수찬(秘閣修撰)을 지냈다. 장식과 여조겸에게 배우다가 형 진공숙과 함께 주희의 문하에 나아가 배웠다. 저서에 『대학중용해(大學中庸解)』, 『북산집(北山集)』, 『용학강록(庸學講錄)』이 있다.

진관(陳瓘, 1057~1124), 송나라의 학자, 사현(沙縣) 사람. 자는 영중(瑩中), 호는 요옹(了翁), 시호는 충숙(忠肅). 간관(諫官)으로 있을 때 직언하기로 유명했다. 저서에 『요옹역설(了翁易說)』, 『존요집(尊堯集)』이 있다.

진덕수(眞德秀, 1178~1235), 송나라의 학자, 건녕부 포성(浦城) 사람. 자는 경원(景元) 또는 희원(希元), 호는 서산(西山), 시호는 문충(文忠). 주자학파의 학자로, 『대학연의(大學衍義)』는 『대학장구(大學章句)』에 비견한다는 평을 들었다. 경원당금(慶元黨禁) 이후 정주(程朱)의 이학(理學)이 다시 성행하는 데 공헌한 바가 컸다. 저서에 『당서고의(唐書考疑)』, 『독서기(讀書記)』, 『문장정종(文章正宗)』, 『서산갑을고(西山甲乙稿)』, 『서산문집(西山文集)』 등이 있다.

진식(陳埴), 잠실 진씨(潛室陳氏), 남송의 학자, 온주(溫州) 영가(永嘉) 사람. 자는 기지(器之), 호는 잠실 선생 또는 목종(木鐘). 젊어서 영가 사공파(事功派)의 대표 인물인 섭적에게 배웠고, 나중에 주희에게 수학했다. 학문은 정주학을 기본으로 했다. 저서에 『우공변(禹貢辨)』, 『홍범해(洪範解)』, 『왕제장구(王制章句)』, 제자들의 질문에 답한 것을 모아 펴낸 『목종집(木鐘集)』이 있다.

진순(陳淳, 1159~1223), 북계 진씨(北溪陳氏), 남송의 학자, 장주(漳州) 용계(龍溪) 사람. 자는 안경(安卿), 호는 북계, 시호는 문안(文安). 젊어서 거자업(擧子業)을 익혔는데, 임종신이 보고 "이것은 성현의 사업이 아니다"라고 말하자 그만두었다. 적공랑(迪功郎)을 지냈다. 황간과 함께 주희의 고제(高弟)로 일컬어진다. 평생 육구연의 심학을 배척하고 주자학을 선양하는 데 힘썼으며, 영가학파의 대표 학자인 진량의 공리학(功利學)도 배척했다. 저서에 『북계자의(北溪字義)』, 『엄릉강의(嚴陵講義)』, 『이변(二辨)』, 『논맹학용구의(論孟學庸口義)』, 『예시여학(禮詩女學)』, 『북계문집(北溪文集)』 등이 있다.

진역(陳櫟, 1252~1334), 신안 진씨(新安陳氏), 송말 원초의 학자, 휘주 휴녕(休寧) 사람. 자는 수옹(壽翁), 호는 정우(定宇) 또는 동부노인(東阜老人). 송나라가 망하자 은거하여 학문과 제자 양성에 힘썼다. 학문 성향은 주희의 학문을 위주로 하면서 육구연의 심학을 아울러 취했다. 주희 및 제가의 설을 채집하고 자신의 견해를 덧붙여 『상서집전찬소(尚書集傳纂疏)』를 저술했다. 그 외에 『사서발명(四書發明)』, 『예기집의(禮記集義)』, 『역조통략(歷朝通略)』, 『근유당수록(勤有堂隨錄)』, 『정우집(定宇集)』 등의 저서가 있다.

채연(蔡淵, 1156~1236), 절재 채씨(節齋蔡氏), 남송의 학자, 건주(建州) 건양(建陽) 사람. 자는 백정(伯靜), 호는 절재. 채원정의 맏아들이다. 가학을 이으면서 주희를 사사했다. 벼슬에 나가지 않고 학문과 강학에 힘썼다. 『주역』을 깊이 연구하여 명망을 얻었는데, 상수학과 의리학을 종합하는 입장을 취했다. 저서에 『역상의언(易象意言)』, 『주역경전훈해(周易經傳訓解)』, 『시사문(詩思問)』, 『괘효사지(卦爻辭旨)』, 『여론(餘論)』, 『논맹사문(論孟思問)』 등이 있다.

채원정(蔡元定), 남송의 학자, 건주(建州) 건양(建陽) 사람. 자는 계통(季通), 호는 서산(西山), 시호는 문절(文節). 벼슬에 나가지 않고 학문 연구와 강학에 몰두했다. 어려서 아버지 채발에게 배웠고, 이정 형제와 소옹·장재 등에게 배웠다. 나중에 주희를 찾아가 수학했으나 주희는 강우(講友)로 대했다. 영종 경원 연간에 주희가 위학(僞學)의 혐의로 공격당했을 때 함께 연루되어 도주(道州)로 귀양을 갔다. 악률(樂律)에 조예가 깊어 『율려신서(律呂新書)』를 저술하였고, 역학에서는 상수학과 의리학을 종합하고자 했고, 주희의 『역학계몽』 저술에 중요한 역할을 했다. 저서에 『황극경세지요(皇極經世指要)』, 『홍범해(洪範解)』, 『대연상설(大衍詳說)』, 『팔진도설(八陣圖說)』 등이 있다.

탕(湯), 상(商)나라를 창건한 왕. 이름은 이(履) 또는 천을(天乙)·태을(太乙). 탕은 자이며, 성탕(成湯)이라고도 한다. 『사기(史記)』에 따르면 시조 설(契)의 14세에 해당한다. 당시 하(夏)나라 걸왕이 학정을 하자 제후들 대부분이 유덕한 탕에게 복종하게 되었다. 걸왕은 탕을 하대(夏臺)에 유폐시켜 죽이려 했지만, 재화와 교환하여 용서했다. 탕은 현상(賢相) 이윤 등의 도움을 받아 걸왕을 유융(有娀)과 명조(鳴條)에서 격파하고 패사시켰다. 그리고 박(亳)에 도읍하여 국호를 상(商)이라 정하여, 제도와 전례(典禮)를 정비하고 13년 동안 재위하였다. 그가 걸왕을 멸한 행위는 주나라 무왕이 상나라 주왕을 토벌한 일과 함께 유교에서 올바른 '혁명'의 군사 행동이라 불리고 있다.

한유(韓愈, 768~824), 당나라의 문장가이자 사상가, 하남 하양(河陽) 사람. 자는 퇴지(退之), 시호는 문공(文公). 창려(昌黎) 선생으로도 불린다. 792년 진사에 급제하여 지방 절도사의 속관을 거쳐 803년 감찰어사가 되었다. 이때 수도의 장관을 탄핵했다가 도리어 덕종의 노여움을 사 양산현 현령으로 좌천되었다. 이듬해 소환된 후로는 주로 국자감에서 근무했으며, 817년 오원제의 반란 평정에 공을 세워 형부시랑이 되었으나, 819년 헌종이 불골(佛骨)을 모신 것을 간하다가 조주(潮州) 자사로 좌천되었다. 이듬해 헌종 사후에 소환되어 이부시랑까지 올랐다. 당송팔대가 가운데 한 사람이다. 유가의 사상을 존중하고 도교와 불교를 배격했으며, 송나라 이후 도학의 선구자가 되었다. 저서에 『창려선생집(昌黎先生集)』 등이 있다.

허겸(許謙, 1270~1337), 동양 허씨(東陽許氏), 송말 원초의 학자, 금화(金華) 사람. 자는 익지(益之), 호는 백운산인(白雲山人), 시호는 문의(文懿). 김이상 문하에서 수업하여 하기의 삼전제자(三傳弟子)가 되었고, 정주학을 전파하는 데 크게 공헌했다. 고향에서 학생들을 가르쳤을 뿐 과거 시험에는 응시하지 않았다. 금릉강학을 지냈다. 동양(東陽) 팔화산(八華山)에 은거하여 강학했는데, 문인이 1천여 명에 달했다. 하기에서 왕백, 김이상으로 이어지는 주자 학맥을 계승하여 '금화사선생(金華四先生)'으로 일컬어졌고, 북방의 허형과 함께 '남북이허(南北二許)'로 불렸다. 천문과 지리, 전장제도(典章制度), 자학(字學), 음운(音韻) 등에도 두루 정통했다. 저서에 『독사서총설(讀四書叢說)』, 『시집전명물초(詩集傳名物鈔)』, 『춘추온고관규(春秋溫故管窺)』, 『춘추삼전소의(春秋三傳疏義)』, 『치홀기미(治忽幾微)』, 『자성편(自省編)』, 『백운집(白雲集)』 등이 있다.

호굉(胡宏, 1106~1161), 남송의 학자, 복건성 출신. 자는 인중(仁仲), 호는 오봉

(五峯). 호안국이 부친이며 호인이 그의 형이다. 가학으로 유학을 익히고, 부친의 천거로 관직에 나갈 수 있었지만 금나라와의 화친 정책에 반대하여 벼슬하지 않고 고향에서 후진을 양성했다. 주희 이전에 유학의 큰 흐름을 이루었던 호상학파(湖湘學派)의 영수였다. 호굉은 경전을 통해 인간 심성의 원리를 깨닫고 이상적인 사회제도를 찾고자 했다. 그는 성(性)을 만물의 이치이자 천하의 근본이며 리(理)와 기(氣)의 근원이라고 생각했다. 그의 이러한 사상은 후일 주희에게 많은 영향을 주었다. 장식 등 명망 있는 유학자들이 배출되었다.

호방평(胡方平), 옥재 호씨(玉齋胡氏), 송나라의 학자, 무원(婺源) 사람. 자는 사노(師魯), 호는 옥재. 동수(董銖)의 종자(從子) 동몽정에게 역학을 전수받고 심귀요(沈貴瑤)를 스승으로 섬겨 『주역』에 정통하였으며, 주희의 『역학계몽』을 주석하여 『역학계몽통석(易學啓蒙通釋)』을 저술했다.

호병문(胡炳文, 1250~1333), 운봉 호씨(雲峯胡氏), 원나라의 학자, 휘주 무원(婺源) 사람. 자는 중호(仲虎), 호는 운봉. 강녕교유(江寧敎諭) 등을 지냈다. 주희의 종손에게 『주역』과 『서경』을 배워 주자학에 잠심했으며, 특히 『주역』에 뛰어났다. 신주(信州) 도일서원(道一書院) 산장(山長)을 지냈다. 저서에 『주역본의통석(周易本義通釋)』, 『서집해(書集解)』, 『춘추집해(春秋集解)』, 『예서찬술(禮書纂述)』, 『사서통(四書通)』, 『대학지장도(大學指掌圖)』, 『오경회의(五經會義)』, 『이아운어(爾雅韻語)』 등이 있다.

호안국(胡安國, 1074~1138), 송나라의 학자. 복건성 숭안(崇安) 출신. 자는 강후(康侯), 시호는 문정(文定). 이정자(二程子) 중 특히 정이를 사숙하여 거경궁리의 학문을 중히 여겼다. 정문(程門)의 제자 사량좌·양시 등과 친분을 맺었고, 정문의 학문을 명확히 구명하는 데 힘썼다. 왕안석이 『춘추(春秋)』를 폐하여 학관(學官)의 대열에 끼지 못한 데서 『춘추』의 학문이 쇠퇴한 것을 탄식하고, 이 책을 연구하는 데 20여 년을 보내며 『춘추호씨전(春秋胡氏傳)』을 저술했다. 그밖에 문집과 『자치통감거요보유(資治通鑑擧要補遺)』가 있다.

황간(黃幹, 1152~1221), 남송의 학자, 복주 민현(閩縣) 사람. 자는 직경(直卿), 호는 면재(勉齋), 시호는 문숙(文肅). 황우(黃瑀)의 아들이다. 젊어서 주희에게 배웠는데, 주희가 딸을 그에게 시집보냈으며, 주희가 위독했을 때 자신의 저서를 모두 그에게 남겨 학문을 잇도록 했다. 음보로 나가 장사랑(將仕郞)을 거쳐 신금지현(新淦知縣)과 지한양군(知漢陽軍), 안경지부(安慶知府) 등을 지냈다. 백록동서원(白鹿洞書院)에서 강학했다. 나중에 대리승(大理丞)이 되었지만, 고향으로 돌아와 강학하며 생애를 마쳤다. 처음엔 스승의 학설을 고수했지만, 나중에는 육학(陸學)과 조화시키려 했다. 저서에 『서설(書說)』, 『면재집(勉齋集)』, 『육경강의(六經講義)』, 『예기집주(禮記集注)』, 『논어통석(論語通釋)』, 『논어의원(論語意原)』, 『중용총론(中庸總論)』, 『중용총설(中庸總說)』, 『경해(經解)』, 『성현도통전수총서설(聖賢道統傳授總叙說)』 등이 있다.

황서절(黃瑞節), 원나라의 학자, 길안부(吉安府) 안복현(安福縣) 사람. 자는 관락(觀樂). 벼슬에 나가지 않고 성리학에 매진하여 『주자성서(朱子成書)』를 편찬했다.

〈출처〉

- 인명사전편찬위원회, 『인명사전』, 민중서관, 2000.
- 임종욱 편저, 『중국역대인명사전』, 이회문화사, 2010.
- 〈두피디아〉(doopedia.co.kr)
- 〈철학사상연구소〉(philinst.snu.ac.kr)
- 〈한국고전종합DB〉(db.itkc.or.kr)
- 〈한국민족문화대백과〉(encykorea.aks.ac.kr)

한원진 연보

1. 성장 및 독학기

- 1682년(壬午, 숙종 8), 1세

  9월 13일, 서울 어의동(於義洞, 현 종로 5가와 연지동)에서 태어남. 용이 붉은 광채를 뿜어내면서 산골짜기에 누워 있는 태몽을 꾸었다고 함. 이로 인해 와룡(臥龍, 제갈량을 비유함)의 재주를 타고났다고 여김.

- 1689년(己巳, 숙종 15), 8세

  조부를 따라 결성(結成, 현 충남 홍성군 남당리)의 내동(內洞)으로 이사함. 이 해에는 기사환국(서인 정권이 무너지고 소론과 남인의 정권으로 교체된 정변)이 일어나고, 서인의 영수 송시열이 사사됨. 이런 이유로 노론 계열에 속해 있던 한원진의 할아버지가 서울 생활을 접고 고향으로 돌아옴. 할아버지가 처음 글을 읽히고, "우리 가문을 창성하게 만들 아이"라고 칭찬함.

- 1699년(己酉, 숙종 25), 18세

  성학(聖學)에 뜻을 두고 학문의 깊이와 폭을 넓힘.

- 1701년(辛巳, 숙종 27), 20세

  창녕 성씨(昌寧成氏)와 혼인

---

*   한원진의 연보는 『남당집』 해제의 행력(行歷)과 단행본 연구서 등을 참고하여 학문과 거처에 관한 중요 내용만 간략히 정리했다. 『南塘先生年譜』, 디지털 장서각; 한국문집총간해제, 『남당집』, 한국고전종합DB; 이상곤 지음, 『한원진』(성균관대학교 출판부, 2009).

2. 수학 및 논변기

- 1702년(壬午, 숙종 28), 21세

1월에 청풍(淸風) 황강(黃江, 현 충북 제천시 청풍면과 한수면)으로 가서 한수재(寒水齋) 권상하(權尙夏)에게 배움. 권상하는 "이 사람은 나이가 겨우 약관인데도, 위로는 천인(天人)과 성명(性命)에 대한 학문으로부터 병농(兵農)과 율력(律曆)의 분야에 이르기까지 그 근원을 탐구하고 그 흐름을 섭렵하지 않은 것이 없으니 참으로 한 시대의 뛰어난 인재"라고 감탄함.

- 1702년(癸未, 숙종 29), 22세

삼주(三州, 현 남양주 석실 부근)에 사는 농암(農巖) 김창협(金昌協)을 찾아뵘. 김창협은 한원진에게, "그대의 근심은 총명함이 부족한 것이 아니라 다만 너무 빠른 나이에 밝음을 얻었다는 것뿐이네."라고 말함.

- 1705년(乙酉, 숙종 31), 24세

최징후(崔徵厚)와 함께 오서산(烏棲山, 충남 홍성군 광천읍) 정암사(淨巖寺)에서 강학(講學). 첫 번째 논문인 성리학에 대한 전체적인 이해를 담은 「시동지설(示同志說)」을 지음. 향후 호락논쟁(湖洛論爭)의 주역이 되는 동문 모임의 시발점이 됨. ※호락논쟁은 이 해에 시작되어 1724년까지 20여 년간 지속된 학술논쟁임. 1724년 한원진은 이간(李柬)과 권상하 사이의 논변을 읽은 후에 「이공거상사문서변(李公擧上師門書辨)」을 지어 권상하를 대신하여 자신의 입장에서 논쟁을 정리함.

4월에 「율곡별집부첨(栗谷別集付籤)」, 12월에 「인심도심설(人心道心說)」을 지음.

- 1707년(丁亥, 숙종 33), 26세

9월에 감시(監試) 생원초시에서 우등으로 합격. 당시 시험관은 "이 답안은 도를 모르는 자로서는 어림도 없다"고 하며 찬탄함.

10월에 결성(結成) 고산사(高山寺)에서 「역학답문(易學答問)」을 지음.

- 1708년(戊子, 숙종 34), 27세

  호락논쟁의 쟁점이 되었던 "미발(未發)일 때의 마음에 기질(氣質)의 성(性)이 있는가 없는가"에 대한 문제와 "인성과 물성의 동이(同異)"에 대한 문제가 거론되기 시작함. 성에 내포된 다양한 의미의 층위를 제시한 성삼층설(性三層說)을 제시함.

  퇴계 이황의 성리설에 대한 문제를 비판한 「퇴계집차의(退溪集箚疑)」를 완성함. 이 저술은 송시열이 미완으로 남긴 임무를 권상하를 거쳐 한원진이 이루었다는 의의를 지님.

3. 현실 참여기

- 1709년(己丑, 숙종 35), 28세

  「심경부주차의(心經附註箚疑)」 완성.

  3월에 최징후를 통해 호락논쟁의 맞수 이간의 성리설을 반박함.

  4월에 최징후, 이간, 한홍조(韓弘祚), 윤곤(尹焜), 현상벽(玄尙璧)과 홍주 한산사(寒山寺)에서 회강(會講).

  9월에 부인 성씨의 상을 당함.

  이간의 「한산기행시(寒山紀行詩)」에 대한 발문을 지음.

- 1710년(庚寅, 숙종 36), 29세

  서울에서 윤봉구(尹鳳九)와 회강.

  8월에 감시 진사초시에 합격.

- 1711년(辛卯, 숙종 37), 30세

  최징후와 홍주 벽제산(碧蹄山)에서 회강.

  9월 여흥 민씨(驪興閔氏) 민진화(閔鎭華)의 딸과 혼인.

  이간과 편지로 오상기질(五常氣質)에 대해 논함. 호락논쟁 지속.

- 1713년(癸巳, 숙종 39), 32세

봉암(鳳巖) 채지홍(蔡之洪), 채지숙(蔡之淑), 윤승래(尹升來)와 청주 구운산(九雲山)에서 회강하고 「산중문답(山中問答)」을 지음.

12월에 이조판서 송상기(宋相琦)가 경명행수인(經明行修人, 경서에 밝고 수신이 높은 인물)으로 천거.

- 1715년(乙未, 숙종 41), 34세

최징후와 「가례소의부첨(家禮疏義付籤)」을 지음.

11월에 『경의기문록(經義記聞錄)』을 지음.

- 1716년(丙申, 숙종 42), 35세

겨울에 『장자변해(莊子辨解)』를 지음.

- 1717년(丁酉, 숙종 43), 36세

3월에 충청 감사 윤헌주(尹憲柱)가 경학통명인(經學通明人, 경학에 뛰어나게 밝은 인물)으로 천거.

12월에 김창협을 비판하는 「농암사칠지각설변(農巖四七知覺說辨)」을 지음.

불교와 양명학을 비판한 「선학통변(禪學通辨)」을 지음.

- 1721년(辛丑, 경종 1), 40세

숙종 승하. 익위사부수(翊衛司副率)에 제수되어 왕세자로 책봉된 연잉군(延礽君, 훗날 영조)을 시강하는 서연관(書筵官)이 됨.

9월에 스승 권상하의 상을 당함.

11월에 서연(書筵, 왕세자에게 경전과 역사를 교육)에 입시

소론이 정국을 장악한 신축환국(辛丑換局)으로 배척을 받고 고향으로 돌아옴.

- 1722년(壬寅, 경종 2), 41세

3월에 『주역』을 연구하여 「거관록(居觀錄)」를 지음.

판교(板橋, 남당리 근처)로 거처를 옮김.

- 1724년(甲辰, 경종 4), 43세

11월에 '조선 유학의 금자탑'이라는 『주자언론동이고(朱子言論同異攷)』 완성.

이간이 한수재 선생과 주고받은 편지를 보고 반론하는 글을 지음. 호락논쟁 지속.

- 1725년(乙巳, 영조 1), 44세

  종부시주부(宗簿寺主簿)에 제수되고, 경연관에 선발됨.

- 1726년(丙午, 영조 2), 45세

  입시하여 『송사(宋史)』, 『맹자』 등을 강의함.

- 1727년(丁未, 영조 3), 46세

  2월에 노론 사대신(김창집, 이이명, 이건명, 조태채)의 충절을 말하고 포장(襃獎, 표창)하기를 청했으나 뜻대로 되지 않아 사직하고 돌아옴.

  7월에 모친을 모시고 남당으로 돌아옴.

- 1731년(辛亥, 영조 7), 50세

  6월에 임금이 명나라 태조가 맹자를 문묘(文廟)에서 출향한 것이 당연하다고 한 사실에 대해 상소하여 임금의 잘못을 지적함. 임금이 노여워하여 경연관에서 파직시킴.

4. 사상의 심화 및 정리기

- 1736년(丙辰, 영조 12), 55세

  1월에 권상하의 「행장」을 지음.

  「이락연원록차의(伊洛淵源錄箚疑)」, 「근사록주설차의(近思錄註說箚疑)」 완성.

  6월에 「우암선생묘표부기발(尤庵先生墓表附記跋)」을 지음.

- 1737년(丁巳, 영조 13), 56세

  「왕양명집변(王陽明集辨)」, 「가례원류의록(家禮源流疑錄)」 완성

- 1738년(戊午, 영조 14), 57세

  「현석인심도심설변(玄石人心道心說辨)」 지음. ※현석은 박세채(朴世采)의 호.

- 1741년(辛酉, 영조 17), 60세

11월에 양곡(暘谷)으로 거처를 옮김.

12월에 윤봉구의 편지에 답하여 「허령설(虛靈說)」을 지음.

- 1741년(壬戌, 영조 17), 61세

  2월에 『의례경전통해보(儀禮經傳通解補)』 완성.

- 1747년(丁卯, 영조 23), 66세

  사헌부집의(司憲府執義)에 제수됨.

- 1750년(庚午, 영조 26), 69세

  9월에 임금이 온천에 행차하여 별유(別諭, 특별한 뜻이나 글)를 내렸으나 병을 이유로 사양하고 나가지 않음. ※한원진은 60세 이후로 소화 장애, 어지럼증 같은 지병이 있었음.

- 1751년(辛未, 영조 27), 70세

  2월 8일 양곡에서 생을 마침.

  양곡 선영에 장사 지냄.

5. 사후 행적

- 1754년(甲戌, 영조 30), 3주기

  윤봉구가 한원진의 「행장」을 지음.

- 1761년(辛巳, 영조 37), 10주기

  황인검이 『경의기문록』과 『주자언론동이고』 간행

- 1765년(乙酉, 영조 41), 14주기

  김근행이 『문집』 간행

- 1773년(癸巳, 영조 49), 22주기

  이유락, 김두순 등 유생들이 양곡사(暘谷祠, 홍성군 서부면 양곡리)를 건립하여 위패를 모심

  - 훼철 이후 1844년(헌종 9) 재건립

- 1871년(고종 8) 서원철폐령으로 훼철
- 1988년 3월 27일 신축

• 1799년(정조 23), 28주기

자헌대부(資憲大夫) 이조판서(吏曹判書) 추증

• 1802년(순조 2), 51주기

문순(文純)으로 시호를 내림(7월)

• 1988년, 237주기

3월 27일에 양곡사(暘谷祠) 신축 후 영정을 모시는 의식 거행. 「한원진 초상」 제작(18세기, 비단에 채색, 80.9×60.5㎝, 충청북도 유형문화재 제334호)

※ 전국의 배향 장소

- 충남 예산 집성사(集成祠, 이이·송시열·권상하 등 배향), 1800년(정조 24).
- 충남 연기 고정(현 세종시)의 고정사(高亭祠), 1823년(순조 23),
- 충남 보령 남포의 신안사(新安祠), 1838년(헌종 4).
- 충북 제천의 황강영당(黃江影堂), 1871년(고종 8).
- 충북 보은의 후성영당(後聖影堂), 1906년(광무 10).
- 경북 고령의 노강영당(老江影堂) 등, 1711년(숙종 37) 건립. 추향 시기 미정
- 경기도 고양의 행주영당(杏洲影堂), 1784년(정조 8). 김근행 졸 이후

• 2002년, 251주기

『주자언론동이고』 한글 번역(곽신환 역주, 소명출판)

• 2024년, 273주기

『경의기문록』 한글 번역(장서각 고문서연구실 역주, 한국학중앙연구원출판부)

후기

한원진의 거처와 강학의 길

한원진이 거처하고 강학했던 길을 그림으로 그렸다. 지도는 편의를 위해 현대 한국 지도를 선택했다. 큰 지도는 한원진이 주로 거처했던 남당 부근(현재 충남 홍성)이고, 작은 지도는 한원진이 강학을 위해 다녔던 길이다. 제일 위는 출생지 한양이고, 왼쪽 아래는 주된 생활지였던 홍성의 남당이며, 오른쪽 아래 충북 제천의 청풍은 배움을 위해 해마다 방문했던 수암 권상하가 있던 곳이다. 지도 아래는 연보에 등장하는 거처를 번호로 표시한 것이다. 다만 청주 구운산은 지도에 표시하기 어려워서 포함하지 않았으며, 그밖에 거처한 지역은 모두 표시했다. 한원진은 강학을 위해 청풍을 방문하고, 경연관으로 한양에 들어갔던 시기를 제외하고는 거의 홍성 지역에 거주하며 독서했다. 어떤 시기에는 뜻을 같이 하는 선비들과 산수 유람을 떠나기도 했으나, 이는 따로 표시하지 않았다.

한원진은 영조의 스승이었지만, 임금이 시행하는 탕평책과 같은 정책을 받아들일 수 없었다. 천하란 마땅히 위계질서에 따라 운위되어야 하는데 탕평은 소인(小人)과 군자(君子)를 마구 섞는 그릇된 정책이라고 생각했기 때문이다. 이이와 송시열처럼 경세제민(經世濟民)하는 출사의 길에 들지는 못했지만, 이이와 송시열, 권상하를 따라서 학문의 길에 들어, "사문(斯文)에 공(功)"을 세웠던 선비였다. 성리학의 기본 개념과 구도를 치열하게 논증하는 학문 태도는 고금의 어떤 선비 못지않게 정치하고 준엄했다. 어린 시절부터 도학의 핵심을 깨우쳤던 명민함이 있었으며, 기호학파의 학문적 수준이 난만했던 시기에 공부하며 살다 갔다. 그가 정점에 이르고 난 후 호학의 명맥은 더 커지지 않고 끝내 사라졌다.

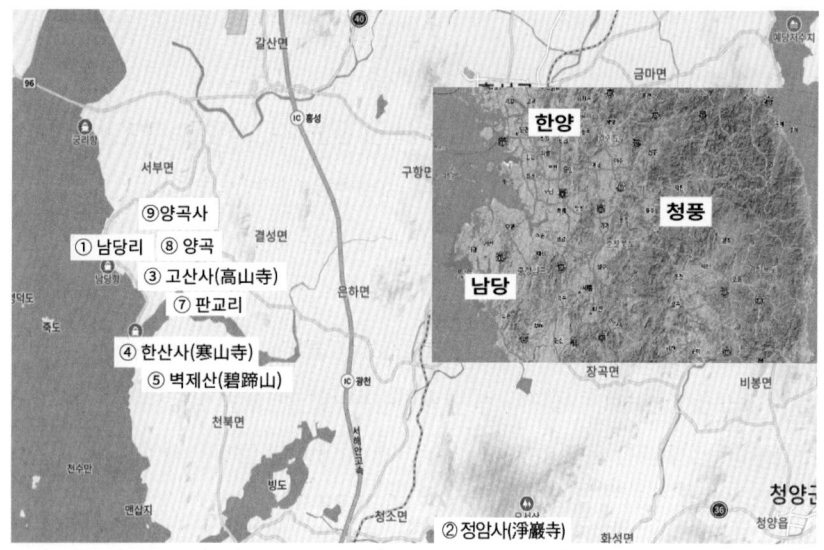

① 남당리: 결성(結城) 남당이다. 남쪽 못이나 저수지라는 뜻이다. 현재 남당항은 홍성군 서부면 판교리 지역의 어항으로, 천수만을 사이에 두고 안면도와 마주 보고 있다.

② 오서산(烏棲山) 정암사(淨巖寺): 충남 홍성 광천

③ 결성 고산사(高山寺): 충남 홍성 결성 청룡산(靑龍山)

④ 홍주(洪州) 한산사(寒山寺): 충남 보령 천북

⑤ 홍주 벽제산(碧蹄山): 충남 홍성 은하

⑥ 청주(淸州) 구운산(九雲山)

⑦ 판교리: 남당리 근처

⑧ 양곡과 현재의 양곡사: 충남 홍성 서부

역주에 참여한 이창일, 성광동, 송상형은 한 곳에서 공부한 선후배이다. 예전과 달리 무슨 문파(門派) 같은 의식은 없지만, 온고지신(溫故知新)의 진리를 구하는 학풍 속에서 크고 자랐다. 좋은 학풍의 배려 덕에 남당 선생의 글을 읽고 한글로 옮기는 일을 하게 되었다. 남당 선생의 정치한 논지는 흡사 현대의 분석철학자처럼 날카롭고 정밀하다. 그런 선비의 글을 역자들이 강학하면서 혹여 성리학 이해가 그릇되어 본뜻을 놓치지나 않을까 조심스러울 뿐이다.

여전히 몽매하여 들인 노력은 컸지만 거둔 공은 적은 것 같다. 다만 "몽매하지만 나아가게 된다면 형통하다."(『易傳』蒙卦)라는 말을 믿고서 배움의 길로 용감하게 나간 결과가 이 책으로 묶여졌으니, 역자들로서는 다행이라는 생각이 든다. 이 역주서의 간행을 계기로 역자들은 학인(學人)의 자세로 더욱 분발하기로 다짐하고, 독자분들은 남당 선생의 성리학을 읽히고 배워서 고인(古人)의 도를 깨우치시길 바랄 뿐이다.

물심양면으로 연구에 큰 도움을 주신 장서각 고문서연구실의 동료 연구자 박사님들의 깊은 관심에 감사드리고, 출판에 힘써 주신 한국학중앙연구원 출판부 관계자분들께 심심한 감사의 말씀을 전한다.

청계산 국사봉 아래에서
이창일 識

AKS 역주총서 044

경의기문록 역주
하권

지은이 | 한원진
역주 | 이창일 · 성광동 · 송상형

제1판 1쇄 발행일 | 2025년 10월 30일

발행인 | 김낙년
발행처 | 한국학중앙연구원 출판부

출판등록 | 제1979-000002호(1979년 3월 31일)
주소 | 경기도 성남시 분당구 하오개로 323
전화 | 031-730-8773
팩스 | 031-730-8775
전자우편 | akspress@aks.ac.kr
홈페이지 | www.aks.ac.kr

ⓒ 한국학중앙연구원 2025

ISBN 979-11-5866-806-8 94140
　　　978-89-7105-761-2 (세트)

- 이 책의 출판권 및 저작권은 한국학중앙연구원에 있습니다.
　이 책 내용의 전부 또는 일부를 재사용하려면 반드시 서면 동의를 받아야 합니다.
- 값은 뒤표지에 있습니다. 잘못된 책은 바꿔드립니다.
- 이 책은 2024년도 한국학중앙연구원 장서각 연구사업의 지원을 받아 수행된 연구입니다.